廣韻

【宋】陳彭年　等撰

上海古籍出版社

圖書在版編目（CIP）數據

廣韻/（宋）陳彭年等撰. — 上海：上海古籍出版社，2025.8　ISBN 978-7-5732-1693-9

Ⅰ.H113.3

中國國家版本館 CIP 數據核字第 2025KM7616 號

廣韻

［宋］陳彭年　等撰

上海古籍出版社出版發行

（上海市閔行區號景路 159 弄 1–5 號 A 座 5F　郵政編碼 201101）

（1）網址：www.guji.com.cn

（2）E-mail：guji1@guji.com.cn

（3）易文網網址：www.ewen.co

常州市金壇古籍印刷廠有限公司印刷

開本 890×1240　1/32　印張 17.75　插頁 5

2025 年 8 月第 1 版　2025 年 8 月第 1 次印刷

ISBN 978-7-5732-1693-9

H·291　定價：108.00 元

出版説明

《廣韻》全稱《大宋重修廣韻》，是中國現存的一部重要韻書，成書於北宋真宗大中祥符元年（一〇〇八），由陳彭年、丘雍等學者奉詔在隋代《切韻》、唐代《唐韻》基礎上增廣修訂而成。「廣」字即「增廣」之意，足見其集前代韻書之大成的性質。《廣韻》是宋代的官韻，也是中國第一部官修韻書。

陳彭年（九六一—一〇一七），字永年，撫州南城（今屬江西）人。雍熙二年（九八五）進士。景德初直史館兼崇文院檢討，官至刑部侍郎。事詳《宋史》本傳。

《廣韻》共五卷，平聲分上下兩卷，上、去、入聲各一卷。收字二六一九四個。分二〇六韻，包括平聲五七韻（上平聲二八韻，下平聲二九韻），上聲五五韻，去聲六〇韻，入聲三四韻。每個韻部下列舉同韻字，字下采用反切法標注讀音（如「東，德紅切」），並詳細解釋字義、羅列異體字、收録大量異讀，甚至包含不少古字、俗字。其注文引證豐富，保存了大量漢魏至唐宋的古訓，兼具字書功能。

《廣韻》的語音系統承繼《切韻》《唐韻》而來，韻部稍多，卻無實質性的變化。在《切韻》《唐韻》亡佚以後，《廣韻》是研究中古漢語語音體系最權威、最翔實的直接材料。同時，還可以據此作爲窺測上古語音的橋梁、調查方音的出發點。

此次影印出版的底本，爲上海圖書館所藏宋刻本。書前有景德四年（一〇〇七）、大中祥符元年敕牒。宋諱避至構字，徵、頊、佶、桓等字不缺筆。刻工有何昇、何澄、宋琚、劉昭等。可知爲南宋寧宗時浙中所刻（詳見上海圖書館編《上海圖書館藏宋本圖録（修訂本）》，上海古籍出版社，二〇二二年）。

此本原書共五册。匡高二十一·四釐米，廣十五·七釐米。半葉十行，行二十字，注文小字雙行，字數不等。左右雙邊，白口，單魚尾。書後有楊守敬跋。

清康熙間張士俊刻《澤存堂五種》本、光緒間黎庶昌刻《古逸叢書》本皆據此版。舊爲日本寺田望南所藏，後歸博物館局長町田久成。

由楊守敬購歸，轉售潘祖蔭滂喜齋，鈐有「黄絹幼婦」「讀杜草堂」「星吾海外訪得祕笈」「潘祖蔭藏書記」等印。一九五一年七月，上海文物保管委員會購自滂喜齋後人潘丁達于，交付上海圖書館庋藏。

此本的影印出版，尚屬首次，我們希望藉此推進漢語音韻學、版本目録學等相關領域的研究。

上海古籍出版社

二〇二五年五月

目録

收

平上

五十一葉

準勑

大宋重修廣韻一部

凡二万六千一百九十四言

注一十九万一千六百九十二字

經籍志曰陳彭年作五卷

准景德四年十一月十五日

勑四聲成文六書垂法乃經籍之資始寔簡冊之攸

先自昊楚辨音隸古分體年祀寖遠攻習多門偏旁

由是差譌傳寫以之漏落剟注解之未備諒教授之

何從爰命討論特加刊正仍令摹印用廣頒行期後

學之無疑俾永代而作則宜令崇文院雕印送國子

監依九經書例施行牒至准勑

作準

勑。 准 朕。

勑故牒

又准大中祥符元年六月五日

勑道有形器之適物有象數之滋一爻始畫於龍圖

八體遂生於鳥跡書契是造文字教興踵事增華觸

類浸長沿歷載以變本尚辭律之諧音集韻成書抑

亦久矣朕聿遵

先志導揚素風設教崇文懸科取士考覈程準茲實

用焉而舊本既譌學者多誤必豕魚之盡革乃朱紫

以洞分爰擇儒臣叶宣精力校讎增損質正刊脩綜

其綱條灼然敘列俾之摹刻垂于將來仍特換於新

准
勑。

名廣永昭於成績宜改爲大宋重修廣韻牒至准
勑故牒

陸法言撰本　長孫訥言箋注
儀同三司劉臻　外史顏之推
著作郎魏淵　武陽太守盧思道
散騎常侍李若　國子博士蕭該
蜀王諮議參軍辛德源
吏部侍郎薛道衡已上八人同撰集
郭知玄拾遺緒正更以朱箋三百字
關亮增加字　薛峋增加字

王仁煦增加字　祝尚丘增加字
孫愐增加字　嚴寶文增加字
裴務齊增加字　陳道固增加字
更有諸家增字及義理釋訓悉纂略備載卷中
勒成一部進上
勑賜絹五百疋
昔開皇初有儀同劉臻等八人同詣法言門宿夜永
酒闌論及音韻以今聲調既自有別諸家取捨亦復
不同吳楚則時傷輕淺燕趙則多傷重濁秦隴則去
聲爲入梁益則平聲似去又支章移切脂旨夷切魚語居切

虞遇俱切共爲一韻先蘇前切仙相然切尤于求切侯胡溝切俱論是切欲廣文路自可清濁皆通若賞知音即須輕重有異呂靜韻集夏侯該韻略陽休之韻略周思言音韻李季節音譜杜臺卿韻略等各有乖互江東取韻與河北復殊因論南北是非古今通塞欲更捃選精切除削疏緩蕭顏多所決定魏著作謂法言曰向來論難疑處悉盡何不隨口記之我輩數人定則定矣法言即燭下握筆略記綱紀博問英辯殆得精華於是更涉餘學兼從薄宦十數年間不遑修集今返初服私訓諸弟子凡有文藻即須明聲韻屏居山野

交游阻絶疑惑之所質問無從亡者則生死路殊空懷可作之歎存者則貴賤禮隔以報絶交之旨遂取諸家音韻古今字書以前所記者定之爲切韻五卷剖析豪釐分别黍累何煩泣玉未得縣金藏之名山昔怪馬遷之言大持以蓋醬今歎楊雄之口吃非是小子專輒乃述羣賢遺意寧敢施行人世直欲不出戶庭于時歲次辛酉大隋仁壽元年

訥言曰此製酌古沿今無以加也然古傳之已久多失本源差之一畫詎惟千里見炙從肉莫究厥由輒意形聲固當從夕及其晤矣彼乃乖斯若靡馮焉他皆倣此頃佩

徵

法唐写作馬

經之隙沐雨之餘揩其紕繆疇茲得失銀鉤創闕晉
豕成羣盪櫛行披魯魚盈貫遂徵金篆遐泝石渠略
題會意之辞仍記所由之典亦有一文兩體不復備
陳數字同歸惟其擇善勿謂有增有減便慮不同一
點一畫咸資別據其有類雜竝爲訓解傳之不謬庶
埒箋云于時歲次丁丑大唐儀鳳二年
前費州多田縣丞郭知玄拾遺緒正更以朱箋三百
字其新加無反音皆同上音也

陳州司法孫愐唐韻序

蓋聞文字聿興音韻乃作蒼頡爾雅爲首詩頌次之

悉。　周。

則有字統字林韻集韻略述作頗衆得失互分惟陸
（陽承）（經籍志楊承慶字統二十卷晉呂忱字林七卷）
生切韻盛行於世然隨珠尚纇虹玉仍瑕注有差錯
文復漏誤若無刋正何以討論我國家偃武修文大
崇儒術置集賢之院召才學之流自開闢以來未有
如今日之盛上行下效比屋可封輒罄謏聞敢補遺
闕兼習諸書具爲訓解州縣名号亦據今時字體從
木從扌著彳著亻施殳施攵安尒安禾並悉具言庶
無紕繆其有異聞奇怪傳說姓氏原由土地物産山
河草木鳥獸蟲魚備載其間皆引憑據隨韻編紀添
彼數家勒成一書名曰唐韻蓋取周易周禮之義也

緫。倏。

及案三蒼爾雅字統字林說文玉篇石經聲韻聲譜九經諸子史漢三國志晉宋後魏周隋陳宋兩齊書本草姓苑風俗通古今注賈執姓氏英賢傳王僧孺百家譜周。何潔集文選諸集孝子傳輿地志及武德已來創置迄開元三十年並列注中等夫輿誦流汗交集愧以上陳天心又有元青子吉成子者則汝陽侯檠之曾孫卓尒好古博通內外遁祿巖嶺吐納自然抗志鈐鍵棲神梵宇淡泊無事希夷絕。塵倏。忽風雲靈餤怡懌考窮史籍廣覽羣書欲令清濁昭然學之上有終日而忘食有連宵而不寐案搜神記精怪穴。番。

圖山海經博物志四夷傳大荒經南越志西域記西
壑傳漢纂藥論證俗方言御覽字府及九經三史諸
子中遺漏要字訓義解釋多有不載必具言之子細
研窮究其巢穴。澄凝微思鄭重詳思輕重斯分不令
恩糅緘之金篋珍之寶之而已哉寧辭阻險敢不躬
談一訢愚心克諧雅況依次編記而不別番其一字
數訓則執優而尸之劣而副之其有或假不失元本
以四聲尋譯冀覽者去疑宿滯者豁如也又紐其脣
齒喉舌牙部件而次之有可紐不可行之及古體有
依約之並采以爲證庶無壅而昭其憑起終五年精

成一部前後總加四萬二千三百八十三言仍篆隸石經勒存正體幸不譏繁于時歲次辛卯天寶十載也

已下唐韻無

論曰切韻者本乎四聲紐以雙聲疊韻欲使文章麗則韻調精明於古人耳或人不達文性便格於五音爲足夫五音者五行之響八音之和四聲間迭在其中矣必以五音爲定則參宮參羽半徵半商引字調音各自有清濁若細分其條目則令韻部繁碎徒拘桎於文辭耳

廣韻上平聲卷第一

東第一德紅 獨用
冬第二都宗 鍾同用
鍾第三職容
江第四古雙 獨用
支第五章移 脂之同用
脂第六旨夷
之第七止而
微第八無非 獨用
魚第九語居 獨用
虞第十遇俱 模同用
模第十一莫胡
齊第十二徂奚 獨用
佳第十三古膎 皆同用
皆第十四古諧
灰第十五呼恢 咍同用
咍第十六呼來
眞第十七職鄰 諄臻同用
諄第十八之純

臻第十九側詵

文第二十武分欣同用

欣第二十一許巾

元第二十二語袁魂痕同用

魂第二十三戶昆

痕第二十四戶恩

寒第二十五胡安桓同用

桓第二十六乎官

刪第二十七所姦山同用

山第二十八所閒

東春方也說文曰動也从日在木中亦東風菜廣州記云陸地生莖赤和肉作羹味如酪香似蘭吳都賦云草則東風扶留又姓舜七友有東不訾又漢複姓十三氏左傳魯卿東門襄仲後因氏焉齊有大夫東郭偃又有東宮得臣晉有東關嬖五神仙傳有廣陵人東陵聖母適杜氏齊景公時有隱居東陵者乃以爲氏世本宋大夫東鄉爲賈執英賢傳云今高密有東鄉姓宋有貟外郎東陽無疑撰齊諧記七卷昔有東閭子甞富貴後乞於道云吾爲相六年未薦一士夏禹之後東樓公封于杞後以爲氏莊子東野稷漢有平原東方朔曹瞞傳有南陽太守東里昆何氏姓苑有東萊氏德紅切十七

菄東風菜義見上注俗加艸

鶇鶇鶅鳥名美形出廣雅亦作鶇

䍶獸名

筩

山海經曰泰戲山有獸狀如羊一角一目目在耳後其名曰辣又音陳音棟倲儱倲儜劣皃出字諟倲上同𩜍地理志云
東郡館名恮古文見道經涷瀧涷沾漬說文曰水出發鳩山入於河又都貢切蝀螮蝀虹也凍凍凌又都
貢切鯟魚名似鯉徚行皃崠崠如山名埬上涷地名蝀蛞蝀科斗蟲也案爾雅曰科斗活東郭璞云蝦蟆子
也字俗從蚰䰤醜皃同齊也共也輩也合也律歷有六同亦州春秋時晉夷吾獻其西河地於秦七國時屬魏秦并天下爲內史
之地漢武更名馮翊又有九龍泉泉有九源同爲一流因以名之又羌複姓有同蹄氏望在勃海徒紅切四十五仝古文出道書童
童獨也言童子未有室家也又姓出東莞漢有琅邪內史童仲玉僮僮僕又頑也癡也又姓漢有交阯刺史僮尹出風俗通銅金之
一品桐木名月令曰清明之日桐始華又桐廬縣在睦州亦姓有桐君藥錄兩卷峒崆峒山名硐磨硐也𦨴𦨴船𧳋獸似
豕出泰山筒竹筒又竹名射筒吳都賦曰其竹則桂箭射筒瞳目瞳㼧瓬瓦𤭛上同罿車上網又音衝犝
犝牛無角筩竹筩潼水名出廣漢郡亦關名又通衝二音曈曈曨日欲明也又他孔切洞洪洞縣名在晉州北又徒
弄切侗倥侗顓蒙楊子法言云橦木名花可爲布出字書又鍾幢二音烔熱氣烔烔出字林鶇鶇鶇水鳥黃喙長

尺餘南人以爲酒器出劉欣期交州記挏引也漢官名有挏馬又音動酮馬酪又音動鮦爾雅云[illegible]大鮦又直冢直

柳二切甋井甓一云甓也犝無角羊𦍻同上眮目眶又徒揔切蕫草名又多動切穜穜稑先種後熟謂之

種後種先熟謂之稑又音重衕通街也䡴轂具飾也𢈹地下應聲䆚通䆚也哃哃嘈大言弴弓餙

絧布名𨛱鄉名䣝地名又姓鼕鼓聲虪黑虎黱黑皃●中平也成也宜也堪也任也和也半也又姓漢少

府卿中京出風俗通又漢複姓有七氏漢有諫議大夫中行彪晉中行

偃之後虞有五英之樂掌中英者因以爲氏古有隱者中梁子漢書藝

文志有室中周著書十篇賈執英賢傳云路中大夫之後以路中爲氏

張晏云姓路爲中大夫何氏姓苑有中壘氏中野氏陟弓切又陟仲切

四衷善也正也適也中也又衷衣褻衣也忠無私也敬也直也厚也亦州名本漢臨江縣屬巴郡後魏置臨州貞觀爲忠州𦬕

草名又音沖●蟲爾雅曰有足曰蟲無足曰豸又姓漢功臣表有曲成侯蟲進直弓切七沖和也深也种稚也或作沖亦

姓後漢司徒河南种暠盅器虛也又敕中切爞爾雅云爞爞炎炎熏也𦬕草名又音中翀直上飛也●終

極也窮也竟也又姓漢有濟南終軍又漢複姓二氏東觀漢記有終利恭何氏姓苑云今下邳人也左傳殷人七族有終葵氏職戎切十五

髶

衆又之仲切 潨小水入大水又徂紅在冬二切 𣧩殁也 螽螽斯蟲也 𧒕上同 鼨豹文鼠也 蔠蔠葵蘩露也

柊木名又齊人謂椎爲柊楑也 𩅧小雨 𪛆字書云龜名也 鴤鳥名 𥳨篾𥳨戎人呼之 泈水名在襄陽

𧲣獸如豹 忡憂也敕中切三 沖沖瀜水平遠之皃又音蟲 盅器虛也又音蟲 崇高也敬也就也聚也又姓鋤弓切四 崈上同 㓽錛屬出古今字音 𩟓饞𩟓貪食也 嵩山高也又山名又姓史記有嵩極玄子或作崧息弓切九 崧上同

䳋似鷹而小能捕雀也 娀有娀氏女簡狄帝嚳次妃吞乙卵生契 菘菜名 硹地名在遼 㣍姓也 蛓蟲名

髶細毛 戎戎狄亦助也說文作戒兵也又姓漢宣帝戎婕妤生中山哀王竟如融切九 戒上同 茙茙葵蜀葵也又虜姓後魏書官氏志云南方有茙眷氏改爲茙氏也 𣐤木名 駥馬八尺也 䇒小竹可爲矢 㑚㑚人身有三角也 狨細布 絨上同

弓弓矢釋名曰弓穹也張之穹穹然也其末曰簫又謂之弭以骨爲之滑弭弭也中央曰弣弣撫也人所撫持也簫弣之間曰淵淵宛也言曲宛然也世本曰黃帝臣揮作弓墨子曰羿作弓孫子曰倕作弓又姓魯大夫叔弓之後居戎切六 躳身也親也又姓出姓苑 躬上同 涫縣名在酒泉 宮白虎通曰黃帝作宮室以避寒暑宮之言中也世本曰禹作宮亦官名漢書[illegible]府

宫有守宫令主御筆墨紙封書泥也又姓左傳虞有宫之竒 躬謹敬之皃又音穹 融和也朗也説文曰炊气上出也又姓
世本云古天子祝融之後以戎切四 𩰫上同 肜祭名又敕林切 瀜沖瀜大水皃 雄雄雌也亦姓舜友有雄陶羽弓
切二 熊獸名似豕魏略曰大秦之國出玄熊亦姓左傳賢者熊宜僚又漢複姓左傳楚大夫熊率且比 瞢目不明莫中切六 夢
説文曰不明也又武仲切 鄸邑名在魯郡 儚惽也國語云君使臣儚 ⿰夢色⿰夢色⿰夢色醜皃 ⿰夢豕獸似豕目在耳出崼崘
穹高也去宮切七 ⿰忄宮憂也 焪乾也 芎芎藭香草根曰芎藭苗曰蘼蕪似蛇牀 ⿱艹宮上同 躬謹敬之皃
⿱𥫗風⿱𥫗風籠也又去龍切 窮窮極也又窮奇獸名聞人鬭乃助不直者渠弓切三 藭芎藭 竆羿所封國 馮馮翊
郡名又姓畢公高之後食采於馮城因而命氏出杜陵及長樂房戎切七 堸蟲室 汎浮也又孚劒切 芃草盛也又音蓬 ⿰馮阝
姬姓之國 渢弘大聲也 梵木得風皃又防泛切 風教也佚也告也聲也河圖曰風者天地之使元命包曰陰陽怒而爲風方
戎切七 ⿰雚風古文 楓木名子可爲式爾雅云楓有脂而香孫炎云欇欇生江上有奇生枝高三四尺生毛一名楓子天旱以泥泥
之即雨山海經曰黄帝殺蚩尤棄其桎梏變爲楓木脂入地千年化爲虎魄 猦猦毋狀如猿逢人則叩頭小打便死得風還活

琉 隆 悾

出異物志⿰亻風地名葻葻梵聲也⿱風糸竹名出南海●豐大也多也茂也盛也又酒器豆屬又姓鄭公子豐之後敷空切八酆邑名亦姓左傳有狄相酆舒蘴蕪菁苗也灃水名在咸陽寷大屋𩰠煮麥僼僼仙人𡾰山名●充美也塞也行也滿也昌終切七珫珫耳玉名詩傳云充耳謂之瑱字俗從玉茺茺蔚草也㤝心動𧘂𧘂襌衣也䵵黃色又音統浺水聲●隆盛也豐也大也力中切六癃病也亦作㾶𪔵鼓聲俗作鼕窿穹隆天勢俗加穴霳豐隆雷師俗加雨𡍣多𡍣礼天●空空虛書曰伯禹作司空又漢複姓有空桐空相二氏苦紅切十四箜箜篌樂器釋名云師延所作靡靡之音出桑間濮上續漢書云靈帝胡服作箜篌也崆崆峒椌器物朴也又丘江切硿硿青石色也䅝稻稈悾悾悾信也愨也埪土埪龕也倥倥侗涳涳濛小雨又口江切䲱怪鳥出字統⿱艹空⿱艹空心草也⿰衤空衣袂⿰虫空蟬脫⿰虫空皮●公通也父也正也共也官也三公論道又公者無私也從八從厶厶音私八背意也背厶為公也亦姓漢有主爵都尉公儉又漢複姓八十五氏左傳魯有公冉務人公歛陽公何藐公父歜公賓庚公思展公鉏極公申叔子費宰公山弗擾公甲叔公巫召伯衛有公文要戰國策齊威王時有左執法公旗蕃左傳齊悼子公旗之後左傳孝公子

庶子公沮後以爲氏孟子有公行子著書左傳晉成公以卿之庶子爲
公行大夫其後氏焉孔子家語魯有公冶長又公索氏將祭而亡其牲
者魯有公愼氏出姪妻又有公罔之裘揚觶者孔子弟子齊人公晳
哀陳人公良儒公西赤公祖句茲公肩定漢書藝文志有公檮子
著書又有公勝生著書濟南公玉帶上明堂圖功臣表有公師壹
晉穆公子成師之後又有公扈滿意後漢有零陵太守公仇稱晉
穆公子仇之後又弘農令北海公沙穆山陽公堵恭魏志有公夏
浩晉書有征虜長史太山公正孽成都王帳下督公師蕃本姓公
師避晉景帝諱改爲公帥氏前趙錄有太中大夫公帥式子夏門
人齊人公羊高作春秋傳列女傳有公乘之姒墨子魯有公輸班
衞大夫公叔文子史記有魯相公儀休孔子門人公休哀又有公
祈哀禮記魯大夫公明儀何氏姓苑云今高平人衞大夫公南文
子魯有公剕皎衞大夫公子剕之後魯大夫公襄昭魯襄公太子
野之後魯大夫公伯寮何氏姓苑云彭城人趙平陵太守公休勝
魯士官公爲珍魯昭公子公爲之後楚大夫公朱高宋公子子朱
之後公車氏秦公子伯車之後淮南子有公牛哀病七日化爲虎
齊公子牛之後呂氏春秋有邴大夫公息忌孟子稱公都子有學
業楚公子田食采於都邑後氏焉公劉氏后稷公劉之後古今人
表有公房皮楚公子房之後郭泰別傳有渤海公族進階衞大夫
有公上王世本有魯大夫公之文晉蒲邑大夫公佗世卿秦公子

金之後有公金氏齊公子成之後有公牽氏何氏姓苑云公右氏今瑯邪人公左氏今高平人又有公言公孟公獻公留公石公旅公仲等氏又左傳衛有庾公差以善射聞祭公謀父出自姜姓申公子福楚申公巫臣之後衛有尹公佗楚大夫逢公子仲楚白公勝之後有白公氏文字志云魏文侯時有古樂人竇公氏獻古文樂書一篇秦有博士黃公庇古今人表神農之後有公幹仕齊爲大夫其後氏焉世本有大公叔穎又有公紀氏衛有大夫左公子洩右公子職漢四皓有園公先生尚書僕射東郡成公敞古紅切十三 功 功績也說文曰以勞定國曰功又漢複姓何氏姓苑云漢營陵令成功恢禹治水告成功後爲氏俗作功 工 官也又工巧也 疘 文字集略云肛疘下部病也 蚣 蜈蚣蟲 玒 玉名又音江 釭 車釭說文曰車轂中鐵也又古雙切 魟 鰤魟江蟲形似蟹可食又音烘 攻 攻擊 㓚 鉦鑊也 㥂 憒也 䂬 擊聲 𥬔 𥬔笠方言 ●蒙 覆也奄也爾雅釋草曰蒙玉女也莫紅切二十六 冡 說文覆也 濛 涳濛細雨 驝 驢子曰驝 艨 艨艟戰船又武用切 朦 大兒 矇 矇瞽 饛 盛食滿兒 ⿰髟蒙 馬垂鬣也 檬 似槐葉黃 𨡦 麴生衣兒 𪍴 上同 醠 亦上同 鸏 鶵鶵蒙鳥也 幪 覆也蓋衣也又幪穀 罞 爾雅曰麋罟謂之罞 幏 說文云蓋衣也又莫弄切 髳 爾雅釋詁曰覒髳茀離也 蠓 蠛蠓似蚊又莫孔切 ⿱艹夢 草可爲帚 雺 天氣下地不應曰雺又莫侯切

霿霥並上同　朦朦朧月下　𥂋器滿　懞心悶闇也　䨚小雨　籠西京雜記曰漢制天子以象牙為火
籠盧紅切又力董切二十七　豅大谷　櫳說文云房室之踈也亦作櫳　朧朦朧　𧮩大聲　龓櫳頭　𩍥上同　瀧
瀧涷沾漬說文曰雨瀧瀧也　聾耳聾左傳云不聽五聲之和曰聾釋名曰聾籠也如在蒙籠之內不可察也　𨏉軸頭　礱
磨也　𥢍禾病　𤸇上同　嚨喉嚨　蘢蘢古草名又音龍　櫳檻也養獸所也　𡒚字書云築土龔穀　巃巃嵸
山皃嵸祖紅切又音寵揔　襱襱褶　𧙕上同　瓏玲瓏玉聲　曨曨日欲出也　鸗鳥名　𩟗𩟗餅　蠪蠪蛭如狐九尾
虎爪音如小兒食人一名螭蠪又爾雅曰蠪朾螘郭璞云赤駁蚍蜉　𡿖崆𡿖山　屸山皃山形　洪大也亦姓共工氏之後本姓共氏後
改為洪氏戶公切二十二　鉷弩牙　訌潰也詩曰蟊賊內訌　紅色也又姓　虹螮蝀也又古巷切　仜身肥大也　鴻詩傳
云大曰鴻小曰鴈又姓左傳衛大夫鴻聊魋　葒水草一曰蘢古詩云隰有游龍傳曰龍即紅草也字或從卄　蕻上同　谼大壑
又洪谷寺在相州　粠陳赤米也　烘字林云燎也又呼紅切　洚說文曰水不遵道一曰工潰下也又戶冬下江二切　渱渱
水沸湧也　𨸹從𨸹山名在雲南　魟魟白魚又音烘　𨸶坑也　𩐈大聲　𦐊飛聲　𩗓大風　硔石聲　䲨鳥肥

革 通

大堆堆然 ○叢 聚也徂紅切五 藂 俗 叢 草叢生皃 潀 水會也 篵 籠篵取魚器俗 ○翁 老稱也亦
鳥頸毛又姓漢書貨殖傳有翁伯販脂而傾縣邑烏紅切八 螉 蠮螉蟲名細腰蠭也 鰫 魚名 蓊 蓊鬱草木盛皃又烏
桶切 ⿱竹翁 竹盛皃 䩺 吳人靴靿曰䩺 ⿰木翁 水⿰木翁子果名出南州 ⿰翁頁 頸毛也 ○怱 速也倉紅切十五 忩 俗
葱 葷菜 樬 尖頭擔也 ⿰車悤 轞車載囚 聰 聞也明也察也聽也殷仲堪父患耳聰聞牀下蟻動謂之牛鬪出晉書 繱
色青黃文細綃 璁 石似玉也 驄 馬青白雜色 蟌 蜻蜓淮南子曰蝦蟆爲鶉水蠆爲蟌 囱 竈突 ⿰酉悤 ⿰酉悤酥濁酒
鏓 大鑿平木器 熜 煴也又子孔切 ⿸广悤 屋中符又子孔切 ○通 達也三禮圖曰通天冠一名高山冠上之所服
也亦州〻本漢宕渠縣內有地萬餘頃因名爲萬州後魏以萬州居四達之路改爲通州又姓出姓苑他紅切九 蓪 蓪草藥名中有
小孔通氣 侗 大也 恫 痛也 痌 上同 曈 朧朧欲明之皃 俑 俑偶人又音勇 狪 獸名似豕出泰山又音同 ⿰⻊同
走皃 ○葼 木細枝也子紅切二十一 鬷 釜屬又姓左傳鄭大夫鬷明 嵕 九嵕山名 猣 犬生三子 豵 豕生三子 鯼
石首魚名 椶 椶櫚一名蒲葵 騣 馬鬣 ⿱髟悤 上同 蝬 螉蝬蟲名 嵸 巃嵸又作孔切 艐 書傳云三艐國名說文云艐著

⿰石㚇　栙　𠔳

沙不行也蝬巨蝬蛤屬出臨海異物志堫種也⿰石㚇右也𢹬聳翅上皃緵縷也又作弄切翪飛而斂足又子貢切

⿰彳㚇數也稯禾束鬉毛亂蓬草名亦州名周割巴州之伏虞郡於此置蓬州因蓬山而名之薄紅切十⿱⺮夆

車篷篷織竹夾箬覆舟也鬔鬔鬆髮亂皃蜂蟲名出蒼頡篇又音峯芃芃芃草盛皃又音馮⿰衤夆

爾雅曰困衱⿰衤夆亦作⿰衤夆又音降韸鼓聲驡忩塞皃又音龍⿺凡風風皃又步留切烘火皃呼東切又音紅六叿

叿叿市人聲魟河魚似鼈谾谷空皃出字林䜫䜫訌大聲⿺風共大風峵崆峵山皃五東切又魚江切一

檧小籠蘇公切又先孔切三憽惺憽了慧人也䁓䁓白皃出聲譜

嘗以孫愐廣韵校以朱云

二冬

冬四時之末尸子曰冬爲信北方爲冬冬終也又姓前燕慕容皝左司馬冬壽都宗切七𠔳古文苳草名鴤

鴤鳥好入水食似鳧形小笗竹名雺雨皃貗獸如豹有角彤赤也丹飾也亦姓彤伯爲成王宗枝徒冬切二

十二疼痛也佟姓也北燕錄有遼東佟萬以文章知名炵火盛皃又他冬切鶇鳥名鶇渠狀如山雞黑身赤足

出山海經也鼕鼓聲⿰忄蟲⿰忄蟲憂也出楚詞⿰宊攴擊空聲爞旱熱㣚惶也痋動病𧊅刺寻⿰金虫

赨 𪚢 農

大鉏𧹞赤色𧆉黑虎虎泈水名亦水皃𪚢龜名又音終疼楚云深屋鉖鈐鉖𨛱古國名
㣭戎云憣也赨赤蟲賨戎稅說文曰南蠻賦也藏宗切十一琮說文云琮瑞玉大八寸似車釭周禮曰以黃琮
禮地悰慮也一曰樂也潨小水入大水也又徂紅職戎二切淙水聲又上江切慒謀也又似由切鬃高髻又士
江切𤮐罌屬又士江切孮族盛孮鄉誴謀誴樂也㡯帛悰又布名農田農也說文作農耕也亦官名漢書
曰治粟內史秦官也景帝更名大司農又姓風俗通云神農之後又羌複姓有蘇農氏奴冬切十二辳上同𦦶古文𨐌籀文
𩟊䭢𩟊強食䭢女耕切噥多言不中𩅽露多憹憽憹悅也𤢊多毛犬也又乃刀切儂我也𥂕說文
曰腫血也膿上同攻治也作也擊也伐也古冬切二釭燈也又音江䃔䃔隆石落戶冬切四洚說文曰水
不遵道一曰下也孟子曰洚水警予𠽃歌也又胡宋徒送二切𩗓大風隆力冬切三鼕鼓聲𪔂聲也宗
衆也本也尊也亦官名漢書宗正秦官也掌親屬亦姓周卿宗伯之後出南陽又漢複姓二氏前漢有宗伯鳳南燕錄有宗正謙善卜相
作冬切二倧上古神人鬆髼鬆髮亂皃私宗切二髮上同炵火色他冬切一

椿。

三鍾 當也酒器也又量名左傳曰釜十則鍾亦姓出潁川又漢複姓有鍾離氏世本云與秦同祖其後因封爲姓職容切十八 鐘 樂器也呂氏春秋云黃帝命伶倫鑄十二器世本曰垂作鐘 蚣 蚣蝑蟲 忪 心動皃 笗 長節竹也 蹱 躘蹱小兒行皃 彸 征彸行皃 衳 小褌也 伀 志及衆也 橦 字樣云本音同今借爲木橦字 籦 籠籦竹名廣志云可爲笛 妐 夫之兄也 𠯁 衆口也 𧣒 舉角也 炂 熱什也 𦬁 草名 閦 門外開閦 鈆 鐵鈆

●龍 通也和也寵也鱗蟲之長也易曰雲從龍又姓舜納言龍之後力鍾切九 瓏 圭爲龍文 躘 躘蹱 鸗 鳥名 驡 野馬 龗 巫也 籠 䈁籠竹車蓬亦籦籠竹又力東力董二切 𦨴 小船上安蓋者 蘢 蘢古草

●舂 世本曰雍父作舂呂氏春秋曰赤冀作舂 蝽 蜙蝑俗呼蝽蟓 樁 橦也 踳 蹋也 䳊 鸀䳊鳥名 惷 愚也

●松 木名玄中記曰松脂淪入地千歲爲伏苓亦州舜竄三苗於三危河關之西南羌是也後魏末始統其城改置州焉祥容切四 枀 古文 淞 凇落皃又先恭切 訟 爭獄又徐用切

●衝 當也向也突也說文曰通道也尺容切十一 衝 上同 罿 縱也又音童 憧 憧憧往來皃 𨏦 陷陣車 艟 艨艟戰船 潼 河潼又音同 褈 褈褣衣也 𠠆 刺也 𠛪 上同 䵵 短矛也

●容

盛也儀也受也爾雅曰容謂之防郭璞云形如今牀頭小曲屏風唱䏧者所以自防隱司馬法云軍容不入國國容不入軍是也又州名又姓
八凱仲容之後禮記有徐大夫容居餘封切三十五溶水皃又音勇滽水名出宜蘇山庸常也用也功也和也次也易也
又姓漢有庸光⿳亠口用古文⿰豸庸獸似牛領有肉也⿰犭庸⿰牛庸並上同墉城也垣也鎔鎔鑄鏞大鐘銿上同
說文與鐘同鄘國名傭傭賃又丑凶切鷛鷛鸈鳥名似鴨雞足也⿰容瓦甈也⿰庸瓦同上鱅魚名又音
慵蓉芙蓉⿰虫庸倏⿰虫庸色如黃蛇有羽傛傛華縣也又漢書婦官有傛華褣⿰衤童褣搈不安瑢瑽瑢佩玉
行也䈶䈶筩又矢嵱山名在容州山下有鬼市頌形頌又似用切㝐㝐盛也說文云古文容⿰車公車行皃
⿰山庸山⿰山庸在建州⿱髟容⿱髟旁⿱髟容⿰容鳥⿰容鳥鷛槦⿰木鳥槦木中箭笴⿰庸彡重影一曰形⿰庸彡⿰庸戈⿰庸戈戣兵器封大也國也厚也
爵也亦姓望出渤海本姜姓炎帝之後封鉅爲黃帝師又望出河南後魏官氏志云是賁氏後改爲封氏府容切五⿱山圭古文⿰圭寸野牛
葑菜名詩云采葑采菲崶山名一名龍門山在封州大魚上化爲龍上不得點額流血水謂丹色也胷膺也亦作匈胷許容
切十凶凶禍⿰歹凶古文銎懼也又斤斧柄孔又曲恭切洶水勢也恟懼也詾訟也兇惡也訩衆語

壅 宜容當作直容正作直 七

匈匈奴 顒仰也爾雅云顒顒卬卬君之德也說文云大頭也魚容切四 ⿰馬禺上同見廣蒼 鰅魚名說文曰皮有文
出樂浪又音隅 喁噞喁 邕說文曰四方有水自邕成池者是也於容切十六 雍和也與邕略同又雍奴縣名在幽州水經
云四方有水曰雍不流曰奴亦姓左傳有雍糾又於用切 噰鳥聲 嗈上同 ⿰多邕⿰多邕⿰多農多皃 澭水名在宋 灉上同爾雅
曰水自河出爲灉 癰癰癤 甕汲器 廱辟廱天子教宮 饔熟食 壅塞又音擁 雝爾雅曰鶺鴒雝渠 ⿰邕鳥
上同 ⿱邕玉玉器 ⿰豸雍獸似猨也 醲厚酒女容切八 ⿰多農⿰多邕⿰多農 濃厚也 襛襛華又衣厚皃又而容切 穠花木厚又
而容切 檂木名 ⿰黑農鏞⿰黑農 ⿰镸農多也 重複也疊也宜容切又直勇直用二切六 種先種晚熟曰種 緟說文曰增
益也 褈複也 鶇鶇鶨鳥名 蝩蠪蝩晚生者 從就也又姓漢有將軍從公何氏姓苑云今東莞人疾容切又即容七恭奏
用三切三 从古文說文曰相德也 ⿰從隹方言云南楚人謂雞 蹱躘蹱丑凶切七 傭均也直也又音容 ⿰月庸上同 ⿺辶庸
馬不行也 ⿰豸童七精如㹠在地下也 ⿱尚童地名又直容切 ⿰黑庸深宂中⿰黑庸黑也 逢值也迎也符容切八 縫紩衣音俸 漨
水名 韸鼓聲 ⿰豸逢⿰豸逢⿰豸昔豕也 夆掣也又敷恭切 ⿰衤逢大黃負出神能動天地氣昔孔甲遇之 捀說文曰奉也又

歟。

特用切峯山峯也敷容切十六鋒劒刃鋒也丰丰茸美好說文本作丯草盛丯丯也從生上下達也丯上同
夆使也妦好也蠭說文曰螫人飛蟲也孝經援神契曰蠭蠆垂芒為其毒在後蜂上同𧖟古文蘴菜名
又音豐桻木上熢熢火夜曰熢晝曰燧烽上同莑草牙始生出音譜仹仙人犎犎牛縱縱橫也即
容切又子用切九𣯶毹毲也蹤蹤跡䡨從車跡樅木名又七恭切磫磫礭礪石豵豕生三子熧火行穴中
䟟急行也又此從切茸草生皃而容切十𩌏毳飾髶髮多亂皃𥮼竹頭有文襛華皃又厚衣皃
又女容切穠花木厚也又女容切搑擣也𥟍穃𥟍尋也榵木名似檀𥢃禾梢蛩蛩蛩巨虛獸也說文
云一曰秦謂蟬蛻曰蛩渠容切十六邛勞也病也又臨邛縣亦邛僰又姓列仙傳有周封史邛疏舼舼船䑧上同筇竹名
可爲杖張騫至大宛得之輁輁軸所以支棺也又音拱茾蒷葓實也𥳜籠𥳜蛩水鳥出石也又居勇切蛬蟋蟀
又音拱𠎳𠎳倯可憎之皃髸髸鬆髮亂也𨚁柜柳𣐊稽也又臣壠切𡋯𡋯佩𩣢獸如馬而青一走千
里也鱅魚名似牛音如豕蜀庸切又音庸三慵嬾也𩋳通俗文云牽乾也恭恭敬也說文本作恭肅也又姓

晉大子申生號恭君其後氏焉出國語九容切陸以恭蜙縱等入冬韻非也十龔姓也漢有龔遂供奉也具也設也給也進也又居
用切珙璧也又音拱䢼邑名出異苑又亭名出晉書共共城縣在衛州又渠用切䀓瞷也廾竦手也說文本居竦切
⿱髟共⿱髟共鬆𪁪鳥似雉鳴自呼蜙蜙蝑蟲名息恭切六淞水名在吳又音松凇凍落之皃鬆髮亂皃亦
作鬆傱傱恭怯皃⿰彳松小行恐皃樅木名松葉栢身七恭切又音蹤十二鏦短矛又音窻從從容又疾容秦用二
切瞛光也張景陽七命云怒目電瞛是也⿰虫從螉⿰虫從小蜂生牛馬皮中也瑽瑽瑢佩玉行皃⿰扌從打也又音窻⿰月從肥病
⿰禾從治禾⿰禾從移𧼯急行也又音蹤鬆髮亂又息恭切⿺辶公⿺辶公遷銎斤斧受柄處也曲恭切又許容切二⿱竹蛩⿱竹蛩籠

四江江海書有九江尋陽記云烏江蚌江烏白江嘉靡江畎江沔江廩江提江菌江亦姓出陳留本顓頊玄孫伯益之後爵封於江
陵為楚所滅後以國為氏古雙切十一扛舉鼎說文云扛橫關對舉也秦武王與孟說扛龍文之鼎脫臏而死杠旌旗飾一曰牀
前橫茳茳蘺香草釭鐙又音工矼石矼石橋也爾雅曰石杠謂之徛字俗從石豇豇豆蔓生白色肛胮肛脹大又許
江切玒玉名又音工⿰角工舉角谾谾谷在南郡厖厚也大也莫江切十四駹黑馬白面狵犬多毛亦作尨

尨　窗　邦　雙

尨上同　浝水名　哤語雜亂曰哤　牻牛白黑雜　娏女神名　⿰黑尨陰私事也　⿰山尨五⿰山尨山名在蜀　蛖蛖螻螻蛄類　⿰目尨目不明　痝病困　⿰亻尨不媚　⿰耳農耳中聲也女江切八　⿰農毛髮多　涳姓出纂文又音辞　噥噥嗔語出字林　⿰飠農強食　鬞亂髮　⿰目農目不明　⿰農鳥鴻⿰農鳥　囪說文曰在牆曰牖在屋曰囪楚江切九　窻說文作窻通孔也釋名曰窻聰也於內見外之聰明也　憁上同　窓俗　⿰禾㚇種也　⿰土㚇上同　摐打鐘鼓也　鏦打鐘鼓也　⿰礻悤上同　邦國也又姓出何氏姓苑博江切四　𡴫古文　梆木名　⿰扌邦土精如手在地中食之無病　桻桻艭帆未張下江切八　𨂒𨂒䠎胡豆　降降伏又古巷切　缸甖缸　⿰金瓦上同　洚說文曰水不遵道曰下也又古巷切　夅服也　𨂒𨂒䠎堅立也　胮胮脹匹江切又音龐五　⿸疒夅上同　韸鼓聲　⿱壴夅上同　⿰黑夅黑皃　瀧南人名湍亦州在嶺南呂江切又音雙二　驡充塞之皃　雙偶也兩隻也又姓出姓苑後魏有將軍雙仕洛所江切七　艭舽艭船名　⿱𥫗雙帆也　⿰忄雙懼也左傳云駟氏⿰忄雙　䠎豆也　瀧水名在郴州界　䠎𨂒䠎立也　龐姓也出南安南陽二望本周文王子畢公高後封於龐因氏焉魏有龐涓薄江切五　逄姓也出北海左傳齊有逄丑父　胮胮肛脹大皃　韸鼓聲　舽

跫　卮

解舡船皃　●肛許江切四　啌啌䁔語出聲譜　谾空谷谷皃　舡解舡船皃　●胦胦肛不伏人握江切一　●腔羊腔

也苦江切十二　猤上同　羫古文　控打也又苦貢切　椌椌楬　悾信也愨也又音空　跫蹋地聲　涳直流　崆

崆𡸣山皃　𩩲𩪋𩩲尻骨　𤸻喉中病　𤭢𤭢甀甂也　●幢幡幢釋名曰幢幢也其皃幢幢然也宅江切六　撞

撞突也學記曰善待問者如撞鐘撞擊也　橦木名又音鍾童　𣃘旌旗杠皃出說文又丑善切　噇喫皃　𩪋𩪋𩩲尻骨

●惷愚也丑江切又丑龍切又抽用切五　𧡍視不明也一曰直視又丑巷切　𥠉黍𥠉不實也　䄝祠不𠢕也　𧜝短敝衣也

●樁橛也都江切二　湷深水立湷　●𡸣五江切一　●淙水流皃士江切又才宗切四　鬃髻高皃　𤮐甖也

出方言　𩞈饞𩞈愛食

五支

●支支度也支持也亦姓何氏姓苑云琅邪人後趙錄有司空支雄又漢複姓莊子有支離益善屠龍章移切二十九　𥾢

繂𥾢挽船縄也　只專辝又之爾切　汥水名　𣬛𣭈𣬛者輕毛皃　卮酒器　梔梔子木實可染黃　枝枝柯又漢

複姓左傳楚大夫枝如子弓　祇適也又巨支切　疧疾也　衼衹衼尼法衣也衹音岐　肢肢體　胑𨈡並上同

⿰革爾

禔福也又是支切駊馬強氏月氏國名又閼氏匈奴皇后也又精是二音疧毀傷敪多也又音寘鳷鳥名漢武帝造鳷鵲觀在雲陽甘泉宮外𨾅上同觶本音寘今作奉觶字榰爾雅曰榰柱也謂相榰柱也[illegible]玉篇云木盛[illegible]土精如鴈一足黃色毀之殺人⿱枝虫蟲名似蜥蜴能吞人眵目汁凝又尺支切軙軙軝長轂⿰革爾皮鞁

移遷也遺也延也徙也易也說文曰禾相倚移也又官曹公府不相臨敬則爲移書戒表之類也亦姓風俗通云漢有弘農太守移良弋支切三十二⿰禾也上同迻說文遷也⿸厂欠說文默也杝木名鉹方言云涼州呼甑又音侈⿴衣多宋地名又音侈

箷衣架椸上同又榻前几⿰忄虒怟⿰忄虒不憂事詑詑詑自得皃又淺意也簃樓閣邊小屋又音池䔟萎蕤草⿰火移㷻⿰火移火不絕皃扅扊扅戶扃袘衣袖暆東暆縣在樂浪迤逶迤又移爾切⿰犭多獸名似犬尾白目喙赤出則大兵栘扶栘木名又成兮切歋歋廠手相弄人亦作擨又以遮切酏酒也又羊氏切匜杯匜似椸可以注水又羊氏切拸加也謻埤蒼云冰室門名⿰糸移上同蛇蝼蛇莊子所謂紫衣而朱冠又蛇丘縣名又神遮切虵俗

螔爾雅曰蚹蠃螔蝓注謂即蝸牛也·⿰亻歋⿰亻歋廠⿰亻欠笑⿰亻欠⿺風它小旋風咸陽有之小颵扌乩也·爲爾雅曰作

虋。

造爲也說文曰母猴也又姓風俗通云漢有南郡太守爲昆薳支切又王僞切六 為俗 溈水名在新陽 鄬阪名在鄭

又王詭切 鄬地名 鰞大魚又許爲切 嬀水名亦州春秋時屬燕秦爲上谷郡漢爲潙縣武德初置北燕州貞觀改爲嬀州因

水爲名又姓文士傳有嬀覽居爲切二 潙水名又音爲 摩說文曰旌旗所以指摩也亦作麾許爲切六 麾上同

𠿬口不言正 撝說文曰裂也易曰撝謙注謂指撝皆謙也 鰞大魚又音爲 鄬鄭地 逶逶迤於爲切十 ⿰歹委枯死

萎蔫也 㮃田器 覣好視 蜲蜲蛇 痿痺濕病也 倭慎皃 委委委佗佗美也 䴧鹿肉 蟡涸水精一

身兩頭似蛇以名呼之可取魚鼈 糜糜粥靡爲切九 縻繫也又縻爵易作靡 爢爢爛 劘散也 蘼薔蘼

虋。冬也又亡彼切 䊳糜碎 䵏䵏穄別名 ⿸麻耳乘輿金耳 醾酴醾酒也 隓毀也說文曰敗城𨸏曰隓許規切九

墮上同 隳俗 眭眭盱健皃又息爲切盱音吁 觿觿角錐童子佩之說文曰觿角銳耑可以解結也又戶圭切 睢

仰目也 ⿱隓言相毀之言 鑴大鍾又戶圭切 蘳華黃也又果實也 鬌髮落直垂切又大果切 錘八銖又馳僞切

甀罌也 垂幾也疆也說文曰遠邊也是爲切十 埀上同 陲邊也說文危也 倕重也黃帝時巧人名倕 ⿱垂缶

小口罌也䳠雅鳥圌山名在吴都又市緣切篅盛穀囗笹䉢上同𠂹草木葉縣羸瘦也力為切二

⿱尢羸膝病吹吹嘘昌垂切又尺僞切三炊炊爨籥習管古文作龡又尺僞切鈹大針也又劔如刀裝者敷羈切

十二帔又芳髲切鮍魚鮍披又作翍開也分也散也𤱽耕也⿰耒皮上同狓狓猲皃出新字林翍翍張

之皃旇旗靡秛禾租𣬉器破而未離又皮美切破開肉又匹靡切陂書傳云澤障曰陂彼為切十一詖

辯辭又音祕碑釋名曰本葬時所設臣子追述君父之功以書其上羆爾雅曰羆如熊黃白文孝經援神契曰赤羆見則姦

宄自遠也⿱能皮古文⿰金羆玉篇云耜屬也犤牛名又音皮⿱陂金鋸鉏也⿱竹能竹名⿰衤羆關東人呼裙也⿱艹能

草名又彼義切隨從也順也又姓風俗通云隨侯之後漢有博士隨何後漢有扶風隨蕃旬為切三隋國名本作隨左傳曰

漢東之國隨為大漢初為縣後魏為郡又改為州隋文帝去辶䉢䉢籠虧缺也俗作虧去為切一闚小視去隨

切二窺上同奇異也說文作奇又虜複姓後魏書奇斤氏後改為奇氏渠羈切又居宜切十琦玉名騎說文曰跨馬也

又其奇切鵸鵸鵌鳥似烏三首六尾自為牝牡善笑鵌音余出山海經弜強也又其丈切⿺鬼支小兒碕曲岸又巨支切

菽 義 九当作八 石

𣏐木別生也 𢻫上同又橫首皃 錡釜屬又魚綺切 ●祇地祇神也巨支切二十五 □上同見周禮本又時至切
祇祇衼尼法衣 岐山名亦州春秋及戰國時爲秦都漢爲右扶風魏置雍城鎮又改爲岐州因山而名又姓黃帝時有岐伯
歧歧路 䢽邑名在扶風 馶勁皃 疷病也詩云俾我疷兮 蚑蚑蚑蟲行皃又長蚑蠨蛸別名出崔豹古今注 忯爾雅
云忯忯惕惕愛也 趍說文曰緣大木也一曰行皃 翍翍翍飛皃 𢻱弓硬皃 軝說文曰長轂之軝以朱約之詩曰約
軝錯衡 𩊚上同 茋藥草說文曰茋母也 汥說文曰水都也又音支 跂行皃又音企 𪀗雞又云鴈 蚔
蝨也 粎赤米 𢐗繰絲鉤緒 伎舒散又音技 𨱲長𨱲國名髮長於身 𠆲參差也 ●△犧犧牲書傳曰色
純曰犧許羈切十九 羲姓風俗通云堯卿羲仲之後 𠯋吹歙貪者欲食皃 桸杓也 巇巇嶮 苐地名在魏
戲於戲歎辝又姓虙戲氏之後又喜義切 𤅷水名在新豐 曦日光 𢹃擊也 蠘蝨名 䚷角匕又火元切
䖒古陶器也 㺣獸名又曰豕也 歔吹嚱口聲 戲相笑之皃 𡓭毀也 𨽹上同 ●𢻮不正也去奇切十一 觭
角一俯一仰也 踦脚跛又居綺切 𣨙死也說文棄也俗語謂死曰大𣨙 崎崎嶇 𦕌一隻 碕石橋 𤘩虎牙

俗　禔

倚㰶倚儉急⿰虫奇長胸䶑鼊敧宗廟宥座之器說文又居宜切持去也●宜說文本作宐所安也俗作宜亦姓出姓苑魚羈
切十一宐上同⿱勿多⿱宀多並古文儀儀容又義也正也亦州名本漢涅縣地秦爲上黨郡武德爲遼州又爲箕州今爲儀州亦
姓左傳徐大夫儀楚竩上同䣡地名在徐鸃鵔鸃神鳥轙車上環轡所貫也又音蟻涯水畔也又五佳切崖
崖岸又五佳切●皮皮膚也釋名曰皮被也被覆體也亦姓出下邳符羈切六疲勞也乏也郫郫縣名在蜀罷倦也亦止
也又音羆椑木下交皃又符支切犤下小牛也●提羣飛皃是支切又弟泥切十二翨上同⿰口是鳥鳴匙匕也
⿱竹是說文曰簧屬堤堤封頃畝漢書作提顏師古曰提封者大舉其封疆也提音題禔福也亦安也喜也又音支⿱艹是⿱艹是毋
即知母草出字林忯愛也⿱多女⿱多女母也又尺氏切眂眂眂役目⿰木氏碓衡●兒嬰兒又虜姓官氏志云賀兒氏後改爲兒
氏汝移切四兒上同唲曲從皃楚詞云喔咿嚅唲婼前漢西域傳有婼羌●離近曰離遠曰別說文曰離黃倉庚鳴
則蠶生今用鸝爲鸝黃借離爲離別也又姓孟軻門人有離婁呂支切三十七籬笓籬又爾雅曰樊藩也郭璞云謂藩籬也醨
酒薄罹心憂璃琉璃酈魯地名又音歷⿰麗攴陳也又力米切驪馬深黑色又姓驪戎國之後⿰鼠离⿰鼠离[illegible]小鼠相銜

鄑

行也樆山梨鸝鸝黃鵹上同䴉上同又鵹䴉自為牝牡縭婦人香纓褵玉篇云衣帶也蘺江蘺蘼蕪別名
䕻草木附地生也麗東夷國名又盧計切离明也又卦名案易本作離又丑知切䍦接䍦白帽欐柴欐也蠡
匈奴傳有谷蠡也又音鹿穲長沙人謂禾二把為穲孋孋姬本亦作驪漓水滲入地灕淋灕秋雨也𧓍蜓蚰別名
𤎊帷中火也又丑知切蠬螹蠬蟲名攡太玄經云張也黐黏也又丑知切䁻䁻瞜也𥣬穲穲黍稷行列𢢈
多端又思之也㦤上同謧弄語劙分破也疵黑病疾移切八骴殘骨又音自玼玉病又七禮切茈藐茈
草枇無枇木一名榆胔人子腸名飺嫌食皃鴜鸑鴜水鳥似魚虎蒼黑色又即知切貲貲也財也即移切十六
頾說文云口上須俗作髭鴜鸑鴜又疾移切𪕬鼠名似雞鮆魚名又才禮切訾思也又姓何氏姓苑云今齊人本姓蔡氏
漢元帝功臣表有樓虛侯訾順鄑鄑城名在海北𢂑布名媊說文云甘氏星經曰太白上公妻曰女媊居南斗食厲天下祭之曰
明星又音前邺谷名𣢑歐也又子賜切鈭鈭錍斧也又千支切𡜟婦人皃又疾支此移二切貲菜名蠀蟲似蟬
觜觜星爾雅曰娵觜之口營室東壁也又遵誅切羈馬絆也又馬絡也居宜切九畸殘田羇寄也掎掎角又居綺切

攲箸取物也說文曰持去也又起宜切 奇不偶也又虧也又渠羈切 㱦棄也又丘奇切 妓妓婓態皃又渠綺切 躸倚身

單皃 卑下也賤也亦姓蔡邕胡太傅碑有太傅掾鴈門卑整府移切十一 鵯鵯鶋鳥又音匹 椑木名似柹荆州記曰宜都

出大椑潘岳閑居賦云烏椑之柹 箄取魚竹器 裨裨補也增也與也附也助也又音陴 鞞牛鞞縣在蜀又薄迷脯鼎二切 顊

須髮半白 痺下也又音婢 渒水名 錍鈭錍斧也 㡙晃也 陴城上女牆也符支切十五 𩫖籀文 焷炰也

脾說文曰土藏也釋名曰脾裨也在胃下裨助胃氣主化穀也 䴽麵餅 埤附也增也又音婢 禆副將又姓鄭有大夫

裨竈 蜱爾雅曰蟷蠰其子蜱蛸郭璞云蟷蠰螗蜋別名 𧒂上同 螷爾雅曰蜌螷即蚌屬也又薄佳切又薄猛切 蠯

上同 ⿰木庳木枝下也 郫郫邵晉邑亦姓出姓苑 𪍪𪍪䴸麦麵 紕飾緣邊也 ⿰糸壐繒似布說文曰粗緒也式支切

十二 絁俗 施施設亦姓左傳魯大夫施伯何氏姓苑云今沛人又式豉以寘二切 葹卷葹草名拔心不死 ⿰它見規⿰它見面柔

也本亦作戚施 鍦短矛 鉈上同說文本食遮切 鸍似鴨而小又音彌 ⿱爾黽⿰酉黽⿱爾黽蟾蜍別名 ⿱施虫米穀中蠧 䚕誘䚕 ⿰也攵

說文敦也 斯此也說文曰析也詩曰斧以斯之姓吳志賀齊傳有剡縣吏斯從息移切二十六 虒似虎有角能行水中 ⿱雨鮮小雨 榹

榹桃山桃虒涯也又水名出趙國廝廝養也役也使也儩上同凘凌凘磃館名瘬瘦瘬疼痛又斯齊切
傂傂祁地名在絳西臨汾水本亦作虒謕謕謱也鼶鼠名又音啼鷥鸒鷥雅鳥蟴爾雅曰蟔蛅蟴郭璞
曰蛓屬也今青州人呼蛓爲蛅蟴蛓音刺⿱斯瓦⿱麗瓦破螔螔守宮別名⿰虒頁䫏⿰虒頁頭不正也䫏音精纚經緯不同又式支切⿱艹斯
草生水中其花可食菥葴菥草似燕麥⿰石斯⿰石斯磨蟴爾雅曰蟴螽蜙蝑郭璞云蜙⿰虫從也俗呼蝽蟍燍火焦臭也禠福也
鐁平木器名差次也不齊等也楚宜切又楚佳楚懈二切四嵯嵾嵯山不齊又在河切齹齒參差縒參縒也
摛舒也丑知切九螭螭無角如龍而黃北方謂之地螻誺不知又洛代切魑魑魅黐所以粘鳥又呂支切⿰火离火焱
离猛獸說文作离山神獸也又呂知切⿱离山上同彲獸名文王卜獵于渭陽所獲非龍非彲彌益也長也久也亦姓三輔
決錄有新豐彌升又羌複姓後秦將軍彌姐婆觸武移切十七弥上同鸍鳩鳥名又名沈鳧似鴨而小也又式支切镾長久
罙罟也⿱宀罙上同⿰目盆⿰目盆汗面皃又莫結切瓕玉名獼獼猴⿱竹璽篾竹亦作⿱竹⿱爾力擟擟拘山名麊縣名在交
阯罙罙入也冒也周行也⿱彌女齊人呼母⿱彌金青州人云鎌⿰矛爾矛也瀰渺瀰大水皃雌牝也說文曰鳥母也

詑与犧併音

此移切五 背 小腸 娑 婦人皃又即移疾移二切 鍫 鍫錍斧也又即移切 羋 說文曰羊名蹏皮可以割黍 知

覺也欲也陟離切六 鼅 說文曰鼅鼄蟊也 鼅 上同 蜘 亦同 𨡆 酒也 䝷 質當也亦作𧶜 漪 於離切水文也十一

猗 長也倚也施也又犗犬出字林或作犄 椅 木名梓實桐皮 旖 旖旎旗舒皃又音上聲 禕 美也珍也 陭 陭氏

縣名 欹 歎辭 㽬 身急又弱也 犄 犗也 䫏 笑容皃也 檹 說文曰木檹施也賈侍中說檹即椅也可作琴 馳

馳鶩也疾驅也又姓出姓苑直離切十四 趍 說文曰趍趙夂也 池 停水曰池廣雅曰沼也又姓漢有中牟令池瑗出風俗通又有

池仲魚城門失火仲魚燒死故諺曰城門失火殃及池魚 簃 連閣又音移 篪 樂器以竹為之長尺四寸小者尺二寸七孔世本曰

蘇成公所作也 䶵 上同 踟 踟蹰 褫 蓐衣又曰褫毭說文曰奪衣也又敕爾直爾二切 𩐨 咸𩐨黃帝樂名樂記作池 𪗉

齒斷 誃 別也亦作謻 傂 仳傂參差也又息移除爾二切 𧽯 輕薄皃 眭 姓也出趙郡息為切一 危 疾也隤也

不正也不安也魚為切四 㕒 厜㕒 洈 水名在南郡 峗 三峗山名 詑 自多皃俗作訑香支切又湯何切二 㰟 㰟欱

乞人見食皃 釃 下酒所宜切又山爾切七 簁 下物竹器又所綺切 欐 梁棟別名又禮麗二音 襹 褷襹毛羽衣皃 褷

厜当作与 貲

𣐼

上同⿰虫麗蚰蜒別名籭盝也又山佳切⿰革巂鞍鞘一曰垂皃山垂切二鑴小餟之皃●痿濕病一日兩足不能相及人垂切又於佳切二⿰風委風緩之皃○厜厜㕒山巔狀姊宜切六觜星名纗細繩惢善也說文曰心疑也又桑果才捶二切嫢盈姿皃⿱此朿鳥喙●⿰頁桼說文曰小頭⿰頁桼⿰頁桼也居隋切七⿰木頁上同槻木名堪作弓材規圓也字統云丈夫識用必合規矩故規從夫也鬹三足釜有柄也⿰夫隹鶇鳺鳥名摫裁摫方言曰梁益間裂帛爲衣曰摫●劑券也遵爲切又在細切六⿱此朿廣雅云石針也⿱艹⿱此朿地萸臇臇臛也又子兖切⿰火雋⿰火巽並上同●衰小也減也殺也楚危切又所危切二夊夊行遲皃●腄瘢胝竹垂切三箠節也又之壘切⿰垂支敁⿰垂支不齊●⿰馬垂馬小皃子垂切又之壘切一●眵目汁凝也叱支切二纚祖緒又式支息移二切●齜開口見齒側宜切一●⿰此皮器破也匹支切一●⿰阝⿱艹月悅吹切藍蓼秀又羊箠切六⿰阝雚說文云飛也蠵觜蠵大龜欈欈欈木名實可食也⿰豸巂小⿰豸責也⿰豸隋上同●齹士宜切齒參差亦作⿰齒差又楚宜切一

六●脂脂膏也釋名曰脂砥也著面軟滑如砥石也說文云戴角者脂無角者膏又姓魏略有中大夫京兆脂習字元升旨夷切十

祇敬也俗從互餘同 泜水名又音遲 砥右細於礪又音旨 栺栺栖木名亦栺栖柱 鴲小青雀也 ⿰氵旨水名
疻積血腫皃 茋茋蒩也 𥁕上同 ○姨母之姊妹又爾雅曰妻之姊妹同出爲姨以脂切二十六 彝常也法也
亦酒樽也 寅敬也亦辰名爾雅云太歲在寅曰攝提格又引人切 夷夷猶等也滅也易也說文平也从大弓又曰南蠻從虫北狄從
犬西羌從羊唯東夷從大人俗仁而壽有君子不死之國亦姓齊大夫夷仲年又漢複姓六氏史記范蠡適齊爲鴟夷子左傳宋公子目夷之
後以目夷爲氏祝融後董父之胤其後以融夷爲氏雉夷虎夷皆國名後並爲氏秦末虎夷渠帥助番君攻秦世本云宋襄公子墨夷須爲大
司馬其後有墨夷皐 峓嵎峓山名書作嵎夷傳云東表之地 侇悅樂 眱熟視不言 ⿰木彝木名 珆石似玉也 ⿱艹寅莵瓜又羊
善弋仁二切 𡰥陽𡰥地名本古文夷字 痍瘡痍 䧅隇䧅險阻 荑莁荑 桋木名 蛦⿰虫遂蛦蟲名又⿰虫敢蛦山雞也
胰夾脊肉也 鮧鱁鮧鹽藏魚腸又魚名也 羠廣雅云犍羊也 羨沙羨邑名在江夏出地理志又羊箭祥面二切 鏔
戟之無刃者出方言 𢓊說文曰行平易也 鴺鴺鶘一名飛生 ⿸尸夷⿸尸夷踞 跠上同 洟易曰齎咨涕洟又他計切 ○師
師範也衆也亦宮名大戴禮曰昔者周成王幼在繈褓之中太公爲太師也又姓晉有師曠又漢複姓十二氏左傳衞大夫褚師圃馬師頡鄭

有鄉校子產云是吾師也其後以校師爲氏陳悼太子偃師其後以王
父字爲氏扶風傳有范師利蒦世本云鄭有子師僕⿸尸另時掌樂有太師
摯少師陽宋有樂人師延世掌樂職後有宋大夫師延宜風俗通云有
牧師氏春秋釋例楚有師祁黎後漢末有南陽師宜宫善篆跡夷切六
鰤老魚蒒草名出玉篇篩篩竹一名太極長百丈南方以爲船出神異經又竹器也獅犬生二子螄螄螺●毗
説文曰人齎也今作毗通爲毗輔之毗房脂切二十三毘上注比和也並也又匕鼻邲三音琵琵琶釋名曰推手爲琵引手爲
琶取其鼓時以爲之名也⿰木毘楣又方奚切芘蕠芘荊蕃沘水名在楚貔獸名豼上同膍牛百葉也又鳥膍胵
也又步迷切肶上同蚍蚍蜉大螘⿱比䖵上同枇枇杷果木冬花夏熟仳仳倠醜女⿰身比⿰身夸⿰身比體柔魮文魮
魚名狀如覆銚鳥首而翼魚尾音如磬生珠玉出山海經鈚犂館別名蓖蒿也⿱罒比箳笭阰山名在楚南⿰虫琵蟲名
鵧鳥名●咨嗟也謀也即夷切十五資助也機也化貨也又姓陳留風俗傳云黃帝之後粢祭飯𪗋上同齌
齌縗經典通用齊⿰衤齊上同諮諮謀姿姿態齍黍稷在器澬水名在邵陵又音茨⿰氵次具茨山在滎陽出山
海經齎齎持也又子兮切薋薋薺實也⿰雨資雨聲⿱雨資上同●飢飢餓也又姓左傳殷人七族有飢氏居夷切四

⿰朿見 茨

⿰雨資

五当作十四

机木名似榆又音几 肌肌膚 虮密虮蝨名 鴟一名鳶也處脂切七 ⿰氐隹上同 鵄亦同 胵膍胵鳥藏

⿰魚氐魚名 諸怒也 ⿺辶至走皃 絺細葛也丑飢切七 辴笑皃又敕辰抽敂二切 郗邑名又姓出高平

⿱⺮希竹器 脪⿰月石脪牛馬子腸 瓻酒器大者一石小者五斗古之借書盛酒瓶 訵陰知也出字林 郪縣名在梓

州取私切文七西切九 趑趑趄趨不進也 輂說文作⿱𢆶輂連車也一曰郤車抵堂又士佳疾資二切 趀說文云倉卒也 趦

上同 ⿰朿見盜視 ⿸尸此上同亦此也 ⿸尸資此也 蠀蝸化也 茨茅茨又姓後漢有茨光亦漢複姓晉有茨芘仲疾資切十

三 薋蒺蔾詩作茨說文又作薺 薺上同又才禮切 餈飯餅也 ⿰食咨上同 垐以土增道 ⿰禾資積禾 齍

齍螬又疾兮切 瓷瓦器 澬水名在常山郡又涔澬久雨又音資 ⿰糸司絧補 輂連車又七茨切又士佳切 ⿰雨資涔⿰雨資久雨

尼和也女夷切八 柅木名又女履切 怩忸怩心慙也 蚭字林云北燕人謂蜒蚰爲蚰蚭也 跜躨跜虯龍動皃見文選

呢言不了呢喃也 䭲餌䭲 ⿰豸尼獸名 墀說文云墀塗地也禮天子有赤墀漢典職曰以丹漆地故稱丹墀漢書曰王根

作赤墀直尼切十五 墀上同 坻小渚俗從互餘同 泜水名在常山陳餘死處也又旨夷切 遲徐也久也緩也亦姓

晉湘東太守遲超又虜姓後魏書尉遲氏後改爲尉氏又音穉 遲上同 蚳山名 衹衹徊猶徘徊也 阺字統云秦謂陵阪爲阺也 茬爾雅云蘊茬今之刺榆也 菭水衣也又徒來切 謘語謘謘也 莉姓也出淮南 貾貝之黃質有白點者

私不公也說文曰禾也息夷切五 鋖平木器也亦作鋤 厶自營爲厶也說文曰姦衺也 蕬說文曰茱萸也 㺨石似玉者 尸主也陳也利也又姓秦有尸佼爲商君師著書式之切四 鳲鳲鳩鵠鶴今布穀也詩云鳲鳩之養其子朝從上下暮從下上食之平均如一也 屍禮記曰在牀曰屍在棺曰柩

蓍蒿屬筮者以爲策說文云蓍生千歲三百莖易以爲數天子蓍九尺諸侯七尺大夫五尺士三尺 鬐馬項上鬐也渠脂切十一 耆方言云長也說文云老也左傳云強也禮記音義云至也言至老境也 耆上同 愭畏也敬也 覩視也 䁯上同 䅲麥下種也 祁盛也縣名在太原左傳晉大夫祁奚之邑因以名之又姓出太原黃帝二十五子之一也何氏姓苑云今扶風人 鍺衞軸鐵也 鰭魚脊上骨 鮨鮓也

伊惟也因也侯也亦水名又州本伊吾盧地在燉煌之北大磧之外秦末有之漢爲伊吾屯隋爲郡貞觀初慕化內附置伊州焉又姓伊尹之後今山陽人於脂切五 咿喔咿 蛜蛜蝛蟍負蠜也 黝縣名屬歙州又於九切 黟上同 棃果名魏文詔云眞定御棃大如拳甘如蜜

力脂切十四梨上同剓直破秜稻死來年更生蜊蛤蜊蔾蒺蔾犂牛駁又郎奚切刕姓也出蜀刀逵
之後避難改爲刕氏也出字書⿱黎心說文恨也一曰怠也鯬魚名鑗金屬𪎭𪌉𪎭餅也蟍螏蟍蝍蛆蜈蚣⿰黎阝
國名葵說文曰菜也常傾葉向日不令照其根渠追切八鄈鄈丘地在陳留又在河東漢祭后土處楑柊楑⿰魚癸
魚名⿰忄癸悚也又祗癸切⿰月癸臞⿰月癸醜也⿰癸鳥⿰癸鳥鳩鳥⿰虫癸蟲名追逐也隨也陟佳切三⿺辶雷雷也出韓詩娺疾也
龜說苑曰靈龜五色似玉似金背陰向陽上高象天下平法地易号爲龜大戴禮曰田蟲三百六十四神龜爲之長居追切六⿱宀龜
上同𠁴古文跰曲脛螝爾雅云螝蠶蛹騩馬淺黑色蕤葳蕤草木華皃又蕤賓五月律儒佳切七甤說文曰草
木實甤甤也緌緌纓擩染也又而樹切桵白桵木也⿰禾妥禾四把也又息遺切捼摧也又奴禾切俗作挼衰微也
所追切三榱屋橑說文曰秦名爲屋椽周謂之榱齊魯謂之桷⿸疒衰病也說文減也一曰秏也惟謀也思也以追切十二
⿰方遺旌也維豈也隅也持也繫也說文曰車蓋維也遺失也亡也贈也加也又姓急就章有遺餘又以醉切濰水在琅邪
壝埒也壝也又以癸切⿰耳遺遺目病蓶菜名似韭而黃⿰言崔就也又士佳切琟石似玉也唯獨也又以癸切⿰虫遺遺蜸⿰虫遺

犪

神蛇一首兩身六足四翼見則其國大旱湯時見於陽山出山海經灅水名在鴈門力追切十三纍纍索也亦作縲又姓
晉七輿大夫纍虎虆蔓虆草欙山行乘欙亦作樏⿰牛纍求子牛⿰山纍嵔⿰山纍又力罪切⿱畾山上同嫘嫘祖黃帝
妃亦作嫘瓃玉器⿰目纍視皃鸓飛生鳥也又力水切儽嬾懈皃亦作儽又力罪切纝網絡論語注云黑索也亦作縲
綏安也說文曰車中靶也又州名春秋時爲白翟所居秦并天下爲上郡後魏廢郡置州取綏德縣以爲名息遺切十二雖語助也本
蟲名似蜥蜴而有文荾胡荾香菜博物志曰張騫西域得胡荾石虎鄴中記曰石勒改胡荾爲香荾荽上同芠亦同葰亦
同說文曰薑屬可以香口浽浽溦小雨奞說文曰鳥張毛羽自奮奞也又戍閏切夊行遲皃又楚危切睢水名在梁
郡又許葵切濉上同䅗禾四把長沙云又儒佳切逵隱也爾雅曰九達謂之逵渠追切十九夔夔龍亦州名春
秋時魚國漢爲魚復縣梁隋皆爲巴東郡唐初改爲信州又改爲夔州取夔國名之又獸名似牛一足無角其音如雷皮可以冒鼓⿱頁⿰止夊
俗馗說文曰九達道也與逵同又鍾馗俗以辟惡戣兵器戣戟屬鍨上同騤強也盛也又馬行皃犪犪牛出岷
山肉重數千斤出山海經躨躨跜見文選⿰月癸臞⿰月癸醜皃尣埤蒼云遠荒又音求⿰𧾷癸左脛曲也⿰亻癸左右視也[illegible]

顧皃⿰⿱夂廾頁小頭⿰亻歸使也⿰歸見遥視又丘韋切⿱夂升持也頄面顴也又音求

眉說文作𥃩目上毛也武悲切二十𥃩見上注嵋山形湄釋名曰湄眉也臨水如眉也爾雅曰水草交爲湄𤅥上同鶥鳥名爾雅曰鶬麋鴰今呼鶬鴰字林作鶥

楣戶楣釋名云楣近前各兩若面之有眉瑂石似玉也矀伺視⿺辶矀上同⿱⺮微竹名又音微黴黴黧黑垢腐皃又莫背切

麋鹿屬冬至解其角又姓蜀將東海麋竺也蘪蘪蕪香草即江蘺也郿縣名在岐州溦爾雅曰谷者溦郭璞云通於谷也

薇爾雅曰薇垂水謂生於水邊⿸广眉金飾馬耳又武畀切葿菇葿草⿰扌麋水芰名也悲痛也府眉切一

錐說文銳也職追切八隹說文曰鳥之短尾者總名⿸广隹鹿一歲騅馬蒼白雜毛又姓左傳晉七輿大夫騅歂也

⿱木隹木名似桂⿰鼠隹鼠名萑萑蓷茺蔚又名益母鵻鳥名誰何也視隹切三⿰言崔就也又以隹切脽說文

尻也亦汾脽巨靈所坐也帷說文曰在旁曰帷釋名曰帷圍也以自障圍也洧悲切一邳下邳縣名在泗州又姓風俗通

云奚仲爲夏車正自薛封邳其後爲氏後漢有信都邳彤符悲切六鉟刃戈又音丕鴀⿱罒鳥也岯山再成也魾大鱯也又

音丕⿰⿱彡否頁說文云短須髮皃又音丕丕大也亦姓左傳晉大夫丕鄭敷悲切十二⿻丕丨上同伾有力秠黑黍一稃二米又匹乙切

䫠大面駓桃花馬色怌怌恐也䫊短須髮皃豾貍子髬髬髵猛獸舊髮亂皃魾大鱯鉟刃戈倠
仳倠醜面許維切六婎上同睢睢盱視皃眭眭盱健皃度姿度慶上同鎚金鎚又權也文字音義云從垂亦通
直追切五椎椎鈍不曲橈亦棒椎也又椎髻槌上同又直畏切桘俗顀項顀推排也叉隹切又湯回切二蓷萑蓷
又湯回切胝皮厚也俗作胑丁尼切四疷上同秖穀始熟也氐氐池縣名又音低紕繒欲壞也匹夷切六𢻸𦀚
二同䚹謬也𢗑上同愧惡性也嶉高皃醉綏切二檇以木有所擣又地名左傳越敗吳於檇李又音醉巋
小山而衆丘追切又丘誄切二蘬蘢古大者曰蘬狋犬怒皃牛肌切又巨圓切一咦笑皃喜夷切五忔廣雅云喜皃
䐅醫之別名𡰱呻吟聲屎上同
之適也往也間也亦姓出姓苑止而切四𦤶到也又如一也芝芝草論衡曰芝生於土土氣和故芝草生古瑞命記曰王
者慈仁則芝草生也㞢篆文象芝草形蚩從此也飴餳也與之切二十七𩝑籀文飤古文怡和也悅也又姓周書怡峯
傳云本姓默台避難改焉弬弓名出韻略媐說文云悅樂也异已也又音異瓵甂瓵甂也枱船飲水斗鈶戟無刃也

圯土橋名在泗州貽貺也遺也巸長也美也廣巸也洍水名詩云江有洍又音似毛詩作汜𦣝說文曰顄也𩠐籀文
頤頤養也說文亦上同詒贈言⿰王𦣞玉名沶水名宧室東北隅胰豕息肉今謂之豬胰鮧鯷鮧魚也媐
王妻別名本又音基台我也又姓出姓苑又音胎眙盱眙縣在楚州瓵爾雅云甌瓿也時晨也廣雅曰時伺也又善也中也是
也又姓良吏傳有時苗何氏姓苑云今鉅鹿人市之切七旹古文塒穿垣棲雞鼭鼠名榯樹木立也蒔蒔蘿子又音示
鰣魚名似魴肥美江東四月有之疑不定也恐也惑也嫌也語其切三嶷九嶷山名亦作疑又魚力切觺觺觺獸角
皃又魚力切思思念也息茲切又息吏切十五恖上同司主也亦姓左傳鄭有司臣又漢複姓八氏司馬氏本自重黎程
伯休甫之後出河內世本士丏弟佗為晉司功因官為氏及司徒司寇司空並以官為氏漢有朝議郎司國吉諫議大夫司鴻儀左傳宋大夫
司城子罕其後氏焉罳罘罳屏也崔豹古今注云罘罳復思也謂臣來朝君行至內屏外復思惟故曰罘罳也伺伺候又息吏切絲
說文云蠶所吐也又一蠶為忽十忽為絲淮南子曰蠶餌絲則商弦絕緦緦麻⿱⺮思竹名有毒傷人即死禗不安欲去覗
覰也⿲犭厶犬辯獄相察柌⿱女女皃蕬蒬蕬草名案爾雅云女蘿菟絲字不从卄偲論語曰朋友切切偲偲楒相楒木輜

楚持切又側持切義見下文二颸風也。其辝也亦姓陽阿侯其石是也漢複姓六氏左傳邾庶其之後以庶其爲氏世本楚大夫
涉其帑漢清河都尉祝其承先王僧孺百家譜蘭陵蕭休緒娶高密侍其義叔女何氏姓苑有行其氏令其氏渠之切又音基三十期
期信也會也限也要也又姓風俗通有期思國又漢複姓二氏後漢梁鴻改姓運期氏古仙人有安期生賈執英賢傳云今琅邪人旗
旌旗釋名曰熊虎爲旗將軍所建象其猛如虎與衆期之於下也戰國策曰建七星之旗天子之位也又姓齊卿子旗之後漢有九江太守旗
光綦履飾又蒼白色巾也詩曰縞衣綦巾又姓何氏姓苑云義興人綨上同帺俗萁豆萁𧯊上同蜝蟚蜝似蟹
而小晉蔡謨食之殆死也琪玉也麒麒麟騏騏驎淇水名出沮洳之山說文曰淇水出河内共北山東入河鶀鳥名
錤鎡錤鋤別名也綦紫綦似蕨菜棊博物志曰舜造圍棊丹朱善之櫀上同碁亦同⿰王綦弁飾璂上同
鯕編魚蘄州名漢蘄春縣也晉孝武鄭后諱春改爲蘄陽周平淮南改爲州因蘄水以爲名又姓也祺祥也吉也禥籀文
踑踑馴跡也⿰舟基⿰舟基艃舟名⿰舟其上同畁舉也⿰齒其齝也。詩說文曰志也詩序云發言爲詩釋名曰詩之也志之
所之也書之切六邿地名齝說文曰吐而噍也又敕釐切⿰齒司呞並上同眣眣的也見聲類。而語助說文曰類

毫一本作豪豪十毫氂

毛也如之切二十一栭木名似栗而小一曰梁上柱也檽木耳別名陑地名又夔險也陾上同又音仍陑同上髵

須也髶髵也峏山名轜喪車輀上同臑煑熟胹㶵竝上同𩱠籒文洏漣洏涕流皃鮞

魚子耏獸多毛亦作髵又姓左傳宋有耏班咡吻又音餌䎟丸之熟也又音丸誀誘也又音餌鴯莊子云鴯鳥莫智

於鷾鴯鷾鴯玄鳥也欺詐也去其切十一娸姓一曰醜也頁大魌頭䫏方相說文曰醜也今逐疫有䫏頭頁上倛同

魌亦同僛醉舞皃䳢顋鶀鵂鶹鳥亦作鶀𪁗廣雅云多䶞齝也抾把也又丘之切姬周姓也居之切十二

朞周年又復時也稘上同基經也業也址也始也設也箕箕帚也世本曰箒帚少康作也又姓左傳晉有大夫箕鄭萁

菜似蕨又音期篚可以取蟣也惎謀也說文忌也本渠記切其不其邑名在琅琊又人名漢有酈食其錤鎡錤大鉏

居語助見禮諆謀也說文欺也本去其切詞請也說也告也說文曰意內而言外也似茲切七祠祭名柌鎌柄辭

辭訟說文曰辭說也辤上同說文曰不受也受辛宜辤之辝籒文絧補也釐理也一曰福也里之切二十貍野貓

貍俗氂牛毫嫠無夫剺剝也梩徙土轝出六韜又都皆切犛犛牛又音茅𣁺字統云微畫也倈

鴯

倈來見楚詞艃艃艃船名𣮷毛起也又音來孷孷孳孷雙生子也慗愁憂之皃𩯚髮𩯚髮起𤸎病也又音
里箣竹名斄說文曰強曲毛也可以著起衣𠩺古文𢻹引也菑說文曰不耕田也爾雅曰田一歲曰菑側持切
又音栽十五甾上同又說文曰東楚名缶曰甾葘亦同淄水名亦州名春秋時屬齊漢爲濟南郡宋文帝改清河郡隋置淄州
因水以名焉古通用菑𤿺手足生皮堅也茬茬丘名案漢書地理志泰山郡有茬縣顏師古又士疑切亦姓輜輜軿車
錙錙銖鶅東方雉也緇黑色繒也紂上同椔木立死鯔魚名𦓡耕也鄑鄉名僖樂也又姓
姓苑云彭城人許其切十五歖卒喜熙和也廣也長也嬉美也一曰游也禧福也吉也婜善也悅也譆痛聲
𢻹坼也瞦目睛㶨火盛熹盛也博也熱也熾也或作熺嘻噫嘻歎也欪喜笑娭婦人賤稱出蒼頡篇
誒說文云可惡之詞也醫醫療也亦官名漢太常屬官有太醫令續漢書曰秩六百石有藥丞主藥方說文曰巫彭初作醫於
其切五毉上同譩忩也瘱羸也又乙賣切噫恨聲癡不慧也丑之切四齝牛吐食而復嚼也笞
捶擊痴痴瘵不達之皃治水名出東萊亦理也直之切三持執持莉姓也姓苑云淮南人蚩蟲名亦輕侮字從出

漦当与茌併 当抾与欺 䀸与詩併

赤之切七 嗤笑也俗又作歎 㞘輕侮 媸媸妍 𦐀羽盛 ⿳㞢殳月告也又乃經切 䁐目汁凝 慈愛也亦州名春秋時

晉之屈邑夷吾所居西魏改爲汾州開皇初爲耿州武德改爲慈州因慈氏縣名之疾之切五 磁磁石可引針也 鷀鸕鷀鳥亦作鶿

不夘生口吐其鶿又子之切 滋澗水名也 兹龜兹國名龜音丘 兹此也又姓左傳魯大夫兹無還子之切十四 孳孳息

嵫崦嵫山名日所入處 孜處也力篤愛也 滋水名出高麗山又旨也蒔也多也蕃也液也 嗞嗞嗟憂聲也 兹染黑黑 鎡

鎡錤 孖雙生子也 鼒小鼎 鰦魚名 仔克也 鷀鸕鷀鳥 䅨禾生皃 茬說文曰草皃濟北有茬平縣俗

作茌士之切一 漦涎沫也又順流也俟甾切一 抾挹也丘之切一 䀸眴也式其切一

八微 微妙也細也少也說文曰隱行也無非切八 敚說文曰妙也 溦浽溦小雨 薇菜也 𥶵竹名又武悲切 ⿰金微

埤蒼云懸物鉤 癓二蒼云足上瘡 ⿰月微伺視又武悲切 揮揮霍亦奮也灑也振也動也許歸切十三 煇光也 輝上同

暉亦同又日色 徽美也又三糾繩也 翬飛皃又雉五色備也 褘后祭服也 鰴魚有力也 楎㮽也在牆曰楎又犂頭也

幑幡也 ⿰氵翬竭也 ⿸㫃軍動旗 ⿰犭軍山⿰犭軍獸名似犬見人則笑行疾如風又胡昆切 幃香囊也一說單帳也雨非切又許歸切十五

韋柔皮也又姓出自顓頊大彭之後夏封於豕韋苗裔以國爲氏因家彭城至楚太傅韋孟遷于魯孟玄孫賢爲漢丞相始遷京兆之杜陵
也闈宮中門也圍守也圍也遶也䙟重衣⿰韋束束也違背也湋水名口文字音義云回也象圍帀之形也鍏
方言云宋魏呼臿也潿水不流濁皃婔江婔神女⿴衣韋裏也⿴衣圍衺也⿰韋攴戾鼔●霏雪皃芳非切九⿱雨飛上同
妃嘉偶曰妃說文匹也又音配菲芳菲又芳尾切𩬊毛細毛毛婓婓婓往來皃一曰醜騑騑騑馬行皃裶衣長皃⿱非月
大目又方市切●奜姓左傳晉有奜豹甫微切十二飛飛翔亦漢複姓史記有飛廉氏古通用蜚扉戶扉緋絳色𤛆獸如
牛白首一目非不是也責也違也亦姓風俗通有非子伯益之後馡香也⿰魚飛魚名騛騛兔馬馬而兔走騑驂旁馬也又音
非誹誹謗又方未切餥糇也又方尾切●肥肥腯說文曰多肉也亦姓左傳有肥義符非切十二腓腳腨腸也⿱⺮肥竹名淝
水名在廬江本作肥⿸疒肥風痱病也痱上同蜰蟲名即負盤蟲⿱非巴蠹蜚鳥名如梟人面一足冬見夏蟄蟲著其毛令人不畏雷出山
海經蟦蠐螬賁姓也出姓苑又布昆彼義符文三切裴即裴縣名案漢書地理志在魏郡應劭音非本又音陪●威威儀
又姓風俗通云齊威王之後於非切八葳葳蕤隇隇陝險也嵔嵔礧也又於鬼烏罪二切蝛蛜蝛蟲也一名蟠蝜鰄

魚名婔美也㨳決塘木也又㨳窬褻器也祈求也報也告也渠希切十九頎長皃旂爾雅曰有鈴曰旂釋名曰交龍
曰旂旂倚也畫作兩龍相依倚也通以赤爲之無文彩諸侯所建也𩴾鬼俗畿王𤰞墍上同崎曲岸碕上同圻亦上
同又書傳爲京圻字又魚斤切刏以血塗門又居依古對二切𧯸危也說文曰訖事之樂也又公哀切𦡀頻肉俟虜複姓北
齊有特進万俟普万音墨幾近也又居依居豈二切蚚蟲也爾雅云強蚚玂犬生一子蟣爾雅云蛭蟣又居豈切
岓山傍石也⿰齒幾齒危機會也萬機也說文云主發謂之機書曰若虞機張傳云機弩牙也居依切十六譏諫也誹也譴也問也
蘄縣名在徐州亦草名又音其芹嘰口醜說文云小食也蘻菹蘻草磯大石激水鞿繫馬饑穀不熟禨祥也
幾庶幾又祈蟣二音⿺走幾走也鐖鉤逆鋩淮南子曰無鐖之鉤不可以得魚僟精也明堂月令曰歲將僟終璣珠不圓也
刉斷切也刺也封傷也⿱幾皿血祭希止也望也散也施也爾雅罕也又姓三輔決錄有希海字子江香衣切十二晞日氣乾也莃
菟葵鵗北方雉睎視也眂也望也稀稀踈豨豬也又虛豈切⿺走希走皃桸木名汁可食悕願也又悲也俙
依俙欷說文曰歔也又喜既切依倚也祿也於希切八郼殷國名也衣上曰衣下曰裳世本曰胡曹作衣白虎通云衣者隱也裳

天

者障也所以隱形自障蔽也又姓出姓苑繶痛聲⿰女衣女字㐆說文曰歸也从反身⿰阝衣衣陜縣在酒泉⿱依心念痛聲也沂
水名出泰山魚衣切二溰溰溰霜皃巍高大皃語韋切二犩爾雅云犩牛郭璞曰即犪牛也如牛而大肉數千斤歸
還也公羊傳曰婦人謂嫁曰歸亦州名古䕫子國武德初割䕫州之秭歸巴東二縣置州取歸國為名也舉韋切三𡻈籀文騩大騩山
蘬馬蓼似蓼而大也丘韋切又丘追丘誄二切二𧢼視也
九魚說文曰水蟲也亦姓出馮翊風俗通云宋公子魚賢而有謀以字為族又漢複姓二氏左傳晉有長魚矯史記有修魚氏語居
切十𩺰說文曰二魚也漁說文云捕魚也尸子曰燧人之世天下多水故教民以漁也又水名在漁陽䲜上同魰上同⿰⿸虍魚攵
⿰⿸虍魚攵獵亦上同齬齬不相值又魚舉切鋙鋤屬又音語⿰目魚爾雅曰馬二目白魚字或從目衙說文曰衙衙行皃又音牙初
舒也始也從刀衣蓋裁衣之初楚居切二⿰口楚呵叱人也書世本曰沮誦蒼頡作書釋名曰書庶也紀庶物也亦言著也著之簡紙永
不滅也傷魚切七鵨鳥似梟也瑹美玉名案禮記注云笏也本亦作荼舒緩也遲也伸也徐也敘也亦州名春秋時晥國晉於
晥縣置懷寧縣武德改為舒州亦姓何氏姓苑云廬江人䔱魚薺紓緩也⿰⿱金口予地名在廬江居當也處也安也九魚切十四

舒集韻作郤

㞐㞐儲据手病詩云予手拮据毛萇曰拮据撠挶也裾衣裾琚玉名䝪貯也鶋鶢鶋海鳥車車輅又昌遮切蜛

蜛蠩崌崌崍山也椐木名涺水名藘茹藘草也腒鳥腊又月音渠•渠溝渠也亦州名宋置宕渠郡周仍為郡武德初

改置州亦有宕渠山又姓左傳衛有渠孔御戎強魚切二十六⿰車豦車輞⿰糸渠履飾璩玉也磲硨磲美石次玉蕖芙蕖

籧籧篨⿱竹豦牛筐⿰氵⿸厂渠㵹挐方言云把宋魏之間謂之㵹挐醵合錢飲酒又巨略切腒鳥腊鸈鶌鸈鳥蚷

說文云蚷蟝也一曰蛣蜣朝生暮死者爾雅作渠略蟝上同𧳜𧳜狻獸名食猛獸出山海經豦獸名說文曰鬬相丮不解

也从豕虍豕虍之鬬不相捨司馬相如說豦封豕之屬一曰虎兩足舉又音據蘧蘧麥又姓鐻鐻耳之傑璖耳環䣄聚名㯫

㯫枯藩籬名⿰虫豦小走皃⿱艹豦⿱艹豦菜似蘇又音巨⿱宀豦穴類⿰衤虘繫褫懅怯也又音遽•余我也又姓風俗通云

秦由余之後何氏姓苑云今新安人以諸切三十蜍蜘蛛又常魚切藇芑藇香草澦水名餘殘也賸也皆也饒也又姓晉有

餘頠又漢複姓三氏晉卿韓宣子之後有名餘子者奔於齊號韓餘氏又傅餘氏本自傅說說既為相其後有留於傅巖者因號傅餘氏秦亂

自清河入吳漢興還本郡餘不還者曰傅氏今吳郡有之風俗通云吳公子夫概奔楚其子在國以夫餘為氏今百濟王夫餘氏也轝

車輿又多也又權輿始也續漢書輿服志曰上古聖人觀轉蓬始以爲輪輪行不可載因物生智後爲之輿又姓周大夫伯輿之後旟周禮曰鳥隼曰旟州里所建也爾雅曰錯革鳥曰旟郭璞云此謂合剥鳥皮毛置之竿頭鵌鳥名與鼠同穴又大都切璵魯之寶玉艅艅艎吴王船名畬田三歲也⿱予田上同⿰氵與水名歟說文云安气也又語末之辭亦作與與上同本又餘佇切譽稱也又音預嬩女字舁對舉舉上同妤婕妤婦人官也亦作倢伃伃上同懙恭敬䴢說文云似鹿而大又弋庶切予我也又餘佇切⿰犭與獸名⿱與馬馬行皃⿺走與⿺走與安行皃狳獸名山海經云餘我之山有獸如兔鳥喙鴟目蛇尾遇人則眠名曰犰狳見則有螽蝗爲害也鸒爾雅云鸒斯雅烏又羊庶切雓爾雅曰鷄大者蜀蜀子雓胥相也說文曰蟹醢也又姓晉有大夫胥童何氏姓苑云琅邪人也俗作胥相居切又息呂切十一⿰魚胥魚名⿱竹胥竹名稰落也楈木名⿸虍與姓出纂文本又音序諝有才智稱又息呂切⿰忄胥上同湑露皃又息呂切蝑蜙蝑蟲揟取水具也疽癰疽也七余切十六岨石山戴土砠上同⿰且阝鄉名在鄠縣又子余切趄趑趄苴履中藉又子魚切沮止也非也又水名在房陵所謂沮漳亦云漆沮既從並在此地又子魚側魚疾與子預四切狙猨也又七預切胆蟲在肉中蛆俗雎雎鳩鳥⿰耒苴苞⿰耒苴又則吾切

瀘說文云水出北地直路西東入洛伹拙人坥螾場又七預切䖒此也●鉏誅也又田器釋名曰鉏助也去穢助苗也
說文曰立薅所也又姓左傳有鉏麑士魚切六鋤上同耡周禮曰以興耡利甿又音助豠豕屬𧲝上同鶵鶵鶵
鳥白鷺也爾雅作春鉏●攄舒也丑居切四摢惡木筡竹篾名也摴摴蒱戲又姓史記秦相摴里疾●䟽通也
除也分也遠也窻也又姓漢有太子太傅東海疏廣或作䟽俗作踈所葅切又所助切十一梳梳櫛說文曰理髮也綀綀葛蔬
菜蔬踈稀踈綖綖縰釃下酒䍦上同𤴙通也𦙶青䟽疋足也古爲雅字●虛空虛也亦姓出何氏姓苑朽居
切又音祛六驉駏驉畜似騾也歔歔欷嘘吹嘘魖魖耗鬼又蘷魖罔象木石之怪也𥚉上同出字書●徐緩也說文
安行也亦州名古之彭國禹爲徐州秦屬泗水郡漢爲郡復置徐州又
姓自顓頊之後春秋時徐偃王行仁義爲楚文王所滅其後氏焉出東
海高平東莞珠邪濮陽六望似魚切四𨙻地名又音徒𦍩野羊俆說文緩也●於居也代也語辭也又商於地名亦姓今淮
南有之央居切又音烏五扵俗箊竹名淤淤泥又依倨切唹笑皃●豬爾雅曰豕子豬陟魚切六䐗上同猪俗
瀦水所停也藸揭藸有表識藸藸蒘草又音除●臚皮臚腹前曰臚又鴻臚寺漢書曰典客秦官武帝更名大鴻臚韋昭曰鴻

[王數]

大也臚陳序也欲以禮大陳序賓客也力居切十七閭侶也居也又閭閻周禮曰五家爲比使之相保五比爲閭使之相受也又姓出衛國頓丘

二望又漢複姓四氏凡閭氏出自晉唐叔賈執英賢傳云今東莞有之林閭氏出自嬴姓文字志云後漢有蜀郡林閭翁孺博學善書藝文志

云占有將閭子名菟好學著書晉有寧州刺史樂安辟閭彬䰕毛也說文鬣也廬寄也舍也周禮曰凡國十里有廬廬有飲

食亦州名春秋時舒地秦爲合肥縣梁以爲合州隋爲廬州又山名廬山記云周威王時有匡俗廬君故山取其號蘆漏蘆草又

音廬櫚栟櫚木名有葉無枝博雅曰栟櫚椶也驢畜也藘櫫藘草[艹閭]菴[艹閭]草爈火燒山界[氵閭]浘[氵閭]

海水洩處案莊子作尾閭[山盧]玉篇云山名櫖諸櫖山櫐爾雅作慮[王數]字林云玉名[馬衣]傳馬名[竹閭][竹閭]箸竹名

[忄閭][忄閭]憂也諸之也旃也辯也非一也又姓漢有洛陽令諸於出風俗通又漢複姓有諸葛氏吳書曰其先葛氏本琅邪諸縣人徙陽都

先姓葛時人謂徙居者爲諸葛氏因爲氏焉風俗通云葛嬰爲陳涉將有功而誅孝文追錄封諸縣侯因并氏焉章魚切七櫧木名

瀦水名在北嶽藷藷蔗甘蔗[亻藷]薯蕷別名[石諸]礛[石諸]青礪也蠩蜛蠩一頭數尾長二三尺左右有腳狀如蠶可食也

除階也又去也直魚切十三躇躊躇儲儲副又姓後漢有儲太伯滁水名在堂邑又直胡切篨籧篨蘆蕟也

藷薵藷葱名宁門屏間又音佇𤺺瘕也著爾雅云太歲在戊曰著雍又直略陟慮陟略三切滁水名出歎箕山入淮亦州春秋時楚地梁爲南譙州齊改爲臨滁郡開皇改爲滁州蒢草名可染又蘧蒢口柔也屠匈奴傳有休屠王又音徒藸爾雅曰菋荎藸郭璞云五味也蔓生子叢在莖頭如而也均也似也謀也往也若也又姓晉中經部魏有陳郡丞馮翊如淳注漢書又虜姓後魏書如羅氏後改爲如氏人諸切八蕠蕠藘草也亦作茹𨛭地名洳水名在南郡又人慮切鴽鴾也雓上同寱假寐也又如與切茹恣也相牽引皃也易曰拔茅連茹又虜複姓後魏書普陋茹氏後改爲茹氏又如慮切又而與切且語辝也說文薦也子魚切又七也切四蛆蝍蛆食蛇蟲蜈蚣是也爾雅曰蒺藜蝍蛆郭璞云似蝗大腹長角能食蛇腦苴苞苴亦姓漢書貨殖傳有平陵苴氏又音菹沮虜復姓有沮渠氏其先世爲匈奴左沮渠遂以官爲氏沮渠蒙遜以後魏天興四年僭號於張掖稱北涼虛説文曰大丘也去魚切又許魚切十二墟上同筁飯器祛袖也舉也阹依山谷爲牛馬之圈椐木名又音居胠腋下又胠篋莊子篇名魼比目魚又他合切㠊㠊崎山路攄擊也⿰木去板置驢上負物⿱艹去草器菹説文曰酢菜也亦作葅側魚切四⿰禾菹上同⿰齒虛齒不齊皃沮人姓世本云沮誦蒼頡作書並黃帝時史官蜍

蟾蜍也署名切又音余二 儲似薯蕷而大或作𧄸 袽易曰繻有衣袽女余切又音如六 帤巾帤 毠犬多毛也 挐藸挐草名 ⿰木挐渘挐把名 挐牽引

十虞度也說文曰騶虞仁獸白虎黑文尾長於身不食生物俗作𩦬又周禮有山虞澤虞掌山澤之官也亦姓出會稽濟陽二望風俗通云凡氏之興九事一氏於號唐虞夏殷是也虞俱切二十 𩦬俗見上注 愚愚憃說文曰戇也从心禺禺母猴屬獸之愚者 娛娛樂 湡齊藪名亦作隅爾雅曰齊有海湡又水名在襄國 堣堣夷日所出處書亦作嵎 鸆鳥名狀如梟人面四目而有耳見則天下大旱出山海經 嵎山名在吳 髃骨名在髆前又五苟切 禺番禺縣在南海亦姓出姓苑本又音遇母猴屬也 隅角也陬也 ⿰寓鳥鳥似禿鶖 鰅魚名有文出樂浪 鍝鋸也 澞爾雅曰山夾水澗陵夾水澞 ⿰虫禺搜神記曰蝦⿰虫禺似蟬而長味辛美可食一名青蚨異物志云蝦⿰虫禺子如蠶子著草葉得其子母自飛來就之 ⿰火禺拔器煑食 齵齵齒重生 ⿰虞鳥⿰虞鳥⿰虞鳥一名媪澤 ⿰禺阝地名 芻芻豢說文云刈草也俗作蒭亦姓出何氏姓苑測隅切二 犓芙食牛曰犓 無有無也亦漢複姓二氏楚熊渠之後號無庸其後爲氏又有無鉤氏出自楚姓武夫切二十二 毋止之辝亦姓毋丘或爲毌氏又漢複姓八氏漢書貨殖傳有毋鹽氏巨富齊毋鹽邑大夫

人有執金吾東海毋將隆將作大匠毋丘興風俗通有樂安毋車伯[illegible]相有主簿步邵南將人稱毋車府君步主簿何氏姓苑有

毋終氏左傳魯大夫茲毋還晉大夫綦毋張漢書有巨毋霸王莽改爲巨毋氏 膴 膴膢又亡撫切 膴 無骨腊又荒烏亡甫二切 蕪

荒蕪 誣 誣枉 巫 巫覡周禮春官曰司巫掌羣巫之政令若國大旱則帥巫而舞雩亦山名又姓風俗通云氏於事巫卜陶匠是也漢有冀

州刺史巫捷 莁 莁荑 璑 三采玉 ⿰阝無 地名在弘農 ⿱竹無 黑皮竹也 鷡 鷡鶩鳥名 ⿱罒舞 罟屬又音武 蝥 爾雅

云鼅鼄鼄蝥又音牟 ⿰忄某 爾雅云愛也又音武 无 虛无之道又漢複姓左傳莒有大夫无婁修胡 ⿰忄巫 飲空之皃 譕 譕誘詞也

墲 冢也 鵐 鳥名雀屬 憮 空也又音武 ⿱罒無 雉網也 于 曰也於也說文本作亏凡從于者作亏同又姓周武王子邘叔

子孫以國爲氏其後去邑單爲于漢有丞相東海于定國又望出河南者即後魏書万忸于氏後改爲于氏凡諸姓望在後而稱河南者皆虜

姓後魏孝文詔南遷者死不得還北即葬洛陽故虜姓皆稱河南焉又漢複姓五氏後漢特進漁陽鮮于輔袁紹大將軍淳于瓊劉元海太史

令宣于修之何氏姓苑有多于氏闟于氏羽俱切二十 迂 遠也曲也又憂俱切 盂 盤盂說文曰飯器也又姓左傳晉有盂丙 邘

地名在河內又姓漢有邘侯爲上谷太守 雩 請雨祭名又況于切 ⿱羽于 飛皃說文曰雩羽舞也或从羽同上 竽 笙竽世本曰隨作竽

𠌶

玗玉名芋草盛皃又王遇切汙水名又屋孤烏故二切醧宴也杅因杅匈奴地名釪錞釪形如鐘以和鼓衧
衺衣骭髃骭缺盆骨也𠌶說文云草木華也本音吁謣妄言軒車環鞠也迂窻迂牀也𦬹蒩盂似韭訏
大也況于切二十吁歎也雩雩婁古縣名在廬江欨吹欨一曰笑意又況宇切疔病也盱舉目又盱眙縣在楚州𥘼
大袑衣也煦煦膜笑皃姁姁婾美態𡰽舠冠名又音詡扜說文云指麾也又憶俱切𠌶草木華也荂上同又音敷
忓憂也醧宴也旴日始出皃靬靬鞮𣢕𣢕樂虖虎吼又虎乎切粵甶屬又矩于切衢街衢爾雅
曰四達謂之衢其俱切三十六劬勞也軥車軶氍聲類曰氍毹毛席也風俗通云織毛褥謂之氍毹亦作氀朐脯也一曰
屈也亦山名在東海又姓出姓苑𨸶地名在河東臞瘠也癯上同鴝鴝鵒亦作鸜周禮曰鸜鵒不踰濟鸜上同
亦鸜鵲又漢複姓莊子有鸜鵲子灈水名在汝南躣行皃楚詞曰右蒼龍之躣躣𢕘上同䮿馬左足白爾雅云馬
後足皆白本作翑鼩鼱鼩小鼠蘧蘧麥又巨居切斪鉏斸句冤句縣名在曹州又九遇古侯二切蠷蠷螋蟲
瞿鷹隼視也又姓王僧孺百家譜曰裴桃兒取蒼梧瞿寶女又有瞿曇氏西國姓又九遇切欋釋名曰齊魯閒謂四齒杷爲欋

豐

葋爾雅云葋芋熒⿰羽鳥鳥羽翑上同蚼蚼蟓蚍蜉鼩鼱屬說文云頭有兩角出遼東亦作鼩鼱音奕趯走顧之皃趜

上同朐脯名絇屨頭飾也⿸尸句上同⿱瞿皿聲類云樹種也礭礈礭青礪戵戟屬鑺上同姁姁然樂也又況羽切儒

柔也人朱切十六獳朱獳獸名似狐而魚翼出則國有恐又女侯切濡水名出涿郡又霑濡襦說文云短衣也俗作襦

懦弱也又乃亂切嚅囁嚅多言鱬朱鱬魚名魚身人面麢鹿子又相俞切嬬妻名繻易曰繻有衣袽亦見

周禮注又音須顬顳顬耳前動⿰赤需火色臑嫩耎皃醹厚酒又音乳䎡柔皮又而兖切䰭鬼魅聲顬顬不止又

乃侯切須意所欲也說文曰面毛也俗作鬚又姓風俗通云太昊之後史記魏有須賈又漢複姓左傳遂人四族有須遂氏又虜複姓匈

奴貴姓有須卜氏相俞切十四鬚俗嬃女字⿰立須待也⿰立芻上同繻傳符帛⿰須帛頭須帛麢鹿子也又音儒

需卦名娶荀卿子曰問娶之媒又七句切緰䌸緰帛也蕦蕦蕪別名鑐鎖中鑐也隃北陵名又式注式朱二切

株木根也陟輸切十一誅責也釋名曰罪及餘曰誅誅如誅大樹枝葉盡落邾國名鼄鼅鼄網蟲亦作蜘蛛蛛

上同跦行皃袾字統云朱衣曰袾又昌朱切列列殺字從歹歹五割切殊上同鴸鳥名似鴟鴸人首鳥見鼄

獸名似貍敷俱切二貙俗殊異也死也市朱切十二銖錙銖八銖爲錙二十四銖爲兩洙水名在魯茱茱萸
[illegible]小甖殳兵器釋名曰殳殊也長一丈二尺無刃有所撞挃於車上使殊離也詩云伯也執殳又姓舜典有殳斨[illegible]上同出道書
跦跦膢所以過水[illegible]八瓜杖也陎陎膢縣名几說文云鳥之短羽飛几几也象形杸說文曰軍中士所持殳也司馬
法曰執羽從投逾越也羊朱切四十五踰上同窬門邊小竇又穿窬也臾善也亦須臾又姓左傳晉大夫臾駢楰
木名又音庾腴肥腴諛諂諛隃隃麋古縣在扶風鄃地名在涿郡又音輸覦覬覦欲得[illegible]窺覦也俞然也
荅也說文作俞空中木爲舟也又姓又耻呪切歈巴歈歌也愉悅也和也樂也[illegible]邪[illegible]舉手相弄或作歋歈揄揄揚詭言也又
動也說文引也褕褕狄后衣又由昭切瑜玉名崳崳次山在鴈門[illegible]憂也羭黑羝蝓螔蝓蝸牛榆木名說文
曰白枌也春秋元命包曰三月榆莢落萸茱萸堬方言云墳堬培塿埰恨塋壟皆冢別名牏築垣短版渝渝變
也亦州名本巴國漢爲巴郡之江州縣梁於巴郡置楚州隋改爲渝州因渝水爲名婾靡也又音偷[illegible][illegible][illegible]呼犬子也[illegible]
汙[illegible][illegible]美石次玉瘉病也螸爾雅云蜂螸醜螸蕍澤蕮[illegible]草也[illegible][illegible]餘也出字林[illegible]變色豆也

爲岐

蕍莔蕍花皃⿱艹諭上同舀曰也又音由人弋兆切⿰俞瓦瓶也騟紫馬⿰彳俞行皃䈑黒竹⿰石臾石次
玉也●區具區吳藪名又禮曰草木茂區萌達注云屈生曰區亦姓後漢末有長沙區景豈俱切八䱾魚名出遼東似蝦無
足驅驅馳也敺古文嶇崎嶇軀身軀也摳褰裳又若侯切⿰阝區⿰阝區隅不安皃●朱赤也說文曰赤
心木松柏屬也又姓出沛國義陽吳郡河南四望本自高陽後周封于邾後爲楚所滅子孫乃去邑氏朱焉亦漢複姓莊子有朱泙漫郭
象注云朱泙姓也章俱切十珠珠玉白虎通曰德至深淵則海出明珠侏侏儒短人絑繒純赤色袾詛也又音
注咮讋咮多言皃鴸鳥名似鴟人首鮢似蝦無足⿰犭朱⿰犭朱獳硃硃研朱砂●趨走也七逾切三趍
俗本音池鯫淺鯫小人不耐車皃又士后切●僂傴也力朱切又落侯切十六蔞蔞蒿又虜姓官氏志云一郝蔞氏後改爲
蔞氏氀毛布瞜瞴瞜又落侯切⿰魚婁魚名嶁山頂貗求子豬也又落侯切⿰彳婁上同摟曳也鷜鵱鷜
野鵝又落侯切鏤屬鏤劒名又盧豆切⿰婁阝鄉名又落侯切⿱罒婁詩曰弗曳弗婁傳曰婁亦曳也又落侯切瘻痀瘻
曲瘠膢脒膢所以遇水膢飲食祭也冀州八月楚俗二月●扶扶持也佐也漢三輔有扶風郡扶助也風化也魏爲岐州

又扶州在隴右元魏置管同昌怡夷二縣又姓漢有廷尉扶嘉防無切二十六鈇古文芙芙蓉符符契河圖曰玄女出
兵符與黃帝戰蚩尤說文曰符信也漢制以竹長六寸分而相合又姓魯頃公之孫雅仕秦為符璽令因而氏焉琅邪人也颫
颫風大風鳧野鴨榑榑桑海外大桑日所出也苻苻鬼目草又姓晉有苻洪武都氐人本姓蒲氏因其孫堅背文有草
付之祥改姓苻氏洪子健以晉穆帝永和七年僭號於長安稱秦蚨青蚨蟲子母不相離夫語助又府符切⿱艹鳧⿱艹鳧茈
草也案爾雅曰芍鳧茈不從甘⿰氵鳧水名枹枹罕縣名在河州罕音漢⿰吾瓦甌⿰吾瓦瓶也⿰言夫⿰言夫詞枎枎疏盛也坿
白石英也泭水上泭漚說文曰編木以渡也本音孚或作⿰氵符⿰氵符見上注⿰甾夫小畚器也⿰木符草木子房⿰氵冒水名其中
有神古人⿰忄冒心明⿰冒羽飛皃⿰耳夫望也玸玉文⿰禾芻⿰禾睘穰仕于切四雛⿰夗鳥鶵爾雅曰生噣鶵謂鳥子能自食
俗作雛蜀音卓鶵籀文⿰女芻崔子玉清河王誄云恵於⿰女芻孀說文曰婦人姙娠也本側鳩切⿰亻芻纂文云俌⿰亻芻小人皃
莊俱切俌側治切二搊解也敷散也說文从尃施也芳無切三十六麩麥皮也麱上同孚信也⿰木敷
木名郛郛郭鄜鄜州漢鄜縣今鄜城是隋改作鄜州鋪又普胡切箁纖緯者俘囚也痡

病也殍餓死怤思也悅也䎔翩下羽也蘛花葉布也孵卵化豧豕息尃布也䱐魚名罦車上

網以捕鳥稃穀皮粰上同莩漢書云非有葭莩之親張晏云莩者葭中白皮泭小木桴也說文云編木以度也郙

鄉名又云亭名在汝南又方矩切庯石間見也桴屋棟又音浮艀艀艇船也敷張也姇姇悅夸荂榮之皃

又音吁紨布也又細紬也莒莒蕍花皃毸毛解𦯶花盛䄮禾積也又扶甫切諏謀也子于切又子侯切七

㖩蟙㖩不廉𡺸嵎娵娵訾星名陬陬隅又子侯切嗺高皃掫擊也又子侯切跗足上也甫無切二十一趺

上同又跏趺大坐膚皮膚又美也傳也肤上同邞古縣名在瑯邪鈇鈇鉞衭衣前襟㤔上同玞珷玞

美石次玉䲡鵂鵂鳥名三首六足六目三翼藘地膚藥名簠簠簋祭器又方羽切夫丈夫又羌複姓後秦建威將軍

夫蒙大羌鳺鶝鳩鳥柎欄足扶公羊傳云扶寸而合注云側手曰扶案指曰寸髻髻本也鮄鮄鯕魚名秩

里秩玉篇云再生稻也秩祭名妋玉篇云貪皃紆縈也曲也詘也勞也又姓後秦有肥鄉侯姑平紆邈憶俱切十二靬鞶革

又音于陓陽陓澤名扜說文云指麾也䡱韥也𧜀編枲頭衣又烏侯切蓲草名又去鳩烏侯二切迂曲也

蹰

又音于 醧能者飲不能者中也又音于 尪盤旋 虶蚰蜒別名 雩雩注雨皃 輸盡也寫也墮也說文曰委輸也式朱

切又式注切三 鄃縣名在貝州 隃北陵名又相俞式注二切 樞本也爾雅曰樞謂之椳郭璞云門戶扉樞也昌朱切五 姝美好

䯞䯞骨 袾朱衣 ⿱竹朱⿱竹朱策 廚說文曰庖屋也俗作厨直誅切五 蹰跢蹰行不進皃 趎人名莊子有南榮趎 蟵

帳也似廚形也出陸該字林 禂襌衣也又直休切 拘執也舉朱切十四 駒馬駒 䀠左右視也 眗上同 峋峋嶁衡山

別名 㪺挹也酌也 ⿰㪺阝上同 捄盛土詩云捄之陾陾 跔手足寒也 鮈鯸鮈魚名 俱皆也具也又姓南涼錄有將軍俱延 痀

曲脊 ⿱臣臾說文曰邪也 礭磎礭碼石 毹氍毹也山芻切四 愉刺衣緇 橾說文曰車轂中空也 螋蠷螋蟲又所留切

十一模 模法也形也規也莫胡切十二 橅上同出漢書 摸以手摸也亦作摹又音莫 嫫嫫母黃帝妻皃甚醜亦作⿱莫女

幙車衡上衣 ⿱敄酉⿱敄酉醬輸榆子醬也醐大胡切 謨謀也亦作謩 ⿱莫口古文 墲規墓地文曰墲 无南无出釋典又音無 ⿱竹無

竹名 膜膜拜胡禮拜也 酺大酺飲酒作樂周禮注云蓋為壇位如雩禜云族長無飲酒之禮因祭酺而與其民以長幼相獻酬焉又漢律

禁三人以上羣飲酒故賜酺得會聚飲食也薄胡切十 匍匍匐 蜅蛤蜅 荹荹蘆收亂草也 樸樸⿰睘刂縣名在武威⿰睘刂音還

入入胡壺敄 壺 檴

菩 梵言菩提漢言王道 脯 膊魚亦雜有脯肉也 蒲 草名似藺可以爲席亦州名舜所都蒲坂秦爲河東郡後魏爲雍州又改爲秦州周改爲蒲州因蒲坂以爲名又姓風俗通漢有詹事蒲昌又苻洪之先家池中蒲生長五丈如竹形時咸爲之蒲家因以爲氏又漢複姓有蒲姑蒲城蒲圃三氏出何氏姓苑 捕 摴蒱戲也博物志曰老子入胡作摴蒱 䈬 竹笪沈水取魚之具 胡 何也又胡虜說文曰牛領垂也亦姓出安定新蔡二望又漢複姓二氏齊宣王母弟別封毋鄉遠本胡公近娶毋邑故爲胡毋氏又胡公之後有公子非因以胡非爲氏又虜複姓南涼錄秃髮壽闐之毋姓胡掖氏戶吳切三十 頶 牛領垂也 ⿰口固 上同 壺 酒器也禮記投壺篇云壺徑脩七寸腹脩五寸口徑三寸半容斗五升亦姓風俗通云漢有諫議大夫壺遂 狐 狐狢說文曰妖獸也鬼所乘有三德其色中和小前豐後死則首丘又姓左傳晉有狐氏代爲卿大夫 瓳 㼋瓳博雅曰㼋甎也 餬 寄食又糜也使餬其口於四方是也或作⿰食占 瑚 瑚璉 湖 江湖廣曰湖也

鶘 鵜鶘鳥名 猢 獑猢獸名似猨 醐 醍醐酥屬 ⿰黍古 黏也 ⿰米古 上同 ⿰麥胡 糊 並俗 弧 弓也 乎 極也辝也 ⿱亼亏 古文 ⿰鼠胡 ⿰鼠韱⿰鼠胡似猨身白臂手有長白毛善超坂絶巖也亦作䴴 瓠 瓠𤬫瓢也又音護 葫 葫瓜又草名 ⿸疒胡 ⿸疒胡瘦物在喉中 魱 當魱魚名 箶 箶簏箭室又竹名 觚 稜也 ⿰女箄 ⿰女箄被也出韻略 ⿰衤胡 ⿰衤胡⿰衤夜 ⿰木壺 棗名也大而銳上者本作壺見爾雅 虖

啚 捈當作捈 廜 正作捈

歎也孤孤子又虜複姓有獨孤溫孤步鹿孤步六孤乙速孤氏古胡切二十八苽說文曰雕苽一名蔣也菰上同胍胍肫大腹

㚉大皃姑舅姑又父之姊妹也辜罪也呱啼聲泒水在鴈門酤酤酒又胡五昆互二切觚酒爵蛄螻蛄蟲

箛竹名鴣鷓鴣鳥橭木名𦨝漢書越王巫𦨝祠在雲陽亦小兒病鬼也沽水名在高密柧柧棱𨭢字林曰鏷金𨭢魯矢左

傳作僕姑𥴩方也本亦作觚𧇡𧇡息禮記作姑盬陳楚人謂鹽池爲盬出方言又音古嫴說文曰保任也罛魚罟軱

大骨也出莊子又盤骨箍以篾束物出異字苑𦟲𦟲脯瓳瓜也徒黨也又步行也空也隸也同都切三十一𨑒上同

屠殺也裂也刳也尸子曰屠者割肉知牛之長少史記樊噲以屠狗亦姓左傳晉有屠岸賈又音除瘏病也塗塗泥也路也亦姓風

俗通云漢諫議大夫塗禪途道也酴酒名駼騊駼馬山海經曰北海有獸狀如馬名曰騊駼𤘻黃牛虎文鵌鳥名與鼠同穴

涂水名在益州梌木名梚上同荼苦菜圖爾雅曰謀也說文曰畫計難也啚俗本音鄙𤸪𤸪廜草菴通俗文曰屋平

曰𤸪廜𨞠鄉名菟菟丘地名又音吐捈捈引𨛦下邑地名稌穗也嵞嵞山古國名禹所娶也說文云會稽山也一曰九江當嵞

也亦作嵞又書塗作嵞上同𣚣楸木別名鍍以金飾物又音度𨡉酴𨡉醬也潹杖䖘烏䖘楚謂虎也左傳作於菟鷵爾雅

孥

曰鵌鷵鷊郭璞云似烏倉白色筡爾雅曰簢筡中言其中空竹類●奴人之下也乃都切七伖古文砮礪也駑体馬

字林曰點也帑說文曰金幣所藏也又他朗切孥妻孥書傳云孥子也笯籠鳥●呼喚也說文曰外息也又姓列仙

傳有仙人呼子先又虜複姓二氏前趙録例奴貴姓有呼延氏後漢書匈奴四姓有呼衍氏荒烏切又火故切十七嘑哮嘑周禮曰雞

人掌大祭祀夜嘑旦以嘂百官虖姓也說文曰哮虖也評亦喚也歑温吹氣息也戲古文呼字謼大叫又火

故切膴無骨腊又音無憮大也葫大蒜也張騫使大宛所得之食之損人目胯怯也軤姓也虍字林云虎文也

苸草多雐鳥名䖘鬼皃滹滹池水名周禮作虖池●吾我也漢攺中尉爲執金吾吾御也執金革以御非常亦姓

漢有廣陵令吾邑又漢複姓五氏鄭公子有食采於徐吾之鄉後以爲氏左傳有鍾吾子其後氏焉昆吾氏昆吾國之後由吾氏秦相由余之

後古有肩吾子隱者五乎切二十一鼯似鼠一曰飛生亦作䳇⿰虫吾䳇⿰虫吾並上同吴吴越又姓本自太伯之後始封於吴因以

命氏後季札避國子孫家于魯衛之閒今望在濮陽浯水名䓊草名似艾⿰犭吾猨屬⿰王吳琨⿰王吳美石珸上同蜈蜈蚣

郚鄉名在東莞齬齟齬又音語鯃魚名娪美女鋘鉏鋘山名出金色赤如火作刀可切玉越絶書梧

轤集韻作轤正

梧桐木名又姓峿嵎峿山名麌牝麢也文音俁艅船名禑福也○租積也税也則吾切二蒩茅蒩籍封諸侯蒩以茅又

子余切○盧說文曰飯器也亦姓姜姓之後封於盧以國爲氏出范陽又漢複姓八氏列子有長盧子孟子有屋盧子著書古尊盧氏

後氏焉古蒲盧胥善弋亦姜姓左傳齊大夫盧蒲嫳後漢諫大夫東郡索盧放何氏姓苑云盧妃氏濟陽人又有湛盧氏亦虜複姓五氏周書

豆盧寧傳云其先慕容氏支庶後魏書有吐盧沓盧呼盧東盧等氏又三字姓有叱伏盧奚計盧莫胡盧三氏俗作盧落胡切三十四鑪

酒盆又鑪冶也壚土黑而疏籚籚西竹出會稽蘆蘆葦之未秀者又蘆菔菜名亦虜姓後魏書莫蘆氏後改爲蘆氏顱

頭顱髗同鱸魚名攎攎斂櫨欂櫨枓也又木名轤轒轤圓轉木也黸黑甚獹韓獹犬名鸕鸕鷀

艫舟後纑布縷瀘水名亦州名在蜀瓐玉名爐火牀出玉篇漢官典職曰尚書郎給女史二人著潔衣服執香爐燒熏

玈黑弓也彍俗虜廡也又力古切甗酒器嚧呼豬聲也矑目童子也𤸎集略云癱類枰黃枰

木可染也䰕鬛髮亂⿱虍甾飯器說文曰⿰甾瓦也⿱虍甾上同鑪籀文蠦蠦蜰一名蜚又名蝜蠜⿰盧攴毆也悞音卽

⿱艹⿱虍甾⿱艹⿱虍甾會藥名○蘇紫蘇草也蘇木也滿也悞也又姓出扶風武邑二望素姑切四穌息也舒悅也死而更生也⿸广穌瘩穌

逋　橭 害

草菴又廜廯酒元日飲之可除温氣 酥 酥酪 徂 往也昨胡切四 𨑡 上同 殂 死也 ⿰歹乍 古文 烏 安也語辝也說
文曰孝烏也小爾雅曰純黑而返哺者謂之烏小而不返哺者謂之鴉又姓左傳齊大夫烏枝鳴又虜姓周上開府烏丸泥又虜三字姓北齊
有烏那羅愛後魏書有烏石蘭氏烏落蘭氏哀都切二十一 鳴 鳴呼 洿 說文曰濁水不流者 汚 上同又一故切 杇 泥鏝
圬 釫 並上同 鰞 鰞鰂魚月令云九月有寒烏入水化爲烏鰂魚 歍 口相就也 鎢 鎢錥温器 弙 滿挽弓有所向
於 古作於戲今作嗚呼 瑦 美石 鄔 縣名又音塢 盓 盤盓旋流也又憂俱切 螐 蚅螐蠋蟲也大如指白色 惡
安也 扝 引也 ⿱艹烏 ⿱艹烏蘆荻也 ⿰木烏 ⿰木烏椑青柹 鴮 鴮鸅鵜鶘別名俗謂之掏河也 逋 逋懸也博孤切十三 餔 說文
云申時食也又音步 ⿺辶盙 籒文 晡 申時 庯 屋上平 陠 上同 䳕 䳕叔鳥名 ⿺走甫 ⿺走夌⿺走甫伏也 峬 峬峭好形皃出
字林 誧 諫也 䄮 刈禾治䄮 鯆 鯆鮬魚名亦作鯆 抪 展舒也又布也 枯 枯朽也苦胡切十一 刳 剖破
又判也屠也 扝 揚也 郀 地名 軲 車也又山名亦姓出字統 ⿰歹古 ⿰歹古瘬說文枯也 跍 跍蹲皃 挎 空也坼也 弙
又注乎切 橭 木四布也 鮬 婢安魚名 麤 麤說文云行超遠也又字統云警防也鹿之性相背而食慮人獸之害也故从三鹿倉

簡

胡切六麁踈也大也物不精也本亦作麤麤說文云草屨也麄米不精也觕公羊傳曰觕者曰侵精者曰伐皻皮皵
惡也瑹美玉他胡切十二稌稻也又他古切悇廣雅云懷憂皃𡻣山名𤥭玉名嵞山名庩庯庩
屋不平也趓𧼮趓伏地梌鋘也瑦瑦玗玉名捈臥引𩋯韝𩋯䩧都都猶揔也尚書大傳十邑爲都帝王世紀
曰天子所宮曰都又姓有臨晉侯都稽何氏姓苑云今吳興人當孤切七𥳮竹名闍闉闍城上重門又市遮切𦙶胍大腹賭
賭勝出新字林醏醴醏醬也鞾折皮具牛牽船出通俗文稃豆稃也普胡切十二鋪鋪設也陳也布也又音孚鯆
魚名又江豚別名天欲風則見鱄上同𨀛馬蹀跡也痡病也又音孚誧諫也又音普豧豕名陠裦也墲
規墓地也𩢾馬名𢼄𢾍𢼄屋壞

十二齊齊整也中也莊也好也疾也等也亦州名春秋時齊國秦爲郡後魏置州因齊地以名之又姓風俗通氏姓篇序曰四
氏於國齊魯宋衛是也徂奚切九臍䐡臍說文作𦝫齎麡麡麡狼似鹿而角向前入林則挂其角故常在淺草中逐入林則
搏之出異物志又臍豺二音蠐蠐螬蟲齌等也懠詩云于之方懠懠怒也又音劑齌好皃又子兮側皆二切

廲　　攜

癠病也又音劑 銕利也又子兮切 ●黎衆也又姓黎侯國之後郎奚切二十一 犂墾田器亦耕也山海經曰后稷之孫叔均
所作魏略曰皇甫隆爲燉煌太守教民作樓犂也 𥞉上同 莉茈莉纖剃 黧黒而黄也 藜蔾藋 鯬鯬鯠 ⿰糹虒縴⿰糹虒
惡絜 盠以瓢爲飲器也 邌徐行皃 ⿱𥝢邑亭名在上黨 廲廲廔綺窻 蔾蔾蘆藥名 ⿱𥫗利竹名 驪穆天
子駿馬名盜驪綠耳又力知切 瓈玻瓈寶玉 ⿰目黎⿰目黎視 𩦟馬屬亦作騂 ⿰忄嚚⿰忄嚚拙欺慢之語出方言 謧弄言又力支切
⿰𥝢隹⿰𥝢隹黃鳥 ●妻齊也七稽切又七計切十 萋草盛皃 淒雲皃又千弟切 凄寒也 悽悲也痛也 鶈鳥名
郪縣名在梓州 緀緀斐文章相錯皃 齌說文云炊餔疾本子兮切又才細切 霋說文云霽謂之霋 ●低低昂也俛
也垂也都奚切俗作仾二十二 氐氐羌說文至也 祗祗裯短衣 磾漢有金日磾說文云染繒黒石出琅邪山 鞮革履 腣腣胿
胅腹胿音奚 羝羝羊 眂視也 隄防也 堤上同 岻山谷 ⿰阝定篹綦入云姓也 奃大也 趆趨也 ⿺尢是說文云尳
不能行爲人所引曰⿺尢是⿺尢盧 鍉歃血器 柢木根也又音帝 ⿰月是曆⿰月是強脂 ⿰角是獸角不正 𥿻絲滓 揥指也 ⿰是刂剅⿰是刂以刀
解物 ⿰食氐⿰食氐餬 ●嗁泣也說文曰號也杜奚切六十 啼 㖒並上同 蹏足也 蹄上同 ⿱𥫗鍉竹名 提提攜 詆訶也

又音底瑅玉名隄隄封漢書作提稊樹之長條題書題說文頟也媞美好皃爾雅云媞媞安也說文又時介切諦也一曰
妍黠䚷現也說文顯也綈厚繒也罤兔網漽研米槌也樨上同綈結又音悌䅠爾雅曰䅠英也郭璞云䅠似稗
布地生穢草也或作稊稊易曰枯楊生稊稊楊之秀也苐草也銻鎕銻醍醍醐褆衣服好皃又是豸二音鵜
鵜鶘荑荑秀也禔福也鮷魚黑色崹崥崹山皃緹周禮注緹衣古兵服之遺色又音體鶗鶗鴂鳥鷤又音遰鼶爾雅
曰鼶鼠夏小正曰鼶鼬則穴又音斯騠駃騠馬名又丁奚切折禮記云吉事欲其折折爾謂安舒皃䨑霽雲出字林銕
字林云鐵名又說文云古鐵字鮷魚四足者虒臥也又音梯䁰䁰視困皃䬾寄食𧤗字林云獸角不正又音低徲
久待謕轉語又他兮切䖙䖙行皃厗磄厗石也鶗鶗鴂鳥春三月鳴也鶙鶙鷉鳥𧇧又音低蝭蝭蟧又音
帝𨬍器也鴺鷩鴺山雞名𢄰𢄰帷銻鎕銻火齊鮷大鮷趧趧𨇽四夷樂也蝭蝭蟧小蟬也鮧鮎也鯷
上同腣遠視也又坐見𧯝豆名邊兮切十六𢄼車𢄼螕牛蝨椑椑楴小樹又樹栽也萞萞麻蓖上同紕
謬也又芳脂切篦眉篦梐門外行馬又防啓切𥎪𥎪䂘短皃陛說文曰牢也所以拘罪也狴上同又姓犴獸也

稽集韻作稽正

笄冠飾鎞鈚釵悂誤也觟横角牛名雞說文曰知時畜也易曰巽爲雞古奚切十鷄籀文稽考也同也
當也留止也又山名亦姓呂氏春秋有秦賢者稽黃枅承衡木也笄女十有五而笄也稽稽風扶杓木也蛢螢火卟字書
云問卜也朩木不長也又音礙鍇堅也奚何也說文曰大腹也又東北夷名亦姓夏車止奚仲又虜複姓後魏書有達奚薄奚統奚
吐奚等四氏胡雞切十八豯豕生三月傒有所望也又胡禮切⿰女奚女奴蹊徑路螇螇螰似蟬榽榽蘇木名似檀騱
馬前足白又驒騱野馬名驒音壇胿腣胿奚獸跡亦邑名在洛陽郋里名⿰奚黽水蟲傒東北夷名嵇山名亦姓出譙
郡河南二望兮語助鼷鼠名一名甘口鼠食人及鳥獸至盡皆不痛蒵草名貕幽州藪澤曰貕養出周禮鷖鳧屬烏奚
切十二翳蔽也又烏計切⿱殹言相言應辝嫛人始生曰嫛婗出釋名黳小黑羥黑羊⿱殹土塵埃⿱殹石美石黑色黟
說文黑木也丹陽有黟縣繄是也辝也又赤黑繒亦戟衣也⿰言兮誠也又於米切⿱娃木⿱娃木⿰木斯弩楔木也倪莊子云天倪自然之分亦
姓後漢有楊州刺史倪諺五稽切十八蜺似蟬而小霓雌虹又五結五繫二切郳郳城在東海齯老人齒落復生婗
嫛婗輗車轅端持衡木棿上同猊後猊師子屬一走五百里麑上同貎亦同鯢雌鯨兒姓也漢御史大夫兒寬于

卤

乖人䙿衣褫謂之䙿也又妍啓切伣伣俔伴不知皃䚩䚩角不正皃又研啓切𡟀𡟀㮽㛥㮽䫊䫊䫏皃又五禮切醯

酢味也俗作醯呼雞切六𧮲痛聲𪓰黃病色也幑幱䫊赤紙出埤蒼榼木名忚欺慢之皃西秋方說文曰鳥在巢

上也日在西方而鳥西故因以爲東西之西篆文作卤象形亦州名本漢車師國之地至貞觀討平以其地爲西州亦姓又漢複姓十一氏左傳秦師西乞術宋大夫西鉏吾西鄉錯出世本又黃帝娶西陵氏爲妃名纍祖史記魏文侯鄴令西門豹周末分爲東西二周武公庶子西周爲氏晉有北海西郭陽何承天以爲西朝名士慕容廆以北平西方虔爲股肱何氏姓苑有西野氏西宮氏王符潛夫論姓氏志曰如有東門西郭南宮北郭皆是因居也先稽切十六卤籀文卥古文棲鳥棲說文曰西或从木妻栖同上𤭛瓦破聲犀犀牛似豕角生鼻上又姓秦有犀首嘶馬嘶撕提撕𤻯癈𤻯疼痛亦作𤺌𤺊同上㯕椑㯕屖瓠屖說文遟也𧫳悲聲粞碎米𠟊剩剸梯說文云木階也土雞切九睇視也又徒計切鷈鸊鷈似鳧而小𦣹臥也𦣞同上𠥼匾𠥼薄也𨀛𨀛蹋謕轉相誘語𩣡一遍鼙騎上鼓釋名曰鼙裨也裨助鼓節也呂氏春秋曰帝嚳令人作鼙鼓之樂也部迷切七鞞上同椑圓榼漢書云美酒一椑膍膍𦡊說文曰牛百葉也一曰鳥膍胵也亦作肶又音毗崥崥𡾰甈

瓦器篦取蝦竹器磇磇霜石藥出道書四迷切七陛牢也所以拘罪人也剸剸斫鵧鵧鵊鳥名錍錍斧又方

支切批擊也推也轉也示也鈚鈚箭齎持也付也遺也裝也送也相稽切十五賷俗韲薑蒜爲之齏上同

虀俗虀菜鉘利也又徂兮切櫅櫅榆堪作車轂爾雅云白棗也𥎊䂊𥎊擠排擠齌炊餔疾也又子細切躋登也

升也又音霽隮上同齊又音齊齊音劑義見齊字中懠懠疑人方言云吳人云之呰弱也又玆比切迷惑也莫兮切六婺

齊人呼母䤈醭䤈醬上白也麡鹿子䁤病人視皃𪓰𪓰𪓰似龜堪啖多膏泥水和土也說文云水出郁郅北蠻中詩疏

云泥中衛之小邑又姓出姓苑奴低切又奴計切四埿塗也俗屔受水丘也爾雅曰水潦所止爲屔丘郭璞云頂上污下者亦作泥

臡雜骨醬也谿爾雅曰水注川曰谿苦奚切八嵠溪磎並上同鸂鸂鶒水鳥繫爾雅云杭繫梅子如小柰也

螇土螽似蝗𪘏小齧圭圭璧說文曰瑞玉也上圜下方公執桓圭九寸侯執信圭伯執躬圭皆七寸子執穀璧男執蒲璧皆五寸周禮

以青圭禮東方又孟子曰六十四黍爲一圭十圭爲一合古攜切十五珪古文邽丁邽縣在馮翊上邽縣在隴西閨閨閤袿

釋名曰婦人上服曰袿廣雅曰袿長襦也窐甑下孔楚詞云珪璋雜於甑窐又音攜亦作𤮐鮭魚名又音佳麈鹿屬洼姓也

漢有大鴟臚洼丹又音哇⿱罒隹⿱罒隹谷名⿰圭句⿰圭句⿰句瓦裂也胿䏲胿⿰耒圭田器⿰圭欠邪也又紆佳切茥鈌盆草也又音睽睽

異也乖也外也說文云目少睛苦圭切十五奎星名湀泉水通川又古比切刲刲刺又作⿰奎刂⿰奎刂同茥鈌盆草⿰骨圭

肩骨聧說文云耳不相聽方言云聾之甚者秦晉之間謂之聧鮭漢複姓漢有博士鮭陽鴻⿱圭虫蠆也⿰虫奎蝙也⿰扌奎中鉤

楏櫑也⿰谷奎⿰句瓜⿰婁瓜亦作⿰奚瓜⿰盾圭盾握也攜提也離也又姓出何氏姓苑戶圭切二十三携俗蠵大龜鑴

大鍾窐甑下孔⿰鬲圭上同畦菜畦驨似馬一角巂上同又子巂鳥出蜀中酅地名在東平⿰忄巂離心也

蜀姓也梁四公子蜀闖之後毒姓也嶲姓出纂文纗說文曰維綱中繩也讗說文曰自是也⿰巂刂廣雅云挑剜刲

⿰巂刂削罣姓出說文黊說文云鮮明黃也⿺走巂⿺走是⿰木巂也眭目深惡視觿角錐童子所佩又儇規切⿰耳幵胼能視也

臡有骨醢也人兮切又音泥一栘棠栘木也成臡切又余氏以支二切一烓說文曰行竈也爾雅曰煁烓郭璞云今之三隅

竈烏攜切三⿱罒烓上同⿰巂瓦甑下孔睳目瞢呼攜切一

十三佳善也大也好也古膎切二街道也說文云街四通道也風俗通云街攜也離也四出之路攜離而別也⿰忄彖心不平又

挸

怏也戶佳切六 鮭 魚名出吴志 膎 脯也肉食肴也 鞵 屩也 鞋 上同 㨙 挾物也 榽 袖也 榽 榽棱 ●牌 牌膀也薄

佳切七 鵯 魚名廣雅云黒鯉謂之鵯 簰 大桴曰簰 郫 縣名在蜀又音皮 蠯 江東呼蚌長而狹者爲蠯 棑 排筏又音敗

犤 牛也 ●媧 女媧伏羲之妹古蛙切七 緺 青緺綬也 諣 諣惰 腡 手理也 蝸 蝸牛小螺 騧 馬淺黄色 歄 歄欨 ●蛙

蝦蟆屬烏媧切二 鼃 上同又戶媧切 ●咼 口戾也苦緺切六 喎 上同 絓 惡絲 𦳝 菲雜斜絕 葵 葵斜 闖 斜開

門國語云闖門而與之言又王詭切 ●柴 薪也又姓高柴之後士佳切八 祡 祭天燔柴 齜 齜𪘏齒不正也 茈 茈葫藥 𢪱

積也詩云助我舉𢪱 𣹢 瘦也 䡨 連車也一曰郤車抵堂也 査 查郎又七瑕切 ●釵 婦人岐笄也楚佳切九 靫 鞴靫盛箭

室鞴音步 𩒬 頷頰頤傍 叉 兩枝也說文曰手指相錯也 芆 鬼芆草名 䐤 腟腒脯腊 𤭛 𤭛𤭛屑瓦洗器 差 差殊又不齊

㓾 小矛又𠜾㓾也 ●竵 物不正火媧切四 𡙇 舛雜之皃 𡂝 口偏 䬸 䬸消食 ●䚗 羺䚗胡羊妳佳切三

挸 挸搦皃 𧦧 言不正也 ●崖 高崖也五佳切七 涯 水際 啀 犬鬭 𪘏 齜𪘏 猚 說文云鳥名又水名在雍

陽 厓 山邊 𩃵 雨聲 ●娃 美女皃於佳切五 洼 水名 哇 淫聲 𣢹 邪皃又音圭 唲 唲嘔小兒言也 ●崽

呼彼之稱山佳切又山皆切三 籭竹名 諰語失也又思耳切 ●𡃘笑皃火佳切二 吙𤆵吹氣逆病欸昏狹切●
扠以拳加人亦作𢪱丑佳切一 ●䁔視皃莫佳切二 𩍐𩍐鞵履也 ●鼃蛙屬戶媧切一
十四 ●皆說文作皆俱詞也古諧切十九 偕俱也 䅅麻稭 稭上同又古八切 喈鳥聲 階階級也說文曰階陛
釋名曰階梯也如梯之等差也 腊瘦也 薢薢茩藥名決明子是也又音懈 荄草根 痎瘧疾二日一發 堦階砌 楷
說文云木名孔子家蓋樹也廣志云孔子家上特多楷樹 鶛爾雅云鶛鶛其雄鵲 湝水流皃又戶皆切 街又音佳 瓂
牡瓦 𩗺疾風 蝔蟲名淮南子曰蝔知雨至蝔蟲大如筆管長三寸代謂之猥狗知天雨則於草木下藏其身又音諧 鍇鐵也 挨
推也亦背負 ●諧和也合也調也偶也戶皆切九 𩤗馬性和也 骸骸骨 瑎黑石 湝風雨不止 龤
說文曰樂和龤也 蝔又音皆 鞋履也又音膎 蕵蕵蕵草 ●排推排釋名曰彭排軍器也彭旁也在旁排敵御
攻也步皆切六 俳俳優 輫車箱 牌又薄佳切 猈短頭狗也 碩曲頤皃 ●乖睽也離也戾也背也古懷切四
𠧢上同 𠦑說文曰背呂也脊字從此 𤸰惡瘡 ●懷抱也和也來也思也亦州名春秋時野王邑漢爲河內郡武德初於

尵 柱一作杜 二

⿰扌犀 諧皆恐誤當作⿰日厓皆

相崖城置懷州又姓吳志顧雍傳有尚書郎懷叙户乖切十二 褱 俠也苞也歸也 櫰 爾雅云槐大葉而黒曰櫰 槐 木名又音回 ⿰女褱 知也 ⿰鹵褱 戎狄鹽 ⿱山褱 崴⿱山褱不平皃 犪 似牛四角人目 淮 水名出桐栢又姓也 褢 説文藏也 ⿰衤褱 上同 瀤 北方水名 匯 澤名苦淮切又胡罪切三 擓 揩摩 ⿰耳力 劼⿰耳力人有力也 豺 狼屬禮記云仲秋之月豺祭獸士皆切四 儕 等也輩也類也 ⿸广齊 又音齋齊音臍義見齊字中 豺 山名在平林 差 簡也楚皆切又楚宜楚牙楚懈三切二 ⿺走聿 起去也 ⿸尢鬼 ⿸尢鬼尵病呼懷切又灰毀二音一 尵 柱懷切二 頽 頭肰也出聲類 埋 塵也藏也莫皆切四 薶 上同 霾 爾雅曰風而雨土爲霾釋名曰霾晦也如物塵晦之色也 ⿱貍心 慧也 齋 齋潔也亦莊也敬也經典通用齊也側皆切一 崴 崴⿱山褱乙皆切四 碨 碨磓不平也磓音鵜 ⿰鹵鬼 鹽也亦作⿰鹵褱 溾 溾涹穢濁 ⿰齒來 齧也卓皆切二 ⿰木埋 枯木根出聲類 唻 唱歌聲頼諧切一 揩 揩摩拭口皆切四 ⿰糸皆 大絲 ⿰彳皆 俳偕行惡 ⿰米皆 米之别名 ⿰扌犀 諧皆切一 崽 方言云江湘間凡言是子謂之崽自高而侮人也山皆切又山佳切二 ⿰金⿺辶疋 ⿰金⿺辶疋籮古以爲玉柱故字從玉今俗作⿰金⿺辶疋 ⿱雨衆 雨聲擬皆切二 娾 醜女皃 搋 以拳加物丑皆切一 ⿰彳希 訟也喜皆切一 ⿰月累 ⿰月累膗形皃惡力懷切一 膗

仕懷切二擺擺倒損出方言

十五灰說文曰死火也淮南子云女媧積蘆灰而止淫水呼恢切六⿰虫豕豕掘地也鼿上同⿸厂坙相⿸厂坙擊⿸疒畏二

馬病虺虺隤恢大也苦回切八詼詼調悝病也憂也一曰悲也亦大也又音里魁魁師一曰北斗星⿱竹魁箭竹

䫌多也顝大頭盔盔器盂盛者也隈水曲也烏恢切十一煨煻煨火⿰糸畏五色絲飾渨渨沒椳戶樞

偎愛也亦國名⿰風畏風低皃揋揋掎⿰角畏曲角中也葨山草鰃魚也回違也轉也邪也又回中地名亦姓古賢者

方回之後戶恢切十三洄逆流迴還也槐木名五經通義曰士之冢樹槐春秋說題辭曰槐木者虛星之精也又姓晉大夫富

槐之後徊徘徊瑰玫瑰火齊珠也又古回切蛕人腹中長蟲蛔上同佪玉篇云佪佪惛也烠光色⿰回阝鄉名

在濉陽駟馬名茴茴香草名枚枝也亦姓漢有淮南枚乘莫杯切十五梅果名又姓出汝南本自子姓殷有梅伯爲

紂所醢漢有梅鋗媒媒衒說文曰謀也謀合二姓也玫玫瑰煤炱煤灰集屋也炱杜來切脢脊側之肉又亡代切脄

上同腜孕始兆也禖郊禖求子祭也⿱罒毎雉網莓莓莓美田也塺塵也鋂大鐶詩傳云一環貫二䊈

酒毋䤂醋之別名傀大皃又美也盛也偉也亦怪異公回切十瓌上同傀亦同瑰瓌瑰石次玉又音回瓌上同

蕢說文云韋繡也又求位切櫰山海經云中曲山有木如棠而圓葉赤實如木瓜食之多力又音懷膭肥皃䐶畜胎廆

菜名又乎罪切雷說文作靁云陰陽薄動靁雨生物者也又姓後漢有雷義魯回切十三靁古文儡儡同勵勉也又盧對切

瓃玉器櫑說文曰龜目酒尊刻木作雲雷之象象施不窮也罍上同鑸鍡首飾也亦作櫑䍣百囊魚網鐳

瓶也壺也𤮚屋棟瓦也畾田間轠轠轤不絕穨暴風也杜回切十三頹上同㿉陰病隤下墜也墤上同

𢈲墜也魋獸似熊而小又人名𢋼虺𢋼蘈爾雅曰蘈牛蘈郭璞云高尺餘許方莖葉長而銳有穗穗間有華紫縹色

誰諉也𧝎棺覆蹪蹪仆𤗚𤗓𤗚屋破狀崔姓也齊丁公之子食采於崔因以為氏出清河博陵二望倉回切六

催迫也縗喪衣長六寸博四寸亦作衰𨼮𨼮崩隤也𢔌行急皃趡逼也磓落也亦作塠都回切十五塠

上同頧毋頧夏冠名禮記作追䭔餅也堆聚土鴭雀屬㕍㕍撲物也亦作搥鎚治玉也周禮作追搥摘也

𡏶上同嵟高也䣹酟醅醜面𠂤說文曰小阜也敦詩曰敦彼獨宿脞脞坐皃出聲譜膗膗膭素回切六挼

催

轚也 ⿰革巂鞍邊帶也 毸毰毸鳳舞出楚詞 嗺嗺送歌 蓑蓑蓑蕊葉下垂皃本又音莎 摧折也阻也昨回切五

崔崔嵬又音催 慛傷也憂也 槯木名堪作杖 檇木有所擣也 裴衣長皃又姓伯益之後封于䣣鄉因以爲氏後

徙封解邑乃去邑從衣燉煌太守裴遵始自雲中徙居河東夲亦作裵薄回切十二 徘徘徊 培益也隄也助也治也隨也重也

陪陪廁也 䣣鄉名在聞喜 郶鄉名在扶風 婄婦人皃 棓姓也前漢爰盎之棓生所問占又龐項切 毰毰毸

鳳舞 𤗪版也 ⿰不頁曲頤也又音牌 輫車箱 桮說文曰䀀也布回切三 杯同上 盃俗 肧懷胎一月芳杯切八 坏

未燒瓦也 㾦弱也 醅酒未漉也 衃說文曰凝血也 ⿰魚不魚名 瓰瓜瓿 抔披抔 鮠魚名似鮎五灰切五 桅船上檣

竿也 嵬崔嵬 磑磨也又五內切 峞高皃 ⿰車隹車盛皃他回切七 輡同上 ⿰火追⿰火追燖毛出字林 蓷草名 推又昌

隹切 藬牛蘈草也 ⿸尸委履屬也頸曰⿸尸委 ⿰忄夒古之善塗塈者乃回切三 捼手摩物也又奴和切 ⿰酉委一⿰酉委飯出字林 嗺

字書云口嗺頹臧回切四 朘赤子陰也 ⿰血夋上同見老子 ⿸尸夋上同出聲類

十六咍笑也呼來切三 㾤病也 ⿰阝殳豛⿰阝殳笑聲也 開開解亦州名本漢朐忍縣地蜀置漢豐縣後魏置開州領

纔 鼒

東關東岡二郡又姓呂氏春秋云開方衞公說文作開經典亦作闓苦哀切五 𣪠𣪠殳 侅奇侅非常又古哀切 奒大皃 𡖄

多也 哀悲哀也又姓漢有哀章烏開切六 埃塵埃 唉慢譍又於其切 烸熱甚 欸歎也 毐說文云人無行

也本又[illegible]烏改切 臺土高四方曰臺又姓漢有臺崇侍中臺崇徒哀切十五 擡擡舉 菭魚衣濕者曰濡菭亦作苔說文曰菭水衣

苔上同又蘚也 炱炱煤 嬯鈍劣 薹蕓薹 箈竹萌 儓輿儓 檯木名 駘駑馬 𪒠黲𪒠大黑之皃又都

來切 籉可禦雨也 跆蹋跆連手唱歌 ⿰鳥台鳥名 該備也咸也兼也皆也又軍中約也古哀切二十 豥豕四蹄白 垓

八極又垓下隄名沛郡項羽敗處也 荄草根又古諧切 郂鄉名在陳留 ⿰歹豈羊胎又音敳 剴大鐮一曰摩也又五哀切

陔殿階次序 姟數也十秭曰姟 ⿰糸亥挂也出淮南子 晐備也兼也 峐爾雅云山無草木峐 祴祴夏樂章名 侅奇侅

賅上同又贍也 ⿰扌豈揩觸也 胲足大指毛肉也 ⿰食亥飴也 ⿰齒豈牙也 ⿰月豈肥也 裁裁衣昨哉切九 纔僅也又藏代切

財貨也賄也 才用也質也力也文才也說文作才艸木之初也 材木挺也 ⿰麥才麴也 ⿰氵𢦏水名 鼒爾雅注鼎斂上而小口又

音茲 茡蔽前草箭 來至也及也還也又姓後漢來歙光武姑子蜀志云荆楚名族有黃門侍郎來恪俗作来落哀切二十五 萊

𢦏

蓛草亦州名漢掖縣屬東萊郡秦屬齊郡後魏分青州置光州取界内光水爲名隋改爲萊州又姓左傳晉與秦戰于郩萊駒爲右郲

地名騋馬高七尺崍崍嵦山也㯳鄉名在扶風又力知切⿱來玉說文云瓄玉也亦作琜⿰豸來貍也猍上同淶

水名出涿郡鯠魚名鶆鶆鳩鷹出埤蒼䅘䅘麰之麥一麥二稃周受此瑞麥出埤蒼⿰毛來毛起⿰糸來上同庲舍也

⿸疒來惡病棶棶椋木名犛關西有長尾牛又音氂音茅逨至也又力代切麳小麥⿺麥來上同⿰田來耕外舊場⿰黑來

⿰黑來⿰黑臺大黑徠還也又力代切烖天火曰烖祖才切十二灾上同災籀文⿰扌火古文栽種也哉語助𡿧說文曰害

也葘上同亦作菑見經典𢦏說文曰傷也𢦏字類從之省文⿱艹哉⿱艹哉蒔溨水名出蜀⿰目𢦏睞也或作哉猜疑也恨也倉才切四

偲多才能也⿰目𢦏睞也𧺝說文曰疑之等趑而去也⿰片咅版也扶來切二棓姓出姓苑胎始也說文曰婦孕三月也土來

切七抬上同鮐魚也台三台星又天台山名邰地名后稷所封在始平或作斄⿰虫台說文云黒貝亦珠⿰虫台⿱髟台⿱髟台鬗婦人僞髻

出證俗文孩始生小兒戶來切八咳小兒笑皃頦頤下⿰扌豈觸也⿺走里留意⿰身豈長身⿰魚豈鯢⿰魚豈雄蟹也豥

豕四蹄白鰓魚頰蘇來切八揌擡揌粞碎米䚡角中骨顋顋頷俗又作腮愢意不合也顋鳥名毢毰毢

禋

皚霜雪白皃五來切七 嵦崍嵦 敳有所理又隤敳八元名 殪殺羊出胎 隑企立 剴又音垓 獃獃癡象犬小時未有分別 能爾雅謂三足鼈也又獸名禹父所化也奴來切又奴登切二 㾍病也 𪑾黛𪑾大黑皃丁來切二 懛懛剴失志皃 懤昌來切牛羊無子一 娝好色皃普才切一

十七眞

眞眞僞也又姓風俗通云漢有太尉長史眞祐俗作真側鄰切十六 甄姓也陳留風俗傳云舜陶甄河濵其後爲氏出中山河南二望又舉延切 振又之刃切 禛以眞受福 稹說文云種穊也又之忍切 磌柱下石也 畛田界又之忍切 甄爾雅云所以鼓敔 侲字林云養馬者 桭屋梠也 蒖芀也 唇驚也 唇上同 帪馬篼囊裹也 甄莿甄豕首草也 殿擊也又音辰 獜犬走草狀丑人切三 胂申也 縝縝紛 因託也仍也緣也就也亦姓左傳遂人四族有因氏俗作囙於眞切二十三 茵茵蓐說文曰車重席也詩曰文茵暢轂文茵虎皮也 鞇上同 禋祭也 禋籒文 闉闉闍城上重門 駰白馬黑陰又於巾切 湮落也沈也 烟烟熅天地氣易作絪縕 氤氤氳元氣盛也 絪絪縕麻枲 垔塞也 陻堙竝上同 堙亦上同又土山也 洇水名 姻婚姻白虎通曰婦人因人而成故曰姻也字林云婚婦家姻壻家 婣古文出周禮 諲

歆也裀玉篇云衣身𦍩黑羊歅秦穆公時有方歅一名皐善相馬也或作諲捆就也◦新新故也亦姓國語晉大夫

新穆子又複姓二氏何氏姓苑有新和氏陳留風俗傳云畢公封於新垣後因氏焉魏將新垣衍改爲梁垣氏息鄰切三辛薑味也爾雅云

太歲在辛曰重光又姓夏啓封支子于莘莘辛聲相近遂爲辛氏漢初辛蒲爲趙魏名將及徙家隴西便爲隴西人薪柴也周禮委人掌祭祀之

薪詩云翹翹錯薪◦辰辰象也又辰時也爾雅曰太歲在辰曰執徐植鄰切十三晨早也明也䢅古文敐擊聲宸屋宇

天子所居鷐鷐風鸇也麎牝麇桭兩楹間又音眞莀草名屒重名臣伏也男子賤稱春秋說曰正氣爲帝間氣爲臣

孝經說曰臣者堅也𨛜地名𨙵姓也◦仁仁賢莊子曰愛人利物謂之仁釋名曰仁忍也好生惡殺善惡含忍也又姓姓苑云彭城

人也如鄰切三朲屋上間朲人天地人爲三才亦漢複姓十氏左傳有寺人披齊有徒人費周有王人子突魯有雍人高宋有廚人僕鄭

有大夫子人九國語吳有行人儀孔子弟子左人郢漢司空掾封人嬰後漢司徒閭人龔◦神靈也易繫辭曰陰陽不測之謂神亦

姓風俗通云神農之後漢有騎都尉神曜何氏姓苑云今琅邪人食鄰切二晨又植鄰切◦親愛也近也說文至也七人切三

寴𡨋並古文◦礥鞕也下珍切又下憐切三訋誑也㘋難也◦申身也伸也重也容也篆文作申又辰

名太歲在申曰涒灘亦州名春秋時屬楚秦南陽郡後魏爲郢州周爲申州又姓出魏郡亦漢複姓四氏莊子有申徒狄漢丞相申屠嘉長沙
太傅申章昌左傳齊有申鮮虞失人切十六伸舒也理也直也信也紳大帶娠孕也又脂刃切呻呻吟𣢾㖗並上
同眒鳥獸驚皃胂脢也𤰈說文曰神也又姓出姓苑𩊠革帶曼引也身親也躬也柛爾雅木自斃曰柛謂斃踣
也䰠山海經云青要山䰠也說文曰神也訷訷說信也賓敬也迎也列也遵也服也說文作賔所敬也又姓左傳齊有大夫賓須無
必鄰切十賔古文濱水際檳檳榔䚔䚔覣暫見顮頭慣懣也儐敬也又音殯鑌鑌鐵爲刀甚利矉
說文曰恨張目也䰡鬼皃粦鬼火說文曰兵死及牛馬之血爲粦今作燐同力珍切又力刃切二十三燐上同鄰近也
親也說文曰五家爲鄰俗作隣轔車聲嶙嶙峋深崖狀也𡿖水在石間亦作磷又力刃切磷上同疄田壟麟仁獸
爾雅云麕身牛尾一角麐上同鱗魚甲又姓左傳宋大夫鱗朱璘璘瑸文皃駗馬色翷翷翁飛皃獜獸名似豕黃身
白首出埤蒼瞵視皃獜獜獜大健也出說文驎騏驎白馬黑脊𤳉菜畦鱗魚名鏻健皃又力丁切繗紹也
潾水名矜矛柄也又鉏耰也古作矜巨巾切五㨷拭也堇黏土墐上同鯪蟲魚連行又力丁切珍貴也

重也寶也俗作珎陟鄰切三 鎭戍也又陟刃切 塡壓也又音田 陳陳列也張也衆也布也故也亦州名本太昊之墟畫八卦之所周武王封舜後胡公滿於陳楚滅陳爲縣漢爲淮陽國隋爲陳州又姓胡公滿之後子孫以國爲氏出潁川汝南下邳廣陵東海河南六望又虜三字姓後魏書有侯莫陳氏直珍切又直刃切五 敶古文說文本直刃切列也 ⿰羊東獸名似羊目在耳後 趁越履 塵說文本作䴟鹿行揚上也 津說文作𣶒水渡也將鄰切五 ⿰舟隹古文 璡美石次玉 濜氣之液也本亦作盡 𦘦飾也 瞋怒也說文曰張目也又作賊昌眞切六 嗔上同本又音塡 謓亦上同說文恚也 䐜肉脹起也 ⿰糸眞纑也 縝上同 秦州名古西戎地春秋時爲秦國後并天下爲隴西郡漢武分置天水郡後魏改爲秦州因邑以爲名又姓秦自顓頊後子嬰既滅支庶以爲秦氏也匠鄰切三 螓蜻蜻似蟬而小 犊牛名 寅辰名說文作寅翼眞切又以之切六 夤夤緣連也又敬惕也 䏰脊䏰 ⿱艹寅⿱艹寅菟瓜 螾寒蟬 ⿰土寅⿰土寅場 紉單繩女鄰切一 繽繽紛匹賓切五 ⿰賓羽飛皃 ⿰賓鬼說文云鬼皃又音頻 ⿰忄賓⿰賓欠也 ⿵門賓⿵門賓爭說文作⿵門賓鬭也 頻數也急也比也說文作瀕水厓人所賓附顰戚不前而止又姓風俗通云漢有酒泉太守頻暢符眞切十四 蘋大萍也又作薲 薲上同 嬪婦也一曰妻死

曰嬪櫇木名玭珠也又步田切蠙珠母又步曰切獱獺之別名顰顰眉戚也𧭼多言嚬笑也𩴵鬼皃

𦅾擣衣嬪嬪姿銀周禮荆州其利銀爾雅曰白金謂之銀鍾山之寶有銀燭謂有精光如燭銀重八兩爲一流也語巾切十六

犷犬聲狺上同虤兩虎爭聲檭木名色白鄞縣名在會稽又音齗圁圁陽縣名在西河誾和也又誾誾中

正之皃又姓何氏姓苑云今廣平人訔上同嚚愚也蘄亭名在江夏珢說文云石之似玉者麐獸名似麕而八目出

山海經垠垠岸也𪛆大篪泿水名巾釋名曰巾謹也二十成人士冠庶人巾當自謹修於四教居銀切七麏鹿屬居筠

切六麇麕並上同頵大頭莙爾雅云莙牛藻似藻而葉大又渠殞切汮水名筠竹皮之美質也爲贇切四囩

田十二頃說文同也縜繩紐䓵藕根小者囷倉圓曰囷去倫切又咎倫渠殞二切七箘桂又竹名又渠殞切箟箭輑

車軸相逢蜠大貝又渠殞切峮嶙峮山相連皃壼說文曰宮中道又苦本切珉美石次玉亦作玟瑉碈武巾切十九岷

山名江水所出亦州名秦隴西郡之臨洮縣也後魏置岷州因山以爲名罠彘網閩閩越蛇種也又音文緍錢貫亦絲緒釣魚綸

也又姓出何氏姓苑𩑬強也笢竹膚又亡忍切旻仁覆愍下謂之旻天𦔾和也痻病也閺亭名在汝南汶汶山

郡又音問捪撫也忞自勉強也䀞視皃睧上同錉筭稅也鶻鳥似翠而赤喙鈱鈱鋭●貧
乏也少也符巾切二穷古文●⿱鼓因鼓聲於巾切三鼘上同又烏玄切駰馬陰淺黑色又音因●贇美好也於倫切四
奫泉水頵說文曰頭頵頵大也蝹蝹蝹龍皃●彬文質雜半說文云古文份也府巾切十三斌上同份說文曰文質備也
玢文采狀也豳地名本豳國之地又有豳城公劉所邑蓋此地也因以名州亦作邠又姓出姓苑邠州名汃西方極遠之國
霦璘霦玉光色⿰王扁上同⿱非目大目皃攽說文分也博雅減也虨虎文俗作虨又普巾方閑二切砏水名又石●民
說文曰衆萌也彌鄰切五閺低目視也睧視皃又音旻泯没也又亡忍切怋亂也

十八●諄至也誠懇皃也章倫切五忳心實也又音敦⿰目享鈍目也又音稕肫鳥藏訰亂言之皃●椿木名丑倫
切八楯木名輴載柩車也⿰車川上同鶞爾雅云春鳸鳻鶞鳻音汾杶書曰杶榦栝柏櫄說文同上瑃玉名●⿰酉屯
純美酒也直倫切又常倫切二⿰巾盾布貯曰⿰巾盾●荀草名又姓本姓郇後去邑爲荀今出頴川相倫切十四郇地名在河東解縣周
文王子封於郇郇以爲氏王莽時有郇越詢咨也眴眩又音舜峋嶙峋珣玉名⿰木粤說文曰大木也可以爲鉏柄又祥令切洵

水名在晉陽恂信也畇爾雅曰畇畇田也謂田墾辟也又音勻音旬檈承食案也栒杶木別名姰狂也又音縣㰬上氣逆
也又信也純篤也至也好也文也大也常倫切十三蓴蒲秀蒓水葵醇厚也醲也鶉鵪鶉也莊子曰田鼠化爲鶉淮
南子曰蝦蟆化爲鶉字林作𩀞𦎫說文曰孰也凡從𦎫者今作享同陙小阜名也忳憂悶錞樂器隝之所以和鼓淳
淳也朴也又姓何氏姓苑云今吳人奄大也焞明也又他昆切䤟美也犉黃牛黑脣如勻切四䳜鷚雞晚生者瞤
目動眴上同脣口脣食倫切五漘水際䔚牛蓐草似蘭青黑色㸣牛行遲也又音巡紃環綵條也又音巡
淪沒也力迍切十五倫等也比也道也理也又姓風俗通曰黃帝樂人伶倫氏之後論有言理出字書又盧昆切𦨈船䑳
輪車輪周禮曰軫之方以象地蓋之圜以象天輪輻三十以象日月崘山阜陥也䱬魚名蜦神蛇能興雲雨文字集略云蝦
蟆大如屨能食蛇也又力計切棆木名綸絲綸又姓魏志孫文懿臣綸直又音鰥惀欲曉知也侖說文思也踚行也
掄擇也周禮曰凡邦工入山林掄材而不禁又力昆切䈂䈂子船具屯難也厚也陟綸切又徒渾切四窀窀穸下棺迍
迍邅本亦作屯易曰屯如邅如㡒布貯逡逡巡退也七倫切十踆止也倨也一曰改也皴皮細起也㕙東郭㕙古之狡兔也

趣°

又音俊 墫 舞皃 捘 推也左傳云捘衛侯之手又子寸切 竴 喜也 踆 退也 ⿹勹夋 上同 夋 倨也 遵 循也率也
行也習也將倫切五 跧 蹙也又阻圓切 僎 鄉飲禮僎者降席而遵法也或作遵又音撰 嶟 山皃 鷷 西方雉名 春 四時之首
尚書大傳曰春出也萬物之出也春秋說題曰春蠢也蠢興也春秋繁露曰春喜氣又姓何氏姓苑云春申君黃歇之後昌脣切一 鷷
西方雉名昨旬切一 勻 徧也齊也說文少也从勹二羊倫切二 畇 詩曰昀昀原隰又音荀音旬 旬 十日曰旬詳遵切十七 𠣞
古文 巡 逡巡說文曰視行也 馴 擾也從也善也 循 善也 揗 手相安慰 ⿰牛川 牛行遲又音脣 紃 環綵絛又食倫切 ⿰糸盾
縫也 駨 駨䳜小鳥出字統 詢 均也龕也 楯 楯闌檻也 灥 三泉相通 ⿱巛田 均也 ⿺走敫 說文曰走皃也 畇 墾田 蚐 蟲名
均 平也又學曰成均亦州名春秋及戰國時竝屬楚秦屬南陽郡隋爲均州取汮水以名之居勻切四 鈞 三十斤也又姓風俗通云楚大
夫元鈞之後漢有侍中鈞喜 袀 戎衣也左傳曰均服振振字書從衣 汮 水名出析縣北山入沔今作均 趣 行也巢人切又去忍切
砏 砏磤大雷普巾切又布巾切二 虨 虎文也俗作虨
十九臻 臻 至也乃也側詵切十一 蓁 草盛皃 榛 聚也又栞亐瑟音 溱 水名在河南 潧 水名在鄭國出說文此水南入洧詩作溱洧誤

亲亲栗 榛上同 㮼亦同 瀙字林云水名在豫州 𨪕埤蒼云小鑿 轃說文曰大車簀也 莘地名在虢又姓所臻切二十 姺有姺國名 扟從上擇取物也 駪馬多皃 籸粉滓 驫衆盛皃 甡衆多皃 兟進也 詵衆人言也 侁行皃詩云侁侁征夫 ⿰魚莘魚尾長也詩云有莘其尾字書從魚 屾說文云二山也 ⿰多辛多也 燊熾也 ⿰丮辛丮多

侁往來之皃 樺方言云杠東齊海岱之閒謂之樺杠牀前橫也 阠八陵東名阠又息進切 姺女字 ⿸疒辛寒病 蓁木叢生士臻切三 殿呂氏春秋注云殿殿動而喜皃又音眞 帘幕也又音廉

二十文

文文章也又美也善也兆也亦州名禹貢梁州之域自戰國時宋及齊梁皆諸羌所據後魏平蜀始置州亦姓漢有盧江文翁無分切十六 聞說文曰知聲也又音問 䎽古文 彣青與赤雜 紋文綾也 雯雲文 駇馬赤鬣縞身目如黃金文王以獻紂 蟁爾雅曰鷏蟁母郭璞云似烏鷏而大黃白雜文鳴如鴿今江東呼爲蚊母俗說此鳥常吐蚊因名云說文曰齧人飛蟲也 蚊上同 𧑒亦同出漢書 𢿌摩上 鴍鳥也爾雅曰鶡子鴍 閺俗作閿說文曰低目視也弘農湖縣有閿鄉汝南西平有閿亭

汶黏蟁又音旻問 鼤班鼠 闅闅越也又音旻 雲說文云山川气也从雨云象雲回轉形河圖曰雲者天地之本傅子曰以

雲母飾車謂之雲母車臣不得乘之又姓縉雲氏之後又後魏書有連氏後改爲雲氏王分切二十二芸香草也說文云似目宿淮南王
說芸草可以死復生雜禮圖曰芸蒿也葉似邪蒿香美可食也蕓蕓薹菜名𦓝說文曰除苗間穢也䒓上同耘亦同鄖
國名妘女字又姓紜紛紜溳水名在南陽一云在美陽澐江水大波云辝也言也說文古文雲字亦姓出自祝融之後篔
篔簹竹名䢵邑名員益也說文作貟物數也又音圓又音運姓也鼎籀文愪憂也沄說文云轉流也云亂貟也耺
耳中聲橒木名䉙竹名煴烟煴天地氣也易作細縕於云切十氳氤氳元氣縕亂麻又於粉切馧香也蒀
蒕蒀盛皃䅬上同輐轒輐兵車又於粉切蘊蘊積也又於粉切蝹蝹龍皃壼欝也汾水名在太原本漢茲氏縣
地屬西河郡魏於茲氏縣置西河郡今州城是也符分切三十七墳墳籍又墓也氛氛氳祥氣氳俗鼖大鼓周禮
鼓人掌六鼓以鼖鼓掌軍事鞼上同鼖亦同濆水際也又水名焚焚燒燌上同羒白羝羊也豶豕也
頒魚大首亦衆皃又布還切羵土中怪羊鷬似鴝白身三目赤尾六足枌白榆木名鳻春鳸鳻鶞亦作鳻又說文
曰鳥聚皃一曰飛皃蕡草木多實蒶古文橨枰仲木別名出埤蒼棼複屋棟也賁三足龜葐葐蒀魵

魚名𧮛谷名在臨汾妢周禮考工記云妢胡之笴棻香木名也梤上同朌大首皃𩕊醜皃鐼飾也
說文曰鐵類讀若熏又音訓馩馩馧香氣馚上同岎草初生香分布也又音芬鼢田中鼠又音憤蚡上同轒
轒轀兵車分賦也施也與也說文別也府文切六饙一蒸飯也餴上同扮握也坌埽棄之也又方問切𣯩
𣯩毭罽也羣羣隊也說文輩也亦作群渠云切五帬說文曰下裳也釋名曰帬羣也連接羣幅也裠上同亦作裙
宭羣居也又音君𤺋痺也薰香草韻略曰薰陸香出大秦國亦姓出何氏姓苑許云切十二曛日入也又黃昏時
勳功勳也勛古文熏火氣盛皃燻上同獯北方胡名夏曰獯鬻周曰獫狁漢曰匈奴纁三染絳醺
著酒葷臭菜焄禮曰焄蒿悽愴鄭玄云焄謂香臭也臐儀禮鄭玄注云羊曰臐豕曰膮皆香美之名膮呼堯切君
白虎通曰君者羣也羣下之歸心也荀卿子曰君者儀也民者影也儀正則影正君者盤也民者水也盤圓則水圓又君者民之源也源清則
流清源濁則流濁舉云切八軍軍旅也周禮夏官司馬曰凡制軍萬有二千五百人爲軍王六軍大國三軍次國二軍小國一軍軍將皆
命卿又漢複姓二氏禮記有將軍文子晉有大傅叅軍襄城冠軍夷皸足坼桾桾櫏木也箘竹名莙牛藻菜也宭

冄文恐悞一作檒文

羣居鮶蟲名水鮶如魚乘焉芬芬芳又姓戰國策晉有大夫芬質府文切十三紛紛紜衆也亂也帉中也亦作扮⿱分毛

毛落衯說文曰長衣皃翂翻翂飛皃棻說文云香木也砏砏汃水石岎草木初生香分布也氛氛侵妖氣雰上同

又霚氣也闅闅闅之皃錀埤蒼云免奄錀

二十一欣喜也亦州名本漢陽曲縣地隋置欣州因欣口爲名許斤切六忻上同昕日欲出也訢喜也炘熱皃

邤邤鄰地名殷衆也正也大也中也說文从㐆云作樂之盛稱殷亦姓武王剋紂子孫分散以殷爲氏出陳郡於斤切四慇

慇懃濦水名在潁川溵上同勤勞也盡也巨斤切八芹水菜食之宜丈夫呂氏春秋曰菜之美者雲夢之芹

懃慇懃懄憂哀懃上同瘽病也⿰矛堇矛柄古作矜靳草也又巨希切斤十六兩也說文曰斫木也

又虜複姓二氏後魏書去斤氏後改爲艾氏奇斤氏後改爲奇氏舉欣切四筋筋骨也說文曰肉之力也从力肉竹竹物之多筋者

又姓出姓苑觔俗釿說文云劑斷也本宜引切虓虎聲語斤切十二犾犬相吠也圻圻堮又岸也垠

上同齗齒根肉也齦上同⿸鹿言獸似貉也斦二斤⿰龠斤大箎蘄亭名在江夏郡狺二大爭鄞縣名在會稽郡

二十二元

元 大也始也長也氣也又姓左傳衛大夫元咺又後魏孝文改拓拔爲元氏望在河南愚袁切二十二 原 廣平曰原亦州名漢高平孫魏爲鎮州又改原州蓋取高平曰原爲名又姓孔子弟子有原憲說文本作邍原即與厵同 邍 周禮有邍師注云邍地之廣平者 源 水原曰源又姓禿髮傉檀之子賀入後魏魏太武謂之曰與卿同源可爲源氏說文本作原厵篆文省作原後人加水 厵 上同 杬 木名出豫章煎汁藏果及卵不壞 嫄 姜嫄帝嚳元妃 沅 水名在象郡鐔涇城西亦云在牂牁 騵 赤馬白腹

黿 似鼈而大紀年曰穆王十七年起師至九江以黿爲梁 羱 羱羊角大者可爲器又五丸切 蚖 蠑蚖蜥蜴也一名守宮字林云在鋅曰蝘蜓在洲曰蜥蜴 ⿱原虫 晩蠶周禮禁原蠶鄭注云原再也俗從虫 芫 草名有毒可爲藥也 邧 地名 榞 實如甘蕉而皮可食 謜 徐語孟子云故謜謜而來 ⿰牛原 獸如牛也 ⿰食元 ⿰食元餌又五丸切 獂 豕屬又音桓 阮 五阮郡出史記又元遠切 蒝 莖葉布也 袁 姓出陳郡汝南彭城三望本自胡公之後雨元切十六 爰 於也行也爲也哀也引也亦姓出濮陽亦舜裔胡公之後袁或作爰 垣 垣墉也又姓漢西河太守略陽垣恭也 𩫖 籀文 園 園圃亦姓 援 援引也又爲眷切 榬 絡絲籰

轅 車轅方言云轅楚衛謂之輈又姓左傳陳大夫轅濤塗之後又漢複姓有軒轅氏 鶢 鶢鶋海鳥 媛 嬋媛枝相連引又爲眷切 洹

水名亦縣名在相州又音桓溒篡文云姓也玉篇云水流皃䞶易田名也蝯蝯猴五百歲化爲玃爾雅曰猱蝯善援猨

上同猿俗煩勞也說文曰熱頭痛也附袁切三十八番說文曰獸足謂之番經典作番又翻盤潘三音書亦音波蹞

足有文也說文同上蹯亦同上見左傳繁穊也多也蘩皤蒿薠似蘋而大樊樊籠亦姓周宣王封仲山甫於

樊後因氏焉今在南陽擷擷挼也繙繙帤亂取帤於元切燔炙也膰祭餘熟肉瀿水名玉篇云水暴溢也

羳羊黃腹也䪤百合蒜也鷭鷭鵃鳥蟠蝚負又扶干切蕃茂也息也滋也又音藩蠜𧕴蠜螽礬石

䮩鼠名𨟚鄉名在京兆杜陵鐇廣刃斧璠璠璵魯之寶玉笲竹器禮記云婦執笲䆇稻也出齊人種術

獩大鬬也襎襎裷幭也袢絺綌詩云是紲袢也棥藩屏緐馬飾名也絣上同墦冢也䝑生養也

䮳上同旛旐也𧢞覿𧢞藩蕁苋葉如韭又音翻飜覆也飛也孚袁切十翻上同旛旌旐方捴名番數也

遞也又盤潘煩三音幡說文曰書兒拭觚布俗通爲幡𤄫大波潘米汁轓車大箱也繙繽繙風吹旗皃反斷獄反又方

晩切暄溫也況袁切十九煖上同喛恐懼萱忘憂草說文又作藼蕿䁐大目諼詐也塤說文作壎樂器也以土爲

之六孔釋名曰塤喧也聲濁喧然也世本曰暴辛公作塤壎上同⿰宣鳥⿰宣鳥鴅鳥名吅喚聲又私全切貆獸名詩云有縣貆兮

又丸歡二音喧大語也諠諠譁亦作喧譁愋恨也讙讙囂皃也翧飛來䚙揮角⿰角亘角匕又許羈切

蝖蟦螬●鴛鴛鴦匹鳥於袁切十八冤屈也枉也曲也又冤句縣在曹州句音劬帵幡帵鵷鵷鶵似鳳⿰氵冤

水名惌惌枉⿰金冤鋤頭曲鐵宛屈草自覆又宛縣在南陽又音苑蜿蜿蜿龍狀也又音苑⿰食冤貪也⿱艹冤棘蒬草名

怨怨讎又於願切⿰女冤⿰女冤⿰女冤美也葾敗也輐兵車鞔量物之具又於阮切裷襎裷眢目空皃又一丸切●言

言語也字林云直言曰言荅難曰語釋名曰言宣也宣彼之意也又姓孔子弟子有言偃語軒切五琂石似玉甗無底甑也又語

戰切⿱竹言大簫⿱艹言草名●攑舉也丘言切二⿺走寋走皃又虛言切●軒軒車又姓軒轅之後漢有諫大夫軒和虛

言切六掀以手高舉騫飛舉皃⿰車軍車前輕也蓒蓒芋草名⿺走寋走皃●⿰扌梟⿰扌梟子摴蒱采名居言切十二

⿰木梟上同靬乾革又驪靬縣在張掖又下憚切又口且切鞬馬上盛弓矢器⿰革蹇上同⿰虔刂以刀去牛勢或作犍犍犗牛

名又犍爲郡腱筋也一曰筋頭騝騮馬黃脊曰騝⿰食建粥也亦作飦⿲弓鬲弓上同⿲弓鬳弓籒文●蔫蔫菸也謁言切

二焉安也又不言也 蕃蕃屏甫煩切六 藩籬也亦藩屏也 轓車箱又音幡 鱕魚有横骨在鼻前如斤斧

籓大箕一曰蔽也 鐇廣刃斧也 ⿱⺮腱筋鳴也巨言切二 赿獸舉尾走 樠松心又木名也武元切又莫昆切一

二十三魂

䰟魂魄也白虎通曰魂者沄也猶沄沄行不休也魄者迫也猶迫迫然著於人也淮南子曰天氣爲䰟地氣爲魄又反魂樹名在西海中聚窟洲上花葉香聞數百里狀如楓香煎其汁可爲丸名曰震靈丸亦名反生香又名卻死香死屍在地聞氣乃活出十洲記戶昆切二十四 棞大木未剖 驒驒騱野馬 𤟤似犬人面見人則笑行疾如風 餛餛飩 䭉上同 𪍣不破麥也 鼲鼠名 楎三爪犁曰楎犁上曲木也 渾渾濁益部耆舊傳曰漢武時洛下閎明曉天文於地中轉渾天定時節亦姓左傳鄭大夫渾罕又胡本切 沄水流皃 忶埤蒼云心悶也 莞蒲也又胡官切 倇全也 ⿰亻軍女字又五昆切 䡣還也車相避也

⿰土軍里名在洛陽 ⿰忄䰟⿰忄䰟悶 ⿰木䰟⿰木䰟榾 ⿰扌圂⿰扌圂推 煇赤色 顐頤顐秃也 ⿰軍見覠視 琿玉名 昆兄也後也同也又姓夏諸侯昆吾之後戰國策有齊賢者昆辯古渾切二十 晜上同 罤上同說文云周人謂兄曰罤 莨香草 幝褌衣說文幒也 褌上同 崐崐崘山名 琨琨珸玉名 鵾鵾雞 䳘上同 鯤北溟大魚 䖵說文曰蟲之總名也 蜫上同 [illegible]

亂也 ⿰⿱罒焉欠 ⿰⿱罒焉欠歎干不可知也 錕 錕鋙鐵赤色可爲劒 琨 玉名 ⿸鹿昆 鹿屬 猑 獸名 騉 騉駼馬名牛蹄能升高山 𥁕 說文曰仁也从皿以食囚也今作昷同鳥渾切十三 温 水名出犍爲又和也善也良也柔也暖也又姓唐叔虞之後受封於河内温因以命氏又郤至食采於温亦号温季因以爲族出太原又漢複姓二氏莊子有温伯雪子姓苑又有温稽氏 輼 輼輬車也 蕰 蕰藻節中生葉又於殞切 ⿰馬昷 ⿰馬昷驒駿馬 殟 病也 鴛 鴛鴦匹鳥又音寃 ⿰昷阝 鄉名出蜀志 豱 豕名 緼 禮曰一命緼韍 韞 赤色又於粉切 ⿰昷瓜 瓜名 ⿰鹵昷 戎狄云鹽

門 問也聞也字從兩戶亦姓周禮云公卿之子入王端之左教以六藝謂之門子其後氏焉又漢複姓十四氏左傳魯卿東門襄仲宋樂大心爲右師居桐門後因氏焉伍子胥抉眼吳門因謂子胥門子孫乃以胥門爲氏吳有胥門巢世本晉大夫下門聰齊臨淄大夫車門遽陳有鬬門氏戰國策有雍門周魏侯嬴爲夷門抱關者後姓夷門氏呂氏春秋有陽門介夫後以陽門爲氏古今表有逄門子豹宋諸公子食采於木門者後遂爲氏漢書儒林傳有鬬門慶忌何氏姓苑云弋門氏今漁陽人又有剌門氏莫奔切十三 捫 以手撫持 樠 木名 虋 赤粱粟也俗作亹 璊 玉色赤也 亹 浩亹地名出漢書地理志云浩音鴿 ⿰氵亹 上同 ⿰忄民 ⿰忄民⿰忄民不明又亂也 ⿰昏頁 頭多殟⿰昏頁 ⿺毛㒼 赤色罽名 ⿺走曼 行遲 ⿰米㒼 粥凝 ⿰䜌鳥 比翼鳥也

孫 爾雅釋親曰凡子之

子爲孫孫之子爲曾孫曾孫之子爲玄孫玄孫之子爲來孫來孫之子爲晜孫晜孫之子爲仍孫仍孫之子爲雲孫又岱岳謂之天孫又姓周文王子康叔封于衞至武公子惠孫曾耳爲衞上卿因氏焉後有孫武孫臏俱善兵法各撰書凡太原東莞吳郡安樂四望又漢複姓二十三氏左傳秦大夫逢孫氏魯卿有臧孫辰仲孫何忌魯桓公之子慶父之後有孟孫氏叔孫氏季孫氏同出桓公号爲三桓子孫代爲魯之上卿秦下大夫楊孫氏齊大夫長孫修世本云食邑於唐其孫仕晉後号唐孫氏衞有王孫賈出自周頃王之後王孫賈之子自以去王室久改爲賈孫氏晉濟南太守魚孫璋出自宋魚石奔楚其孫在國者因以魚孫爲氏漢有烏孫昆彌後漢有士孫瑞古封公之後自皆稱公孫故其姓多非一族也孔子弟子有顓孫師國語晉公子利孫夫之後以利孫爲氏何氏姓苑有經孫新孫古孫牟孫室孫長孫叔孫等氏望稱河南之者是虜姓也思渾切六 蓀香草 飧說文餔也 蕵烏蕵草又蕵蕪酸可食也 猻猴猻 搎捫搎摸搎也

尊尊卑又重也高也貴也敬也君父之稱也說文曰酒器也本又作尊周禮有司尊彝從山從缶從木後人所加亦姓風俗通云尊盧氏之後祖昆切五 罇樽並見上注 嶟山皃 繜衣紲也 存在也察也恤問也徂尊切五 蹲坐也說文踞也 拵据也 𨛜𨛜鄢縣在戎州 袸爾雅云衿謂之袸袸小帶也又音荐

敦迫也亦厚也又姓敦洽衞之醜人也都昆切十 惇厚也

弴畫弓也天子弴弓又丁僚切　張民上同　驐去畜勢出字林　墩平地有堆　⿰享瓦瓦器作[illegible]　暾日欲出他昆切七

燉火色　涒涒灘歲在申也　⿰享黃禮記孺子⿰享黃之喪也魯公子名亦黃色也　噋詩云大車噋噋噋噋重遲皃　⿰虫敦⿰虫敦蝺蟲名

黗黃黑色也　屯聚也又姓後蜀録有法部尚書屯度徒渾切二十二　豚豕子　㹠豘並上同　窀火見穴中又音

迍　臀廣雅云臀謂之脽亦謂之髀也說文作凥髀也　凥脽𩪍並同上見說文　軘兵車　飩餛飩　殿榜也　坉

以草裹土築城及塡水也　沌水勢　邨地名亦音村　燉火熾又燉煌郡燉大煌盛也　忳悶也　啍口氣　芚菜似

莧　庉風與火為庉也又徒損切　⿰黃屯黃色　⿰瓜屯瓝⿰瓜屯瓜名　村墅也此尊切一　⿰亻軍女字又姓出纂文牛昆切又戶昆切四

瘒癡皃　顐𩓝顐禿無髮也　梱爾雅釋木曰髡梱　盆瓦器亦作瓫爾雅曰盆謂之缶說文曰盎也又姓風俗通云盆

成括仕齊孟軻知其必死其子逃難改氏成焉蒲奔切四　葐蕡葐草　⿰盆鳥⿰盆鳥鳩盆鳥　湓水名在尋陽一曰水涌也　奔

奔走也說文作奔博昆切四　賁勇也周禮有虎賁氏掌先後王而趨以卒伍軍旅會同亦如之舍則守王閑閑梐枑也書云武王伐

紂戎車三百兩虎賁三百人亦姓古有勇士賁育又肥祕墳三音　⿰賁鳥⿰賁鳥如鵲三目六足肉身　犇牛驚出文字集略　論

臗

說也議也思也慮也盧昆切又力旬盧鈍二切四崘崐崘掄說文擇也一曰貫也蒶蒶蒀草也坤乾坤苦昆切七巛

古文髡去髮⿰囷頁顐顐臗體也髀也髖上同貇齧也昏說文曰日冥也亦作昬呼昆切七惛不明婚

婚姻嫁也禮娶以昏時婦人陰也故曰婚棔合棔木名朝舒夕斂閽守門人也殙病也又未立名而死⿰昏欠不可知也饙

饌也普魂切三噴上同歕吐也又吹氣也黁香也亦人名姚興太史令郭黁奴昆切一

二十四痕瘢也戶恩切四鞎車革前飾拫急引⿰木焉所以平量斗斛根根柢也亦姓根牟子古賢者著書出

風俗通古痕切四跟足後踵也峎上同珢石次玉又音銀恩恩澤也惠也愛也隱也亦姓前燕慕容皝東庠祭酒恩茂風俗

通云陳大夫成仲不恩之後烏痕切三⿱大艮說文炮炙也以微火溫肉煾上同吞咽也吐根切又音天一垠垠堮五根切又

語斤切三圻上同泿水名

二十五寒寒暑也釋名曰寒捍也捍格也亦姓後漢博士魯國寒朗武王子寒侯之後也胡安切十二韓亦作韓井垣也

亦國名又姓出自唐叔虞之後曲沃桓叔之子萬食邑於韓因以爲氏代爲晉卿後分晉爲國韓爲秦滅復以國爲氏出潁川後韓騫避王莽

亂移居南陽故有潁川南陽二望 蘡 蘡蘋草也 翰 天雞羽有五色又音扞 鶾 上同 邯 邯鄲縣名又漢複姓漢有衛尉邯鄲義風俗通云因國爲姓也 邗 邗溝水名在廣陵 虷 虷蠏一名蜎蟲 汗 可汗蕃王稱又音犴 韓 白韓草也又何旦切

駻 駭駻蕃大馬出異字苑 ●豻 胡地野狗似狐而小或作犴俄寒切又音岸四 犴 上同 雃 雃鵠鳥一名雗鶾鵠音石

𡼗 山形也 ●單 單複也又大也亦虜姓可單氏後改爲單氏都寒切又常演切十 襌 襌衣 鄲 邯鄲 丹 赤也說文曰巴越之赤石也亦州名春秋時白翟所居後魏置汾州廢帝三年以河東汾州同乃改爲丹州亦姓晉有大夫丹木出風俗通 殫 盡也 簞 簞笥小篋也 匰 宗廟盛主器出字書 𡾟 𡾟孤山名 癉 火癉小兒病也 𦢅 大腹 ●安 安徐也寧也止也平也亦州名春秋時鄖國漢屬江夏郡宋分江夏郡爲安陸郡武德年討平王世充改爲安州有鄖水亦姓風俗通云漢有安成爲太守盧山記有安息國王子安高又漢複姓有安都氏烏寒切五 盦 盦䀇大盂 鞌 鞌鞍韉 𨛖 地名在當陽 侒 說文宴也 ●難 艱也不易稱也又木難珠名其色黃生東夷曹植樂府詩曰珊瑚間木難又姓百濟人說文作鷬鳥也本又作難那干切又奴肝切四

鷬 見上注 𩁁 難 並古文 ●餐 說文吞也七安切三 湌 上同俗作飡 䬸 䬸等出異字苑 ●灘 水灘

𣦼

爾雅云太歲在申曰涒灘他干切十嘽馬喘嘆長息與歎同又音炭攤攤蒱四數譠譠謾欺謾言也痑力極擹
開也亦緩也譂譂誕言不正也嬗緩也[扌炭]搫[扌炭]婉轉䏼脂肪蘇干切五跚蹣跚跛行皃珊珊瑚廣雅曰珊
瑚珠也說文曰珊瑚生海中而色赤也姍姍作也𥬠竹器壇封土祭處徒干切十五檀木名亦州名春秋時及戰國並爲燕
地漢屬漁陽郡隋置檀州取白檀縣爲名又姓太公爲灌檀宰後氏焉禮記魯有檀弓今檀城在瑕丘瑕丘屬山陽魯改山陽爲高平郡檀氏
望在高平也鷤鸛鷤如鵲短尾射之銜矢射人說文爾雅並作鸛鷤癉風在手足病又都彈切撣觸也太玄經云撣繫其名
彈糾也射也亦彈棊梁冀傳云冀好彈棊也又徒案切驒連錢驄一曰青驪白文又丁年切驒騱匈奴畜似馬而小驙白馬黑脊
又知連切但語辝亦姓何氏姓苑云漢有但巴爲濟陰太守又徒旱切又徒旦切胆胆口脂澤出證俗文繟寬緩儃態也又市
連切联軍法以矢貫耳曰联𣢐歎也貚貙屬殘餘也說文賊也昨干切七𦟘禽獸食餘又徂賛切𣧹同上戔傷也
又戔戔束帛皃易曰束帛戔戔盞盞盞大盂𣦼穿也帴帔也干求也犯也觸也亦姓左傳宋有干犫又漢複姓何氏姓苑漢有
千已衍爲京兆尹古寒切十六乾字樣云本音虔今借爲乾溼字又姓出何氏姓苑漧古文竿竹竿肝木藏奸以婬

盂

一作盌
堅當作堅出
韻注

萈 莧

犯也鳱鳱鵲鳥名知未來事噪則行人至鵲字或作雗雗古沃切玕琅玕美石次玉邗越別名又音寒江名也汗鋅仟

縣名又寒翰二音迀進也盂盤也又大盌名戰戰盾忓說文極也𨛍地名尪尪服蘭香草亦州名古

西羌地隋文帝置蘭州取皐蘭山爲名又姓漢有武陵太守蘭廣落干切十一瀾大波闌晚也牢也遮也希也又飲酒半罷曰

闌讕逸言又力誕切攔階際木句攔亦作闌闌妄入宮門籣盛弩矢人所負也韊上同欄木名躝踰也

幱幱衫幱裙㘓㘓哰儋拏語不可解看視也苦寒切七韓古文栞槎木也琹上同靬弓衣攼攼也又口

間口耕二切刊削也剟也頇顢頇大面皃許干切二鼾卧氣激聲濡水名出涿郡乃官切一

二十六桓桓桓武也又姓本自姜姓齊桓公後因謚爲氏望出譙郡後漢有太子太傅桓榮胡官切二十九完全也䴋

鹿一歲鳩鳩鵴鳥烏喙蛇尾也丸彈丸瓛圭名說文曰桓圭公所執紈紈素萑萑葦易亦作萑俗作雈雚本自音灌

雈木兔鳥也洹水名在鄴又于元切汍汍瀾泣淚絙緩也芄芄蘭草名貆豕屬又貆道縣在天水亦作獂梡

木名出蒼梧子可食萈堇類莞似藺而圓可爲席又音官綄舩上候風羽楚謂之五兩羦山羊細角而形大也莧上同

見同文貆說文曰貉之類又音歡狟大犬也周書曰尚狟狟峘爾雅云小山岌大山曰峘又戶登切𤿍皮病𡯁屬

垸桼加骨灰上也寏周垣院上同捖揳刮摩也●岏巑岏五丸切十刓圓削园上同忨貪也蚖

毒蛇䯈骯䯈羱羱野羊角大又語袁切黿黿似鼈又音元抏挫也䝼䝼䴋●端正也直也緒也等也亦姓

出姓苑又漢複姓孔子弟子端木賜也多官切十一褍衣長也又衣正幅也剬齊也𧣾角𧣾獸名狀如豕角善為弓李陵以

此遺蘇武耑說文曰物初生之題也上象生形下象其根也鍴鑽也𥫔竹名出南領竱齊也又之兗切𦼮草名𥟖

禾垂皃又丁果切偳抄偳又音湍●剜刻削也一丸切六眢井無水一曰目無睛豌豆也蜿蟠蜿龍皃帵

帵子裁餘婠德好皃又古旦切●湍急瀨也他端切又音專六貒似豕而肥又他畔切䵎黃黑色𪏝黃色又湯

門切煓火盛偳人名又多丸切●酸醋也素官切五狻狻猊師子猛獸𧳜上同痠痠疼䨚小雨●團

團圓度官切十二慱詩云勞心慱慱篿竹器剸截也鄟邾鄟之邑鱄魚似鮒而豕尾敦詩云有敦瓜苦

又都昆切漙詩云零露漙兮鷒爾雅曰鸛鷒鶝鵜如鵲短尾射之銜矢射人鷻大鳥之別名詩亦作鶉傳云雕也摶說文

纂　开　毌 倌

曰圜也禮云無摶飯⿱雨專露皃●欑木叢也在丸切九巑巑岏小山皃⿰韋賛車縳軛也又借官切菆菆塗見禮

襸襸補鄼鄼聚也又音纂音贊穳補也又刈禾積也纂上同劗剃髮也又子攢切●官官官

左傳曰黃帝以雲紀官炎帝以火紀官太皡以龍紀官少皡以鳥紀官

又君也法也事也又複姓三氏左傳晉王官無地御戎魯先賢傳云孔

子妻井官氏楚莊王少子爲上官大夫以上爲官氏古丸切十悹憂也又古玩切莞草名可以爲席亦云東莞郡名又姓姓苑云今

吴人又胡官切棺棺槨禮記曰有虞氏瓦棺夏后氏堲周殷人棺槨說文曰關也所以掩屍也觀視也又音灌貫穿也

又音灌冠首飾說文曰絭也所以絭髮弁冕之總名也亦姓風俗通云古賢者鶡冠子之後又音灌涫樂涫縣在酒泉倌

倌人主駕說文曰小臣也詩云命彼倌人毌穿物持也●鑾鑾鈴崔豹古今注云五輅衡上金雀者朱鳥也口銜鈴鈴謂之鑾也或謂

朱鳥鸞也鸞口銜鈴故謂之鸞落官切十四鸞春秋元命包曰離爲鸞孫氏瑞應圖曰鸞者赤神之精鳳皇之佐也山海經曰女牀山有鳥狀

如翟而五采文名曰鸞見則天下太平安寧巒小山而銳欒木名說文曰木似欄禮天子樹松諸侯柏大夫欒士楊又曲枅亦姓

代爲晉卿出左傳羉彘罟虊鳧葵一曰茆也䜌南䜌縣在鉅鹿⿰䜌攵迷惑不解理一曰：丶皃臠臠臠病瘠皃

寬

灤水名 灓說文曰漏流也水沃也漬也 癵病也瘦也 圝團圝圓也 䜌日夕昏時 歡喜也呼官切十

三 懽上同又音貫 驩馬名 貆貉屬 貛牡狠 鸛鸛鶇鳥射之則銜矢射人說文爾雅並云鸛鶇 鴅

鳥名人面鳥喙 鄻魯郡邑名 獾野豚 犿上同出方言 雚化也始也 讙讙諠 鴅鴅兜四凶名古文尚

書作鴅 寬愛也裕也緩也苦官切二 髖髖兩股間也 鑽刺也借官切又借玩切六 爨說文曰車衡三束也 華曲轅轒縛直轅䡝

縛 𩏩轒並上同 𧸇姓出姓苑 劗剃髮 槃器名薄官切二十二 盤籀文 鎜古文 柈俗 瘢瘡痕

磻磻溪太公釣處 幋大巾 磐大石 𩮀𩮀髮頭曲髮爲之又臥髻也又音班 般樂也又慱干切釋典又音鉢 蹣蹣跚跛 跘佇皃 搫搫擭

婉轉 鞶鞶革說文曰大帶也 縏緐纓馬飾見左傳 鵨鵨鶻異鳥人面出山海經 𥈟轉目視也 媻奢也一曰小妻又媻姍來往皃

縏番和縣名在涼州 蟠鼠負蟲又龍蟠也 𪑟下色 𥳉箋也 𤢫𤢫狐大也 瞞目不明也說文曰平目也曹操一名瞞又姓風

俗通云瞞氏荆蠻之後本姓蠻其枝裔隨音變改爲瞞氏母官切二十四 顢顢頇大面皃 謾欺也慢也 蹣踰牆 䊡饅頭餅也 饅

俗 慲忘也 鏝泥鏝 槾 墁並上同 㒼無穿孔伏 鞔鞔鞋履 樠木名松心 鰻鰻鱺魚也 曼路隶 蔓

蔓菁菜也鄤鄤鄕亭名在上女鄕音求獌獸似狸也⿺走曼行遲皃⿰耒曼種遍皃芇相當也又亡珍武仙二切悗

惑也鬗長髮也絻連也潘淅米汁又姓周文王畢公之子季孫食采於潘因氏焉出廣宗河南二望普官切六⿰番瓦⿰番瓦坂大甎

番番禺縣在廣州拚弃也俗作拚⿸广番峙居也㽃弃㽃⿰番去部黨北潘切四般般遲⿱竹般捕魚笱其門可

入不可出華弃糞器名又姓出姓譜

二十七删除削也又定也所姦切又所晏切五訕謗也潸出涕皃⿰歹冊單于別名狦說文曰惡健犬也又

所晏切關說文曰以木橫持門戶也聲類曰關所以閉也又姓風俗通云關令尹喜之後蜀有前將軍關羽河東解人古還切六関

俗瘝病也擐貫也又音患出文字指歸唍二鳥和鳴⿰糸弁織貫杼也彎說文曰持弓關矢也烏關切五灣

水曲⿰虫彎⿰虫焉⿰虫彎蟲名⿱雨單吳王孫休長子名見吳志潫濟潫檈關門機出通俗文數還切一還反也退也

顧也復也戶關切又音旋二十環玉環爾雅曰肉好若一謂之環又姓古有楚賢者環淵後有環濟撰要略一部⿰睘刂樸⿰睘刂縣名

在武威樸音蒲鬟髻鬟寰王者封畿內縣又玄絢切闤闤闠崔豹古今注云闤市垣也闠市門也糫膏糫粔籹鐶

六兩曰鍰鍰黃鐵也一曰錢也 圜 圜圚又王權切 鐶 指鐶 轘 轘轅又地名也 寰 里名在洛陽 䍺 獸名似羊而黑色無口不可殺也 𦏺 上同 郇 姓出絳州又音荀 澴 水名 𩙺 𩙺飛遠皃 馯 馬一歲又音弦 反 屋牡瓦名

𧰲 堅𧰲 ●班 說文曰分瑞玉俗作班亦姓出扶風風俗通云楚令尹鬭班之後布還切十三 頒 布也賜也又音份 鳻 大鳩

朌 大首又音汾 螌 螌蝥毒蟲 斑 駮也文也 辬 上同見說文 䰉 髮半白又音盤 般 還師亦作班師又盤盤鉢三首 斒 斕斒 鯿 魚名又音編 扳 挽也公羊傳云扳隱而立又音攀 𡚻 賊事之皃 ●蠻 南夷名亦姓莫還切七

𪇳 似鳧一目一足一翼相得乃飛即比翼鳥也 僈 狠屬又莫干晚販二切 鬘 衣出釋典 謾 方言曰謾台脅閱懼也燕代之間曰謾台齊楚之間曰脅閱台音怡 䅼 赤䅼稻名 䵘 畫車輪也 ●顏 顏容亦顏額又姓出琅邪本自魯伯禽支庶有食采顏邑者因而著族又郳武公名夷字曰顏故公羊傳稱顏公後遂爲氏五姦切二 楌 木名似橦 ●姦 私也詐也古顏切俗作姧四

菅 草名又姓出趙郡或作蕑 𦷷 香草 蕑 上同 ●攀 引也普班切三 扳 上同又音班 眅 目多白皃 ●奻 訟也奴還切一 ●癏 癏痺五還切二 頑 頑愚 ●馯 姓也漢書有江東馯辟字子弓傳易丘姦切一 ●豻 胡地野犬似狐而小

昨閑切亦与士山切同音盍誤

黑𥈸可顏切又我悍俄寒二切二 鬜鬜禿皃 ●跧跧伏阻頑切一

二十八●山廣雅曰山產也能產萬物說文曰山宣也宣气散生萬物又姓周有山師之官掌山林後以官爲氏或云古烈山氏之後望出河內所閒切三 疝疝痂病也 邖地名出地理志 ●鰥鰥寡鄭氏云六十無妻曰鰥六十無夫曰寡又魚名古頑切 三五

鐗鐗犂釬也 綸爾雅釋草曰綸似綸東海有之說文曰青絲綬也又音倫 ●閒隙也近也又中閒亦姓出何氏姓苑古閑切又閑澗二音六 艱艱難 囏古文 靬黎靬國名在西域其人善眩幻●又犍看二首 [?]蘭覵視也閒皃

●閑闌也防也禦也大也法也習也暇也戶閒切九 嫺嫺雅 癇小兒瘨 騆馬一目白 蛝蟲名 瞯人目多白又姓史記濟南瞯氏 鷴白鷴似雉而尾長四五尺 [?]莖餘又音莧 憪心靜說文愉也 ●慳恪也苦閑切八 覵人名出孟子齊景公勇臣成覵說文曰很視也 顅頭髮少皃

掔爾雅云固也莊子注牢也 鬜鬜禿皃又苦八切 羥羊名 臤堅也又口耕切 [?]堅破聲 ●虥虎淺毛皃士山切又音棧又昨閑切七 潺潺湲水流又士連切 孱孱劣皃又士連切 僝僝惡罵也 [?][?]軒又士連切

[?]小鑿名又士連切 [?]門聚又昨閑切 ●羴羊臭許閒切又失然切一 ●訮爭也五閑切四 [?]犬鬬聲也亦作狠

㘕訟詞虤虎怒黰黰色黑也烏閑切五黫黑羊殷赤黑色也左傳云左輪朱殷𤙗牛尾色也黫黑色出字林斒斒斕色不純也方閑切二虨虎文又甫巾切斕斕斒力閑切四數上同[尢羸]地名出玉篇潾水皃又力人切嘫語聲女閑切二齉膃齉媛狀[犭單]噬也充山切一嬽嬻宮也委鰥切一窀穴中見火墜頑切又陟倫切二[尢羸][尢羸][尢雚]胥膝痛也力頑切一[尢雚]跪頑切一譠謾也陟山切又他單切二儃廣蒼云走也藏也[犭然]獸走皃直閑切又丑連切一湲水流皃獲頑切一虥虎淺毛皃昨閑切二[土座]門聚

廣韻上平聲卷第一

新添類隔今更音和切

卑必移切 陴並之切 眉目悲切 邳並悲切 悲十眉切 肧偏林切 杯 頻步眞切 彬十巾切

平下

四十八葉

廣韻下平聲卷第二

一先先後也又姓左傳晉有先軫蘇前切又蘇薦切四躚蹁躚旋行皃蹮上同硟石次玉也前先也昨先切六歬古文騚馬四蹄皆白也湔湔葫藥名箈說文曰蔽絮簀也或作䈴籛上同千十百也又漢複姓有千乘氏出何氏姓苑蒼先切九圲三里爲圲阡阡陌南北爲阡阡東西爲陌汘水名仟千人長也又仟眠廣遠也芊草盛谸說文曰望山谷之谸青也迁伺候也進也又迁葬又標記也杄木名箋說文曰表識書也則前切十五牋

伭

很

葥古文上同　瀳水名說文曰水至也又才薦切　帴小見藉也　韉鞍韉　淺淺淺流疾皃又倉翦切　湔水名出蜀郡玉壘山　㡨幡幟　棧小栗名趙魏間語也　轃大車簀也　濺濺疾流皃又子賤切　錢楚人華馬適鞍韉又彭祖姓丶　櫏香木　遷埤蒼云至也說文云自進極也　天上玄也說文曰顛也至高無上从一大也爾雅曰春爲蒼天夏爲昊天秋爲旻天冬爲上天他前切六　兲　靝並古文　誕不正也誕諢語　吞姓也漢有吞景雲又湯門切　訮訮訶皃　堅固也長也強也又姓漢二十八將有揚化將軍潁川堅鐔古賢切十七丶　鋻剛也又古宴切　㧥縣名在東萊又音弦　㤂布名　幵說文曰平也兩干對舉又羌名今作开同又音牽　肩項下又任也克也作也勝也又姓出姓苑　鳽鵁鶄鳥名又五葦五堅二切　豜大豕也一曰豕三歲　豣上同　猏俗　菺茙葵也今蜀葵　麉鹿有力又音牽　麉上同　鵳鵳鶉鷂屬　鰹鮦大曰鰹小曰鮸鮵音奪　龘說文曰龍鬐脊上龘龘　緊緊也　賢善也能也大也亦姓胡田切十七　臤古文又口間切　弦弓弦五經文字曰其琴瑟亦用此字作絃者非說文竹弥又姓風俗通云弦子後左傳鄭有商人弦高晉有弦超　絃俗見上注　舷舩舷　胘肚胘牛百葉也　蚿馬蚿蟲一名百足　𢘿亭名在密縣說文云急也　𠛟自刎頸也　伭說文作係很也　㧥縣名又音堅　𦮂草名　[illegible]

婦人守志趑疾走礥艱險又石剛強也痃痃癖病、嚽難也●煙火氣也烏前切十二烟上同𡨴古文窾

籒文燕國名亦州又姓邵公奭封燕爲秦所滅子孫以國爲氏漢有燕倉又於薦切咽咽喉橪橪支香草驠馬竅白

湮爾雅云落也又音因胭胭項篶竹名閼閼氏單于適妻也氏音支●蓮爾雅云荷芙蕖其實蓮落賢切八憐

愛也又哀矜也怜俗嗹嗹嘍言語繁拏皃縺縺縷寒具𪍑𪍑䴢餅也𧬊𧬊嘍縣在交趾零漢書云先零西

羌也本力丁切●田釋名曰土已耕者曰田田塡也五稼塡滿其中也又姓出北平敬仲自陳適齊後改田氏九代遂有齊國徒年切十九

佃作田也說文云中也春秋傳曰乘中佃一轅車古輕車也又音甸畋取禽獸也又音甸畇地名在絳塡塞也加也滿也又陟

陳切寘上同字統云寘顛府在北州闐轟轟闐闐盛皃𨁈蹋地聲譂譂誕語不正也又他丹切鈿金花又音甸

輷輷輷衆車聲沺字林云沺沺水勢廣大無際之皃磌柱礎鷏蚊母鳥也嗔說文曰盛气也䡩呂氏春秋云天

子䡩䡩殷殷莫不載悅啟音彰滇滇沔大水皃又都年切貚貙屬搷擊也●秊穀熟曰秊奴顛切三年上同䄵

鄉名在馮翊●顛頂也又姓左傳晉有顛頡都年切十五巔上同齻牙齻儀禮曰右齻左齻鄭玄云齒堅也𩣺馬額

白今戴星馬槇木上瘨病也癲上同滇滇池在建寧趚走頓巔山頂也驒驒騱野馬傎傎僨

也又倒也傎上同蹎蹎仆說文跋也厧厧冢牽引也挽也連也亦姓晉有牽秀何氏姓苑云武邑人苦堅切九縴

縴䌊惡絮邢地名在河內汧水名在安定說文曰水出扶風西北入渭爾雅云汧出不流又苦薦切蚈螢火又古奚切麛

鹿之絕有力者亦作麛掔固也厚也持也又音慳岍山名在京兆書曰導岍及岐雃說文曰石鳥一名雝鶏曰精列又秦

公子名士䳡妍淨也美也好也五堅切八鳽䴔鶄也又古賢五革二切研磨也硯上同揅挈破𥁐醆也趼

獸跡俓急也又牛耕切眠寐也莫賢切七瞑上同說文曰翕目也又音麵⿰耳冥埤蒼云注意而聽也⿰目旁爾雅曰密也

⿱目旁上同⿱髟旁燒煙畫眉⿱宀旁不見蹁蹁蹮旋行皃部田切十二蠙蠙珠骿骿肋軿四面屏蔽婦人車又房丁

切駢并駕二馬𤬪黃瓜名胼胼胝皮上堅也跰上同楄木名食不噎文杜預云楄部棺中露牀也賆益也玭

擯

班珠或與蠙同琕上同淵深也管子曰水出而不流曰淵又姓世本有齊大夫淵湫烏玄切十𠛓上同囦古文肙

骨節疼也弲弓勢𠛾曲翦鼘鼓聲𨗨行皃鼝鳥羣蜎蜎蠉又毆泫切涓說文曰小流也又姓列仙

傳有齊人涓子古玄切八 睊視目皃 蠲除也潔也明也說文曰馬蠲益蟲明堂月令曰腐草爲蠲 菁草名 䅌麥莖 鵑
杜鵑鳥 焆明也 鞙鞙馬尾也又胡犬切 鋗銅銚火玄切五 駽爾雅曰青驪駽郭璞云今之鐵驄 圓規也又辭
㳂切 梋椀屬 䁢直視 邊畔也又邊陲也近也厓也方也又姓出陳留北平二望陳留風俗傳云祖于宋平公布玄切十四
籩竹器 𤅶水名出番侯山 甂小盆 蝙蝙蝠仙鼠又名伏翼 獱獺屬 𥢶籬上豆也又北典切 編次也又方
沔切 藊萹竹草又北泫切 𨇞足趾不正 𠐣身不正也 牑牀上版也 𨔓說文走意 蹁行不正皃又薄邊切 玄
黑也寂也幽遠也又姓列仙傳有玄俗河間人無影胡涓切十三 縣說文云繫也相承借爲州縣字 懸俗今通用 眩亂目也
又胡練切 駭馬一歲 玹石次玉 玆說文曰黑也春秋傳曰何故使吾水玆本亦音滋按本經只作滋 𢍏吳王次子名 𥌒
目童子也 伭說文很也 眗目大皃 胘牛百葉又音弦 訇說文云漢中西城有訇鄉 祆胡神官品令有祆正呼煙切二
訮訶也怒也 犳獸似豹而少文崇玄切一
二仙 仙神仙釋名曰老而不死曰仙仙遷也遷入山也故字從人旁山相然切十二 僊上同又僊僊舞皃 僊古文 𣯟

毨毲罽也䉳竹名又音𪗊苮草名似莞躚舞皃秈秈稻鮮鮮潔也善也又鮮卑山因爲國号亦水名水經曰北
鮮之山鮮水出焉又姓後蜀錄李壽司空鮮思明又漢複姓鮮于氏硟衎繒石也鱻說文曰新魚精也廯倉廩錢
周禮注云錢泉也其藏曰泉其行曰布取名流行無不徧也又姓晉有歷陽太守錢鳳昨仙切二錢方言云鳴蟬也遷去下之高
也詩云遷于喬木七然切八𨗩古文䙴上同𨝌地名櫏梪櫏木名䉦箬䉦竹名韆韆鞦繩戲𤺓痛也
煎熟煮子仙切四湔洗也一曰水名出蜀玉壘山葥草茙皃出字林鬋女鬢垂皃然語助又如也是也說文曰燒也
俗作燃又姓左傳楚有然丹何氏姓苑云今蒼梧人如延切九燃俗見上注𤡬猓𤡬獸名似猿白質黑文𡡆姓也肰犬肉繎
絲勞皃䈈竹名𧆐草名𤏡陸佐公石闕銘云刑酷𤏡炭延稅也遠也進也長也陳也言也亦州漢高如縣取延川爲延安
郡又姓漢有延篤南陽人爲京兆尹殺梁龔使者以然切十三埏際也地也又墓道亦地垓八極八埏又音羶筵席也鋪陳曰筵藉之
曰席狿獌狿大獸名郔地名在鄭綖冠上覆也蜒蚰蜒䘰帬䘰牛領上衣鋋小矛又市連切䀽相顧視也遉上同
𨗎行皃莚草名饘厚粥也諸延切八饘上同旃之也爾雅曰因章爲旃郭璞云以帛練爲旐因其文章不復畫之也

世本曰黃帝作旃亦曲柄旗以招士衆也或作旜又姓出姓苑旜上同栴栴檀香木氈席也周禮曰秋斂皮冬斂革供其毳毛爲

氈鸇晨風顫江湘間人謂額也甄察也一曰免也居延切又章鄰切三薽草名一曰豕首又名彘盧籈竹器邅

迍邅也又移也張連切又直連雉戰二切五𧽊同行難也說文曰趁也又直然切驙馬載重行難又白馬黑脊曰驙又徒安切鱣

詩云鱣鮪發發江東呼爲黃魚鱣上同潺潺湲水流皃士連切五孱不肖也漢書曰吾王孱王也𨭖小鑿轏軒輞

壥門聚羶羊臭也式連切八埏打瓦也老子注云和也挻柔也繫也和也取也長也或作㨔扇扇涼又式戰切煽

火盛也又式戰切鯅魚醬脠生肉醬又丑延切䘰帑䘰牛領上衣又音延脠魚醢也說文云脠肉醬丑延切四梴長木鏈

鉛鑛也又力延切㢟說文曰安步㢟延也鋋小矛方言曰五湖之間謂矛爲鋋市連切又以然切九單單于又丹善二音

蟬蜩也禮記仲夏之月蟬始鳴季秋之月寒蟬鳴援神契曰蟬無力故不食也撣撣援牽引也儃態也僤上同禪靜也

又市戰切澶杜預云澶淵地名在頓丘縣南又音纏嬋嬋娟好皃纏繞也又姓漢書藝文志有纏子著書直連切十纒

俗餘皆倣此躔日月行也說文曰踐也瀍水名在河南鄽市鄽䦢市門𧽊移也又張連切蟺守宮別名

廛居也說文曰一畮半也一家之居也壥上同嘕笑皃許延切四仚輕舉皃說文曰人在山上也嫣長皃好皃又於建於遠二

切䎒飛皃連合也續也還也又姓左傳齊有連稱又虜複姓六氏西秦丞相出連乞都後魏書官氏志云南方宥連氏後改爲雲氏

是連氏改爲連氏費連氏改爲費氏綦連氏改爲綦氏又有赫連氏力延切十三聯聯綿不絕說文作聯漣漣漪風動水皃⿰犭連

⿰犭連翾飛相及皃鰱魚名⿰犭䜌⿰犭䜌猭兔走皃令漢書云金城郡有令居縣顏師古又音零鏈鉛鑛又丑延切䃛上同⿱連心

說文曰泣下也槤簎也又橫關柱又木名⿱聯齒齒露也瀶瀶水名出王屋山篇篇什也又姓周大夫史篇之後芳連切七

偏不正也鄙也衺也又姓急就章有偏呂張翩飛皃媥身輕便皃㾫身枯艑小舟萹萹茿可食又補殄切便辯也

僻也安也又姓漢有少府便樂成房連切又去聲九緶縫也楩木名平書傳云平平辯治也又皮明切諞巧言又符蹇切㛹

㛹娟美好箯竹輿𧍞𧍞蠶沙蝨也亦作⿱便虫楄木名食之不咽緜精曰緜麤曰絮說文曰聯微也又姓晉張方以綿思

爲腹心武延切十七綿上同棉屋聯棉又木棉樹名吳錄云其實如酒杯中有綿如蠶綿可作布又名曰緤羅浮山記曰正月花如芙蓉

結子方生葉子內綿至蠶成即熟廣州記云枝似桐枝葉如胡桃葉而稍大也謾欺也矊瞳子黑又矊眇遠視蝒馬蜩蟬中最大

檏 ⿰宣鳥集韵作⿰宣鳥 一本作⿰宣鳥

蛃上同說文曰蚜蛈蟬屬矈密緻皃⿰忄臱忘也芇說文曰相當也今人賭物相折謂之芇宀深屋⿰臱頁雙生

櫋說文曰屋聯櫋也柄木名臱視遠之皃⿰木面木名櫌櫌密也●全完也具也又姓吳有司馬全琮疾緣切七

仝上同見說文泉水源也又錢別名⿰虫泉貝也白質黃文牷牛全色書傳云體完曰牷⿰目全目眇視皃葲芋葲草也

●宣布也明也徧也通也緩也散也須緣切九揎手發衣也撏上同⿰宣鳥鴝⿰宣鳥小鳥鴝音句愃吳人語快說文曰寬嫺心

腹皃⿴囗亘面圓也⿰亘頁頭圓也瑄爾雅曰璧大六寸謂之瑄郭璞曰漢書所云瑄玉是也⿰宣鳥⿰宣鳥額●鐫鑽也斲也

子泉切四鋑古文朘縮朒剶剶也又丑全切●翾小飛許緣切九儇智也疾也利也慧也又舞皃弲角弓皃蠉

蟲行皃⿺走睘疾走皃嬛便嬛輕麗皃又音娟音瓊譞智也頨頨妍美頭⿰目縣目童子也●堧江河邊地又廟垣或從需

餘同而緣切六⿰衤耎促衣縫也⿰田耎城下田也瑌瑌珉也士佩也撋摧物也繎繎絲難理●穿通也孔也昌緣切三川

山川也蔡邕月令章句曰衆流注海曰川釋名曰川者穿也穿地而流也灥三泉●沿從流而下也與專切十二㳂上同鉛

說文曰青金也一曰錫之類也鈆上同櫞拘櫞樹皮可作粽埤蒼云果名似橘捐弃也鳶鴟類也蝝蝗子一曰蟻子緣

緣由又羊絹切　鰇魚名　蔫郭璞云蔫尾草一名射干　腔短也　旋還也疾也似宣切十七　檈圓案　璿玉名

𤪌上同　壡籀文　⿱旋虫⿰虫更⿱旋虫沙蝨　漩回漩　琁美石次玉　璇上同　⿰木還說文曰⿰木還味稔棗也　蜁蜁蝸蝸螺也　⿷匚全漉米竹器

還還返　圓規也又火玄切　⿰目旋好皃　嫙上同　鏇圓轆轤也　娟便娟舞皃嬋娟好姿態皃於緣切七　嬛身輕便皃

悁悁憂悒也　蜎蠋皃又狂兖切　⿰山肙山曲　潫水深　嬽娥眉說文曰好也　船方言曰關西謂之船關東謂之舟又姓出姓苑食川切二

舩上同　鞭馬策也卑連切六　鯾魚名　鯿上同　編次也又布千方典二切　箯竹輿　揙揙擊

㳄口液也夕連切二　涎上同　詮平也說文具也此緣切十九　銓銓衡也又量也次也度也　硂上同　痊病瘳

佺偓佺仙人　悛改也止也　駩白馬黑脣　筌取魚竹器　絟細布　譔善言　謜言語和悅　縓爾雅曰一染謂之縓今之紅也又采選切

恮謹皃　荃香草　⿰全刂刖也　峑山巔　⿴囗全篅也又竹器名　鐉說文曰所以鉤門戶樞也一曰治門戶器也

拴揀也俗　專擅也單也政也誠也獨也自是也亦姓吳刺客專諸職緣切十二　甎甎瓦古史考曰烏曹作甎　顓顓頊

又姓神仙傳有太玄女姓顓頊名和　篿楚詞云索瓊茅以筳篿王逸云折竹卜曰篿又音團　嫥可愛之皃　耑說文曰數也一

曰相讓又尺絹市專二切 湍水名在鄧州又音端 膞膞鳥胃也 鱄魚名專諸吴刺客或作鱄 鷒鳥名又徒端切 𩠐𩠐斷首出玉篇 鄟邾鄟邑名 遄速也疾也市緣切八 篅說文曰以判竹圜以盛穀也 圌上同 諯又職緣只絹二切 輲無輪車名 輇上同 椯木名 歂字林云口氣引也又姓史記有歂師 負說文作負物數也王權切又云運二音四 圜天體 圓上同 湲潺湲 惓曲卷也莊緣切四 跧屈也伏也蹴也 睈目眇視也 蟤蜿蟤蛇名 栓木丁也山負切二 篫篫車軸也 猭猭猭兔走皃丑緣切二 剶去木枝也 乾天也君也堅也渠焉切又音干九 虔恭也固也殺也說文曰虎行皃又姓陳留風俗傳云虔氏祖於黃帝 犍犍爲縣在嘉州 鰬魚名 𨟠聚名在河東聞喜也 騝騮馬黃脊 榩𢊁也構木爲之 鍵鑰也又音件 揵舉也 愆過也去乾切十 𢆉古文 𠎝籀文 僁俗 褰褰衣 騫虧少一曰馬腹縶亦姓風俗通云閔子騫之後吐谷渾視熊博士金城騫包 攐齊魯言袴又已偃切 𧽜褰足跟也 攓縮也 𠹌方言曰𠹌𠹌歡皃 權權變也反常合道又宜也秉也平也稱錘也又爾雅曰權黃華又姓出天水夲顓頊之後楚武王使鬭緡尹權後因氏俗作權巨負切二十三 拳屈手也廣雅云拳拳憂也又拳拳奉持之皃又姓衛大夫拳彌 𢪛

狋氏縣在代郡氏音精觠曲角顴頰骨踡踡跼不行婘美皃孉上同𨇠曲脊行也𤸎手屈病也
犈牛黒耳又音卷蠸食爪葉黃甲蟲齤齒曲卷曲也又九免九院二切欟欟鴇也夐大視皃又音倦
𥂥盌也弮弓曲鬈髮好也又胡人髮也又音棬𧽊曲走皃𦢊𦢊朕醜皃蜷蟲形詰屈捲說文云气勢也
國語曰予有捲勇椽屋桷也直攣切二傳轉也又持戀切又丁戀切攣攣綴呂員切三癵病也亦作癵䜌
南䜌縣在鉅鹿弮古縣名在滎陽丘圓切五𢍏小憒棬器似升屈木作鬈髮好皃䣐鄉名在聞喜焉
何也又鳥雜毛說文曰鳥黃色出江淮間於乾切五閼閼氏單于妻又音遏蔫物不鮮也嫣長皃又人名鄢人姓
又鄢陵縣名又於晚切亦作傿漹水名出西河也有乾切三𧍞𧍞蠖蟲名焉語助也又於乾切嬽嬽娥眉皃於權切
二潫水深皃燀火起皃尺延切一𨓆行不正皃丁全切一勬強健也居員切一
三蕭蒿也詩云采蕭穫菽亦縣名在沛郡新語云蕭斧名又姓出蘭陵廣陵二望本自宋支子食采於蕭後因爲氏漢侍中蕭
彪始居蘭陵彪玄孫望之居杜陵望之孫紹復還蘭陵紹十一代孫
整始過江爲廣陵人風俗通云宋樂叔以討南宮萬立御說之功受

凋

封於蕭列附庸之國漢相國蕭何即其後氏也蘇彫切十六簫樂器風俗通云舜作簫其形參差以象鳳翼彇弓弭蠨

蠨蛸蟲一名長蚑出崔豹古今注橚橚槮樹長皃潚水名䬕䬕涼風踃跳踃㩋擊也又把也箾舞箾說文云以

竿擊人也又音朔⿰肖羽羽翼敝皃⿰肖毛上同艘船揔名又音騷瞍目無眸子曰瞍又音藪翛翛翛飛羽聲撨擇也

祧遠祖廟也吐彫切十一佻輕佻爾雅曰佻偷也挑挑撥朓月出西方又吐了切恌轉薄𣂁斗旁耳又爾雅云𣂁

謂之踕古田器也郭音鍫庣不滿之皃銚田器趒雀行又他弔切聎耳疾蓧苗也貂鼠屬出東北夷又姓出姓

苑都聊切二十二⿰髟周小兒留髮刟斷穗刀軍器纂文曰刀斗持時鈴也又姓出渤海風俗通云齊大夫豎刀之後俗作刀琱

琱琢凋凋落鯛魚名𥎊短尾犬也雕鶚屬又姓漢武帝功臣表有雕延年鵰籀文蛁蛁蟟茢中小蟲彫彫刻亦作

雕⿰衤鳥說文云短衣也⿴衣周死人衣芀葦華也又音調⿱艹淍⿱艹淍蒴茭實⿰舟召吳船鳭鳭鷯剖葦求蟲食似雀青班色

⿰多周大也多也奝上同弴天子弓也說文曰畫弓也詩又作敦又丁昆切⿰目鳥熟視迢迢遰徒聊切二十二條小枝也貫

也教也爾雅云柚條似橙而實酸又姓左傳殷人七族有條氏後趙録冉閔司空條攸姓苑云安定人樤柚條或從木髫小兒髮俗

作鼦跳躍也鋚紏頭銅飾蛍鰧蟰狀如黃蛇魚翼出入有光見則大旱出山海經蜩大蟬佻獨行皃詩曰佻佻公子

趒說文曰雀行也苕苕菜詩云卬有旨苕艻蕈華調和也又姓周禮有調人其後氏焉又徒料切鮡魚名岧岧嶤山高皃髫髫多髮皃又音凋音綢鞗鞗革轡詩云鞗革沖沖嬥聲類云細腰皃㽉田器𣯍毿毛皃卣草木實垂卣卣然也鰷白鰷魚名驍驍武也古堯切九梟說文云不孝鳥也故日至捕梟磔之从鳥頭在木上人姓隋煬帝誅楊玄感改其姓為梟氏県到懸首漢書曰三族令先黥劓斬左右趾県首葅其骨謂之具五刑僥伕也薄也憿憿幸或作儌又作僥倖釗覲也遠也亦弩關一云周康王名又作覞又指遙切邀遮也又於宵切蟂水蟲似蛇四足能害人也徼求也抄也又音叫

聊語助也亦姓風俗通有聊倉為漢侍中著子書又有聊氏為潁川太守著萬姓譜落蕭切四十二膠耳中鳴也又力刀切膋腸間脂也膫上同飉風也遼遠也水名憀無憀賴也寮穿也寥空也又寂寥也寥廓也

料料理也量也又郎弔切撩周垣橑蓋骨亦椽也又力道切𢷾取物又理也摷擊也又側交切廖人名左傳有辛伯廖又力救切僚同官為僚又姓左傳晉陽氏大夫僚安寮同上鐐有孔鑪又紫磨金也爾雅曰白金曰銀其美謂之鐐

簝宗廟盛肉方竹器　豂空谷　鷯鷦鷯　䉼竹名　璙玉名　嫽相嫽戲也又力弔切　漻水清　蟟蛁蟟

膫目明也　䆗谷名　蓼草木踈莖　镽細長　嶚嶚巢山皃　翏高飛皃　繚繚綾經絲出字林　憭空皃

獠夜獵也又知卯盧晧二切　髎髖骨名　廫崖虛　蟧馬蟧大蟬　藔草器又力戈切　敹揀擇　嘹嘹亮聞遠聲又

力弔切　爒說文曰火皃　堯至高之皃謚法曰翊善傳聖曰堯五聊切五　嶢嶕嶢山危　僥僬僥國名人長一尺五寸一云

三尺　垚土高皃　顤頭高長皃　膮豕美也許幺切七　嘵懼聲詩曰子維音之嘵嘵　憢憢憢懼也　[illegible]長大皃　[illegible]

膠[illegible]腫欲潰也　翢翢毦毛皃　[illegible]大額又去遙切　幺幺麽小也於堯切五　怮怮怮憂也又一蚪切　葽草盛皃　[illegible]魚名　[illegible]

望遠也　鄡鄡陽縣名在鄱陽又姓出何氏姓苑苦幺切五　鄡縣名在鉅鹿郡　[illegible]玉篇云擊也　墽地名說文磽也　[illegible]窅寥空也

四宵夜也相邀切二十　消滅也盡也息也　霄近天氣也　捎摇捎動也又使交切　逍逍遙　痟痟渴

病也司馬相如所患　綃生絲繒也　銷鑠也　焇上同　硝硭硝藥名　蛸螵蛸蟲也爾雅注云一名蟳蜼亦姓南齊武帝改其子巴

東王子響爲蛸氏又所交切　莦草名又使交切　哨口不正也又七笑切　[illegible]鳥毛羽也　鮹魚名又所交切　[illegible]狂也出文

呺° 枵°

字集略 鮹煎鹽 [illegible]長皃色交色角二切 雀張羽又先準切 魈山魈出汀州獨足鬼 超說文曰跳也又姓漢有太
僕超喜敕肖切六 怊悵恨 [illegible]健也 [illegible]綢絲 [illegible]鳴也 [illegible]涼風 朝早也又旦至食時爲終朝又朝鮮國名亦姓左傳有
蔡大夫朝吳陟遙切又直遙切二 [illegible]古文 鼂蒼頡篇云蟲名亦姓風俗通云衞大夫史鼂之後漢有鼂錯直遙切又陟遙切五 晁
上同 鼂古文 朝朝廷也禮記曰諸侯於天子五年一朝又姓唐有拾遺朝衞 潮潮水 [illegible]喧也許嬌切又五刀切十 枵
玄枵虛危之次 歊熱氣說文曰歊歊氣出皃 毊大磬也爾雅注云形如犂錧以玉石爲之又音喬 獢猲獢短喙犬也 [illegible]
犬黃白色 [illegible]草皃又火交切 呺呺然大皃 [illegible]炊氣 虈白芷別名 樵柴也說文木也昨焦切十五 藮上同 劁
刈草 憔憔悴瘦也 顦上同 [illegible]耳中聲又音曹 譙國名又姓蜀有譙周 嶕嶕嶢 [illegible]嵉巢山高皃又音巢 鐎
又音焦 鄡縣名 僬又音焦 [illegible]面枯皃又音焦 撨取也 落草名 驕馬高六尺舉喬切九 嬌女字亦態 憍
憐也恣也本亦作驕 穚禾秀 鷮鷮似雉而小走鳴長尾 蕎藥名一名大戟 喬爾雅云句如羽喬郭璞曰樹枝曲卷似鳥毛羽
簥大管名也 撟舉手 焦傷火也又姓周武王封神農之後於焦後以國爲氏出南安即消切十七 [illegible]籀文 [illegible]墝鍪

上毛飾 蕉 芭蕉 膲 人之三膲 鷦 鷦鵬南方神鳥似鳳又鷦鷯小鳥 鳭 上同 椒 木名爾雅云檓大椒又椒榝醜莍莍實也
應劭漢官儀曰皇后稱椒房以椒塗壁取其温也又山巔亦姓楚有大夫椒舉 茮 上同 噍 啁噍聲 鐎 刁斗也温器三足而有柄
蟭 螵蟭螗蜋卵也 醮 面醮枯也 ⿰火龜 灼龜不兆也亦作龜 焦 義見僥字 燋 傷火說文曰所以然持火也 ⿰糸焦 生枲也
饒 益也飽也餘也又姓風俗通云漢有饒斌爲漁陽太守如招切六 橈 楫也又女教也 襓 劒衣 犪 牛馴伏又而紹切 蟯
人腹中蟲 蕘 芻蕘 燒 火也然也式招切又式照切二 𤬪 瓜名 遥 遠也行也餘昭切三十六 媱 美好 傜 使也役也
又喜也或作僐 繇 於也由也喜也詩云我歌且繇 颻 飄颻 歊 氣出皃 窯 燒瓦窯也 窰 上同 ⿱艹缶 蒲葉也又草也 ⿱艹銚
⿱艹銚芅萇楚今羊桃也爾雅作銚 珧 玉珧蜃甲 鰩 文鰩魚鳥翼能飛白首赤喙常游西海夜飛向北海 銚 燒器亦古田器又姓後漢衞尉
潁川銚期又徒弔切 姚 姚悅美好皃又舜姓今出吴興南安二望左傳有鄭大夫姚句耳 摇 動也作也又姓東越王摇句踐之後 謡 謡歌
也爾雅云徒歌謂之謡 軺 說文曰小車也又音韶 愮 憂也悸也邪也惑也 恌 上同 䌛 疾行又音由或作𨘋 陶 皋陶舜臣又徒
刀切 蘨 草茂也又音由 𤬪 瓜也 鷂 大雉名爾雅云青質五彩皆備成章曰鷂又音曜 洮 五湖名風土記云陽羨縣西有洮湖別名

長塘湖義興記曰太湖射湖貴湖陽湖洮湖是爲五湖 洮光也 庳座也 彇弓利 旚旗旒 榣木名 嗂樂也說文喜也 䠛跳䠛行步皃 瑤美玉 猺獸名又獏猺狗種也 䬙䬙餌食 褕褕狄后衣亦作揄 ●韶舜樂也紹也市昭切十 䪰上同 佋廟佋穆也或作昭父昭子穆孝經跣云昭明也穆敬也故昭南向穆北向孫從父坐又市沼切 苕草名 卲卜問 玿美玉 𢃳擊也 軺使車又音遙 柖說文曰樹皃又射的也 牊牊牀別名 ●昭明也光也著也覿也又姓楚詞昭屈景三族戰國策楚有昭奚恤止遙切七 鳭鷦鳭鳥也又竹交切 鉊淮南呼鎌 招招呼也來也又姓漢有大鴻臚招猛 釗遠也見也勉也亦弩牙又周康王名 盄玉篇器也 皽皮上膍膜 ●飆風也俗作飈甫遙切十五 標舉也又木杪也又必小切 猋群犬走皃 杓北斗柄星天文志云一至四爲魁五至七爲杓又音漂 瘭瘭疽病名 幖頭上幟也 熛飛火 𡾰山峯 𧽨輕行 蔈爾雅曰黃華蔈郭璞云苕華色異名也 驫衆馬走皃 𦢊𦢊脾腫欲潰也 𣄴旌旗飛揚皃 贆貝居陸也 髟髮長皃又所銜切 ●鑣馬銜甫嬌切七 䚽上同 臕脂臕肥皃 儦行皃詩云行人儦儦 瀌雨雪皃詩云雨雪瀌瀌 穮除田薉也亦作穮 藨萑葦秀爾雅云猋藨芀 ●瓢瓠也方言云蠡或謂之瓢論語曰一瓢飲符霄切六 飄風老子曰飄風不終朝

注云疾風也剽爾雅云中鏞謂之剽又小輕也或作剽薸方言云江東謂浮萍爲薸槖槖也又公很切螵螵蛸蟲名

又撫招切●蜱蟲名彌遥切五⿰虫少蠶初生也篻竹名⿰巾少玉篇云細網也⿰目鳥工雀●苗田苗亦夏獵曰苗又求也

衆也禾秀也亦姓風俗通云楚大夫伯棼之後賁皇奔晉食采於苗因而氏焉武瀌切五描描畫也又音茅緢說文曰旄絲也貓

獸捕鼠又爾雅曰虎竊毛謂之虦猫又武交切猫俗●要俗言要勒說文曰身中也象人要皃臼之形今作腰又姓吴人要離

之後漢有河南令要兢於霄切又一笑切九腰見上注亦作䙅葽秀葽草也喓蟲聲⿰虫要蛇名⿰衤要⿰衤要襻邀邀遮

又音梟⿰要鳥鳥名似山鷄而長尾蟯腹中蟲又如消切●鴞鴞鷄于嬌切二⿰号阝鄉名在淯陽●喬高也說文曰高

而曲也又虜姓前代録云匈奴貴姓喬氏代爲輔相巨嬌切十六橋水梁也又姓出梁國後漢有太尉橋玄趫善走又去遥切僑

寄也客也⿱宀喬上同鐈似鼎長足鷮雉名又音驕嶠亦作嶠山鋭而高又其廟切⿱殸喬大磬又虚驕切轎小車嬌

廣雅云禹妃之名又音驕蕎蕎麥又音驕蟜蠪蟜蟲也蠪音龍蹻驕也慢也又巨虐切⿰羽喬飛皃⿱喬皿盂也●⿱秋皿

缶也亦作斛七遥切十鍫上同篍吹竹筩又音秋幧斂髮謂之幧頭亦作幓⿱秋巾上同⿱焦木生麻⿱禾東抄飯[illegible]

妖 妖豔也說文作媄巧也今從夭餘同於喬切五 祅 祅災 枖 說文云木盛皃詩云桃之枖枖本亦作夭 訞 巧言 夭 和舒之皃
又乙矯切 蹻 舉足高去遙切又其略切六 繑 說文云絝紐也 趬 行輕皃 蹺 揭足 顤 額大皃又火幺切 ⿱大焦 長大皃又
火條切 怊 奢也尺招切又敕朝切二 弨 弓弛皃詩云彤弓弨兮 爂 說文曰火飛也周禮注云輕爂土丠之輕脆也今作票同
撫招切二十一 漂 浮也亦作漂 杓 北斗柄星 飄 飃飆風吹皃 嫖 身輕便皃 旚 旌旗動皃 犥 牛黃白色也又敷沼
切 鏢 刀劍鞘下飾也 僄 輕也又匹妙切 䴩 鳥飛 飄 飄飄 慓 急也 彯 彯彯長組之皃 摽 字統云擊也 ⿺走票
說文曰輕行也 ⿰足票 上同 翲 鳥飛 瞟 瞟眹明視 螵 螵蛸 嘌 疾吹之皃 ⿰月猋 ⿰月猋脾腫欲潰也 翹 舉也懸也危也又鳥
尾也渠遙切六 荍 草名今荆葵也 ⿱艹翹 蓮⿱艹翹草也 嘺 不知 ⿰喬羽 側飛 ⿰片多 凡也 燎 庭火也力昭切又力照切二 髎
髖骨也又音聊 趫 善走又緣木也起嚻切又巨嬌切四 憍 紆也 橇 蹋擿行又禹所乘也 鞽 同上
五 肴 骨體也又葅也凡非穀而食曰肴亦啖也胡茅切十九 餚 同 崤 崤函山名在弘農 ⿱艹殽 茅根 殽 溷殽
雜也和也亂也 洨 水名出常山又縣名在沛郡 筊 竹索 姣 姣婬 猇 虎聲又縣名在濟南又直支切 ⿰木肴 ⿰木肴桃梔子 爻

易卦六爻淆混淆濁水筊小簫一云十六管胶字書云胶聲也⿰酉交沽也絞黃色倄痛聲恔快也硣石名
交戾也共也合也領也古肴切二十二蛟龍屬漢書曰武帝元封五年自於尋陽浮江親射蛟江中獲之茭說文曰乾芻也又爾
雅曰茭牛蘄郭璞云今馬蘄葉細銳似芹亦可食鵁鵁鶄鳥膠膠漆亦大學也又姓史記紂臣膠鬲鮫魚名皮有文可飾刀
咬鳥聲郊邑外曰郊鉸樂器以土爲之雙相黏爲鉸也轇轇轕戟形漻漻滈水皃⿺辶交說文會也教效也又古孝切
⿱竹肴竹圍索名粀粀粡米餅摎束也撓也又音留鉸鉸刀又古卯切佼交也又古卯切艽秦艽藥名詨誇語也又
音哮嘐詩云雞鳴嘐嘐⿰𠦝爻囊也巢說文曰鳥在木上曰巢在穴曰窠爾雅曰大笙謂之巢又縣名在廬江亦姓有巢氏之後
左傳楚有巢牛臣鉏交切八轈兵車若巢以望敵也勦輕捷也又子小切⿱山巢山高皃⿰束巢蒜束樔說文曰澤
中守艸樓𡑮地名在聊城鄛鄉名在南郡鐃鐃似鈴無舌女交切九呶喧呶譊爭也又恚呼也怓心亂
鷍鵃鷍鳥名也鵃音嘲⿰氵冈⿰氵冈沙藥名⿰石農上同麑麑捽也⿰犭農犬多毛又力刀切梢船舵尾也又枝梢也所交切十
七捎蒲捎良馬名也亦芟也又音宵髾髮尾輎兵車旓旌旗旒也弰弓弰䈰飯帚筲斗筲竹器鞘

鞕鞘蛸蠨蛸喜子鮹海魚形如鞕鞘䘯衣䘯綃帆維又音宵颵風聲䒦說文惡草皃又音消娋小娋婾也
𡟶齊人呼姊茅草名左氏傳曰前茅慮無明又姓史記秦有茅焦莫交切八蝥盤蝥蟲名貓又武瀌切犛牛名又力
之切罞麋罟也鶜鶜鷎鳥也描打也出玉篇媌美好皃虓虎聲許交切十六猇上同髇髇箭歊禾傷
肥又音顟穘上同窙高氣嗃嗃暴言恚也䫿風䫿䫿也哮哮闞庨庨豁宮殿形狀灱乾也又熱也洨水名
在南嘐誇語也顤顟顤胡人面也鵁鵁鶄似鳧脚近後不能行𤞞豕驚包包裹亦姓楚大夫申包胥之後後漢有大
鴻臚包咸布交切五胞胞胎又匹交切枹爾雅注曰椈木叢生枝節盤結詩云枹有三枿又楊枹菜苞叢生也豐也茂也又苞筍又姓
勹包也象曲身皃胞胞胎匹交切九𨚔邑名說文布交切地名䍖覆車網也又縛謀切脬腹中水府抛
抛擲泡水上浮漚說文曰水出山陽平樂東北入泗又音庖僇戲也毃擊也艽藥名敲擊頭也口交切十一跤
脛骨近足細處骹上同膠面不平也恧恧忬伏態皃磽石地䂭䂭磝戍名今齊州是也出音譜磝上同鄗
邑名又杜預云山名在滎陽縣西北又音郝墝墝埆埥土頝頝顟頭不媢也聱不聽也五交切又五勞切語彪切四謷不肖

也又五勞切磝碻磝㪣蒼頡篇云擊也䎐耳中聲側交切五罺抄網抓抓掐𠹭小兒聲摷擊也嘲言相調也陟交切五𧻓𧻓趙跳躍趙竹肴切啁說文曰啁嘐也鳭鳭鷯黃鳥鵃鶻鵃似山鵲而小短尾至春多聲𧭁代人說也楚交切六抄略也又初教切鈔上同摷𦿱取訬健也魈疾兒庖食廚也薄交切十七咆咆㘚熊虎聲匏瓠也可爲笙竽炮合毛炙物也一曰裹物燒炰上同鉋鉋刷瓟似瓠可爲飲器麃獸名似鹿掊手掊颮風聲鞄鞄皮說文云柔革工也狍獸名羊身人面目在腋下跑足跑地也捊引取亦作抱𡯌牛脛相交也又力釣切泡水名又匹交切𪏭赤黑之漆䫜頭凹也於交切九𡗚𡗚咋多聲坳地不平也窅深目兒又烏了切軪軪軏奇兒又車聲也眑面目不平又於糾切咬淫聲梎梎柌鎌柄𠣥目深𩗩熱風敕交切二嘮嘮呶讙也䫿顟顟胡人面狀力嘲切四僇盛也窌深空之兒𧸘謎語云錢貝又力絞切𥝝禾穭生直交切穭音呂一

六豪豪豪俠說文曰豕鬣如筆管者亦州名屬九江郡古鍾離國與吳爭桑而滅隋改爲州山海經云渠猪之山多豪魚赤尾赤喙有羽胡刀切十三號大呼也又哭也詩云或號或呼易云先號咷而後笑又乎到切毫長毛嘷熊虎聲獋上同

濠城濠又水名　壕上同　⿰皐頁⿰高頁⿰皐頁大面皃⿰高頁音刀　虓木名　崤山名在弘農又胡交切　郘鄉名在南陽　勢
俊健　⿰阝皐⿰阝皐墪　高上也崇也遠也敬也又姓齊太公之後食采於高因氏焉出渤海漁陽遼東廣陵河南五望又漢複姓高堂氏出泰
山古勞切二十一　膏脂也元命包曰膏者神之液也又澤也肥也　皐高也局也澤也詩云鶴鳴九皐言九折澤也又姓皐陶之
後左傳有越大夫皐如　臯上同　羔羊子　餻餻糜　⿰山皐⿰山皐崪古亭　櫜韜也一曰車上櫜　咎皐陶舜臣古作咎繇
鼛役事車鼓長丈二尺詩曰鼛鼓鐘伐鼛傳云鼛大鼓也　鷱鷎鷱鳥名　篙進船竿　槔桔槔　⿰皐見見也　⿱艹皐蒿之白花
⿰忄夲知也局也　⿰禾睪今之餹餹曰⿰禾睪　⿰木咎木名　⿰亻咎毀也　⿱艹咎白⿱艹咎草食之不飢　⿰皐阝鄉名在范陽　勞倦也勤也病也
又姓後漢有琅邪勞丙魯刀切二十二　澇水名在京兆又郎到切　牢養牛馬圈亦堅也固也又蒲牢獸名又姓孔子弟子琴牢
之後漢石顯之黨有牢梁　窂上同　簩竹名一枝百葉有毒　⿱勞豆野豆　⿰豆尞上同　蟧小蟬一曰蚼蟧蟟蛄也　醪濁酒
撈取也　⿰山牢⿰山皐⿰山牢　⿰口聊嘮嘈聲也　髝髝髞高皃　憥苦心皃　⿰耳翏耳鳴又力彫切　⿰谷牢⿰谷皐⿰谷牢深谷皃　⿰金牢⿰金牢鑪錍也
⿰王勞玉名　嫪妬也又力報切　哰囒哰撦挐　⿰木聊木名　簝宗廟盛肉竹器又音寮　蒿蓬蒿又姓出姓苑呼毛切七

○冬桃

徫徫徫深谷皃 撓攪也又奴巧切 薨死人里又音考 薅除田草也 茠㧅二同 ●毛說文曰眉髮及獸毛也亦
姓本自周武王母弟毛公後以爲氏本居鉅鹿避讎滎陽也莫袍切一十 髦髦騸也髦俊也 芼菜也又音耄 旄水名出諸與山
旄旄鉞書曰武王右秉白旄史記曰昴星曰旄頭星徐援釋疑曰乘輿黃麾內羽仗斑弓前左罼右罕執罼者冠熊皮冠謂之髦頭也
氂氂牛尾也犛斄音猫 橄冬桃 耗上同 酕酕醄醉也 堥前高後下丘名 ●饕貪財曰饕土刀切二十八 洮水名出西
羌又清汰也 韜藏也寬也說文曰劒衣也 縚上同 謟疑也 滔漫也又水流皃 叨叨濫 弢弓衣 騊馬行皃
犞牛羊無子又昌來切 牧牛行遲皃 慆悅樂 絛編絲繩也 幍上同 脩目通白也 槄木名爾雅云槄山榎今山楸也 蜪
爾雅曰蝝蝮蜪郭璞曰蝗子未有翅者又音陶 夲說文曰進趣也从大十大十者猶兼十人也 丯上同 綢爾雅曰素錦綢杠郭
璞曰以白地錦韜旗之竿又音紬 搯搯捾周書云師乃搯捾搯烏活切 翢羽葆幢又徒刀切 瑫玉名 叏叏滑也又
鼗鼓大頭名 䈱牛篴 匋古器 詨詨詷言不節 挑挑達往來相見皃詩曰挑兮達兮又條了切 ●刀釋名曰刀到也
以斬伐到其所也說文云兵也都牢切七 魛魚名 忉憂心皃 裯說文曰祗裯短衣又直流切禪被也 舠小船 𩕏䫄頓大面

皃杩木心騷愁也蘇遭切十三搔刮繅繹繭為絲繰上同俗又作縿縿本音衫臊腥臊鱢魚名溞淅米颾風聲鱢鮏臭⿰木叜說文曰船總名也亦作⿰木叟⿰舟叜上同亦作艘⿰亻蚤驕也慅恐懼袍長襦也薄襃切三袌上同軳戾也又車軨也褒進揚美也說文作襃衣博裾也又姓禹後因國為氏博毛切四裦俗⿱宀⿰衣攴吳主四子字名盟也⿰包阝地名陶陶甄尸子曰夏桀臣昆吾作陶周書神農作瓦器又陶正官名齊職儀曰左右甄官署掌塼瓦之作也又喜也正也化也亦姓陶唐之後今出丹陽徒刀切二十五⿰言匋詨⿰言匋言不節說文曰往來言也一曰小兒未能正言也一曰祝也⿰言包上同咷號咷桃果木名鄴中記石虎苑中有句鼻桃重二斤又姓何氏姓苑云今西陽人後趙石勒將有桃豹綯爾雅曰綯絞也謂糾絞繩索也燾覆燾也又徒到切逃去也避也亡也鼗大者謂之麻小者謂之料又小鼓著柄者鞀鞉並上同濤波濤掏掏擇檮春秋傳云檮杌杜預曰凶頑無儔匹之皃騊說文曰騊駼北野之良馬又山海經曰北海有獸狀如馬名騊駼萄蒲萄翿纛也亦作翢舞者所執也又音導⿺風壽大風鋾養也啕多言翢羽葆幢又音岁錭錭鈍也駣馬四歲也蜪蝗子裪橘裪衣袖糟粕也作曹切九⿱艹酒上同醩俗遭遭逢𤏩火餘木也槽果華實相半也又才刀切傮終也⿰歹曹

上同𢅟藉也•敖游也說文作敖亦姓顓頊大敖之後或作遨五勞切二十五遨上同翱翱翔聱不聽又五交切驁駿馬熬煎也嶅山多小石獒犬高四尺滶水名出南陽魯陽縣蔜蘩縷蔓生或曰雞腸草也鷔不祥鳥白身赤口也鼇海中大鼇螯蟹屬謷不省語也又哭不止悲嗸衆口愁也嗷同上𩕹高頭𢧢戟鋒摮擊皃嫯慢也䮯長大皃𣝗船椄頭木𦩷上同𩪢蟹大腳也鰲魚名•曹曹局也又輩也衆也群也亦州名蓋取古國以名之又姓本自顓頊玄孫陸終之子六安是爲曹姓周武王封曹挾於邾故邾曹姓也魏武作家傳自云曹叔振鐸之後周武王封母弟振鐸於曹後以國爲氏出譙國彭城高平鉅鹿四望昨勞切十四𨍭古文槽馬槽螬蠐螬嘈喧嘈鏪鐵剛折也䄻祭豕先也艚船艚𦗲耳鳴鷎髙也䐬膭肥蓸草名漕衞邑名又水運曰漕又昨到切褿帬也•爊埋物灰中令熟於刀切三鏖銅盆說文云温器也鏖上同•猱猴也奴刀切八獿長毛犬又音鐃獶上同𡾰山名巎平巎山名在齊出地理志𤜲上同瓇玉名夒獸名•尻說文脽也苦刀切二訄戲言•操操持七刀切又七到切四幧所以裹髻又七摇切𢾕平持𢅟藉也•槖槖囊張大皃普袍切四藨醋莓可食𩗗輕皃𦙶毛起皃出聲譜

七歌禮記曰歌作五弦之琴以歌南風釋名曰人聲曰歌歌者柯也以聲吟詠上下如草木之有柯葉兗冀言歌聲如柯古俄切十一
謌上同 柯枝柯又斧柯又姓吳公子柯盧之後何氏姓苑云吳人也又虜姓後魏書柯拔氏後改爲柯氏望在河南 妿女師以教
女子 恕法也楷也 菏澤水在山陽湖陵縣 牁所以繫舟又牂牁郡名 戕陸云上同 滒多汁 哥古作歌字今呼爲兄
也 鴚鴚鵝 蹉蹉跌也七何切七 瑳玉色鮮白也又七可切 搓手搓碎也 磋治象牙曰磋 溠水名在義陽
傞舞不止皃又素何切 齹齒齹跌出字統 多衆也重也又貝多樹名葉如枇杷葉得何切三 袳姓也漢有袳宗 俌
上同 娑婆娑舞者之容素何切十一 挱摩挱 挲上同 傞舞不止皃又千何切 ⿰革沙⿰革沙靰樂器亦謂馬尾 獻
獻鐏見禮記亦作犧 蓌蓌蔢草木盛皃 ⿰亻沙衺也又舞不正 桫桫欏木名出崐崘山 ⿰金沙⿰金沙鑼銅器 ⿱沙目偷視也 駝
駱駝外國圖云大秦國人長一丈五尺好騎駱駝俗從㐌餘同徒河切二十三 駞俗 鼉說文曰水蟲也似蜥蜴而長大 ⿰束它⿰束它負
紽絲數詩云素絲五紽 鮀魚名 陀陂陀不平之皃陂普河切 驒連錢驄說文曰驒騱野馬也又丁年切 ⿰羊它似羊四耳
九尾 沱滂沱大雨也詩云月離于畢俾滂沱矣又爾雅云江爲沱謂江水出別爲沱也 跎蹉跎 詑欺也 池虖池水名在并

州界出周禮又音馳酡飲酒朱顏皃⿰它瓦瓦盌駄駄騎也迱逶迱行皃鼧鼠名又託何切袉裾也又達可切

⿰革它⿰革它繮⿰車它疾馳鼉如人羊角虎爪佗委委佗佗美也又託何切醝白酒也昨何切十九⿰田差殘薉田也瘥

病也又初介切⿰虘阝⿰虘阝縣名在譙郡或作鄼鄼夲音賛⿰歹差小疫病也鹺禮云鹽曰鹹鹺嵳嵳峩蒫薺實又子邪切

⿱竹差籠屬艖小舸蔖爾雅曰蓾蔖郭璞曰作履苴草又采古切蓾音魯⿰麥差穀麥淨也⿰目差擣也踷蹋也躦同上

虘虎不柔也又才都切⿱⿰亻差齒齒跌齹齒夲⿱髟差髮多皃莪草名似斜蒿詩云蓼蓼者莪五何切十三哦吟哦

娥美好也又姓後魏將軍娥清⿰衤我同上峩嵳峩鵝說文曰鴚鵝也俄俄頃速也⿰我頁齊也蛾蠶蛾又姓左傳晉大

夫蛾析禮記又音蟻睋視也涐水名在汶江誐嘉善也詩云誐以謐我硪說文曰石巖也佗非我也亦虜三字姓

後魏書佗駱拔氏後改爲駱氏託何切七他俗今通用拕曳也俗作拖它說文曰虫也从虫而長象冤曲垂尾形上古艸居患它故

相問無它乎蛇說文同上今市遮切痑馬病又力極也又叨丹切鼧鼠名羅羅綺也古者芒氏初作羅爾雅鳥罟謂之羅又

姓出長沙夲自顓頊末胤受封於羅國今房州也爲楚所滅子孫以爲氏魯何切十蘿女蘿籮篩籮儸僬儸出玉篇鑼

饆饠邏汨邏水名屈原沈處欏桫欏木名出崐崘山囉囉歌詞又嘍囉也亦小兒語也鑼鈔鑼器也剆擊也那
何也都也於也盡也詩云受福不那那多也亦朝那
縣名在安定又姓西魏楊州刺史那椿諾何切九[illegible]獸名似鼠班題食之明目[illegible]
似午白尾挪搓挪儺驅疫[illegible]上同[illegible]多也[illegible]箕繁文云人偵鬼驚聲臡麋鹿骨醬何辝也說文儋也又姓
出自周成王母弟唐叔虞後封於韓韓滅子孫分散江淮間音以
韓爲何字隨音變遂爲何氏出廬江東海陳郡三望胡歌切七河
水名出積石山海經云河出崐崘西北隅發源注海亦州取水
以名之爾雅有九河徒駭太史馬頰覆釜胡蘇簡潔鉤盤鬲津荷爾雅
曰荷芙蕖又胡哥切菏菏菔草也苛政煩也怒也說文曰小艸也蚵蚵蠪魺魚名訶責也怒也虎何切五呵
上同[illegible]傾頭[illegible]止也抲擔抲俗珂馬腦苦何切四[illegible]開口聲䯊膝骨軻又苦賀切阿曲也近也倚也
爾雅云大陵曰阿亦姓風俗通云阿衡伊尹号其後氏焉又虜三字姓
四氏後魏書云阿伏干氏後改爲阿氏阿鹿桓氏後改爲鹿氏又有阿
史那氏阿史德
氏烏何切七[illegible]媕娿不決媕音庵痾亦作疴病也妸女字妿女師又音哥[illegible]繒之細者鈳鈳鏻小釜

八戈干戈說文云平頭戟也天授年置司戈八品武職古禾切十五過經也又過所也釋名曰過所至關津以示之也或曰傳過

也移所在識以爲信也亦姓風俗通云過國夏諸侯後因爲氏漢有兖州刺史過栩濄亦作過水名出淮陽扶溝浪蕩渠又姓三輔決録有

扶風太守過尚鍋温器輠車盛膏器楇上同一曰紡車收絲具瘑瘡也𤵊上同𩰫說文曰秦名土釜曰𩰫鬲

上同㗻小兒相應也又音禾緺綬名堝甘堝𪀔鳥名𧓎螗蜋別名遳脃也七戈切一𨸝𨸝堆丁戈切二垛木株

也莎草名亦樹似桄榔其樹出麪蘇禾切十二魦魚名挱手挼挱也𢙇𢙇題縣名在涿郡趖趖疾蓑草名

可爲雨衣唆㗻唆小兒相應𧦧使也髿鬖髿髮皃梭織具晉書陶侃少時漁於雷澤罾網得一梭以挂於壁上須臾雷雨暴至

乃化爲龍而去桫上同㛗女字穆天子傳云盛姬喪天子三女叔㛗爲主也婆老母稱也薄波切九媻說文曰奢也鄱

鄱陽縣名在饒州皤老人白也𩓷𩓷𩓷勇舞皃說文同上繁姓也左傳殷人七族有繁氏漢有御史大夫繁延壽又音煩

搫除也潘岳射雉賦云搫場挂翳又披散也亦音盤蔢蔢葜草木盛皃䃑纜繳石又音盤牠牛無角也徒和切三

碢碾碢堶飛塼戲也摩研摩又滅也隱也迫也莫婆切十一𪎭𪎭食也出異字苑𥂕杯也又莫加切𡝩𡝩尼魔

鬼魔𪎮偏病磨磨礪爾雅曰石謂之磨劘削也䐤瘺病𦢊上同饝吓兒矬短也昨禾切五痤癤也銼

癤

銼鑹小釜挫爾雅云座椄慮李今麥李也或從木睉小目訛謬也化也動也五禾切七譌吪並上同鈋刓也去角也

囮網鳥者媒魤魚名厄木節詑欺也說文曰兗州謂欺曰詑土禾切五訑俗涶水在西河誘誘詆謪

退言鸁獸名魚身鳥翼落戈切十六摞理也騾騾馬也蜀志云後主乘騾車降鄧艾也驘上同蔂盛土草器

鸁桑飛鳥也欏木名可爲箭笴螺蚌屬蠃上同穲穀積也或作稞稞上同蓏草名生水中鑹銼鑹小釜

也或作鏍覶覶縷委曲腡手指文也蠡瓠瓢也又禮鹿二音捼捼莏說文曰摧也一曰兩手相切摩也俗作挼奴禾切二〓丸熟

波波浪博禾切六皤老人白皃又音婆紴錦類又縧屬也嶓嶓冢山名番書曰番番良士爾雅曰番番矯矯勇也

碆石可爲矢鏃也頗說文曰頭偏也滂禾切又匹我切四坡坡坂陂陂陀不平玻玻瓈玉西國寶和爾雅云笙之小

者謂之和和順也諧也不堅不柔也亦州名在淮南漢九江都尉居之屬九江郡齊爲和州又姓出汝南河南二望本自羲和之後一云卞和之後

晉有和嶠又虜複姓和稽氏後改爲緩氏戶戈切九咊古文𥝌棺頭禾粟苗龢諧也合也或曰古和字鉌鉌鑾亦作

和萪草名〓小兒相應盉調五味器科程也條也本也品也又科斷也苦禾切又苦臥切十四窠窠窟又巢

子𦚧集韻作子戈

𦚧

薖草名又寬大皃 稞青稞麥名 萪萪生海邊葉朋可爲箕也 蝌蝌蚪蟲名爾雅曰科斗活東蝦蟇子也字林從虫

牠牛無角也 牪上同 課課差又苦臥切 薖薖軸又陟瓜切 ⿰竹科竹名 痜禿瘡又古禾切 髁膝骨說文口臥

切髀骨也 過美也 倭東海中國又烏禾切七 濄水回 渦水坳 涹濁也 堝坩堝窰也 踒蹋也 ⿰多委燕人云多

鞾鞾鞋釋名曰鞾本胡服趙武靈王所服許𦚧切四 靴上同 ⿰扌化撝也 ⿰口靴化道經疏云吐氣聲也 𦚧𦚧䯫手足曲病於靴

切二 ⿰亻餓⿰亻餓⿰亻亘癡皃出釋典 䯫手足疾皃去靴切二 ⿰骨它上同 伽伽藍求迦切三 茄茄子菜可食又音加 枷刑具又音

加 佉丘伽切四 呿張口皃 㰦欠去 ⿰亻亘⿰亻餓⿰亻亘 迦釋迦出釋典居伽又音加一 脞肥也醋伽切二 𡛸訬疾 侳

安也子䯫切二 ⿰食坐骨⿰食坐出異字苑 瘸脚手病巨靴切一 ⿰月戀驢腸胃也縷⿰骨它切一

九麻 麻麻紵亦姓風俗通云齊大夫麻嬰之後漢有麻達注論語莫霞切八 犘犘牛重千斤出巴中 蟆蝦蟆亦作蟇

⿸麻黽鼂⿸麻黽似龜鼊生海邊沙中肉甚美多膏 ⿰麻頁⿰麻頁⿰阝頁難語出陸善經字林 痲痲風熱病 ⿸麻皿杯也又莫何切 ⿸麻心⿸麻心愍

車古史考曰黃帝作車引重致遠少昊時加牛禹時奚仲加馬周公作指南車又姓出魯國南平淮南河南四望本自舜後陳敬仲奔

鋘 畬

齊爲田氏至漢丞相田千秋以年老得乘小車出入省中時人謂之車丞相子孫因以爲氏漢末避地於魯又複姓二氏世本有齊臨淄大夫車遠氏又有市成氏亦虜複姓魏獻帝命踈屬車焜氏後改爲車氏尺遮切又音居二 硨 硨磲 奢 張也侈也勝也式車切三 賒 不交也

畬 燒櫟種田又音余

邪 琅邪郡名俗作耶瑘亦語助以遮切又似嗟切十三 耶 瑘 並見上注 釾 鏌釾 鋣 上同

椰 椰子木名出交州其葉背面相似 擨 擨歈舉手相弄 斜 斜谷在武功西南入谷百里而至說文抒也又似嗟切 䓉 草名

⿱艹⿰禾寺 木名皮可爲索 ⿱艹斜 穗也 ⿱艹⿰衤寺 梟屬 ⿱竹耶 竹名生臨海

遮 斷也正奢切四 ⿰亻庶 庶儸健而不德 奢 吳人呼父

諸 姓也漢有洛陽令諸於何氏姓苑云吳人又職余切又昨何切 嗟 咨也子邪切十二 ⿱差言 上同 罝 兔罟也詩有兔罝篇 蒫 薺實

⿰言虘 說文詠也 瘥 爾雅云病也又在何切 ⿱髟差 長歎 祖 縣名又似與切 ⿰女虘 虘憍也 怚 上同 ⿰歹差 小疫 ⿰镸左 ⿰镸左丘山在東海

蛇 毒蟲又姓後秦錄姚萇后蛇氏也南安人食遮切又音它三 虵 俗 荼 爾雅云蕐荂荼即芀也又音徒荂音吁

華 草盛也色也說文作𠌶榮也崔豹古今注曰堯設誹謗木今之華表也西京記謂交午柱戶花切又呼瓜戶化二切十 驊 驊騮周穆王馬 鷨 鳥名似雉 ⿰虫華 蟲名似蛇字林云蟒大蛇也出魏典唼小蛇及蝮但張口小蛇自入也 鋘 鋘鍫 鏵 上同 釫 亦同上

樺木名又戶化切崋西嶽名也又戶化切划划撥進船也瓜說文蓏也廣雅云龍蹄獸掌羊骹兔頭桂髓蜜筩小青大
班皆瓜名亦州名本古西戎地左傳范宣子數戎子駒支曰昔秦人迫逐乃祖吾離于瓜州又漢複姓王莽傳有盜賊臨淮瓜田儀古華切七
騧黃馬黑喙緺青緺綬也婐女侍又於果切蝸蝸牛小螺媧古女后也抓引也擊也華爾雅云華荂也呼瓜
切四花俗今通用譁諠譁譮上同誇大言也苦瓜切八舿舿舭體柔也爾雅作夸毗夸奢也姱姱奢皃
跨吳人云坐胯兩股間也㼌㼌邪離絕之皃䯞額上骨也拏牽也女加切九詉譇詉語皃譇張加切挐絲絮相牽
又女書切摣取也蒘猪蒘草䘫衣敝設絲設語不解也㞎爬㞎以收除也筊鳥籠又乃胡切嘉善也美也
又姓左傳周大夫嘉父古牙切二十六家居也爾雅云扆內謂之家又姓風俗通漢有家羨為劇令加增也上也陵也葭葭蘆
也說文曰葦之未秀者又音遐笳笳簫卷蘆葉吹之也麚牡鹿麍上同貑豕也子路佩貑說文曰牡豕也猳俗
痂瘡痂鴐鴐鵞鳥枷枷鎖又連枷打穀具袈袈裟毠袈裟毛衣跏跏趺坐也𨘟不得進也獦獦玃□
米中黑蟲茄荷莖又漢複姓有茄羅氏迦漢複姓有迦葉氏又居伽切珈婦人首飾瘕病也犌牛絕有力幏說文

日南郡蠻夷賓布　猳猳羆又猳玃也並見爾雅注　蟼爾雅云蟼蟆蛙類也又音荆　遐遠也胡加切十四　蝦蝦蟆　鍜錏鍜　霞赤氣騰爲雲又漢複姓有霞露氏　瑕玉病也過也又姓左傳周大夫瑕禽又漢複姓有瑕呂氏　騢馬赤白雜色　鰕大鯢　⿰足叚脚下　⿰叚頁顩⿰叚頁言語無度　碬礪石也春秋傳曰鄭公孫碬字子石　⿰韋叚履跟後帖　⿰革叚上同　赮日朝赤色　蕸荷葉

葩花也又草花白亦作皅普巴切七　鈀方言云江東呼鎞箭　妑字林云女字也　蚆貝也爾雅曰蚆博而頯郭璞云頯者中央廣兩頭銳　吧吧呀大口皃　舥舥脚船也　⿰角巴牛角闊也　鴉烏別名於加切八　鵶上同　錏錏鍜　⿱宀亞⿱宀亞奈作姿態皃奈音宅加切　椏方言云江東言樹枝爲椏杈也　丫象物開之形　⿰石亞碾⿰石亞地形不平　⿰亞刂自列　巴巴蜀又州取國以名焉三巴記云閬白水東南流曲折三迴如巴字亦蟲名又姓後漢有楊州刺史巴祗伯加切八　鈀兵車又音葩　笆有刺竹籬

豝豕也　芭芭蕉　疤疤戲鼻病　蚆又匹加切義見上文　吧吧呀小兒忿爭　叉交手初牙切九　杈杈杷田器說文曰杈枝也

差擇也又差舛也　靫靫鞴弓箭室也　鎈鎈錢異名出字諟　⿰月差服⿰月差脯也　⿰差刂斷物　⿰舟叉小船名　艖上同　鯊魚名今之吹鯊小魚是也所加切十一　魦上同　沙沙汰說文曰水散石也爾雅曰潁爲沙謂大水溢出別爲小水之名亦州取沙角山爲名即三

秦記鳴沙山也又姓何氏姓苑云東莞人又漢複姓二氏左傳齊有夙沙衞神農時夙沙氏之後漢書功臣表有昭沙掉尾又百濟有沙吒氏

砂俗 裟袈裟 毟髦毟毛衣 桬桬棠木名出崐崘山 紗絹屬一曰紡纑也 髿鬖髿垂皃 ⿰革沙⿰革盍⿰革沙素⿰革睪履也

硰硰石地名見漢書 牙牙齒又牙旗吳志曰孫權因瑞作黃龍大牙常在軍中諸軍進退視其所向又姓風俗通云周大司徒君牙之後五加切七

衙縣名在馮翊亦衙府又姓秦穆公子食采於衙因氏焉蜀志有晉督護衙傳又音語音魚 芽萌芽 齖䶥齖齒不平正

呀吧呀 枒杈枒 吾漢書金城郡有允吾縣允音鉛 樝似梨而酸或作柤側加切十二 柤上同又前藥辥

蒩芹楚葵生水中 戲以指按也 䶥䶥齖 皻皰鼻皰 担說文挹也 溠水名出義陽又側稼切 渣上同 ⿸疒虘瘡痂甲也

䅳赤䅳稻名 浾棠汁 ⿱宀余⿱穴亞奈宅加切十五 踷躇跱行難皃 荼苦菜音徒 ⿰屠阝亭名在郃陽 ⿰木荼春藏葉可以為飲巴南人曰葭⿰木荼

茶俗 秅說文曰秭也周禮云聘禮曰十斗曰斛十六斗曰籔十籔曰秉四秉曰筥十筥曰稯十稯曰秅

⿰女余美也 ⿸疒余瘢⿸疒余瘡痕 ⿱余冏含舌皃 ⿱穴余⿱宀衣⿱穴余深皃 塗塗飾又音徒 ⿰阝屠丘名 梌吳人云刺木曰梌也 秺開張屋也又縣名說文作⿸广乇

衺不正也似嗟切四 斜上同 邪鬼病亦不正也論語曰思無邪 ⿱艹斜⿱艹斜蒿 闍闉闍城上重門也視

遮切又德胡切五余姓也見姓苑出南昌郡鉈短矛又音夷鍦⿰禾施並上同窊凹也說文曰污衺下也烏瓜切六
洼深也亦渥洼水名又於佳切畖畖留地名在絳州蛙蝦蟆屬也漥深也說文曰清水也一曰窊也又水名哇婬聲髽
婦人喪髻莊華切一檛箠也左氏傳曰繞朝贈之以策杜預云馬檛也或作簻陟瓜切四簻上同築亦同膼腿也爬搔也
或作把又姓本杷東樓公之後避難改爲西魏襄州刺史把秀蒲巴切三杷枇杷木名說文曰收麥器也琶琵琶樂器楂水中浮木
又姓出何氏姓苑鉏加切六查槎二同齇齇齭又音樝⿸广虘壞也淮南子云⿸广虘屋之下不可坐也苴詩傳云水中浮草也
侘侘傺失意敕加切傺丑例切四哆張口也痄痄癡皃也⿱尚多緩口又厚脣也奓張也陟加切八譇譇詉語不正也
觰角上廣也秅開張屋也又縣名⿸疒奈瘡痕咤𨑰利咤出釋典本音去聲⿱奢齒噍聲⿰月奓不密又黏也煆火氣
猛也許加切又呼嫁切六呀啥呀張口皃又呀呷也谺字統云谽谺谷中大空皃疨疨病岈谽岈山深之狀颬吐氣又颬
皃⿰齒可大齧也苦加切三㤉恐㤉伏態之皃恐苦交切娿亞娿女作姿態⿱大旦大口皃才邪切一若蜀地名出巴中
記人賒切又惹弱二音二婼婼羌西域國名些少也寫邪切一爹羌人呼父也陟邪切二⿰化欠歌⿰化欠猶歌妮也五瓜切二

䯫 髑䯫髂骨 ○榎 乞加切一

十陽

陽 陰陽說文曰高明也爾雅云山東曰朝陽山西曰夕陽又姓出右北平本自周景王封少子於陽樊後裔避周之亂適燕家於無終因邑命氏秦置右北平子孫仍屬焉又漢複姓二十二氏歐陽氏越王句踐之後封于烏程歐陽亭後因爲氏望出長沙呂氏春秋有舜士高陽魋帝顓頊高陽氏之後漢有東海王中尉青陽精少昊青陽氏之後又有御史孫陽放秦穆公時孫陽伯樂之後魯之公族有名子陽者又衞公子趙陽之後並以名爲氏漢有周陽由淮南王舅周陽侯趙兼之後又駙馬都尉涇陽準秦涇陽君之後世本云偪陽妘姓國爲晉所滅子孫因氏焉左傳晉有梗陽巫皐衞有戲陽速漢有博士中山鮭陽鴻又有葉陽氏秦葉陽君之後列仙傳有沛國陵陽子明止陵陽山得仙其後因山爲氏漢有楊州刺史鮮陽戩後漢有櫟陽侯景丹曾孫汾避亂隴西封爲氏又長沙太守濮陽逸陳留人也神仙傳有太陽子白日升天春秋釋例周有老陽子修黃老術漢有安陽護軍河東戍陽恢何氏姓苑有朱陽氏索陽氏與章切三十二

暘 日出暘谷

楊 赤莖柳爾雅曰楊蒲柳又姓出弘農天水二望本自周宣王子尚父幽王邑諸楊号曰楊侯後并於晉因爲氏也

揚 舉也說也導也明也又州名禹貢曰淮海惟楊州李巡曰江南之氣躁勁厥性輕揚故曰楊州

颺 風所飛颺

昜 飛也又曲昜縣在交阯

羊 牛羊禮記凡祭羊曰

柔毛雀豹古今注云羊一名髯須主簿又姓出泰山本自羊舌大夫之後戰國策有羊千者著書顯名又漢複姓二氏列士傳有羊角哀左傳晉大夫有羊舌職**样**廣雅云样槌也方言曰懸蠶柱齊謂之样**眻**美目又餘亮切**佯**詐也或作詳**詳**上同本音祥

徉儴徉徙倚**洋**水流皃又海名又音祥**烊**焇烊出陸善經字林**煬**釋金又音恙**鍚**兵名又馬額飾**𩋬**馬額上靻**輰**輰轙車也**敭**明敭**瘍**瘍傷也說文云瘍頭瘡也周禮療瘍以五毒攻之**鴹**鷫鴹一足鳥舞則天下雨出字統**鰑**赤鱺

鸉白鷹**蛘**蟲名**禓**道上祭一曰道神又舒羊切**崵**說文曰崵山在遼西**諹**讙也又音恙**瑒**玉名**𥂕**杯也**芊**華莨藥名**䍧**多也**詳**審也論也諟也似羊切八**洋**水名出齊郡臨朐縣北亦州名本漢成固縣秦爲漢中郡魏置洋州**翔**翱翔

庠說文曰禮官養老夏曰校商曰庠周曰序**祥**吉也善也**𨁈**趨行**𣨒**女鬼古作祥禮字**痒**病也**良**賢也善也首也長也又姓左傳鄭大夫良霄鄭穆公之子子良之後吕張切十八**梁**梁棟又州名書曰華陽黑水惟梁州晉太康記云梁者言西方金剛之氣強梁故因名之舜置也秦爲漢中郡後其入蜀魏未克蜀分廣漢三巴涪陵以北七郡爲梁州梁大同年復移在南鄭亦姓出安定天水河南三望本自秦仲周平王封其少子康於夏陽梁山是爲梁伯後爲秦并子孫奔晉以國爲氏又漢複姓十二氏左傳有梁其踁

魯伯禽庶子梁其之後又魯有仲梁懷晉有梁餘子養梁由靡秦有強梁皐莊子有卜梁倚楚文王庶子有食邑諸梁者其後爲氏魯有穀梁赤治春秋史記有將梁氏漢光武時有侍御史梁垣烈新垣衍之後漢明帝時有梁成恢善歷數粱稻粱廣志曰遼東有赤粱魏武以爲粥也俗作梁粮粮食糧上同涼薄也亦寒涼也又州名禹貢雍州之域古西戎地也六國時至秦屬戎狄月氏居焉秦置三十六郡西北唯有隴西北地二郡於漢屬涼州部至武帝改雍州爲涼州後獻帝分渭川河西四郡爲雍州建安十八年復改爲涼州又姓魏志有太子太傅山陽涼茂涼俗⿵風涼北風也又力向切量量度又力向切蜋蜋蟯蜋蟲一名蛣蟯又音郎踉跳踉也又音郎椋木名䁁賦也綡冠纚⿸尣京薄也又力尚切⿰牛京牻牛駁色䣼漿水輬轀輬車名香說文作香芳也漢書云尚書郎懷香握蘭許良切五皀稻香薌穀氣鄉鄉黨釋名曰萬二千五百家爲鄉鄉向也衆所向也又姓出姓苑膷牛羹商金音度也張也降也常也亦州名即古商國後魏置洛州周爲商州取商於地爲名又姓家語有商瞿式羊切十八𧶠說文曰行賣也典籍通用商漢書曰通財鬻貨曰商白虎通云居賣曰賈通物曰商俗作𧶠傷傷損⿰矢昜傷也又且羊切殤殤夭慯憂皃觴酒器俗作⿰酉昜湯湯湯流皃本他郎切蔏蔏陸草也⿰商鳥⿰商鳥鶬又⿰商鳥鶬也螪螪羊蟲⿰氵冈水名⿰黑昜說文云赤黑色

彰集韻作鄣

又餘諒切禓道上祭也又以章切饟饋也又式尚切𤖹煮也亦作鬺塲耕塲暘上同房房室亦州名即春秋時防

渚也秦爲房陵郡唐武德爲房州又姓出清河濟南河南三望本自堯子丹朱舜封爲房邑侯子陵以父封爲氏陵四十八代孫雅王莽末爲

清河太守始居清河雅十九代孫諶隨慕容德南遷因居濟南郡生四子豫坦邃熙號四龍今稱四祖房氏符方切七防防禦也隄

防也坊上同見禮又音方魴魚名方方與縣名又府良切肪脂肪又音方鴋澤䲹也又音方章篇章又章

甫殷冠名禮記曰孔子長居宋冠章甫之冠又明也采也程也又姓秦將有章邯諸良切十五漳水名山海經曰漳水出荊山南注于沮水

樟豫樟木名慞慞懼也璋半珪曰璋詩云乃生男子載弄之璋彰明也墇壅也又之尚切障隔也又丘山頂上平

又音去聲麞鹿屬獐上同鄣邑名在紀蔁蔁柳當陸別名⿰章鳥吳人呼水雞爲⿰章鳥渠⿰韋章⿰韋章泥鞍飾暲

日明昌盛也說文曰美言也一曰日光也又姓後漢有東海相昌狶尺良切八裮衣披不帶倡樂也優也又音唱猖猖狂

閶閶闔琩耳璫鯧鯧鯸魚名菖菖蒲藥也羌章也強也發語端也說文云西戎牧羊人字从人羊又姓晉有石冰將羌迪去

羊切四獇上同或從犬⿱从羌古文蜣蜣蜋薑菜名說文云御濕之菜史記云千畦薑韭與千戸侯等居良切十五⿱艹彊上同

畺説文界也疆上同壃俗畕説文曰比田也犅牛長脊一曰白脊牛繮馬組韁上同殭死不朽也

礓礓石橿一名檍萬年木又云鋤橿鋤柄也姜姓也出天水齊姓本自炎帝居於姜水因爲氏漢初以豪族徙關中遂居天水

也⿰虫畺蠶白僵仆也長久也遠也常也永也直良切又直向丁丈二切八萇萇楚薁生如桃又姓左傳周有大夫萇弘腸腸胃

釋名曰腸暢也通暢胃氣也二場祭神道處又治穀地也⿰足長⿰足長跪方言曰東齊北燕之間謂跪曰⿰足長⿰土長道也蟐蛐蜒别名

瓺鈲也又除向切張張施也又姓出清河南陽吳郡安定燉煌武威范陽犍爲沛國梁國中山汲郡河內高平十四望本自軒轅第五子

揮始造弦寔張網羅世掌其職後因氏焉風俗傳云張王李趙黃帝賜姓也陟良切四餦餦餭餳也粻食米漲水大皃又音帳

穰禾莖也又姓齊將穰苴之後何氏姓苑云今高平人汝陽切十七禳除殃祭也攘以手禦又竊也除也逐也止也揎袂出臂曰攘

又音讓⿰襄攴盜也鑲鉤鑲兵器又息羊切⿰襄阝縣名在南陽躟疾行瀼露濃皃⿱雨襄上同⿰彳襄戎屬儴

爾雅曰因也蘘蘘荷⿱竹襄⿱竹襄箕盛米竹器鬤鬇鬤亂毛勷劻勷迫皃瓤瓜實也又女良切孃亂也女坊方

四方也正也道也比也類也法術也亦官名續漢書曰尚方令掌上手工巧作御刀劍諸好器物也又姓史記周大夫方叔之後府良切十三

汸併船也說文本作方或從水坊坊巷亦州名本上郡地周於今州界置馬坊武德初置坊州因馬坊爲名漢官有太子坊坊亦

省名又音房蚄虸蚄蟲名肪脂肪邡什邡縣在漢州鴋鶒鴋鳥名人面鳥身枋木名可以作車又蜀以木偃魚爲枋

鈁鑊屬牥牛名趽跡也說文曰曲脛馬也䄱禾名匚受物之器又一斗曰匚也襄除也上也駕也返也亦州名本楚之

西津魏武置襄陽郡西魏改爲襄州因水立名又姓魯莊公子襄仲之後子孫以謚爲氏後漢有襄楷息良切十三廂廊也亦曰東西室

湘水名在零陵相共供也瞻視也崔豹古今注云相風烏夏禹作亦相思木名又姓出姓苑又息亮切緗淺黃纕馬腹帶國

語云懷挾纓纕儴儴徉驤馬騰躍又速也低昂也馳駕也鑲兵器又女羊切瓖馬帶飾東京賦曰鉤膺玉瓖欀欀木

皮中有如白米屑擣之可爲麵箱箱籠葙青葙子也將送也行也大也助也辝也又姓後趙録有常山太守將容即良切又

子諒切六漿漿水鱂鰪鱂魚名鰪烏盍切蔣菰蔣草又音獎螿寒螿蟬屬⿰爿手說文云扶也字林又作摪創說文

曰傷也禮曰頭有創則沐今作瘡初良切又初亮切三瘡上同刅俗亡無也滅也逃也說文正作亾武方切十二芒

草端也莣爾雅曰莣杜榮郭璞云今莣草似茅可以爲繩索履屩鋩刃端硭硭硝杗屋梁又莫郎切朚忘也又莫郎切

邙縣名在沛郡又洛北山名又音忙郱郡名也又鄉名望看望又音妄朢弦朢又音妄孃母稱女良切四娘
少女之号瓤瓜實也又音穰鑲兵器牀簀也易曰巽于牀下士莊切三床俗疒病也又女戹切莊嚴也又莊
田爾雅曰六達謂之莊亦姓莊周著書也側羊切五庄俗妝女字又飾也裝裝束又側亮切粧粉飾也常
倍尋曰常又官名漢書曰奉常秦官掌宗廟禮儀景帝六年更名太常也釋名曰九旒之名日月爲常謂畫日月於其端天子所建言常
明也亦姓出河内漢有常惠市羊切十尚尚書官名又時仗切裳上曰衣下曰裳嘗試也曾也說文本作嘗口味之也又
姓風俗通云齊孟嘗君之後甞上同鋿車鋿輪鐵鱨魚名償報也還也當也復也又音尚⿰常鳥鶤⿰常鳥鳥名徜
徜徉猶徘徊也霜凝露也又姓色莊切七鸘鷫鸘鷞上同孀寡婦驦驌驦良馬騻上同蠰爾雅云齧
桑蝺也又傷餉二音牆墻牆爾雅云牆謂之墉說文曰牆垣蔽也在良切十廧上同墻俗佯弱也嬙嬪嬙
婦人官名檣船檣薔薔薇又東薔子十月熟可食出河西子虛賦云東薔彫胡蘠上同戕殺也又他國臣來弑君也
奘妄強犬也又徂朗切鏘鏗鏘七羊切十二瑲玉聲槍矟也通俗文云剡葦傷盜謂之槍說文曰歫也蹌說文

鬤

曰動也詩曰巧趨蹌兮 蹡行皃 ⿺足將上同 斨斧斨說文云方銎斧也 牄說文云鳥獸來食聲 嶈山高皃 ⿵門倉門聲和也 ⿰矢昜傷也又式羊切 搶拒也突也

匡輔助也正也又姓風俗通云匡魯邑也句須爲之宰其後氏焉漢有匡衡去王切十三 郋邑名說文曰河東聞喜鄉也 筐筐籠 ⿰虫匡海中大蝦 框棺門 恇怯也 劻劻勷 ⿱髟匡⿱髟匡鬤 洭水名出桂陽含洭縣 軭車戾 眶目眶 ⿱艹匡草名 ⿰馬匡耳曲

王大也君也字林云三者天地人一貫三爲王天下所法又姓出太原琅邪周靈王太子晉之後北海陳留齊王田和之後東海出自嬀姓高平京兆魏信陵君之後天水東平新蔡新野山陽中山章武東萊河東者殷王子比干爲紂所害子孫以王者之後号曰王氏金城廣漢長沙堂邑河南共二十一望又漢複姓王氏左傳晉有樂王鮒小王桃甲賈執英賢傳云東莞有五王氏史記云出齊威王至建王五王之後風俗通云漢有中郎威王弼出自楚威王後漢有新豐令王史音雨方切又雨誑切四 蚟蚟孫蟲名又蜻蛚即今促織也 魟魟鮹魚名 徍急行

央中央一曰久也於良切九 鴦鴛鴦匹鳥又烏郎切 殃禍也咎也罰也敗也 袂上同 鉠鈴聲又音英 秧蒔秧又於丈切 雵雵雵白雲皃又音英 胦脟胦 泱水流皃又烏郎切

強健也暴也說文曰蚚也又姓後漢有強華奉赤伏符巨良切四 彊畺與強通用說文曰弓有力也 ⿰魚畺鯨魚

別名又其京切勥迫也𦸈草名褚羊切三倀失道皃又狂也𪔅鼓聲芳芬芳亦州地多芳草故以名之置在常芳縣又姓風俗通云漢幽州刺史芳乘敷方切三妨妨害淓水名狂病也韓子曰心不能審得失之地則謂之狂也巨王切五軖紡車也軖說文曰車戾也又去王切鵟鴟屬㞷草木妄生狂匡往皆從此

十一唐說文曰大言也又州春秋時楚地戰國時屬晉後入於韓秦屬南陽郡後魏爲淮州隋爲顯州貞觀改爲唐州因唐城山爲名即高鳳隱所亦姓唐堯之後子孫氏焉出晉昌北海魯國三望徒郎切四十一啺𥏳並古文煻煻煨火糖飴也糛上同堂堂除亦屋白虎通曰天子之堂高九尺天子尊故極楊之數九尺也堂之爲言明也所以明禮義也禮記曰天子之堂九尺諸侯七尺大夫五尺士三尺又姓風俗通云堂楚邑大夫五尚爲之其後氏焉坣古文鼶鼶鼠一月三易腸棠棠梨又棠棠木生崐崘山黃色赤實味如李食之使人不溺亦姓左傳齊大夫棠無咎又漢複姓吳王闔閭弟夫㮣奔楚爲棠谿氏搪搪揬蓎蓎蒙女蘿案爾雅作唐蒙不從艹瑭玉名餹餹餅黍膏餳杜兮切篖筕篖竹笪螗蜩螗𤛝𤛝牛𤛣上同螳螳蜋禮記仲夏月螳蜋生塘陂塘碭芒碭山名又音宕鶶鶶鷵鳥名似鳥蒼白色䲥魚名踼踼跌頓伏皃又吐郎切

閶說文曰閶闔盛皃又他郎切 赯赯赤色 磄磄厗石也 溏池也 鄌地名 傏傏偯不遜 隚殿基 塘隄塘也 闛高門也 鎕鎕銻火齊 篖罩也 䡽䡽輬軘軨 橖車橖 榶榶棣木名案爾雅曰唐棣移不從木 𢈿𢈿毦罽也 𢊴瓷器 ●郎官名又魯邑又姓出中山魏郡二望魯當切三十 莭說文曰禾粟之穗生而不成者謂之蕫莭 稂草名似莠說文同二 桹桄桹木名 廊廡也文穎曰廊殿下外屋也 榔檳榔 鋃鋃鐺鎖頭一曰鍾聲 硠硠礚石聲 䳁䳁鶊鳥名 浪滄浪水名又盧宕切 䯊骯䯊股肉骯苦光切 蜋螳蜋 鰁魚脂 琅琅玕玉名爾雅曰西北之美者有崐崘琅玕焉又琅邪郡名今沂州也又姓齊有大夫琅過 瑯琅邪郡名俗作瑯瑯 㝗康㝗宮室空皃 狼豺狼說文曰豺似犬銳頭而白頰高前廣後帝王世紀曰有神牽白狼銜鉤入殷朝又姓左傳晉有大夫狼瞫 欴欴歆貪皃 蒗蒗毒藥名 踉踉蹡行皃 莨草名 崀峻崀山名冬日所入 輬䡽輬軘軨 艆海中大船 騡馬尾白 躴躴躿身長皃 筤車籃一名笑笑音替 𥍯短矛 閬高門又盧宕切 哴哴吭吹皃 ●當敵也直也主也值也亦州本羌地周置同昌郡隋改爲嘉城鎮貞觀中改爲當州蓋取燒當羌以名之又姓也都郎切十二 鐺鋃鐺 簹篔簹竹名 襠兩襠衣 璫耳珠 𨍳車𨍳 檔木名出文

字音義儅止也又丁宕切⿰月當耳⿰月當耳下𤬪𤬪瓤瓜中蟷蟷蠰螗蜋別名亦作⿱當虫倉倉廩也亦官名齊職儀曰
大倉令周司徒屬官有廩人倉人則其職也釋名曰倉藏也藏穀物也漢書曰耿壽昌奏設常平倉又姓黃帝史官倉頡之後七岡切七蒼
蒼色也又姓漢江夏太守蒼英鶬鶬鶊鳥名⿰倉隹⿰倉隹雉說文同上滄滄浪亦州後魏所置蓋取滄海爲名凔寒皃⿷匚倉
古器也出說文岡爾雅曰山脊岡古郎切十六崗又作堽並俗剛強也⿰罡刂俗掆舉也笐說文曰竹列也
又爾雅曰仲無笐竹類也鋼鋼鐵綱綱紀說文曰維紘繩也亢星名一曰亢父縣說文人頸也犅特牛堈甕也⿰岡瓦
上同犺水牛苀爾雅釋草曰苀東蠡又音杭魧魚名爾雅云大貝本杭沆∴音迒獸跡又音杭桑木名史記曰齊
魯千畝桑麻其人與千戶侯等又姓秦大夫子桑之後漢有御史大夫桑弘羊息郎切六桒俗喪亡也死喪也又姓楚大夫喪左又息
浪切⿱喪上同⿰糸喪淺黃⿰馬喪馬色康和也樂也又姓衞康叔之後亦西胡姓苦岡切十四穅穀皮糠俗⿰康欠穀不
外謂之⿰康欠㝩㝩㝗槺槺梁虛梁也見文選賦⿰阝康爾雅云虛也本亦作漮⿰虫康⿰虫康蚜蜻蛉䀭䀹䀭目皃邟邟城在陽
翟漮說文云水虛也⿰康瓦瓦也⿰康瓦上同躿躿躴身長荒荒蕪又姓呼光切十四⿰禾荒果蓏不熟又說文曰虛無食也

肓心上鬲下 衁血也 駫馬奔 鄺人姓何氏姓苑云今廬江人 絖絲曼延也 巿幭也 謊夢言 䀮目不明又狼䀮南夷國名人能夜市金 䀮旱熱 慌蒙掩 巟說文曰水廣也 𣸣上同 ●黃中央色也亦官名有乘黃令晉官主乘輿金根車也又州名古邾國地秦屬南郡漢西陵縣也隋爲黃州取古黃城爲名亦姓出江夏陸終之後受封於黃後爲楚所滅因以爲氏漢末有黃霸胡光切三十三 皇君也美也天也說文作皇大也又姓左傳鄭大夫皇頡 璜說文曰半璧也周禮以玄璜禮北方 惶懼也恐也 遑急也遽也 潢說文云積水池也 堭堂堭合殿 煌火狀 餭餦餭餳也 騜馬黃白色 艎艅艎吳王舟名 簧笙簧 隍城池也有水曰池無水曰隍 癀病也 𨞹古國名 湟水名出金城 徨彷徨 篁竹名 鱑魚名 蝗蟲蝗爲災 凰鳳凰本作皇詩傳云雄曰鳳雌曰皇 偟偟暇 媓女媓堯妻 獚犬名 蟥蛟蟥蚒甲蟲也 韹韹樂鐘聲音也又音橫 郻古縣名 𦐵羽舞 䅣穆䅣穄名 䍿[illegible]舞也 𡋛上同 趪趪趪武皃又張設皃 ●光明也亦州名漢西陽縣地屬江夏郡梁置光州因浮光山爲名又姓田光之後秦末子孫避地以光爲氏晉有樂安光逸古黃切十四 炛上同 洸水名又烏光切 桄桄根木名 胱膀胱水府 垙垙陌 𨏼車下橫木 輄上同 橫長安門名又戶觥切 驜決驜馬旋毛在脊也 恍武也 茪莢茪

草名儣儣儣武皃侊盛皃湯熱水又姓宋有沙門湯休有文集吐郎切十一簜水名在鄴今簜陰縣單作鏜以鐵

貫物說文曰鼓鐘聲也闛盛皃又音唐趟趟走皃踼踼跌又杜郎切盪盪突又徒郎切蝪蛈蝪蟲名鼞鼓聲

蕩遂蕩馬尾葛上同滂滂沱普郎切七鎊鎊削霶霶霈大雨雱雨雪盛皃詩曰雨雪其雱䨦上同磅

石聲𣂷量溢也汪水深廣又姓汪芒氏之胤姓苑云新安人也烏光切五尢曲脛俗作尣尪尪弱說文同上洸

水名又音光鴹雄鳴鴦鴛鴦匹鳥烏郎切又一良切七佒體不申也咉嚝聲𧳋貉屬𤞣上同眏眏瞟目皃

姎女人自稱又烏朗切炕煑胘呼郎切又苦朗切四𣢾歍𣢾𦟍狼𦟍南夷國名忼咉忼很戾航船也胡郎切十八筕

筕篖桁械也行伍也列也又戶庚戶浪戶孟三切迒獸迹又古郎切䟘上同頏頡頏詩傳云飛而上曰頡飛而下曰頏說

文音剛與亢同𦐄飛高下也魧魚名又大貝胻脛也邟餘邟縣名在吳興又音伉杭州名古於潛餘邟皆别名今餘

杭於潛縣並在杭州沆渡也又胡朗切蚢爾雅蚢蕭繭郭璞曰食蕭葉者皆蠶類肮肮大脈也苀東蠡草名抗舉也又苦

浪切吭鳥喉又下浪切茫滄茫莫郎切十四吂不知也䀮目不明也汒谷名在京兆恾怖也忙上同朚

遠也邙北邙山名又武方切芒草端亦姓史記魏相芒卯又音亡硭硭碭山名史記本只作芒杗大梁又武方切蘉

勉也㝗寐語𨛍鄉名在藍田臧善也厚也又姓出東莞本自魯孝公子臧僖伯之後則郎切六𦸣古文牂牝羊

戕戕牁亦作牂贓納賄曰贓样槌也出廣雅囊袋也說文曰囊橐也又姓楚莊王子子囊之後以王父字爲氏奴當

切二蠰蟷蠰即蟷蜋也傍亦作旁側也說文曰近也又羌姓步光切十三彷徨膀胱髈上同䠙踉䠙急行趽

腳脛曲皃房阿房宮名旁爾雅曰二達謂之岐旁謂岐道旁出也說文曰溥也篣竹箕又薄庚切𨛘亭名在汝南螃

螃蟹本只名蟹俗加螃字䅭䅭䅫穄名騯馬盛皃又甫盲薄庚二切卬高也我也又姓漢有御史大夫卬祗五剛切又魚兩

切七䭘千里駒說文又五浪切駒駒馬怒皃枊繫馬柱也劉備縛督郵者又五浪切昂舉也茚昌蒲別名又魚兩切㭿

飛㭿斜桷𩊄履頭藏隱也匿也昨郎切又徂浪切一䯏䯏髒苦光切一幫衣治鞋履出文字集略博旁切五縍

上同鞤捍也衛也䣶加杯上酒鞤鞋革皮用

十二庚更也償也爾雅云太歲在庚曰上章又姓唐有太常博士庚季良又漢複姓莊子有庚桑楚古行切十二鶊鶬鶊

更代也償也改也又古孟切迒兔徑秔秔稻稉同上粳俗賡續也經也償也羹羹臛爾雅曰肉謂之

羹鬻古文埂秦人謂坑也浭水名出北平阬爾雅曰虛也郭璞云阬壍也客庚切六坑上同硎亦同䁝

䁝矘視不分明砊砊硠石聲劥劥勆有力盲目無童子武庚切八䖟蝱也鄳縣名在江夏𥊈𥊈盯直視莔

貝母鄳古縣名在義昌𨭚𨭚鎖䈍竹名橫縱橫也又姓風俗通云韓王子成號橫陽君其後爲氏戶盲切十六黌

學蝗蟲又音皇鐄大鐘瑝玉聲說文音皇喤泣聲鍠和也樂也又鐘聲說文音皇䫛䫛颸暴風潢方舟也

曰荊州人呼渡津舫爲潢或作艎𥚃祊𥚃祭名𧞬𧞬褡小被𤮽瓦也𪏽織皇也㤺憕㤺韹聲音也彋弸彋帷帳起皃

閍宮中門也一曰巷門甫盲切六祊廟門傍祭𥛱上同騯騯騯馬行又音傍音彭嗙喝聲㔙大也諻語聲

虎橫切五䎒䎒然飛聲謍謍謍小聲嚝鼓鐘聲喤喤呷也又音橫觵觵角爲酒器受七升罰失禮者古橫切六觥

上同侊小皃春秋國語曰侊飯不及壺飧𩅦吴主孫休二子名𦊓網䋄橐上同彭行也道也盛也說文曰鼓聲也

又姓大彭之後左傳楚有令尹彭仲爽漢有大司空彭宣薄庚切十七澎地名又擊水勢又撫庚切膨膨脝脹皃蟚蟚蜎似蟹

而小鬡鬡鬤亂髮皃鬤乃庚切棚棧也閣也榜說文曰所以輔弓弩也又甫孟切祊祊徨祭名搒笞打說文

又北孟切掩也蒡菜一名隱荵似蘇可為菹篣籠又音旁𩡣馩馞大香騯馬行盛皃憉憉悙自強𣄴量溢

輣兵車又樓車也軯上同脝膨脝脹也許庚切三悙憉悙自強亨通也或作亯又匹庚許兩二切瞠

直視皃丑庚切五橕撥也又橕柱也樘上同說文曰衺柱也𧿒字書跉𧿒行遟皃竀正視鎗鼎類楚庚

切四鐺俗本音當槍欃槍祆星琤玉聲傖楚人別種也助庚切五𧗿角長皃鬇鬇鬡亂髮皃鬇

上同崢崢嶸山皃霙雨雪雜也於驚切七鉠鈴聲韺五韺高陽氏樂亦作英渶水名出青丘山鶧鸚鶧鳥名

英華也榮而不實曰英也又英俊亦姓漢有英布瑛玉光蝧青皃媖女人稱美楧楧梅今之雀梅碤小石

落聲撫庚切四怦滿也亨煑也俗作烹又許庚許兩二切澎澎濞水皃又音彭平正也和也易也亦州名古

山戎孤竹白狄肥子二國之地秦為遼西郡隋為北平郡武德初為

平州有盧龍塞又姓齊相晏平仲之後漢相丞相平當又漢複姓何

氏姓苑云有平陵平寧二氏符兵切八評評量亦評事大理寺官唐初置十二員又音病苹蕷一曰蒲白又曰萍別名又云

蘋蕭也枰枰仲木名又博局也泙水名說文谷也坪地平胓牛羊脂也蛢蛢蛢驚懼也說文曰馬駭也
舉卿切七京大也廣雅曰四起曰京風俗通曰京非人力所成天地性自然也京義亦取此公羊曰京者大也師者衆也天子之居必以衆
大之辭言之又姓風俗通云鄭武公子段封於京號京城大叔其後氏焉漢有京房荆荆楚亦木名可染又州名夏及周並爲州秦爲
南郡即郢都之渚宮又姓燕荆客荆軻麠獸名一角似麋牛尾麖上同鶁羌鶁鳥蟼蟼蛙明光也昭也通也發也
又姓出平原河南山公集有平原明普武兵切五盟盟約殺牲歃血也周禮有司盟㿴上同鵬鷫鵬似鳳南方神鳥鳴
嘶鳴又姓出姓苑棖門兩旁木直庚切七盯矖盯視皃澄水清定又音懲掁掁觸𤴓距也周禮曰唯角𤴓之挰
擧也憕憕㣽失志又音懲趟趙趟躍跳竹盲切趙陟交切二𩗩颹𩗩狂風榮榮華又姓漢有榮啓期永兵切六禜
祭名又音詠蠑蠑螈蜥蜴別名瑩玉色詩云充耳秀瑩又烏定切揘拔也嶸崢嶸又戶萌切兵戎也周禮有司
兵掌五兵五盾世本曰蚩尤以金作兵器也甫明切一兄爾雅男子先生曰兄說文長也許榮切一卿說文章也公卿
春秋漢含孳曰三公象五岳九卿法河海三公法三台九卿法北斗釋名曰漢置十二卿正卿九太常光祿衛尉太僕廷尉鴻臚宗正司農少

擎 檠 樈 ⿱罒殳

府又姓風俗通云趙相虞卿之後去京切一 ●生 生長也易曰天地之大德曰生又姓出姓苑所庚切十 笙 樂器也禮記女媧造

笙簧釋名曰笙生也象物貫地而生也又簟也吳都賦曰桃笙象簟 牲 犧牲 猩 猩猩能言似猿聲如小兒也 狌 上同 鉎

鐵鉎 甥 外甥又姓風俗通云晉大夫呂甥之後 麈 獸名大如兔也 鼪 鼪鼬鼠也 珄 金色 ●擎 擧也渠京切十一 勍

強力 黥 黑刑在面 剠 並上同 鱷 大魚雄曰鱷雌曰鯢 鯨 上同 檠 所以正弓 樈 鐙柄 勢 山[illegible] 顑 頸也

●迎 逢也語京切一 ●行 行步也適也往也去也又姓周有大行人之官其後以爲氏戶庚切又戶剛戶浪下孟三切十 衡 橫也平也

又姓風俗通云阿衡伊尹之後又云衡魯公字後乃氏焉 䯒 牛脊後骨 胻 牛勢胻也 洐 溝水也 筕 筕篖竹笪 珩 佩上

玉 桁 屋桁 蘅 杜蘅香草大者曰杜若也爾雅注曰杜衡似葵而香字不從艹 ⿰月羹 熟肉 ●鬤 鬡鬤亂髮皃乃庚切六 ⿱寧毛

犬多毛皃 ⿱罒殳 說文云亂也一曰窒⿱罒殳 獰 惡也 ⿰禾寧 穀芸長也 薣 說文曰牂薣可以作縻綆

十三●耕 犂也周書曰神農之時天雨粟神農耕田而種之古莖切一 ●鏗 鏗鏘金石聲也口莖切十五 銵 上同 ⿱殸車

車鞕又車堅牢 鳽 雝渠鳥名 誙 莊子曰誙誙如也 牼 牛膝骨又人名宋有司馬牼 ⿰山巠 或作硎谷名在麗山昔秦密種瓜處 硻

集韻作網

作鳥

說文云餘堅也殸破也揁琴聲䡘車聲硜硜硜小人皃摼摼橦也𣢾欱𣢾羥羊名甍屋棟也莫耕切十一

𣚍上同𥳩竹筒萌萌牙氓民也甿上同嫇嫈嫇新婦皃𦵹爾雅云存存𦵹𦵹在也又莫登切本亦作萌又

作䁅䁅盯䒞茗可為帚矒矒瞑視不分明浜布耕切安船溝又布耿切二𢫬家口究也宏大也戶萌

紘冠卷也又入紘紭網紭閎爾雅曰衖門謂之閎郭璞云閎衖頭門又曰所以止扉謂之閎郭璞云門辟旁長橛也又姓漢有閎孺

嶸崢嶸山峻巆上同谹谷中響一曰谷名也耾耳語翃蟲飛浤浤浤汩㴔水波之勢竑量度周禮考工曰故竑其輻宖

屋響又烏宏切鉱金聲吰噌吰鐘音硡石聲也彋弸彋開張也莖草木幹也戶耕切三䪫樂名亦作莖

牼牛膝下骨又苦耕切朾伐木聲也中莖切七丁伐木丁丁上同詩曰玎玎玲玉聲又齊太公子伋謚玎公出說文也

僜僜倰不仁也出聲譜𤼷𤼷設幕出字林䟓跉䟓脚細長也𥨊䆸宏大皃甇瓦器烏莖切十三罌

上同罃說文曰備火長頸缾也鶯鳥羽文也嚶鳥聲櫻含桃嫈嫈嫇又於營切又乙諍切鸚鸚鵡能言之皃譻

譻譊小聲鸎黃鸎褮鬼衣𠟍芟除林木也出齊人要術莖爾雅釋草云姚莖涂薺崢崢嶸士耕切六箏箏䇲

草亂皃鬇鬇鬡毛髮亂皃埩魯城北門池也說文作淨鏳鏳鎗金聲崝淮南子云崝陗也琤玉聲楚耕
切五錚金聲淨冷也出字書棦木束噌噌吰鐘音儜困也弱也女耕切七薴⿱艹爭薴鬡鬇鬡⿰言寧
譻⿰言寧鑏鐵鑏饓亢食嬣嬣佇怦心急又中直皃普耕切十一姘齊與女交罰金兩曰姘蒼頡篇曰男女私合曰
姘閛門扉聲⿰牛平牛色駁如星也伻使人弸弸彋也䍈使羊⿰女平急也匉匉訇大聲抨彈也砰
砰磕如雷之聲轟群車聲呼宏切十輷上同⿱𤇾羽群鳥弄翅揈擊聲訇匉訇大聲又姓蜀錄關中流人訇琦
訇廣鍧鏗鍧鐘鼓聲相雜也渹水石聲又大也⿰羽訇飛聲⿱壴石石落聲⿰忄訇⿰忄朋⿰忄訇好嗔皃繃束皃衣墨子云禹葬
會稽桐棺二寸葛以繃束也北萌切五絣振繩墨也⿺乚⿰幺幺上同拼爾雅云使也又從也⿰舟并艫⿰舟并舟具橙柚屬宅耕切十
二揨撞也觸也⿰亭攴⿰⿱尚豕攴並上同湞水名出南海朾爾雅曰蠪朾螘郭璞云赤駁蚍蜉虰上同憕失志皃又
音澄瞪直視皃⿱穴曾⿱穴曾宖響音也聤安審視也⿱穴丁小突泓水深也烏宏切四謍謍⿰言寧宖屋響音又戶萌切閎
試力士錘輣兵車薄萌切五棚棧也弸弓弱皃⿰忄朋⿰忄朋⿰忄訇好眞皃庄平也亦作庄娙身長好皃漢書曰娙娥婦

△箐集今作菁蕪菁

宮也武帝邢夫人號娙娥五莖切二 娙 急也 ●爭 競也引也側莖切七 箏 樂器秦蒙恬所造 埩 理也治也 綪

禮云齊則綪結佩 䋫 縈也 猙 獸名似豹一角五尾又音淨 䱢 魚名

十四●清 山海經曰太時之山清水出焉釋名曰清青也去濁遠穢色如青也又靜也澄也潔也七情切二 圊 廁也 ●情

靜也說文曰人之陰氣有所欲也疾盈切五 晴 天晴 請 受也又在性七井二切 夝 說文曰雨而夜除見星也 䝼 䝼受賜也

●精 明也正也善也好也說文曰擇也易曰純粹精也子盈切十五 氏 狋氏縣名狋音權 箐 蕪箐菜也 鶄 鵁鶄鳥也 蜻

蜻蛚蟋蟀也 晶 光也 鼱 鼱鼩小鼠 婧 竦立也又慈性切 睛 目珠子也 泠 水名在南郡 旌 旌旗周禮曰析

羽為旌爾雅曰注旄首曰旌 旍 上同見禮 箐 笭箐小籠 𩕄 顉𩕄頭也 聙 聰聽也 ●盈 充也滿也又姓出姓苑以

成切十二 嬴 秦姓 嬴 美好兒 瀛 大海亦州名漢河間王國後魏於此立瀛州蓋以瀛海為名 籯 籠也說文笭也漢書

曰遺子黃金滿籯不如教子一經亦作籝 楹 柱也孔子曰夢奠於兩楹 贏 利也益也有餘也財長也 𤞊 似狐色黃 蘏

蕣花一名帝女花 䣐 姓也出姓苑 䏲 魯大夫名 攍 擔也 ●營 造也度也說文曰帀居也亦州名舜分青州為營州爾雅

貞 楨

曰齊曰營州今青州也又姓風俗通云周成王卿士營伯之後漢有京兆尹營郃余傾切六 鎣 采鐵又音營 塋 墓域 營 惑也

又戶扃切 瀯 波勢回皃 謍 說文曰小聲也引詩云謍謍青蠅 嬰 蒼頡篇云女曰嬰男曰兒又姓風俗通云晉大夫季嬰之後於

盈切七 瓔 瓔珞 纓 冠纓禮記玉藻曰玄冠朱組纓 攖 亂也 郹 地名又一井切 賏 貝飾 蘡 蘡薁藤也 貞 正也

陟盈切六 楨 楨榦題曰楨旁曰榦又女楨冬不凋木也 禎 善也祥也 鄭 地名又直貞切 湞 湞陽縣名湞水所出 ⿰阝貞 丘名

檉 木名說文云河柳也丑貞切八 偵 偵候又丑鄭切 赬 赤色俗作頳 䞓 上同 𧿒 跉𧿒行不正 ⿱宀⿰正見 正視 蟶

蚌屬 虰 蟷也 成 畢也就也平也善也亦州名古西戎地州南八十里濁沉池山晉改為仇池郡後為南秦州梁廢帝改為成州又姓

出上谷東郡二望本自周文王子成伯之後又漢複姓十五氏莊子有務成子廣成子顏成子游伯成子高韓子有容成子列子有考成子國

語晉郤犨食采於成後因以為氏世本曰宋有大夫老成方盆成括仕於齊晉有英成僖子漢有廣漢太守古成雲古音括高祖功臣有陽成

延後漢有密縣上成公白日升天晉戊己校尉燉煌車成將古成氏之後史記有形成氏是征切十 戚 古文 城 城郭崔豹古今注云城者

盛也所以盛受民物也又淮南子曰鯀作城亦姓風俗通云氏於事者城郭園池是也 誠 審也敬也信也 宬 屋容受也 郕

地名也在東平筬筬筳織具盛盛受也黍稷在器也又時正切珹珠類䫆頸也呈示也平也見也直貞切七程
期也式也限也品也又姓出廣平安定二望本自顓頊重黎之後周宣王時程伯休父入爲大司馬封于程後遂爲氏與司馬氏同酲
酒病⿰貞阝地名又音貞珵玉名⿱竹呈筳也裎佩帶又恥領切聲聲音又姓左傳蔡大夫聲子書盈切一征行也
諸盈切十五延上同鯖煑魚煎食曰五侯鯖又倉經切⿱⿸虍刑酉⿰月正並上同鉦鐃也似鈴怔怔忪懼皃正正朔本音
政鴊方言云齊魯間謂題肩爲鴊鳥䋊乘輿馬飾眐獨視皃䘝䘝衳小兒衣出字林佂佂伀遽行皃𨋍輕重
去盈切三⿱車巠足一足跳行⿱車巠金說文曰金聲也名名字春秋說題曰名成也大也功也号也說文曰自命也从夕口夕者冥不相見故
以口自名也又姓左傳楚大夫彭名之後武并切二洺水名在易陽亦州名春秋時爲赤狄之地後屬晉秦爲邯鄲郡周於此置洺州
以洺水爲名跉跉趶呂貞切二令使也又呂鄭郎丁二切并合也亦州名舜分冀州爲幽州并州春秋時爲晉國
後屬趙秦爲太原郡魏復置并州又姓出姓苑府盈切四栟栟櫚木名箳箳篂車轓屏屏盈徬徨又餅萍二音
傾側也伏也敧也去營切二頃西頃地名出地理志說文曰頭不正也又去穎切餳飴也徐盈切一縈繞也於營

切五褮說文云鬼衣也嫈小心態又烏莖切⿱𤇾音聲也⿱𤇾巾覆也瓊玉名渠營切十七璚上玉同煢獨也
一曰迴飛也焭上同睘驚視惸無弟兄也𢹂摶𢹂子一名投子藑藑茅草也嬛好也嫇上同赹獨行
皃⿱𤇾心憂也恂上同⿱艹𤇾草旋⿱艹⿱𤇾卄上同⿱𤇾車車輮規一曰輪車也儝特也騂馬赤色也息營切四⿰牛辛上同
垶赤土觲角弓頸項也頸在前項在後巨成切又居郢切四⿰魚巠魚名葝鼠尾草又山薤又音聲⿰茎刂上同⿰貝旬
⿰貝旬貨也火營切一

十五青東方色也亦州名九州之一禹貢曰海岱惟青州又男青女青皆木名出羅浮山記亦姓出何氏姓苑又漢複姓三
氏風俗通云漢有青烏子善數術又有青牛氏青陽氏倉經切五鶄鶄鶴鳥也出南海又音精鯖魚名又鯖諸盈切蜻
蜻蜓蟲方言曰蜻蛉謂蝍蛉也六足四翼又音精⿰青色⿰黑色⿰青色無色經常也絞也徑也亦經緯又姓出何氏姓苑古靈切又音徑四
涇水名淮南子云涇水出薄洛之山頸鵛鷄鵛也巠直波為巠說文曰水脈也荆說文曰罰辠也今只用下文刑戶經
切十七刑法也禮曰刑者侀也侀者成也一成而不可變故君子盡心焉說文剄也形容也常也邢地名在鄭亦州名古邢侯

國也項羽爲襄國隋爲邢州以國名之又姓出河閒也本周之胤邢侯
爲衞所滅後遂爲氏漢有侍中邢辟直由迎忤時謫爲河閒鄚令因家焉
𤬪小瓜郱鄉名在密桯牀前長几又音廳鉶祭器型鑄鐵摸也又作型陘連山中絶又姓陘晉邑也其大夫氏
焉今有井陘縣侀成也硎砥石娙女長皃又五莖切鈃酒器似鐘而長頸也瓶甁並同上鋞說文曰溫
器也圜而直上庭門庭又直也亦州名即漢車師後王庭之地本烏孫國土也其前王庭即交河昡州是也特丁切二十一停
息也定也止也鼮鼮鼠豹文漢武帝得此鼠孝廉郎終軍識之賜絹百匹莛草莛葶葶藶筳竹筳亭今亭子名
釋名曰亭停也人所停集也漢典職曰洛陽二十街街一亭十二城門門一亭也聤耳出惡水霆雷霆渟水止鯙魚名
綎綬也娗好皃㼗甄也甼定息挺縣名在膠東又徒頂切楟山梨木名蜓蜻蜓亦蟌姑別名廷
風俗通云廷者平也又正也國家朝廷也釋名曰廷停也人所停集之處漢書曰廷尉秦官也應劭曰古官也㹶猱㹶猨屬⿰虫霆
畢蒼云蠶二眠丁當也亦辰名爾雅云太歲在丁曰強圉又姓本自姜姓齊太公子伋謚丁公因以命族出濟陽濟陰二望當經切八
釘又都定切玎玉聲⿰阝丁丘名靪補履下也虰爾雅曰虰蛵負勞郭璞云或即蜻蛉也仃伶仃獨也叮叮嚀

馨香也呼刑切三䡭說文聲也蛵虹蛵星星宿說文曰萬物之精上爲列星淮南子曰日月之淫氣精者爲星辰也又姓
羊氏家傳曰南陽太守羊續娶濟北星重女桑經切十二曐上同出說文腥豕息肉又先定切胜犬膏臭也鮏
說文云魚臭也鯹上同𥢆稀𥢆醒酒醒又思挺先定二切鉎鐵鉎篂箳篂別駕車轓猩說文曰猩猩犬吠聲又音
生惺惺憹了慧皃出聲類竮竛竮行不正亦作伶俜普丁切八俜見上注又匹正切甹甹夆掣曳說文曰亟詞也
或曰甹俠也三輔謂輕財者爲甹𢔁使也艵縹色頩面色又普冷切姘男女會合覮淮南子云覮然能聽靈
神也善也巫也寵也福也亦州名漢北郡富平縣地赫連敦敦之果園也後魏置靈州取靈武縣名爲之又姓風俗通云齊靈公之後或云宋
公子靈圍龜之後晉有餓者靈輒郎丁切八十七𩆜𩃬並古文𤫊廣雅曰玉名說文曰巫以玉事神也與靈同舲舟上
有窻齡年也麢大羊羚上同囹囹圄鴒鶺鴒笭竹名蛉蜻蛉鈴似鐘而小霝落也墮也說文曰雨零也
从雨㗊象雨零形或作零醽醁酒苓茯苓櫺窻櫺又櫺檻階際欄柃說文木也䨩空也伶樂人泠清泠水也
又水名出丹陽又姓左傳周大夫泠州鳩瓴瓴甋一曰似甖有耳𧕋說文曰螟𧕋桑蟲也或作蛉拎手懸捻物刢刢利使性

人也䖅似虎而小出南海⿰冥猪通俗文云猪糞曰⿰冥猪⿰令瓜小瓜名出安南玲玲瓏玉聲鑩似瓶有耳⿰霝頁瘦也⿸疒令
上同聆以耳取聲竛竛竮⿰令丁字類擅行蘦菜名似葵可食軨車闌轜上同笭笭箐小籠零落也說文
曰徐雨也又姓出姓苑孁女字令漢複姓有令狐氏本自畢萬之後國語云晉大夫令狐文子即魏顆也自漢已後世本太
原至邁為王莽所誅邁少子始居爗煌也鼢鼩鼢班鼠灵字類云小熱皃⿰食霝飽⿰霝鬼山海曰神名人面獸身或作靇
一曰龍名龗說文龍也翎鳥羽閝門上小窗出崔浩女儀鹷⿰土畾鹷⿰零鳥⿰零鳥鳥鶴別名也昤昤矓日光出道書
駖駖蓋車騎聲⿰虫靈螢也⿱霝器器名又人名也蕶草蕶落也酃地名在湘東詅詅音相次出異字音彾
彾𢔦行皃䯍⿰骨龍呤埤蒼云呤呤語也跉徐行不正皃出異字音狑犬名⿰犭靈上同爧火光皃泠泠澤
吳人云水凌又力頂切怜心了黠皃吅眾鳥也從三口⿰舟霝艦有屋舟名⿰扌霝插空又力定切澪水名鏻健也⿰禾靈
草莖踈也秢穗熟玉篇云年也⿰夲頁鼠耳草也夲亦作苓獜玉篇云獜獜犬聲又力仁切岺山深皃⿰魚令
魚連行皃⿰令毛毛結不理玉篇云長毛也⿰食令餇也紷緷絲一百升又絮名⿱竹靈竹名砱石砱阾阪名羚羊子

姈女字𤚩牛名寧安也說文曰願詞也亦州名禹貢古西戎也秦爲北地郡亦爲豳州又爲寧州奴丁切九寍說文曰安
也从宀心在皿上皿人之食飲器所以安人也鸋爾雅曰鴂鴞鸋鴂又曰鴬子鸋寘天也聲告也又乃定切鄠鄉名在馮
翊谷口又奴顚切䗿螻蛄嚀叮嚀聹耳垢又乃鼎切汀水際平沙也他丁切十四訂平議也又徒頂他頂二切
程碓桯綎絲綬帶綎聽聆也又湯定切廳廳屋町田處又徒頂切艼草名罜罟也鞓皮帶鞓也鞮上同
縕縞屬說文緩也絽上同庁平庁冥暗也幽也又姓禹後因國爲氏風俗通云漢有冥都爲丞相莫經切十五榠
榠樝果木銘銘記釋名曰銘名也記名其功也鄍晉邑溟溟濛小雨又溟海也䫤眉目閒也螟螟蛉桑蟲說文曰蟲
食穀葉者吏冥冥犯法即生螟𧱰小豚猽上同蓂蓂莢堯時生於庭隨月彫榮瞑合目瞑瞑又亡千切巻漬米
嫇好兒覭小見也又爾雅曰覭髳弗離也又莫的切瞑躺瞑也瓶汲水器也又姓風俗通云漢有太子少傅瓶守後趙録有
北海瓶子然二姓蓋別薄經切十五鉼上同蛢以翼鳴蟲鼮鼠子說文云鼮令鼠屏三禮圖曰扆從廣八尺畫斧文今之
屏風則遺象也又必郢切荓荓馬帚似著又荓翳雨師名也箳竹名軿輜軿兵車萍水上浮萍蓱上同洴

訡𤩃又普經切　郱郱城在東莞　畊織蒲爲器　洴莊子曰有洴澼絖造絮者也　箳箳篁別駕車名　熒光也
明也戶扃切六　褮衣開孔也又音縈鬼衣也　螢螢火禮記云季夏月腐草爲螢一名丹良又名蛢　滎小水也又水名在鄭州一
𥈅營惑也又余傾切　䝭貨也　扃戶外閉關古螢切八　駉駿馬也詩曰駉駉牡馬傳云良馬腹幹肥張也　駫馬肥
盛也　坰野外曰林林外曰坰　冋古文　䶌䶌鼢班鼠　絅引急也　㯤木名
十六蒸　蒸衆也進也君也又麁曰薪細曰蒸說文曰析麻中幹也又爾雅曰冬祭曰蒸經典亦作烝煑仍切七　蒸說文同上　烝
說文曰火氣上行也　脀熟也　𧂐菹也　篜竹也　脊癡皃　承次也奉也受也又姓後漢有承宮署陵切三　丞
佐也翊也物理論曰高祖定天下置丞相以統文德立大司馬以整武事爲二府也　𨏄輴車後登也出字林　澂清也直陵切五
澄上同　瞪直視也又直庚切　憕平也又竹萌切　懲戒也止也　陵大阜曰陵釋名曰陵崇也體崇高也又犯也侮也侵
也遲也又漢複姓六氏吳延陵季子之後有延陵氏高士傳有於陵子仲戰國策有安陵丑呂氏春秋有鈆陵卓子漢有高陵顯秦昭王弟高
陵君之後楚有公子食采於鄱陵後以爲氏力膺切十八　淩歷也又水名出臨淮亦姓吳將有淩統　夌說文越也　綾綾紈　凌

殑

冰凌⿰月夌上同蔆芰也菱䔖並同倰伶也鯪臨海風土記曰鯪魚腹背皆有刺如三角菱也崚崚嶒山皃

殑殑殑鬼出皃崚去也䬬說文曰馬食穀多氣流四下也夲力甑切掕止也又力證切祾祭名神靈之福⿰夌攵欺⿰夌攵俗

膺胷也親也於陵切四應當也又姓出南頓本自周武王後左傳曰邘晉應韓武之穆也漢有應曜隱於淮陽山中與四皓俱

徵曜獨不至時人語之曰南山四皓不如淮陽一老八代劭集解漢書𧕎寒蟬鷹鳥名月令曰驚蟄之日鷹化爲鳩凭

依几也扶冰切五馮周禮馮相氏鄭玄云馮乘也相視也丗登高臺以視天文又防戎切凴凴託淜說文曰無舟渡河也⿱馮水

水聲冫水凍也說文本作仌筆陵切三冰上同說文本魚陵切掤說文曰所以覆矢也詩云抑釋掤忌蠅蟲也詩云

營營青蠅余陵切一繩直也又繩索俗作䋲食陵切十二譝稱舉憴上同鱦小魚乘駕也勝也登也守也

說文作椉覆也又姓漢有乘昌爲煑棗侯椉上同兖古文澠水名在齊左傳云有酒如澠又泯緬二音溗波前後相淩也

塍稻田畦也畔也塖上同騬犗馬升十合也成也又布八十縷爲升識蒸切五昇日上本亦作升詩曰如日之升升出

也俗加日陞登也躋也勝任也舉也說文本从舟經典省作月他皆倣此又漢複姓何氏姓苑有勝屠公爲河東太守又書證切

拼上舉易曰拼馬壯吉說文音蒸上聲仍因也就也重也頻也又姓出何氏姓苑如乘切七芿草名謂陳根草不芟新草
又生相因芿也所謂燒火芿者也訒厚也迈往也礽福也扔引也杒木名兢兢兢戒慎居陵切二矜本矛
柄也巨巾切字樣借爲矜憐字徵召也明也成也證也經典省作徵又姓吳太子率更令河南徵崇陟陵切四[徵+阝]古國名癥腹病
[方+丁]旌旗䄪說文本丑善切旌旗杠皃繒繒帛又姓漢功臣表有繒賀疾陵切六鄫國名也在琅邪驓馬名四骹皆白
橧豕所寢也竲高皃嶒崚嶒山皃凝水結也又成也魚陵切一興盛也舉也善也說文曰起也从舁从同同力也亦州
名戰國時爲白馬氐之地漢置武都郡魏立東益
州梁爲興州因武興山而名虛陵切又許應切三[興+阝]說文曰地名也稱知輕重也
說文曰銓也又姓漢功臣表有新
山侯稱忠處陵切又昌證切三爯并舉也偁宣揚美事又言也好也揚也舉也足也殑
殑殑欲死狀其矜切又其拯切二[琹]草名根可緣竹器又音琴[歹+先]殑殑山矜切一硱硱磳石皃綺兢切又苦本切一僜
醉行皃丑升切三庱亭名在吳興孫權射虎處又王拯切睖睖瞪直視磳磳硱仕兢切一砯水擊山巖聲披冰切一

十七登成也升也進也衆也說文曰上車也亦州名漢文帝封悼惠王子爲牟平侯即此地也周爲登州取文登山而名又姓蜀

僧

有關中流人始平登定都滕切八　璒石似玉也　燈燈火　簦長柄笠也　㲪毾㲪　䔲金䔲草　㽅瓦器　⿰登鳥⿰登鳥⿰岂鳥鳥也

楞四方木也魯登切六　棱上同又威棱又柧稜木也　稜俗　輘車聲　倰倰僜長皃　祾祭也福也靈也　僧沙門

也梵音云僧伽蘇增切三　鬙鬅鬙髮短　⿰曾色艶甑神不爽也　崩說文云山壞也北滕切一　增益也加也重也又埋幣曰

增作滕切十二　憎憎疾　磳硱磳石皃又士殑切　曾則也亦姓曾參之後漢有尚書曾偉古作曾又音層　矰弋射矢也　罾

魚網　熷蜀人取生肉於竹中炙一　䎖舉也又飛鳥皃　竲巢高　橧禮運曰夏則居橧巢　譄加言也　⿱艹曾莔草　瞢

目不明武登切四　蕄爾雅云存有蕄蕄在也　⿰瞢色艶⿰曾色神不爽也　⿱艹夌禨也　層重屋也昨棱切又作滕切三　曾

經也又作滕切　䁬目小作態瞢䁬也　朋朋黨也五貝曰朋書云武王悅箕子之對賜十朋也步崩切六　堋射堋　鵬大鳥

棚棚閣又薄庚切　倗輔也又姓漢書王尊傳云南山羣盜倗宗等又匹等切　鬅鬅鬙被髮　弘大也又姓衞有弘演胡肱

切三　鞃鞃鞃軾中靶也　苰藤苰胡麻也　肱臂也古弘切二　𩊱軾中靶也　薨說文云公侯卒也呼肱切五　儚說文

曰惛也　⿰薨頁惛迷也　⿺風薨⿺風薨大風也　⿰氵薨水聲　能工善也又獸名能熊屬足似鹿亦賢能也奴登切又奴代奴來二切一　騰

恒° 緪°

馳也躍也說文曰傳也一曰犗馬也徒登切十二　滕國名亦姓滕侯之後以國爲氏　縢行縢　幐囊可帶者　螣螣蛇或曰
食禾蟲　藤藤苰又藤蘿　謄移書謄上　⿰虎騰黒虎也　儯倰儯長也　⿸疒滕⿸疒滕痛　䲢魚名蒼身赤尾　⿰目滕美目皃
恒常也久也亦州名春秋時鮮虞國地漢爲恒山郡周武帝置恒州因山以爲名爾雅曰恒山爲北嶽又姓楚有大夫恒思公胡登切
三　悔古文　峘爾雅曰小山岌大山峘郭璞云岌謂高過　揯急也淮南子云大弦揯則小弦絕也古恒切三　緪大索　絙上同
鼟鼟鼟鼓聲他登切四　膯飽也吳人云出方言　澄小水相添益皃　[illegible]上同　漰漰激水擊聲普朋切二　堋堋振動皃

十八尤

尤過也甚也怨也多也說文異也又姓出姓苑羽求切九　⿰木尤木名　腄縣名在東萊　疣結病也釋名曰疣丘
也出皮上聚高如地之有丘也　肬上同　⿰黑尤籀文　沋水名在高密　郵境上舍亦督郵古官号釋名曰督郵主諸縣罰
負郵殿糾攝之又姓西京雜記有郵長倩　訧過也傅雅曰惡也　憂愁也又姓出姓苑於求切十七　優饒也亦優倡又姓史
記楚賢臣優孟　瀀瀀渥　⿰彳憂優游本亦作優詩云慎爾優游　麀牝鹿　⿸鹿幽上同　櫌鉏也又打塊搥　鄾邑名在鄧　𢆶
微小　怮含怒不言　嚘歐嚘歎也　耰覆種出玉篇　獶獶淩犬名　⿱艹憂菜名　纋笄中　⿰憂欠氣逆　妋鼻目間恨

劉剋也陳也殺也亦劉子木名實如黎核堅味酸美出交阯又姓出彭城沛國弘農河間中山梁郡頓丘南陽東平高平東莞平原廣陵臨淮琅邪蘭陵東海丹陽宣城南郡高堂高密竟陵長沙河南等二十五望並自陶唐氏既衰其後劉累學擾龍事孔甲范氏其後也唯河南一望即虜姓也後魏書官氏志獨孤氏後改爲劉氏力求切四十四留住也止也說文作畱亦姓出會稽本自衛大夫留封人之後後漢末避地會稽遂居東陽爲郡豪族吳志有左將留贊畱畱荑藥名勠并力也又力逐切摎絞縛殺也又姓魏有河內太守摎尚鶹鶹離鳥名少美長醜亦作流騮騂騮周穆王馬駵赤馬黑髦尾疁田不耕而火種䊍粰䊍饊也流演也求也覃也放也說文曰水行也⿰氵不古文飂高風也飀上同癅肉起疾也釋名曰癅流也流聚而生腫也榴石榴果名愽物志云張騫使西域迴所得鎏美金說文曰垂玉也冕飾今典籍用下文旒旒旗旒廣雅天子十二旒至地諸侯九旒至軫大夫七旒至轂士三旒至肩瑠瑠璃⿰鼠丣食竹根鼠又音柳⿰犭留上同劉說文云竹聲也又音柳䉧竹名出玉篇瀏水清又音柳⿺風劉風行聲⿰魚丣魚名鰡上同嵧峋嵧羅君山峯橊扶橊藤名緣木生其味辛可食其花實似蒟醬鎦殺也⿰糸留綺別名也⿰扌劉斬刺⿵門翏殺也懰怨也餾飯氣蒸也又力救切⿰虫㐬蜉⿰虫㐬蟲本作蜉蝣蝣音游⿰礻㐬

爾雅曰衣裗謂之視郭璞云衣縷也齊人謂之䘿或曰袿衣之飾鶹飛鸓鳥名䕭麻也硫石硫黃藥名遛逗遛䚧

觩䚧角皃憀悲恨也又音聊鏐美金曰鏐即紫磨金也秋春秋說文曰禾穀熟也又姓宋中書舍人秋當七由切十七秌

古文鞧車鞧緧上同說文曰馬紂也𦃖上同周禮曰必𦃖其牛後鞦亦上同又鞦韆繩戲古今藝術圖曰鞦韆北方山戎戲以習輕

趫者湫水池名北人呼鶖禿鶖鳥亦作鶖鰍魚屬亦作鰌楸木名萩蕭似蒿也鼀爾雅曰鼀䵹蟾諸郭璞云似蝦

蟆居陸地淮南謂之去蚥鼀上同蟗爾雅曰次蟗鼅鼄䨂雞鶵篍說文云吹筩也玉篇云吹簫也趥說文曰行

皃猷謀也已也圖也若也道也說文曰玃屬一曰隴西謂犬子為猷以周切四十五猶上同又尚也似也悠遠也遐也思也

憂也油水名出武陵又油脂由從也經也用也行也又姓史記有由余攸所也又姓北燕尚書攸邁蕕水蕕草又臭草滺

水流皃逌氣行皃或作逌歈歔歈以手相弄冘冘豫不定𨗨行也輶輶車又易受移授二切蘨草盛也

秞禾盛皃蚰蚰蜒蝣蜉蝣朝生夕死櫾木名出崐崘山楢積也又音酉莤水草一名軒于斿旌旗之末垂者

游浮也放也又姓出馮翊廣平前燕慕容廆以廣平游邃為股肱遊上同逕古文卣中尊樽有三品上曰彝中曰卣下曰罍

䚻從也鮋鮂鮋小魚鯈上同抭抒臼出周禮揄上同又音俞舀上同又以沼切偤待也出文字辨疑䍃

瓦器⿰金卣遺玉又弋九切郵亭名在高陵䌊猶也洩皁也⿸疒酉病也又息惡肉囮鳥媒⿴囗䌊上同庮久屋木周

禮曰牛夜鳴則庮鄭司農云庮朽木臭也又弋久切甹空也說文云生條也引書去若顛木之有甹枿又胡感切⿰木迪上同⿰卣見

下視深也卣說文草也牛大牲也世本曰黃帝臣胲作服牛史記曰紂倒曳九牛又姓出隴西本自殷周封微子於宋其裔司寇牛

父帥師敗狄長丘死之子孫以王父字爲氏風俗通云漢有牛崇爲隴西主簿馬文淵爲太守羊喜爲功曹涼部云三牲備具語求切一逎

盡也即由切又自秋切十一鮂鳥化爲魚頂上有細骨如禽毛⿰耳秋耳鳴聲蝤蝤蛑似蟹而大生海邊也又自秋切啾啾唧

小聲迺縣名在燕又迫也促也⿱髟酋接髮揂聚也揫束也聚也湫水名又子小切鶖聚也又束皋也酋長也

說文曰繹酒也禮有大酋掌酒官也自秋切卜⿰忄酋慠也遒盡也又即由切⿰耳秋耳中聲也又即由切崷崷崪山峻皃鰌

魚名二月有之蝤蝤蠐蝎也煪煪熮⿰角酋雉射收繳角也⿱艹酒蕕酒液周禮音糟脩脯也又長也又姓漢有屯騎校尉脩炳姓

苑云今臨川人息流切七修理也說文飾也羞恥也進也又致滋味爲羞⿱攸食⿱攸食饋饈上同⿰車羞⿰車羞輊載喪車⿰木脩木名

抽拔也引也或作紬紬引其端緒也丑鳩切八 搊上同 掫上同見說文 婤好皃又音周 䏲失意視皃 惆惆悵 瘳病愈

妯詩曰憂心且妯妯動也悼也 恘戾也去秋切三 惆上同 㲖甌㲖

犨白色牛說文曰牛息聲也又姓風俗通云晉大夫郤犨之後呂氏春秋云陳有惡人焉曰敦洽犨糜狹顙廣額顏色如漆陳侯悅之赤周切二 犫上同

周周帀也又至也備也徧也密也又姓出汝南廬江尋陽臨川陳留沛國泰山河南等八望本自周平王子別封汝川人謂之周家因氏焉一云赧王爲秦所滅黜爲庶人百姓稱爲周家因而氏焉魏官氏志獻帝次兄普氏後改爲周氏又漢複姓魏初徵士燉煌周生烈晉武帝中經簿云周生姓烈名職流切十

州州郡周禮曰五黨爲州又姓左傳晉大夫州綽 粡粇粡米粉餅出字林 輈重載也 洲洲渚也爾雅曰水中可居曰洲

賙贍也 喌呼雞聲又音祝 舟舟船墨子曰工倕作舟呂氏春秋曰虞姁作舟世本曰共鼓貨狄作舟二人並黃帝臣又姓左傳晉大夫舟之僑

郮黃帝後所封國 婤女字左傳衞襄公嬖人婤姶又音抽

讎匹也仇也市流切十 讐也 𣪠懸擊 𢿂上同說文棄也

鮋魚名又直留切 酬周也報也以財貨曰酬又酬酢 醻上同說文本作醻主人進客也 詶以言荅之又之又切 雔說文曰雙鳥也又爾雅曰雔由樢藡郭璞云食樢葉俗作𩿧

魗惡也棄也 𧭏又音醜 𨞪蜀江原地又音儔 柔順也說文曰木曲直也耳

由切十六鍒鐵之耎也𥻦良田騥馬青驪也蝚爾雅云蛭蝚至掌又云蝚蛖螻蛭音質𨁟踐穀又而九切葇香葇
菜鞣熟皮鰇魚名瑈玉名也見聲類腬肥皃鶔鷗鶔鳥揉捻也又順也詩曰揉此萬邦又汝又切⿰髟柔長
馬之繁鬣⿰⿱𭕄又阝鄉名脜面和收斂也捕也又夏冕名史記曰堯黃收純衣俗作収式州切一丘聚也空也大也又丘
陵爾雅非人爲之曰丘郭璞云地自然生說文作北亦姓出吳興河南
二望風俗通曰魯左丘明之後又云齊太公封於營丘支孫以地爲氏
代居扶風漢末丘俊持節江淮屬王莽篡位遂留江左居吳興也又漢
複姓四十四氏左傳齊有耤丘子鉏梁丘據閭丘嬰莒有著丘公渠丘
公後並因邑爲氏晉有虞丘書爲乘馬御祖氏家記有太中大夫東安
於丘淵史記有狐丘子林楚有苞丘先生齊桓公至麥丘麥丘人年八
十三祝桓公封於麥丘其後氏焉孟子齊有曼丘不擇又有咸丘蒙隱
居列仙傳有浮丘公梁州刺史菾丘黒魯莊公庶子食采於瑕丘其後
氏焉齊有勇士菑丘訢神仙傳漢有稷丘子又有廪丘充隱居齊魯之
間楚有列威將軍何丘寄楚文王庶子食采於軒丘其後爲氏周宣王
支庶食采於謝丘其後爲氏漢有趙人吾丘壽王又有曹丘先生侍御
史余丘炳鉅鹿太守壯丘勝以勇力聞安丘望之注老子列仙傳有高
邑人商丘子胥藝文志有桑丘公漢有吳人龍丘萇隱居不屈濟北蛇
丘惑爲河內太守魏有幽豫二州刺史毌丘儉吳有平原陶丘洪晉有

寱°

雍丘洛以武力聞何氏姓苑云漢有司隸校尉水丘岑古有蔡丘欣喪馬淮陽東海北丘氏又有羌丘常丘崎丘獻丘陽丘逢丘厚丘泥丘等
氏又虜複姓二氏後魏獻帝次弟丘敦氏後改爲丘氏丘林氏後改爲林氏去鳩切六 丠古文 蓲烏蓲草名 蚯蚯蚓蟲名禮記孟夏
月蚯蚓出 邱地名 訄追也 ⿰虎風風吹皃匹尤切七 秠一稃二米又芳鄙切 寱寐作聲 衃凝血 肧孕一月又普回普來二切
紑說文云白鮮衣皃又甫鳩切 醅醉飽又普裴切 鳩鳥名又聚也居求切十 艽秦艽藥名又居由切 ⿰丩力大力 朻
高木又居虯切 ⿰車丩車軫長也 ⿸疒丩腹中急痛又古巧切 鬮鬮取也又音糾 丩相糾繚也 龜又居危切 勼說文聚也 不
弗也又姓晉書有汲郡人不準盜發六國時魏王冢得古文竹書今之汲冢記也甫鳩切又甫九甫救二切五 哹吹氣 紑詩傳云絜鮮皃
㲉末燒瓦器 鴀鴀鳩鳥也 ⿰扌叜索也求也聚也所鳩切十七 搜上同凡從叜者作叟同 餿飯壞 颼颼颼風皃 溲
小便 鎪馬金耳飾 廋匿也論語曰仁焉廋哉 蒐茅蒐草又春獵曰蒐 蓃鷄腸草也 獀獀獀南越人名犬 䐹乾魚
鄋北方國名 螋蛷螋蟲亦名蠷螋 騪駢騪蕃中大馬 犙牛三歲也又息含切 醙白醙酒 ⿺走叜趨⿺走叜不進 搊手搊楚鳩
切七 𢭃俗餘傚此 篘酒篘 ⿱秋酉上同 ⿰木芻板不正 ⿰米芻⿰米芻粉 謅謅諑陰私小言 鄒縣名屬兖州又姓漢有鄒陽側

𠷎集韻作𠷎

鳩切十四鄹上同郰說文云孔子之鄉也論語作鄹騶廄御亦騶虞仁獸又姓越王之後齺齱齺齒偏陬鄉名一曰隅也

緅青赤色也又子侯切𦪆艆艒海船名⿰足芻獸足也菆草名又矢之善者說文曰麻蒸也一曰蓐也棷薪之別名又又

苟切䈹竹柴別名⿰口愁小兒聲⿸麻取取麻愁憂也悲也苦也士尤切二𣹢腹中有水氣也休美也善也慶也息也又木

名許尤切十三貅貔貅猛獸⿰犭休上同鵂鵂鶹鳥也⿰馬休馬名⿸疒休病下庥爾雅曰庇庥廕也郭璞曰今俗呼樹蔭爲庥

脙瘠也俗作⿰月林又音求⿰月咎上同髤周禮駹車有髤飾注謂髤漆赤多黑少也或作髹⿱髟桼上同咻口病聲也溲

汗面或作膄囚拘也繫也似由切六泅人浮水上汓古文苬苬芝瑞草一歲三華又音由慒慮也又在冬切鮂

白鯈儔儔侶也直由切二十七檮剛木也躊躊躇幬說文作⿰巾周禪帳也⿰巾周上同禂禪被𠷎咨也說文

誰也又作𠷎疇誰也等也類也田疇也又疇昔說文作𠷎耕治之田也紬大絲繒又音抽綢綢繆猶纏綿也稠穊也多也

燽著也薵薵藷葱名鯈魚子又魚名也籌籌筭⿰𠷎鳥雉爾雅云南方曰𠷎字或從鳥⿰𠷎鳥上同聚字統云姓

也又側鳩切椆木名不凋怞朗也𦡝𦡝腊脯也懤愁毒皃鮋魚名又音由飀風颸苖荼菜⿰壽阝

蜀江原地又上牛切𥫺說文云籌箸也●輈車轅也張流切十一盩盩厔縣在京兆府水曲曰盩山曲曰厔又云引擊也

啁啁噍鳥聲譸譸張誑也爾雅亦作侜侜壅蔽也駲駲騪蕃中大馬調朝也詩云惄如調飢本又音條咮

曲彔又張救切𧺫𧺫𧽯行不進也𦨴射鳥箭也𥏼上同●裘皮衣詩云取彼狐狸爲公子裘又姓本作仇避讎改作裘巨鳩

切四十四𧘝上同仇讎也又姓左傳宋大夫仇牧之後又漢複姓有章仇仇尼二氏隋有章仇大翼善天文㕤漢書地理志㕤

猶縣屬臨淮郡又詩曰㕤矛鋈錞傳云㕤三隅矛又說文曰氣高也厹上同求索也又姓三輔決錄云漢有求仲𡨋上同頄

頰間骨也又求龜切蛷蛷螋蟲𧓍上同說文云多足蟲也逑匹也球美玉說文曰玉磬也璆上同又渠幽切艽

遠荒之地詩云至于艽野又獸蓐也鼽月令云人多鼽嚏說文云寒鼻塞也莍椒也𨛫地名賕財賄殏殏也梂

說文曰櫟實也一曰鑿首朹爾雅曰朹繫梅郭璞云朹樹狀似梅子如指頭赤色似小柰可食𣐚荆𣐚亭名俅戴也𧶂瘠也

又音休脙上同馗爾雅曰中馗菌今土菌可食又音逵紈急引也絿上同𧮫䃭𧮫亭名扏緩也銶鑿屬𩑈

廣蒼云戴也𥫵籠也毬毛毬打者𨀁𨀁蹋也犰犰狳獸似魚蛇尾豕目見人則佯死𧺆違也訅究也謀也釚

弩牙捄長匕皃詩曰有捄棘匕傳云捄長皃肍乾肉醬也惄怨仇也又其九切芁白芷𡯨迫也又去牛切浮汎也
縛謀切二十四呼吹氣又拂謀切桴齊人云屋棟曰桴也枹鼓槌箁竹有文者罦覆車網也罘上同琈
玉粰粰粇鴀鴀鳩罘兔罟䱐魚名涪水名在巴西芣芣苢車前也江東謂之蝦蟆衣蜉蚍蜉大螘烰
火氣爾雅曰烰烰烝也郭璞云氣出盛鉜鉜鏂大釘𡖊多也巷姓也出纂文艀舟也棓杖也又音棒掊
把錇小缶雺雨雪皃謀謀計也又姓風俗通云周卿士祭公謀父之後莫浮切二十四䱯魚名雺天氣下地
不應又莫貢切又莫紅切眸目童子牟說文曰牛鳴又過也倍也進也大也亦牟平縣屬登州又姓風俗通云牟子國祝融之後
後因氏焉漢有太尉牟融又漢複姓三氏東萊先賢傳有兖州剌史平昌曹牟君卿禮記云魯有賔牟賈何氏姓苑有彌牟氏侔等也
均也齊也矛戈矛說文曰酋矛也建於兵車長二丈象形吳越春秋曰越王以屈盧之矛步光之劒獻於吳王𢦤古文鍪兜鍪
首鎧說文曰鍑屬也鞪上同漢書云鞮鞪麰大麥又矩粒麥䵏上同堥堆堥小隴劺勉也𨢹𨢹酳醶楡人醬
蝥食穀蟲說文本又作蟊蟲食艸根者吏抵冒取民財則生蟊上同說文曰蠿蟊也鶜鶜鴾鳥也𩭌髮至眉或作髳䋷

遺

縛也恈愛也鴾鶵之別名蛑蝤蛑似蟹而大繆絲千累

十九侯候也何也美也辟也爾雅曰公侯君也又乃也又周禮司裘氏王大射則共虎侯熊侯豹侯諸侯則共熊侯豹侯卿大夫則共麋侯皆設其鵠鄭司農云方十尺曰侯四尺曰鵠說文本作矦从人从厂象張布之狀矢在其下又姓出上谷河南二望亦漢複姓八氏夏侯氏出自夏禹之後杞簡公爲楚所滅其弟佗奔魯魯悼公以佗出自夏后氏受爵爲侯謂之夏侯因而命氏後有去魯之沛者分沛立譙遂有譙魯二望羅國爲楚所滅其後号羅侯氏韓詩外傳云周宣王大夫韓侯子有賢德史記魏有屈侯鮒左傳曹有豎侯獳漢有尚書郎揗侯儁吳有張昭師白侯子安又虜三字姓二氏周書有侯莫陳氏侯崇傳云其先魏之別部也又周有大將軍伏侯龍氏名恩戶鉤切二十四

矦注見上𥎦古文見上帿射侯見上注俗從巾鄇地名⿰侯頁⿰侯頁顒大言鍭箭鏃銗鏂銗錏鍜猴獼猴猱也糇糇糧翭說文曰羽本也一曰羽初生皃𩿨上同餱乾食喉咽喉篌箜篌鯸鯸鮐魚名⿰木侯⿰木侯桃又⿰木侯櫟木也⿰谷后谷名在成皋亦作⿰谷侯瘊疣瘻⿰虫侯蟲名葔葔莎草骺骨骺睺半盲又胡遘切⿰衤侯⿰衤侯褕小衫

謳吟也歌也烏侯切十六嘔嘔唲小兒語也歐歐陽複姓出長沙郡甌瓦器亦甌閩又姓出姓苑區姓也古善劒區冶子之後今郴州有之

漚浮漚鷗水鳥說文云水鴞也瞘深目皃又若侯切瞘上同櫙木名爾雅曰櫙荎今之刺榆蓲上同醧酒甘
剾剾剜又格侯切褞小兒涎衣鏂鏂鉆膒女脂●羺羺羖胡羊奴鉤切四獳犬怒䨲免子䰭鬼鬽聲䰭䰭不
止也出說文●樓亦作婁重屋也亦姓夏少康之裔周封為東樓公子孫因氏焉漢末樓秦目譙熙徙居會稽因以東陽為望也又虜複姓有
蓋樓氏賀樓氏落侯切二十九婁空也又星名亦姓邾婁國之後漢有婁敬又漢複姓五氏左傳齊大夫工婁灑漢書藝文志有齊隱士贑
婁子著書何氏姓苑云毋婁氏今瑯邪人又有精婁氏邾婁氏又虜複姓二氏後魏獻帝次弟為伊婁氏又有匹婁氏後並改為婁氏說文作
婁今作婁並同鄋鄉名又力于切陋縣名𤬏甂甊土瓜蔞爾雅曰購蔏蔞蔞蔏也生下田初出可啖詩云言采其蔞
又力朱切𠟍頭𠟍小穿貗求子豬也羻土羻似羊四角其鋭難當觸物則斃食人出山海經僂軀僂又力主切艛舟名耬
種具髏髑髏膢八月祭名又力于切甊瓿甊苦甊廔麗廔綺窻剅小穿又音兜摟探取嘍嘍㖽鳥聲瞜
視皃螻螻蛄一名仙蛄一名石鼠爾雅曰螜天螻又曰蟧蛄螻簍籠也鞻鞮鞻氏掌四夷之樂慺慺慺謹敬之皃鷜
爾雅曰鵱鷜鵞即今之野鵞䱾魚名褸衣襟又力主切遱說文曰連遱也謱說文云謰謱也●涑澣也速侯切八鏉

刻鏤鞻軟皮鞦上同鬏髡鬏白頭人也擻摟擻取也出陸氏字林漱今欶婺女字●彄弓彄恪侯切八摳
摳衣挈衣也剾宛裏也又乙侯切韝射韝臂捍也又古侯切帢指帢滱水名在北地又音寇夠多也瞜目深
瞘瞜●齁齁𪖤鼻息也呼侯切二𪈁𪈁鳥青色似鳲鳩也●繓麻幹子也侯切五緅青赤色也再染曰緅三入成纁陬
隅也又聚居棷薪別名掫說文云夜戒守有所擊也●偷盜也爾雅云佻偷也謂苟且託侯切四鍮鍮石似金陶之
則分鋀上同媮薄也又巧黠也●頭說文云頭首也釋名云頭獨也於體高而獨也度侯切十五𠝏剾𠝏足節又刀剜物投
託也弃也合也說文擿也亦姓郈伯周畿內侯桓王伐鄭投先驅以策其後氏焉漢有光祿投調又漢複姓有投壺氏風俗通云晉中行穆子
相投壺因以氏焉姓苑云東莞人也𪎭字書云麻一絜說文云枲屬或作䴥骰骰子博陸采具出聲譜𧯛遥擊皃坄
陶窻牏築垣短版又羊朱切𨡕醬𨡕醬也𢊁𢊁行圊廁揄引也又欲朱切窬穿也又羊朱切緰布也歈歌也
又羊朱切𩿨鴢頭𩿨似鳧脚近尾●齵齱齵五婁切又牛俱切一●鉤曲也又劍屬字樣句之類並無著厶者古侯切十八𠛎
說文云關西呼鐮為𠛎也溝溝渠爾雅云水注谷曰溝釋名曰田間之水曰溝溝構也縱橫相交構也褠禪衣韝臂捍又苦

剅集韻作郖
得集韻作咀

侯切 緱 緱氏縣屬河南府又姓孝子傳陳留緱氏女名王亦刀劍頭纏絲為緱 篝 燻籠 ⿱竹鉤 鉤篘桃枝竹名 䵶 䵶鼄似龜說文其俱切鼄屬頭有兩角出遼東亦作䵶 ⿰口冓 唱⿰口冓 ⿰句瓜 ⿰句瓜⿰婁瓜 ⿰舟句 ⿰舟句艛船名 搆 數名十秝曰搆 枸 曲木又木名也

句 說文曲也又高句驪遼東國名又句龍社神名亦姓史記有句彊又九遇古候二切 軥 車軥心木又夏后之輅曰軥也 夠 多也 鴝 鴝鵒鳥又音衢 兜 兜鍪首鎧也當侯切十 侸 佔侸垂下皃佔丁兼切 吺 輕出言也 篼 飼馬籠也 䀘 䀘眵目汁凝眵赤支切 剅 小穿又音婁或作⿰豆句 ⿰豆見 說文云目蔽垢也 ⿰豆句 小裂皃 郖 說文云弘農縣庾地 ⿱髟兜 ⿱髟兜⿱髟敫白頭

⿰聚刂 細斷得鉤切二 鯫 魚名又士苟切又小人之皃也 裒 聚也薄侯切九 ⿱髟咅 說文云髮皃 捊 說文云引取也 抔 手掬物也 掊 詩曰曾是掊克謂聚斂也 䏽 豕肉醬也 ⿰食付 ⿰食付饇曰食也 錇 說文云小缶也 箁 說文云竹箬也 ⿰言隺 就也千侯切一 呣 慮也亡侯切一

二十幽

幽 深也微也隱也亦州名釋名曰幽州在北幽昧之地故曰幽禹貢冀州之域舜以冀州南北廣大分燕北為幽州又北方曰幽都又姓出姓苑於虯切七 泑 澤在崐崙山下 呦 鹿鳴 ⿰幼欠 上同 蚴 蚴蟉龍皃又一糾切 怮 說文憂皃 𢆶

微也●虯無角龍也渠幽切又居幽切七觩匕曲皃璆玉名觓角皃鷚爾雅云鷚天鸙郭璞云大如鷃

雀色似鷃好高飛作聲又音繆蟉蚴蟉龍皃觩角皃●彪虎文也甫烋切三髟髮垂皃又標彡二音驫馬走

皃又音標●鏐紫磨金也力幽切二蟉蚴蟉又翹糾切●樛說文曰下句曰樛詩曰南有樛木傳云木下曲也居虯切五丩

說文曰相糾繚也今作丩同莍草之相糾繚也朻說文云高大也疛腹急病也●淲水流皃亦作滮皮彪切三

瀌兩雷皃又音鑣颩風皃●䅵禾生也子幽切一●犙牛三歲山幽切一●聱聱取魚鳥狀語蚪切又五苞切

●飍驚風香幽切又風幽切二烋美也福祿也慶善也出玉篇又火交切●繆詩傳云綢繆猶纏緜也說文曰枲十

絜也武彪切又目謬二音三鷚天鸙鳥也又音虯䋷縛也

二十一●侵漸進也說文作㑴又姓三輔決錄有侵恭七林切七㑴上同駸馬行疾也浸浸淫也又子鴆切

𧯞野生豆也鋟錐也綅說文曰絳綫也詩曰貝冑朱綅又子心息廉二切●尋長也又尋常六尺曰尋倍尋曰常山

海經曰尋木長千里生河邊又姓晉有尋曾字子貢徐林切十六𢒫上同出說文鐔劒鼻又姓漢有鐔顯又覃淫二音

潯 傍深又水涯也 鱏 魚名口在腹下又音淫 橝 木名似槐 鄩 地名在鞏又姓左傳有周大夫鄩肝 ⿰阝尋 小堆阜也

⿰月尋 姓也出篹文 ⿰女風 姓也姓苑云汝南人 襑 衣博大也 枔 木葉 撏 取也 灊 水名出巴郡又才心昨鹽二切 鬵

鼎大上小下又才心昨鹽二切 ⿰糹尋 續也 ●林 林木爾雅曰野外謂之林說文曰平土有叢木曰林又姓風俗通曰林放之後力尋切八

琳 玉名 淋 以水沃也 臨 莅也大也監也又姓後趙錄有秦州刺史臨深也 痳 痳病 箖 箖箊竹名 瀶 水出皃說文云

谷也一曰寒也 霖 久雨 ●琛 琛寶也丑林切七 棽 木枝長又林森二音 䑣 船行 ⿰貝見 私出頭視也又丑鴆切 綝

繕也 郴 縣名在桂陽又姓陶偘別傳有江夏郴寶 賝 賝賮也 ●斟 斟酌也益也又姓國語云祝融之後侯伯八姓斟姓無後

賈逵注云斟姓是曹姓之後又漢複姓有斟弋氏出史記職深切九 針 針綵 鍼 上同說文曰所以縫也 ⿰箴鳥 ⿰箴鳥鴜鳥名 箴

箴規也又姓風俗通云有衛大夫箴莊子 葴 酸蔣草也 瑊 廣雅曰瑊石次王也郭璞云瑊玏似王之石司馬相如子虛賦曰其石則

瑊玏玄礪 鱵 魚名 ⿰土斗 ⿰土斗鄩古國名 ●沈 沒也說文曰陵上滈水也又漢複姓魯有沈猶氏常朝飲其羊何氏姓苑云今泰山人直

深切又尸甚切九 沉 俗 ⿰牛冘 水牛 莐 爾雅曰蕁莐藩郭璞云生山上葉如韭 ⿱艹冘 上同又羊針都敢二切 霃 久陰 湛

漢書曰且從俗浮湛又徒減切枕繫牛杙也鈂鍤屬碪擣衣石也知林切五砧上同椹鈇椹斫木質文字指歸俗用爲
桑椹字非枮上同坫權安厝也諶誠也爾雅云信也氏任切七愖上同訦上同說文曰燕代東齊謂信曰訦忱
上同煁煁烓行竈烓烏珪切瘎腹內故病疣上同任堪也保也當也又姓出樂安黃帝二十五子十二人各以德爲姓第一爲
任氏如林切七鵀戴勝鳥也頭上毛似勝又女今切恁信也又音荏壬佞也又辰名爾雅曰太歲在壬曰玄黓紝
織任亦作絍銋銋濡廣雅韏也𧦅信也念也深遠也又水名出桂陽南平式針切二薓蒲蒻淫久雨曰淫書曰
罔淫于樂傳云淫過也餘針切十五霪久雨婬婬蕩𥫽竹名蟫白魚蟲鷣鷂之別名苂熱也冘行皃袩
上同醰熟麴又昨淫切撢探也鄩地名㸒貪也又延求切鐔劒鼻又尋覃二音鱏魚名又徐林切心
火藏釋名曰心纖也所識纖微無不貫也息林切四𦁤久緩皃𨋾車軥𨋾木杺木名其心黃愔靖也挹淫切二韾
聲和靖也祲日傍氣也子心切又子禁切九梫木名兓銳意埐說文地也又昨淫切𩀤雞之別名𪖌高鼻綅
縫線㨘錐也鱕魚名䱎大魚曰鮓小魚曰䱎一曰北方曰鮓南方曰䱎昨淫切十魿上同見說文䪜說文曰大

釜也一曰鼎大上小下若甑曰鬵 朁 嶜嵒 梣 木名 埐 地名又子心切 䰼 揺也 鈂 上同又直林切 灊 水名出巴
郡 醦 熟麯又餘針切 𧦝 𧦝諗喉聲女心切三 䋻 䋻織也齊也或作絍 鵀 戴勝 琴 樂器神農作之夲五
弦周加文武二絃白虎通曰琴禁也以禁止淫邪正人心也又姓左傳琴張也巨金切二十二 搇 急持 捦 上同 擒 亦同 黔
黑而黃亦姓齊有黔敖又巨炎切 禽 二足而羽者曰禽又姓高士傳有禽慶 芩 黃芩藥名 𨚓 亭名 檎 林檎果名 𠩺
說文云石地也 鵭 鵭鳥亦作䳜 𦺮 草名根可緣竹器出玉篇 澿 水名 澟 寒狀又力甚切 庈 人名庈父 雂
鳥名又巨炎切 㪳 持也 𣪘 禁也又竹甚切 黚 黃黑色又巨炎切 䅾 禾欲秀也 耹 音也 靲 靲鞻四夷樂也 欽
敬也又姓何氏姓苑云吴人也去金切五 𦬐 草名似蒿 衾 被也 嶔 嶔崟 顉 曲頤又五感切 吟 歎也說文云呻吟也
魚金切十 訡 上同 𩐨 古文 唫 亦古吟字說文又巨錦切 崟 嶔崟 㖗 水菜似蒜 碞 僭差 霠 霖雨又牛皆切
㐺 衆立皃 厰 崟厰山崖狀也又口敢切 歆 神食氣也許金切四 廞 爾雅曰興也亦陳車服也亦廞巇山險皃又許錦切 𡤮
愛也又火甘切 𣢟 火盛皃 金 金寶說文曰五色金也黃爲之長久薶不生衣百鍊不輕从革不違西方之行生於土亦州名周爲附庸

國䥴於安康縣置東梁州後周改金州又金鼓釋名曰金禁也爲進退之禁也又姓古天子金天氏之後也又漢複姓有金留氏出姓苑居吟切九 今 對占之稱說文云是時也 黅 黃色 衿 衣小帶也又其禁切 襟 袍襦前袂 裣 上同 禁 力所加也勝也又居蔭切 㦗 心㦗皃 黚 淺黃色說文云黃黑也又古咸切

音 說文曰聲也生於心有節於外謂之音宮商角徵羽聲也絲竹金石匏土革木音也於金切八 陰 陰陽也說文作隂闇也水之南山之北也又姓出武威風俗通云管修自齊適楚爲陰大夫其後氏焉 隌 爾雅云闇也注謂隌然冥貌又烏感切 瘖 瘖瘂文子曰皋陶瘖 霒 雲覆日又姓出纂文 𧯷 豆 喑 極啼無聲又於含切 䤃 醉聲又於南切

森 長木皃所今切十 參 參星亦姓世本云祝融之後又蒼含切 曑 上同 蔘 人蔘藥也 蓡 古文 槮 樹長皃 襳 襳褷毛羽衣皃 罙 突也 宷 上同 棽 木枝長也又丑林切

岑 山小而高又姓出南陽風俗通云古岑子國之後後漢有岑彭鋤針切九 涔 涔陽地名又管涔山名又蹄涔不容尺鯉蹄牛馬跡 㞤 入山深皃 梣 青皮木名又子心切 橬 上同 𩅰 雨聲 䲋 魚名 䅐 禾欲秀 笒 竹名

兂 說文曰首笄也側吟切四 簪 上同 𤪌 石似玉也 撍 速也

嵾 嵾差不齊皃亦作參楚簪切六 參 上同 梫 梫桂木花白也又音寢 穇 字書云禾長皃 駸 馬行疾皃

覃

耽集韻作眈

槮木長皃覘說文云內視也充針切一
二十二覃及也延也又姓梁東寧州刺史覃元先徒含切十九鄲鄲城縣名潭水名出武陵郡潭成縣東入鬱
林又深水皃曇雲布藫水衣橝木名灰可染也蟫白魚蟲又音淫譚大也又姓漢有河南尹譚閎⿺走覃趛⿺走覃走皃
燂火爇壜甒屬鐔劍口又音尋耽視近而志遠又音眈⿰甚冘⿰甚冘⿰甚冘室深皃⿰耳覃聒也䭃馣䭃香氣蕁草名
爾雅曰蕁莐藩蕁上同⿰米覃糝也⿰甘覃長味又徒紺切參參承參覲也俗作叅倉含切五驂驂馬趛趛⿺走覃傪
好皃⿰女參玉篇云婪⿰女參也南火方亦果名臨海異物志云多南子大如指紫色味甘似梅又姓魯大夫南遺也又漢複姓九氏左傳齊
有南史氏其後爲姓又魯有南宮敬叔晉國高士全隱於南鄉因以爲氏六國時有南公子著書言五行陰陽事莊子有南郭子綦又有南榮
趎古有善暴背於南榮之者獻之於君其後爲氏又有南伯子綦姓苑有南野氏又有南門氏那含切七男男子也又所封爵也環濟
要略曰男任詔事受王命爲君枏木名又人詹切楠俗抩併持也又他含切⿰冉龜龜有距也又如詹切⿰冉甲上同諳
記也憶也烏含切十二鶕鶕鶉字林作⿰音隹雗媕媕娿不決庵小草舍也腤煑魚肉也菴菴藺草又菴羅果也

耽集韻作眈 ⿹戈今

⿰尢奄蹇跛之皃馣香也⿰音安貪愛韽聲小又於林切盦說文曰覆蓋也喑啼泣無聲含說文銜也胡男切二
十二涵涵沐⿱竹函實中竹名筨同上梒梒桃禮亦作含⿰金函鎧別名孟子云矢人豈不仁於⿰金函人哉矢人唯恐不傷人⿰金函人唯恐
傷人圅容也禮云席間圅丈顄顄頤顄同上蜬爾雅云蠃小者曰蜬頷說文曰面黃也又胡感切涵水澤多皃鋡
受也硆似瓶有耳⿷匚含船没⿰鼠今鼠屬又古南切圅銜也說文舌也肣排囊柄也說文同上䨄久雨䨄同上𢎘
說文曰嘾也艸木之華未發圅然象形又下感切⿰冫圅寒皃婪貪也盧含切六惏同上燣焦色嵐州名近太原因
岢嵐山爲名有渥洼池出良馬亦山氣也葻草得風皃啉酒巡匝曰啉出酒律亦作⿱林日蠶吐絲蟲俗作蚕昨含切四
撏取也⿰朁阝亭名⿰足朁止也簪作含切又側岑切七撍盡也篸所以綴衣又作感切蠶蠶篗䐶䐶䐶⿰羊朁
羊腌鐕無蓋釘也探取也說文作撢遠取之他含切三撢周禮有撢人貪貪婪也釋名曰貪探也探入他分也耽
說文曰耳大垂也又耽樂也詩曰無與士耽或作躭丁含切九湛湛樂亦見詩眈視近而志遠也酖嗜酒妉妉樂甔
大甖可受一石媅婬過說文樂也⿰甚見内視又丁含切⿰冘多多也龕塔也亦曰龍皃又云塔下室口含切十⿹戈今殺也刺也

頷醜皃 堪任也勝也克也說文曰地突也又姓風俗通云入元仲堪之後 戡勝也克也 𪎊和也又紅談古三二切 嵁嵁㟯又五男切 坩瓦器 撖拄也 敆敲多也 㟏大谷也火含切八 𩈣面紅 馠心香 欿含笑皃 谽谽谺谷空 唅唅呀 㜝不脫冠帶而寐也 𥨭上同 毿長毛皃蘇含切三 參參綏垂皃 犙牛也 弇同也蓋覆也後漢有耿弇古南切又音掩五 䑙鼠名 淦水入船中又最也泥也汲也又甘暗切吉州有新淦縣水所出入湖或作汵 𦃇持意也又呼兼切 蜬蠃小者又貝居水者肉如㪷斗但有頭尾 譀不惠也又謔弄言五含切三 䆛寐中言語 嵁嵁㟯又苦男切

二十三談 談談話又言論也戲調也又姓蜀錄云晉有征東將軍談巴徒甘切十一 郯國名其後以國爲姓春秋時郯子入魯辨古官與孔子相遇姓苑云沛人 惔憂也 錟長矛 淡水皃又徒覽徒濫二切 痰胷上水病 澹澹臺複姓孔子弟子有澹臺滅明又徒覽徒濫二切 倓恬也安也靜也又徒監徒坎二切 餤進也詩曰亂是用餤又徒濫切 剡刮馬篦也 炎小熱 甘說文作甘美也又隴右州本月支國漢匈奴觻得王所居後魏爲張掖郡又改爲州取甘峻山名之界有弱水祁連山上有松

栢五木美水茂草冬溫夏涼又有仙樹人行山中飢卽食之輒飽不得
持去平居時亦不可見也又姓武丁臣甘盤之後又漢複姓有甘莊甘
士甘先三氏古三切七 柑木名似橘 笴笴竹 苷苷草藥出洮州 泔米汁 㽏和也 媣媣媞也 擔擔負釋名
曰擔任也任力所勝也都甘切五 儋說文何也亦姓左傳周有大夫儋翩 聸說文曰垂耳也南方有聸耳之國 頕頕緩 甔小甖
三數名又漢複姓五氏三閭氏三閭大夫屈原之後也沛上計三烏群三烏大夫之後也三飯尞之後有三飯氏三州孝子之後有三州氏後單
姓州蜀志有三丘務蘇甘切五 參上同又七南所今二切俗作叅 弎古文 衫衣破襤衫 鬖䰐鬖毛垂 藍染草又姓戰國
策有中山大夫籃諸魯甘切十一 襤襤褸 䰐䰐鬖髮踈皃 擥擥持 籃籃籠 𩈤𩈤䩄長面 䳺[illegible]鳥名 監今俗呼郭
公 懢懢貪皃也 䆾䆾𥦗簿大 儖儖儳形皃惡也 灆瓜菹 坩坩甒苦甘切一 舑吐舌也他酣切九 耼耳漫
無輪又老氏名又姓左傳周大夫耼啓 𨉖俗 緂色鮮 坍水衝岸壞 [illegible]葱別名 𥦗䆾𥦗薄大 冄𡺿岬峻 㳩波也
菼灆菼瓜菹 憨愧也呼甘切五 慚上同 鏨小鑿 鶔[illegible]別名 擊說文暫也 酣酣飲應劭曰洽也張晏曰
中酒曰酣又樂也胡甘切八 甝白虎 蚶桑蟲 魽蛤也 㽏和也又口含古三二切 𤊲火上行皃 炶上同 邯江湘人言

也又音寒○姏老女稱武酣切一○𩈘長面皃昨三切一○蚶蚌屬爾雅曰魁陸本草云魁狀如海蛤員而厚外有文縱橫即

昨

今蚶也亦作䲈呼談切五賘戲乞人物亦作歛嬜貪八妄又一含切歛欲也憨癡也

二十四○鹽說文曰鹹也古者宿沙初作煮海爲鹽亦州近北鹽池因以名之又姓魯國先賢傳有北海相鹽津余廉切十五

塩俗櫩木名閻里中門又姓出夫水河南二望壛櫩榻也說文同上阽臨危檐屋檐說文曰檐㮇也簷

上同櫩亦同櫩步櫩長廊也⿰氵閻說文云海岱之閒謂相汗曰⿰氵閻鶼鶼離鳥自爲牝牡也闇語林云大夫向闇而立說

文曰闇謂之樀樀廟門也⿸疒閻病走⿰氵鹽進也○廉廉儉也釋名曰廉斂也自檢斂也亦姓趙有廉頗力鹽切二十鐮刀鐮也釋

名曰鐮廉也薄其所刈似廉也鎌上同⿱雨兼久雨慊⿰忄皃慊惟也簾簾箔釋名曰簾廉也自障蔽爲廉恥也三秦記曰明光宮

以金玉珠璣爲簾箔薕薑也說文蒹也蘞白蘞藥又音斂蘝蔓草說文同上又音斂匳盛香器也又鏡匳也俗作奩籢

上同磏赤礪石獫犬長喙又力劒切又音險獫狁也蠊蜚蠊蟲名說文作螊海蟲也長寸而白可食⿰禾廉禾名⿰車廉車輞

⿸广鼓⿸广鼓鼓鼓初打也帘青帘酒家望子鬑鬑鬋也一曰長皃覝察也○砭以石刺病府廉切又方驗切二⿰石巴古文○銛

思

銛利也說文曰臿屬纂文曰鐵有距施竹頭以擲魚爲銛也息廉切十三 暹日光進也 枮木名 綅白經黑緯 縿上同 鑯
鑯細又山韭也今通作韱凡從韱者倣此 襳小襦 纖細也微也 憸利口 孅銳也細也 鬖髮也 彡毛飾又所銜切 思
疾利口也 籤說文驗也一曰銳也貫也七廉切十 臉臉臁也 𦠿上同 鹼水和鹽又工斬切 槧削皮又寸敢七豔二
切 憸㤿憸詖也㤿音猒 僉咸也皆也 釗釗切割也 懺幖懺記出字林 譣譣詖 詹至也應劭漢官曰詹事秦官也
又姓楚詞有詹尹俗作詹職廉切六 瞻瞻視 占視兆也亦姓陳大夫子占之後又章豔切 蟾蟾蠩蝦蟆也張衡靈憲曰羿請不死
之藥於西王母恒娥竊之奔月宮遂託身於月是爲蟾蠩抱朴子云蟾蠩壽三千歲者頭上有角頷下有丹書八字玄中記云蟾蠩頭生角者
食之壽千歲也 噡噡言語也 产說文云仰也一日屋招也秦謂之㮰齊謂之产本魚毁切 棎果名似柰而酸視占切三 擣
擣取也 蟾蟾光月彩又職廉切 苫草覆屋又凶服者以爲覆席也又姓左傳魯季氏家臣苫夷失廉切三 痁病又音店 㜝
妗㜝善笑皃又丑兼切 韂屛也處占切十一 𡛼𡛼偞輕薄皃又尺涉切 幨幨幃釋名曰牀前帷曰幨 襜襜褕蔽膝 裧
上同 䑎䑎䑎衣動皃 𤵸皮剝也 緂衣色鮮 妗妗㜝善笑皃又許兼切 惉惉懘音不和也禮記作怗 惔愧也 䫲

說文曰頰須也髯上同蚦大蛇呥噍皃枏梅也子如杏而酢⿰言冄多言蛅爾雅曰蛅蟖郭璞
云載屬也今青州人呼載爲蛅蟖冄說文云毛冄冄也亦作冉袡衣緣⿰冄龜有距⿸疒冄皮剥又處占切⿰舌冄⿰舌詹⿰舌冄長舌
黏黏麴女廉切三粘俗⿰食占南楚呼食麥粥炎熱也說文曰火光上也于廉切一霑霑濕也又濡也漬也張廉
切三沾水名在上黨說文他兼切黇黃也覘闚視也丑廉切又丑豔切二⿱占女⿱占女妗喜皃淹漬也滯也久留也敗
也央炎切六菴菴藺草又音諳崦崦嵫山下有虞泉日所入又於檢切醃鹽醃又菹也⿰奄阝邑名閹男無勢精閉者
⿰忄咸⿰忄咸倚意不安也丘廉切二鈐鈐曲頭鑿⿰齒兼齒差語廉切一尖銳也子廉切十二殲盡也滅也瀸漬也
没也洽也又泉水出微皃懺拭也⿰口韱⿰口韱⿰口取不廉又將豔切⿰口取子俱切漸入也漬也又慈染切⿱艹韱百足草⿰火朁火滅𢦏
刺也銳意也又持戈說文絕也⿱雨𢦏小雨又霑也鑯說文曰鐵器也一曰鑴也鋟以爪刻櫝版也⿱雨𢦏漬也或作⿱雨韱又所咸切
潛水伏流又藏也亦水名又姓姓苑云臨川人昨鹽切九朁於朁縣名屬餘杭州今作潛鬵甑也又才林切⿱⺮沾漂絮簀又
音前灊水名在巴郡宕渠又古縣名在廬江又才林切⿰目朁閉目內思燂周禮注云炙爛也燅古文螹螹⿰虫離蟲名鐕

燅

鏁頭亦作鉗晉律曰鉗重二斤翹長一尺五寸又羌複姓有鉗耳氏說文籋也巨淹切十一 鉗上同說文曰以鐵有所劫束也 ⿰巾今絹⿰巾今

鉆持鐵者說文又敕淹切鐵鉗也一曰膏車鐵鉆 黚淺黃黑色又古黚陽縣在武陵又巨今切 拑脅持也 黔黑黃色說文曰黎也秦謂民爲黔首謂黑色也周謂之黎民又音琴 羬羊六尺爲羬 鳹白喙鳥 雂上同 鍼鍼虎人名又之林切 鈐兵鈐以閑房神府以備非常又鉤鈐星名說文曰鈐鏞大犂也

㥦安也一鹽切七 猒飽也又於豔切 懕上同 嬮和靜 ⿰忄奄⿰忄奄憸 稖稖稖苗美也 ⿰土酓含怒也又魚檢切 燅說文曰湯中爚肉也徐鹽切九 ⿰多炎說文同上 燖爓⿰月閻並同上 燅山菜 ⿱燅手⿱燅手摘物出字諟及聲類 ⿰木燅木細葉也 ⿱燅巾小巾 襳襳褷毛羽衣史炎切一 ⿱亠炎字林云小熱也直廉切三 ⿰黃炎埤蒼云赤黃色 ⿰言利言利美也又人名字書無 鍼巨鹽切又音針一

二十五添 添益也他兼切四 沾說文曰水出壺關東入淇一曰沾益也 黇黃色 舚舚舑吐舌 ⿱髟占⿱髟占鬑鬢髮踈薄皃丁兼切八 敁敁敠稱量 佔佔伹輕薄也 詀轉語 ⿰巾乩衣領又丁頰切 ⿰衤乩上同 ⿰耳占耳小垂 ⿰目占目垂又丁念切 甜甘也徒兼切五 恬靖也 湉水靖 菾菜名 栝藥名 鬑⿱髟占鬑勒兼切六 薕薕蒹

黬

秀了荻草熑熑朝說文曰火熑車網絕也溓大水中絕小水出也說文曰薄水也一曰中絕小水也濂薄燫火不絕皃

謙敬也讓也苦兼切二⿸厂縑堅持意又呼廉切兼說文曰并也兼持二禾秉持一禾又姓衛公子兼之後古甜切七縑

絹也說文曰并絲繒也鶼比翼鳥䊴青稻白米蒹荻未秀䍾絲網鰜比目魚嫌說文曰不平於

心一曰疑也戶兼切二稴稻不黏者又力兼切鮎魚名奴兼切三⿰飠占說文曰相謁食麥也拈指取物也馦香氣許兼

切七⿸疒兼瘲⿸疒兼病也⿰赤兼赤黃色⿰甘兼香美欦貪欲也又笑也⿸厂縑堅持意又契兼切妗美也

二十六咸皆也同也悉也亦姓姓苑云巫咸之後今東海有之胡讒切十一鹹不淡醎俗函函谷關名又函

書亦姓漢有豫章太守函熙又漢複姓漢末有黃門侍郎函治子覽又音含⿰馬咸⿰馬咸驩古縣名漢書只作咸諴和也鰜魚名

稴不作稻也椷杯也⿰木函上同⿰車咸車聲緘緘封古咸切七⿸厂縑慳恪又堅持意口閑也瑊美石次玉玪

上同尷尷尬行不正也黬釜底黑也[illegible]說文曰雖皙而黑也古人名黬字皙攕女手皃所咸切十一摻上同詩曰

摻摻女手又所減切⿰木粘木名似松爾雅又作粘杉上同櫼上同說文音尖楔也𩃬雨皃說文曰微雨也或作霰又子廉切

也 亦

雺微雨䀐瞻見又所儳切䡲車聲⿰革參鞍⿰革參垂皃㺑犬容頭進也⿰犭音犬吠聲乙咸切又乙陷切三淊

淊没黯深黑也又乙減切嵒巖也又嶃嵒山高皃亦地名五咸切十⿰兼頁面長皃又丘檻切黬釜底黑也又音緘

羬山羊⿸虍咸熊虎絶有力也麙上同⿰齒兼齒皃喦僭差又牛金切⿰犭咸羊有力也⿰言品和也又戲言也⿰咸欠

笑皃許咸切五蜬似蛤出海中也妗喜皃又香兼切谽谽谺谷空皃⿰面今出頭皃詀詀諵語聲竹咸切又尺涉

切四⿰面占⿰面占⿰面今出頭皃鵮鳥啄物也又苦咸切⿰鹵占鹹味諵詀諵也女咸切二喃上同讒譖也士咸切又

士銜切十三獑獑猢似猨而白又士銜切鏨小鑿又才三切饞不廉毚狡毚⿰犭毚上同⿰鼻毚鼻高皃欃

檀木別名攙刺也又楚銜切⿰鼠韱鼠名又埤蒼云鼠皃⿰臽攴鳥⿰臽攴物也儳儖儳皃惡也又仕陷切酁宋地名鵮

鳥鵮物苦咸切五⿰臽攴上同嵁嵁巖不平正皃厱山崖空穴間皃⿰兼咸⿰兼咸⿰兼頁長面

二十七銜說文曰馬勒口中从金从行衘行馬者戶監切二甉乾瓦屋也巉險也鋤銜切八嶃嶃嵒山皃

劖刺也說文曰斷也一曰剽也艬合木舩鑱吳人云犂鐵說文銳也又士懺切獑獑猢又士咸切毚又士

欲 於 姓 ⿱𦍌疋

咸切𠷅𠷅氣說文曰小嚀也一曰喙也又音懺巖峯也險也峻廊也五銜切三礹上同⿰口巖呻吟攙攙搶祆星
爾雅作欃槍楚銜切又士咸切一衫衫衣所銜切八纔帛青色又音裁髟屋翼也又長髮皃縿絳帛說文曰旌旗游也
彡毛長芟刈草穇稴穇穗不實見齊人要術⿰革參又所咸切監領也察也說文云臨下也古銜切又古懺切五礛
礛儲青礪⿰目監視也鑑鑑諸以取月中水又明也⿰監刂細切⿱盍疋步渡水白銜切一嵌巖山也口銜切一
二十八嚴嚴毅也威也敬也說文曰嚴令急也亦姓夲姓莊避漢明帝諱改姓嚴語驗切二⿱竹嚴射翳⿰韋僉
胡被也虛嚴切五杴鍬屬古作檢或作欣方言云青齊呼意所好為杴⿸疒僉⿸疒僉攫物在喉也⿰禾芡禾傷肥也蘞
芊之辛味曰蘞醃鹽漬魚也於嚴切二腌上同⿰今攴⿰今攴歛不齊丘嚴切又丘广切二⿸厂僉山側空處也
二十九凡常也皆也輕也非一也又姓周公子凡伯之後姓苑云晉陵人符咸切七帆船上幔也亦作颿又扶汎切仉
輕也又孚劒切⿰舟氾船舵氾國名又姓出燉煌濟北二望皇甫謐云本姓凡氏遭秦亂避地於氾水因改焉漢有氾勝之撰書言種植之事
子輯為燉煌太守子孫因家焉又音汎颿馬疾步柉木皮可以為索芝草浮水皃匹凡切二欲多智慧也

下平聲卷第二

廣韻下平聲卷第二

新添類隔今更音和切

緜名延切 ⿺几雚中全切 閍北盲切 平僕兵切 凡符芝切 芝敷凡切

上

三十五業

廣韻上聲卷第三

於謹隱第十九
虞遠阮第二十混很同用
乎本混第二十一
乎懇很第二十二
河滿旱第二十三緩同用
胡管緩第二十四
山板潸第二十五產同用
所簡產第二十六
先典銑第二十七獮同用
息淺獮第二十八
蘇鳥篠第二十九小同用
私兆小第三十
苦絞巧第三十一獨用
乎老晧第三十二獨用
古我哿第三十三果同用
古火果第三十四
莫下馬第三十五獨用
余兩養第三十六蕩同用
徒朗蕩第三十七
古杏梗第三十八耿靜同用

古幸耿第三十九　疾郢靜第四十

戶鼎迥第四十一獨用　蒸上拯第四十二等同用

多肯等第四十三　云久有第四十四厚黝同用

乎口厚第四十五　於糾黝第四十六

七稔寑第四十七獨用　古禫感第四十八敢同用

姑覽敢第四十九　以冉琰第五十忝儼同用

他點忝第五十一　冝奄儼第五十二

下斬豏第五十三檻范同用　乎黯檻第五十四

防錽范第五十五

一董督也正也固也又姓飂叔安裔子董父實甚好龍帝舜嘉焉賜姓曰董出隴西濟陰二望多動切六　蝀螮蝀虹也又音

東箽亦姓又竹器也懂懂懂心亂蕫鼎蕫草似蒲而細又藕根鶇攏鶇不上𪔝𪔝𪔝鼓鳴也○

蠓列子曰蠛蠓生朽壤之上因雨而生覩陽而死莊子謂之醯雞莫孔切七曚物上白醭鸏水鳥又音蒙濛濛澒

大水又莫紅切朦大皃矇瞈矇日未明也懵心亂皃孔孔穴也又空也甚也亦姓殷湯之後本自帝嚳次妃

簡狄吞乙卯生契賜姓子氏至成湯以其祖吞乙卯而生故名履字天乙後代以子加乙始爲孔氏至宋孔父嘉遭華父督之難其子奔魯故

孔子生於魯康董切二倥倥傯事多𢿦搏擊先孔切三䈡箸桶檧又蘇公切侗直也一曰長大他孔

切四桶木桶又音動曈曈曨欲曙又音童聾捅捅進前也總聚束也合也皆也衆也作孔切十五摠

上同惣俗嵸巃嵸山皃𢈠衆立鬉鬉傯角本亦作總蓯葎蓯草皃鬷爾雅云軌鬷一名素華

猣犬生三子翪鳥飛竦翅上下也所謂鵲鶪醜其飛也䁓方言云南人竊視熜熅也說文曰然麻蒸也又

青公切𢈢屋會又且公切𨍴關西呼輪曰𨍴傯倥傯澒說文曰丹沙所化爲水銀也又濛澒大水胡孔切五

鴻鴻濛又音紅蝩蝩蟲甲類唝鳴聲唝唝也汞水銀滓蓊蓊鬱烏孔切九滃大水皃

暡氣盛皃𨛱𨛱𨛱多皃又音邕濃勜勜𠘧屈強皃𠘧音軌篛竹盛又音翁䐥䐥臭皃出字林塕
塕埲塵起𤏵𤏵然煙氣𧕣奴動切一琫佩刀飾也邊孔切四菶草盛䋽小兒皮屨又巴講切俸
屏俸又扶用切曨曈曨力董切九襱袴也又直隴切巃巃嵸竉孔竉籠竹器又龍聾二音攏攏略
又拗攏籌也謂酒律㦕㦕悷不調儱儱侗未成器也龓乘馬又牽也說文兼有也嗊囉嗊歌曲出字統章文呼孔切二
𢥞𢥞𢥞心神恍忽皃動躁也出也作也搖也徒揔切九𨔶古文酮酒壞又音同㛚項直皃眮瞋目
詷訂詷訂音挺桶木器又他孔切挏推引也漢有挏馬官作酒又音同硐安硐䆫硐見馬融長笛賦菶
蒲蠓切草盛皃又方孔切三唪大笑也埲塕埲塵起

二腫

腫疾也說文癰也釋名曰腫鍾也寒熱氣鍾聚也之隴切六種種類也又之用切踵足後又繼也跡也頻也說文追
也一曰往來皃歱說文跟也偅相跡也喠喠喀欲吐寵寵愛也丑隴切三𧼮小兒行皃埫埫塎不安
隴說文云天水大坂也亦州漢汧縣後魏置東秦州又改爲隴州因山名之力踵切三壠說文曰丘壠也方言曰秦晉之間冢謂之隴亦

作龍書傳曰敵壟也𡐎塗也●擁手擁說文作𢹬抱也又擁劒蟲形似蟹崔豹古今注云一名執火其螯赤故謂之執火於隴切

三雝上同壅壅堨亦塞也障也又音邕●宂宂散也亦官名續漢志曰先儺一曰大儺逐疫鬼宂從僕射將之逐鬼于

禁中俗作宂而隴切十二冗上同穁稻穁傇不肖也一曰傝傇劣也或作揄茸又作鎗茸氄鳥細毛也𣯶

上同軵推車或作搑𤙭水牛𪕊𪕊鼠搑拒也亦作軵𨏈輕也揰推擣皃也又而容切●重

多也厚也善也慎也直隴切又直龍直用二切四憧遲也襱袴也又來公力董二切又作𧙕鮦魚名又直柳切●冢

大也周禮天官冢宰說文曰高墳也釋名曰冢腫也象山頂之高腫起知隴切二塚俗●奉與也獻也祿也說文承也

扶隴切二唪口高皃出埤蒼●捧兩手承也敷奉切一●勇猛也說文作勈气也余隴切十五恿古文涌

涌泉說文曰滕也一曰涌水在楚國甬草花欲發皃亦甬道周禮云舞上謂之甬甬鍾柄也踊跳也又踊刖者以之接足晏子曰踊

貴屨賤慂方言云慫涌勸也𧻓說文曰喪擗𧻓也經典作踊同塎𥧌塎不安悀心喜也又出也埇地名

在淮泗溶水皃又音容蛹蠶化爲之傛說文曰不安也又音容俑木人送葬設關而能跳踊故名之出

㘬蒼衖巷道出蒼頡篇·恐懼也丘隴切又丘用切三忎古文𢘇蘢蕩也·𤴢足腫病亦作尰時冗
切三瘇上同出說文𢖅自要𢖅出聲譜·拱手抱也又斂手也居悚切十八拲兩手共械周禮曰上罪梏拲而
桎𥓍水邊大石鞏以皮束物又縣名在河南亦姓左傳晉大夫鞏朔蛬蟋蟀又巨容切丅子下井中小蟲
珙璧也廾說文曰竦手也篆文作𠬞弄具魚丞字並从此篆同而隷異也𢪏說文曰楊雄說廾从兩手也供戰慄
也又戶工切舉姓也𤭛瓬也𢫬抱持說文攤也䡗輞也䱋鮏魚子也巩抱也說文作巩恐鞏
類並从此栱爾雅云杙大者謂之栱𨌳輁軸所以支棺·悚怖也息拱切十竦敬也國語云竦善抑惡慫
驚也聳高也說文曰生而聾曰聳纃絆前兩足㩳執也駷何休云馬揺銜走也愯懼也亦作㦼從
從從走意又先項切䙕禪衣·洶洶溶水皃許拱切三詾詾嚇也又音凶兇恐懼說文曰擾恐也左傳曰曹人兇
懼又音凶·覂覆也或作庌又作泛此覂駕之馬非良者說文曰反覆也方勇切二庌上同·湩都鵜切濁多也此是冬字
上聲一·鸏莫湩切鸏鴇鳥又莫項切二䑃豐大·𣐕穫也渠隴切又渠恭切一·雝小鳥飛也充隴切二

嚑氣急之皃 愡說文曰憚也職勇切二 慫上同又且勇切 縱子冢切襌衣又息拱切一

三講 講告也謀也論也說文曰和解也古項切四 港水派 傋傋不媚皃又虛項切 𣓨耕也 棒杖也打也步項切八

棓上同 棓上同魏志云曹操爲北部尉門左右縣五色棓各十枚 玤周邑地名又珠次玉 怑怑慃很戾 蚌蚌蛤也

蜯上同 ⿰耒咅⿰耒咅⿰金罷器出埤蒼 慃怑慃很戾烏項切一 ⿰亻尨⿰亻尨傋武項切二 ⿰尨鳥⿰尨鳥鳥 項頸項說文

曰頭後也釋名曰項确也堅确受枕之處又姓本姬姓國公羊曰爲齊桓公所滅子孫以國爲氏項燕爲楚將生梁梁兄子籍號霸王胡講切

二 缿說文云受錢器古以瓦今以竹又大口切 ⿱封糸小兒皮屨巴講切又補孔切一 傋虛慃切 ⿰忄冓慃⿰忄冓擔傋二

四紙 紙釋名曰紙砥也平滑如砥石也後漢蔡倫以魚網木皮爲紙又姓後魏書官氏志云渴侯氏後改爲紙氏諸氏切十六

帋上同 只語辭 坻隴坂也又直尼當禮二切 軹縣名在河内又字書云車輪之穿爲道總子嬰於軹途是也

枳木名周禮曰橘踰淮北而爲枳又居帋切 咫咫尺賈逵云八寸曰咫 抵抵掌說文云側手擊也 ⿰氵只水名

出拘扶山 砥平也直也均也礪石也書傳云砥細於礪皆磨石也 坻說文云坻著也 汦著止 抧開也 恀怙也

𪎭

又音是⿱禾貝曲枝果也䳅䳅鵌鳥如烏赤足可以禦火見山海經•是是非也說文曰直也又姓吳志云是儀本姓氏
孔融嘲之曰氏字民無上乃改爲是焉又虜複姓四氏西魏有開府是云寶後魏書又有是連是婁是賁三氏承紙切十氏氏族
又支精二音媞江淮呼母也又音啼諟理也正也諦也審也恀爾雅曰恀怙恃也一云恃事曰恀徥行皃
又弛爾切狏狏狼褆衣服端下姼方言云南楚人謂婦妣曰母姼也⿰𧾷氏⿰𧾷氏封也謂也積聚也五•靡
無也偃也又靡曼美色也說文曰披靡也文彼切七⿰𧾷靡行皃⿰彳靡⿰彳靡⿰彳靡猶遲遲也骳骳屈曲也⿸麻耳乘輿金耳又美
爲切𪎭熟寐也又莫禮切蘼薔蘼藥名又亡爲切•彼對此之稱甫委切五⿰歹畀相分解也柀木名
爾雅云柀煔佊埤蒼云佊邪也⿰亻罷停⿰亻罷•被寢衣也又姓呂氏春秋有大夫被瞻皮彼切又皮義切二罷遣有
罪又平陂薄解二切•毀壞也破也缺也虧也許委切十燬火盛檓爾雅去檓大椒毇說文曰米一斛舂爲八斗
毀同上媧又於詭切義見下文譭謗也譖也⿱毀手手⿱毀手傷也烜周禮有司烜氏以陽燧取火於日以鑒取
水於月⿱毀女說文曰惡也一曰人皃•委委曲也亦委積又屬也棄也隨也任也又姓漢有太原太守委進出風俗通於

佹跪

詭切五骫骨曲又姓出纂文䯢說文曰鷙鳥食已吐其皮毛如丸又許以切蜲蜲黍負爾雅云蛜威委黍字或從
虫𦍩羊相𦍩羵跪拜也去委切又渠委切二尯刖一足詭詐也又橫財物爲詭遇也過委切十九垝
垝垣毀垣也又作陒陒上同𨚔陸𨚔山名出山海經䇹枕也𨦒戾鋸齒也說文曰臿屬一曰瑩鐵也觤
羊角不齊恑變也悔也蛫蠏也祪毀廟之祖庪爾雅云祭山曰庪縣攱庋並上同洈水名
出南郡東洈山至華容縣入江也蟡長八尺一首二身似蛇以名呼之可取魚鼈𪀏𪀏子玉篇云布穀也姽宋玉
神女賦曰既姽嫿於幽靜說文曰閑體行姽姽也桅短矛或作䄟說文曰桅黃木可染佹戾也髓說文作𩪘骨中
脂也息委切五嶲越嶲郡靃靃靡草木弱皃䭂餹䭂方言云餅瀡滑也絫說文曰增也十黍之重也
力委切六累上同又良僞切樏似盤中有隔也又音縲䉂法者䉂可以網人心厽說文曰絫坺土爲牆壁
垒說文曰絫墼也技藝也說文巧也渠綺切六妓女妓樂徛立也伎侶也錡釜也又魚綺切䗁
蟬也倚依倚也又姓楚左史倚相於綺切五猗猗狔猶窈窕也又於羈切椅椅梔又於宜切旖旖旎旌旗從風

皃 輢車輢 掎牽一脚説文云偏引也居綺切十 剞剞劂曲刀 庋又音詭 𨇨一足又文作踦 踦
公羊傳曰相與踦閭而語閉一扇一人在內一人在外 ⿰歹奇弃也又丘知九奇二切 攲持去也又居宜切 綺文繒
又姓漢四皓有綺里季墟彼切七 婍好皃 碕碕礒石皃又起宜巨支二切 ⿺走支行皃 㤦減又去奇切儉意也 觭
牛角又丘奇切 ⿸疒奇痙也喪也又於蟹切 螘爾雅曰蚍蜉大螘小者螘魚倚切十二 蟻上同 蛾上同見禮 錡
三足釜一曰蘭錡兵藏又姓武王分殷人六族有錡氏後漢有錡萬 礒碕礒 齮齧也 艤整舟向岸 檥上同説文
魚羈切榦也 義岌義山高皃 轙説文曰車衡載轡者 羛羛陽鄉名在魏郡 䰙釜也亦作錡説文曰三足
鍑也一曰滫米器也 蔿草也又姓左傳晉大夫蔿伯韋委切九 鄬地名 僞不安也 ⿰阝爲地名 蘤花也
榮也 ⿸疒爲口咼 ⿵門爲闢也國語曰⿵門爲門與之言又姓 薳草又姓左傳楚有薳氏代爲大夫 寪説文云屋皃
觜喙也即委切二 ⿱此朿上同説文識也一曰藏也 蘂花外曰萼花內曰蘂如累切四 惢草木叢生皃 甤
説文曰草木實甤甤也又人隹切 繠茸也垂也又佩垂皃 此止也雌氏切九 跐蹈也又阻買切 佌小舞皃 玼

玉色鮮又千禮切 泚水淸又千禮切 鴜馬名 佪小皃 𧺝淺渡也 柴直大也說文火介切䐜大聲也 豸

蟲豸爾雅云有足曰蟲無足曰豸說文云獸長脊行豸豸然欲有所司殺形池爾切十二 褫奪衣易曰以訟受服終朝三褫之 陊

山崩也說文大可切落也 䊓黏也 踶踶跂用心力皃莊子曰踶跂爲義 傂佌傂參差皃 杝析薪又敕氏切

阤落也說文云小崩也 𧤗角端不正說文敕豕切角傾也 廌解廌又宅買切又作𧣩 禔好衣 徥行皃朝鮮

語也 徙移也斯氏切五 璽說文曰王者印也所以主土从土爾聲 壐籀文 佪佪小皃詩云佪佪彼有屋本亦

作佌佌又音此 𢓜小皃又千禮切 酏酏酒移爾切九 迤邐迤連接 匜柸匜有柄可以注水又音移 衪衣中

袖也 肔引腸莊子云萇弘肔崔譔注云肔裂也又敕紙切 崺峛崺沙丘狀峛音邐 扡加也又離也又弋支切或作拸

𢠵不憂事也又弋支切 孈多態 邐邐迤力紙切三 峛峛崺 𤕜𤕜介布明曰象形也 躧躧步也又

作蹝說文曰舞履也所綺切十 䩎上同 灑灑埽又所買切 纚韜髮者又颯纚長紳皃 縰上同 釃分也

見漢書溝洫志說文目下酒也一曰醇也 鞮鞮屬 屣履不躡跟 𦢊視也 簁簏也說文曰簁箄竹器也 俾

使也從也職也井弭切十俾上同說文曰益也一曰俾門侍人鞞刀鞞又蒲迷補茗二切箄竹器又畀篦二音

䵗黍屬又蒲賣切髀股也又步米切崥山足萆爾雅曰萆鼠莞郭璞曰亦莞屬纖細似龍須可以爲席埤

客捭扶持爾汝也說文作爾云麗爾猶靡麗也兒氏切四尒義與爾同說文曰詞之必然也又虜姓二氏尒朱氏本北

秀容人也居尒朱川因以爲氏後魏書官氏志尒綿氏後改爲綿氏也邇近也迩上同瀰水皃說文歛也綿婢切十一

弭弓末又息也亦無緣弓也濔水流皃瀰詩曰河水瀰瀰水盛皃也羋羊鳴一曰楚姓敉撫也愛也安也

侎上同葞爾雅云葞春草本草云芒草也蝆爾雅注云今米穀中蠹小黑蟲是也䦯力禰又乃禮切⿰忄弭止也

婢女之下也便俾切二庳下也或作埤又音畀說文曰中伏舍也一曰屋庳侈奢也泰也大也尺氏切十五姼

姑姼輕薄皃又美也姑吐涉切⿰女氏上同鉹甑也誃說文曰離別也㢋廣也國語曰俠溝而㢋我⿸厂多上同

垑恃土地也[illegible]又昌厲切⿰火多盛也袳衣長亦作袲又宋地名袲上同彖豕也恀恃也又音

帋哆張口又丑加昌者二切弛釋也說文云弓解也施是切三豕豬也阤壞也又音豸紫間色也又

姓出何氏姓苑將此切九訿訿毀訾上同呰窳也又子西切泚水名在長沙跐行皃茈茈薑又茈草也

呰口毀說文苛也批捽也又子禮側買二切●捶擊也之累切五箠策也㟪卮小卮出說文䮔馬小

皃又子垂切沝二水又音資●揣度也試也量也除也初委切又丁果切二𢻮試也●𤢖特豚或作猜隨婢切

二●舓以舌取物神帋切四䑛上同舐俗狏獸名似狐出則有兵●批拳加人也側氏切又音紫二跐

蹈也又音紫●𣧑枝折匹靡切三紴水波錦文又補柯切披開也又偏羈切●諀諀訾惡言匹婢切六庀具也

疕瘡上甲亦頭瘍又卑履切仳仳離別之意訿具也吡訾也出莊子●𦯬雞頭也羊捶切六䔬

草木葉初出皃茾爾雅云蘛茾葟華榮撱撱棄又撞獢小獖亦作隊𤸬瘡裂●惢疑也才捶切一●跬

舉一足丘弭切四䞨上同頍弁皃又舉頭皃蹞蹞踽開足之皃●狔猗狔從風皃女氏切三旎旖旎抳

掎抳●硊磈硊石皃魚毀切四頠閑習容止姽好皃又過委切𪀗布穀危鳥●跪蹑跪亦作𧻓渠委切又去委切

一●褫敕豸切衣絮偏也又池豸二音一●撽指也說文刺也陟侈切二𧝅衿𧝅●𪖐去涕也與齮切一●企

旨

企望也丘弭切又去智切二 跂 踶跂山海經云有跂踵國人行腳跟不著地如人之跂足也又去智巨支二切 菙 周禮

有菙氏焠焌用荊菙之類時髓切二 嫢 嫢不悅也 ● 枳 木名似橘居帋切又諸氏切一

五旨

● 旨 說文云美也从匕甘又志也亦作旨見經典職雉切八 指 手指也又示也斥也 恉 意也 䣗 地名 ⿰臣言 訏發人之

惡 厎 平也致也說文云柔石也 砥 砥礪也說文同上 茋 茋蒻小草 ● 視 比也瞻也效也承矢切三 眡 眎 並古

文 ● 美 好色說文曰甘也从羊从大羊在六畜主給膳也美與善同意無鄙切五 媺 上同周禮地官云一曰媺宮室 ⿱𢿌牛 獸似

牛 渼 渼陂在京兆鄠縣 媄 色姝好也 ● 鄙 陋也又邊鄙也方美切四 啚 說文嗇也 嚭 姓出何承

天纂文 痞 病也又音否 ● 兕 爾雅曰兕似牛郭璞曰一角青色重千斤徐姊切七 冡 上同 兕 古文 光 俗 羠

犍羊又以脂切 薙 燒草又直履他計二切 芺 蔦也 ● 几 案屬周禮司几筵掌五几几朝覲大饗射封國命諸侯設左右

王几祀先王亦如之諸侯祭祀右彫几筵國賓于牖前左彤几甸役右漆几喪事右素几吉事變几凶事仍几或作机居履切九 麐

爾雅云麐大麕旄毛狗足 麂 上同 ⿰山几 女屼山名弱水所出 机 說文曰木也山海經曰族菌之山多松栢机桓 ⿰几阝 地名

犼獸名如兔喙蛇尾見則有蝗災 屓赤鞨屓也 礈石墮聲也 ●姊爾雅曰男子謂女子先生爲姊將几切二 秭千億也亦秭歸縣在歸州袁山松云屈原此縣人被放姊來因名其地姊與秭同音風俗通云千生万万生億億生兆兆生京京生秭秭生垓垓生壤壤生溝溝生澗澗生正正生載載地不能載也 ●匕匕匙通俗文曰匕首劒屬其頭類匕短而便用故曰匕首卑履切十 妣爾雅曰父曰考母曰妣又甫至切 秕穅秕 比校也並也爾雅曰北方有比肩民焉迭食而迭望蓋半體人也又毗鼻邲三音 𥘵以豚祀司命也 沘水名出盧江灊縣入芍陂今謂之渒水也 枇禮記注云所以載牲體 朼上同 疕頭瘍 髀股外又旁禮切 ●軌法也車跡也說文曰車轍也居洧切十二 簋簠簋祭器受斗二升內圓外方曰簋 机古文 晷日影也又規也 厬厬泉或作瀢爾雅云水醮曰厬謂氷醮盡也 瀢上同 宄內盜也 匭匣也唐垂拱元年置匭於朝令上表者投之有延恩通玄招諫申寃等四匭也 𠥩古文說文云匭𠥩皆古文簋字 頯小頭又巨追切 氿水涯枯土爾雅曰氿泉穴出穴出仄出也 ⿴行九⿴行九跡 ●洧水名在鄭榮美切四 鮪魚名 痏瘡痏 䵋黃色 ●矢陳也誓也正也直也說文曰弓弩矢也古者夷牟初作矢式視切四 矢又作笶並俗 𦳊說文曰糞也本亦作矢俗作□ 屎俗本許伊切

雉爾雅曰雉絶有力奮謂最健鬬也又陳也度也王肅云城高一丈曰堵三堵曰雉直几切三　滍水名在魯陽

芖又草文辛蘼辛夷别地又音替　死說文曰澌也人所離也息姊切一　牝扶履切又毗忍切一　履踐也祿也幸也福也

字書云草曰扉麻曰屨皮曰履黃帝臣於則所造又姓出姓苑力几切一　水說文曰準也北方之行也釋名曰水準也準平物也式軌

切一　壘說文曰軍壁也又重壘亦姓後趙録有壘澄本姓裴氏力軌切十四　蜼似猴仰鼻而尾長尾端有岐說文惟季切又音

秞　猚上同　櫐藤爾雅曰諸慮山櫐　虆上同　灅水出鴈門　㠥㠥𡾰山皃　轠轠轤車屬　鸓鼺

飛生鳥名飛且乳一曰䴎鼠毛紫赤色似蝙蝠而長　藟葛藟葉似艾或作蘽　誄銘誄誄壘也壘述前人之功德周禮曰小

史掌卿大夫之喪讀誄也說文曰誄謚也　耒田器又盧對切　讄禱也　𤢖飛𤢖獸　揆度也求癸切五　楑

木名又音葵　㥟悸也又巨隹切　嫢細也又聚惟切　湀泉出也說文曰湀辟深水處也　趡走也又曾地名千水

切三　踓蹵踓　𢏳細計　柅絡絲柎易曰繫于金柅女履切又音尼一　癸辰名爾雅太歲在癸曰昭陽古作癸又姓

姓苑云出齊癸公後居誄切二　湀通流　否塞也符鄙切又方久切八　痞腹內結痛　圮岸毀又覆也　仳離也

又芳比切殍草木枯落也又音孚⿰巾比裂衣⿰酉非作⿱山非歧方言云器破而未離南楚之間謂之歧又匹支芳鄙

二切⿱山非嵬⿱山非山皃祖累切一嚭大也匹鄙切五秠一稃二米又孚悲切疕頭瘍⿸广肥崩也岐又匹

支符鄙二切蕊草木實節生如壘切三甤說文曰草木實甤甤也繠垂也唯諾也以水切又音惟八嗺

草似馬韭而黃可食⿰食隋蟹子又他果切壝埒也又音遺遺魚盛皃⿰女巂愚戇多態又尤卦切捐棄也

趡走也又千水切歖歖歍驢鳴於几切二濢汁漬也遵誄切四噿鳥噿嗺山口狀臎肥皃⿱艹肅

鍼縷所紩周禮祭社稷五祀則用黹冕也豬几切四⿰黹攴刺夂後至也㨖挃也䅊移蠶就寬楮几切一⿰足朿

止姊切一⿰月商恚視火癸切又火季切一⿰卮阝山名暨軌切一跽⿰足長跽暨几切一巋巋然高峻皃又小山而衆

曰巋丘軌切二蘬龍古大者曰蘬

六止停也足也禮也息也待也留也諸市切十畤說文云天地五帝所基址祭地也右扶風有五畤又時止切沚釋名

曰沚止也小可以止息其上說文曰小渚曰沚洔上同說文曰水暫益且止未減也茝香草字林云蘪蕪別名又昌待切

趾足也址基址阯交阯郡劉欣期交州記云交阯之人出南定縣足骨無節身有毛臥者更扶始得起山海經云交脛國爲人交
脛郭璞曰腳脛曲戾相交所以謂雕題交阯也芷白芷藥名又芷陽縣名厎定也又厎注也市說文云買賣所之也周禮曰司
市掌市之治教政形量度禁令大市日側而市百族爲主朝市朝時而市商賈爲主夕市夕時而市販夫販婦爲主古史考曰神農作市世本
曰祝融作市時止切三恃依也賴也畤又諸市切徵五音配夏亦作徵見經典省陟里切又竹凌切三𧩼識言
也出方言㨖指也喜喜樂又聞喜縣在絳州漢武帝幸左邑聞南越破遂改爲聞喜縣禮記曰人喜則斯陶陶斯咏虛里切又
香忌切三憙悅也又許忌切蟢蟢子蟲俗紀極也會也事也理也識也亦經紀又十二年曰紀又姓出丹陽居理切四己
身己爾雅曰太歲在己曰屠維妀說文云女字也㠯說也以用也與也爲也古作㠯羊己切七㠯古文已止也
此也甚也訖也又音似苡薏苡蓮實也又芣苡馬舃也又名車前亦名當道好生道間故曰當道江東呼爲蝦蟆衣山東謂之
牛舌苢同上佁癡也說文讀若騃又夷在切攺大堅說文曰毅攺大剛卯以逐鬼鬽也似嗣也類也象也詳里
切十五佀同上祀年也又祭祀𥘶禩竝上同姒夏姓一曰娣姒長婦曰姒幼婦曰娣巳辰名爾雅曰太歲在

已曰大荒落耜耒耜世本曰倕作耜古史考曰神農作耜耛上同汜水名在河南成皋縣說文曰水別復入水也一曰汜窮瀆也詩曰江有汜洍說文曰水也一曰詩曰江有洍似上同改又羊己切鈶鋌鈶麀鹿一歲曰麀二歲曰麀

史史籀說文作史記事者也亦姓周卿史佚之後出建康又漢複姓五氏世本衞有史朝朱駒漢書藝文志有青史氏著書又有新豐令王史音吳有東萊太守太史慈晉有東萊侯史光踈士切四使役也令也又踈事切駛疾也又音去聲𧯍香之美者

耳辭也說文云主聽也而止切五洱水名出罷谷山又而志切駬騄駬周穆王馬名䋙䋙䋙繷盛皃䶊鼠名

里周禮五家爲鄰五鄰爲里風俗通云五家爲軌十軌爲里里者正也五十家共居正也又姓左傳晉大夫里克又漢複姓有相里氏良士切十裏中裏說文曰衣內也鯉魚名悝憂也詩云悠悠我悝又口回切李果名亦行李又姓風俗通云李伯陽之後出隴西趙郡頓丘渤海中山襄城江夏梓潼范陽廣漢梁國南陽十二望𤸎病也理料理義理又正也文也說文曰治玉也亦姓皐陶爲大理因官氏焉殷有理徵娌妯娌俚賴也聊也又南人蠻屬也𨛳亭名在西鄂一曰邑名

枲麻有子曰枲無子曰苴也胥里切七葈胡葈𤟹不安皃又作偲䈃竹萌也又音待葸質慤皃又畏懼也諰言且

痔集韻作痔

俟集勻作俟

思之廙說文曰石利也始初也詩止切一峙說文曰踞也峙踞不前也直里切九跱上同峙具也又山峙峻峙

痔病也待待也儲也具也又看所望而往洔水中高土又音止畤儲秲稭名秲穲痔詩曰痔乃

錢鏄痔具也亦作偫起興也作也立也發也又姓出何氏姓苑墟里切六邔縣名在南郡又渠記切杞木名又苟

杞春名天精子夏名苟杞葉秋名卻老枝冬名地骨根又國名夏之後也亦姓杞梁是也屺山無草木玘佩玉芑白粱粟也

士說文曰事也數始於一終於十从一十孔子曰推十合一爲士又姓左傳晉大夫士蔿又漢複姓二氏古今人表有士思癸又士貞

氏晉康公庶子士貞之後鉏里切五仕仕官柹果名𡰥砌也閾也戺上同俟待也亦作竢又姓風俗通云有俟子

古賢人著書又虜複姓二氏後魏書云俟幾氏後改爲幾氏俟奴氏後改爲俟氏又虜三字姓三氏俟力伐氏後改爲鮑氏俟伏斤氏後改爲

伏氏周書太祖賜韓褒姓俟呂陵氏牀史切又音祈七竢上同涘水岸涯也騃趨行皃西京賦曰羣獸駓騃又吾駭切

⿸厂糸繩屢⿰來矣不來也說文引詩曰不⿰來矣不來以來矣聲俟說文同上子子息環濟要略曰子猶孳也孳恤下之稱

也亦辰名爾雅云太歲在子曰困敦又殷姓又漢複姓十一氏左傳鄭太夫子人九魯大夫子服氏子家羈莊子有子桑扈皇子告敖何氏

姓苑有子乾子仲子工子華子臧子師等氏即里切八 孶古文 仔說文克也本又音兹 虸虸蚄蟲 耔擁苗本也 秄
上同 梓木名楸屬 杍工木匠或作梓 矣說文云語已詞也于紀切二 ⿱艹矣蒿也 擬度也魚紀切六 儗
僭也 薿草盛皃又魚力切 孴盛也 譺議也欺也調也又魚記切 ⿰禾疑禾盛 齒齒錄也年也又牙齒昌里切二
紕比績苧一紕出新字林 恥慙也敕里切十三 祉福也祿也 褫徹衣又奪衣又直追池耳二切 剢割聲初紀切三
⿰叕欠齧也 [illegible]上同 滓澱也阻史切五 笫牀簀又側几切 胏脯有骨曰胏易曰食乾胏 ⿱艹宰說文云羹
菜也 𠂔止也從巿一橫止之出文字音義說文即里切 譩恨也又噫也於擬切又於其切二 醷梅漿 伱秦人
呼傍人之稱乃里切二 聻指物皃也

七尾

尾首尾也易曰履虎尾又姓史記有尾生無匪切八 亹美也爾雅亹亹勉也 斖俗 浘水流皃又
浘潤海水洩處案莊子作尾閭字不从水 娓美也說文順也又音美音媚 ⿰赤尾人名鄭大夫蔡⿰赤尾也 ⿰扌尾鱣也 ⿰食尾微也
扆戶牖間也禮疏云如綈素屏風畫斧文也於豈切六 ⿱依心痛聲 偯哭餘聲 ⿸厂衣藏也 僾僾俙看了皃 …

代切靉靉靆不明皃出海賦又烏代切豈安也焉也曾也祛狶切二䔇菜似蕨生水中蟣蟣蝨居狶切四
幾幾何又既狶切機禾機鬾鬼俗吴人曰鬼越人曰鬾又音祈斐文章皃敷尾切七菲菲薄也微也又菜
名又音妃朏月三日明生之名悱口悱悱也騑馬名奜大也𩇧鳥如梟也說文別也又平利切匪非也
易曰匪冦婚媾說文曰器如竹篋今從竹爲筐篚字府尾切八篚竹器方曰筐圓曰篚棐輔也餥餱也一曰相請食榧
木名子可食蟦白蟲蜰爾雅云蜚蠦蜰即負盤臭蟲又音肥蕜草也蜚蟲名盛蜚又扶沸切韙是也于鬼切十
三煒光煒暐暐曄偉大也瑋玉名葦蘆葦椲木名可屈爲盂韡華盛皃颹大風
皃媁醜也愇字書云恨也鍏方言云臿宋魏之間或謂之鍏⿰扌韋遊追鬼鬼之爲言歸也居偉切一
虺蛇虺許偉切五⿰火尾齊人云火䨨震雷也虫鱗介揔名卉百草揔名又音諱顗靖也樂也
說文曰謹莊皃魚豈切二螘螘子蟲豨楚人呼豬亦作狶虛豈切五俙僾俙𪖷𪖷鼻又虛几切霼
靉霼唏哀而不泣磈磈硊石山皃又危也於鬼切二嵔嵔崔山高曲下膭膗多汁滓鬼切六穬

薄

稍紫莖不黏也又扶畏切橨船邊木也蟦蠐螬別名又符沸切陫陋也又作厞又符沸切⿰舟賁船艒釘鐼

八語○語說文論也魚巨切十二籞說文曰禁苑也籞上同又池水中編竹籬養魚圉養馬又姓左傳有大

夫圉公陽敔柷敔樂器釋名曰敔衙也衙止也所以止樂也圄囹圄周獄名又守也衙行皃楚詞云導飛廉之衙衙又

音牙齬齟齬不相當也或作鉏鋙說文曰齬齒不相值也鋙鉏鋙不相當也⿰金御上同禦禁也止也應也當也

說文祠也禦禦蘌○呂字林云脊骨也說文作呂又作膂亦姓太嶽為禹心呂之臣故封呂侯後因為氏出東平力舉切十

二膂上同旅師旅說文曰軍五百人也亦姓漢功臣表有旅卿封昌平侯俗作挔⿱竹旅筲器祣祭山川名案論

語只作旅穭自生稻也梠梠桷端連綿木名說文楣也儢儢拒心不欲為也出文字指歸侶伴侶⿰木旅木名可為

箭笴郘亭名絽紩也⿸户呂晉大夫名○佇久立也直呂切九竚上同芧草也可以為繩苧

上同紵麻紵杼說文曰機之持緯者又神與切羜生羔五月宁門屏之閒禮云天子當宁而立眝說文曰長眙也

一曰張眼也○與善也待也說文曰黨與也余呂切又余譽二音七与上同𢌱古文歟歎也又音余予郭璞

云子猶與也又弋諸切藇蕃藇亦作稹又徐呂切悆說文曰趣步悆悆也○鬻說文曰亨也章与切又普庚切四
煑上同陼丘也說文曰如渚者陼丘水中高者也渚沚也釋名曰小洲曰渚渚遮也能遮水使旁迴也又水名出常山
○汝尒也亦水名山海經曰汝水出天息山亦州名春秋時爲王畿及鄭楚之地左傳楚襲梁及霍漢爲梁縣後魏屬汝北郡隋移伊州於
陸渾縣北遂改爲汝州又姓左傳晉有汝寬人渚切六肗魚不鮮茹乾菜也臭也貪也雜糅也又而恕切瓳乾菜
籹籹黏也⿰禾要楚人呼寐○暑熱也舒呂切五鼠小獸名善爲盜說文曰穴蟲之總名也黍說文云禾屬而
黏也引孔子曰黍可爲酒故从禾入水也⿰虫黍⿰虫黍賴癙癙病○杵世本曰羅父作杵臼昌與切二處居也止也制也息也
留也定也說文又作処亦姓風俗通云漢有北海太守處興○貯居也積也丁呂切九⿰宁者上同⿰巾宁棺衣褚裝衣䍆
說文曰䍆也所以盛米也⿰金宁上同著著任又張慮切直略切詝有所知也⿰衤宁⿰衤宁衣○諝才智之稱私呂切九
胥上同又思余切偦上同稰熟穫醑麓酒湑露皃糈說文云糧也又音所楈木也⿰示胥
祭具○楮木名丑呂切三柠上同褚姓出河南本自殷後宋恭公子石食采於褚其德可師號曰褚師因而命氏也又張

呂切・女禮記曰女者如也如男子之教尼呂切又尼慮切二粔籹粔籹・許許可也與也聽也亦州名本爲許國大嶽之胤
周武王伐紂所封漢爲潁川郡周爲許州又姓出高陽汝南本自姜姓炎帝之後太嶽之胤其後因封爲氏虛呂切二鄦地名也出史記
・巨大也亦姓漢有巨武爲荊州刺史其呂切十八拒拒捍也又格也違也秬秬黑黍也距鷄距䣰上同炬
火炬粔新字解訓曰粔籹膏環虡飛虡天上神獸鹿頭龍身說文曰鐘鼓之柎也飾爲猛獸釋名曰橫曰栒縱曰虡虡
上同俗作簴鐻上同鉅⿰亻睪名又大也苣苣藤胡麻駏駏驉⿱艹豦苦⿱艹豦江東呼爲苦蕒⿱罒巨罟也
詎豈也又音遽岠書傳云至也⿰齒巨齗腫・所說文云伐木聲也詩曰伐木所所又處所也詩曰獻于公所亦姓漢
有諫議大夫所忠疎舉切七所俗糈祭神米也齭齒傷醋也說文音楚疋記也又山於切⿱疋皿說文曰積
盨負戴器也⿰貝疋齎財問十・楚萇楚亦荊楚又州本漢射陽縣地春秋時屬吳秦屬九江郡晉爲山陽縣武德初改爲楚
州又姓左傳趙襄子家臣楚隆創舉切八礎柱下石也齭齒傷醋也齼上同䵄說文曰會五綵鮮皃引詩云衣裳䵄
䵄⿰衤戚埤蒼云鮮也一曰美好皃憷痛也出音譜濋水名・阻隔也憂也側呂切二俎俎豆・齟齟齬牀呂

切二鉏鉏鋙不相當也○咀咀嚼慈呂切六沮止也又七余子預二切怚憍也又子據切袓嫧也說文曰事好也
又子邪切跙行不進皃趡雅出前也又前結切○扵擊也於許切二膂肩骨○舉擎也又立也言也動也說
文本作擧又姓出姓苑居許切十莒草名亦國名又姓嬴姓之後漢有繖氏令莒誦櫸木名筥筐筥簴飲牛
筐趄行皃弆藏也柜柜柳郘亭名在長沙郡昜共與皃○敘次弟爾雅曰敘緒也又姓徐呂切十
一緒由緒說文曰絲耑也亦姓藇姓也已上三字並出何氏姓苑序庠序又爾雅曰東西牆謂之序漵水浦也
抒渫水俗作汿又神呂切嶼海中洲也鱮魚名⿰酉與酒之美也本亦作藇詩云釃酒有藇⿰禾與予也⿸尸予屨屬
○去除也說文从大口也又羌舉切又丘據切五麮麥粥汁弆藏也又音莒⿰虫去⿰虫去蚊綻繼入也又音踈○紓緩也
神與切又音舒三抒左傳云難必抒矣抒除也又音序杼橡也○野田野承與切又與者切二墅田廬○䏢皺䏢
皮裂七與切一○苴履中草子與切又子余切三咀㕭咀漬藥也又慈呂切㕭音甫䃊䃉䃊場外名也

九麌

○麌牡鹿又麌麌羣聚皃虞矩切三俁俁俁容皃大也詩曰碩人俁俁噳噳噳笑皃○羽舒也聚也亦鳥

甫

長毛也又官名羽林監應劭漢官儀曰羽林者言其爲國羽翼如林盛也皆冠鶡冠亦姓左傳鄭大夫羽頡又虜姓後魏書羽弗氏後改爲羽氏又音芋王矩切十五 禹 舒也字林云蟲名又姓夏禹之後王僧孺百家譜云蘭陵蕭道遊娶禹氏女 雨 元命包曰陰陽和爲雨大戴禮云天地之氣和則雨說文云水从雲下也一象天門象雲水霝其間也 宇 宇宙也又大也說文曰屋邊也易曰上棟下宇亦姓出何氏姓苑又虜複姓宇文氏出自炎帝其後以有嘗草之功鮮卑呼草爲俟汾遂号爲俟汾氏後世通稱宇文蓋音訛也代爲鮮卑單于 寓 上同 瑀 石似玉也 祤 祋祤縣名在馮翊又況羽切 栩 栩陽地名又況羽切 鄅 鄅子國在琅耶其後以國爲姓 頨 孔子頭也說文云頭姸也又讀若翩 楀 木名又音矩 萭 說文艸也 ⿰羽阝 說文亭名在南陽 聥 張耳有所聞又音矩 ⿱雨禹 雨皃 ∘聚 衆也共也斂也說文會也邑落云聚慈庾切二 鄹 亭名在新豐 ∘甫 始也大也我也衆也說文曰男子之美稱也字从父用又姓風俗通云甫侯之後方矩切十九 脯 乾脯東方朔云乾肉爲脯禮記曰牛脩鹿脯田豕脯 斧 斧鉞周書曰神農作陶冶斤斧 頫 說文低頭也太史公書頫仰字如此 俯 上同漢書又作俛今音免 府 官府說文曰府文書藏也風俗通曰府聚也公卿牧守道德之所聚也又舍也亦姓風俗通云漢有司徒掾府悝 腑 藏腑本作府俗加月 簠 簠簋

又音膚 黼白黑文也爾雅曰斧謂之黼黼謂畫斧形因名云 蜅小蟹 莆萐莆堯之瑞草 釜爾雅曰蠸輿父守瓜郭璞云今瓜中黃甲小蟲喜食瓜葉故曰守瓜字或从虫 俌俌輔也出埤蒼 㕮㕮咀 父尼父尚父皆男子之美稱又漢複姓三氏孔子弟子有宰父黑漢有臨淄主父偃左傳宋有皇父充石宋之公族也漢初有皇父鸞自魯徙居茂陵改父為甫後漢安定太守雋始居安定朝那代為西州著姓又徙居京兆又音釜 ⿰石甫⿰石苴⿰石甫 蚥蜛蚥蟷蜋別名 鯆大魚 郙亭名也在上蔡 武止戈為武又迹也曲禮曰堂上接武又州名本自白馬氐地魏文徙武都郡於美陽今好畤縣界武都古城是也後魏平仇池山築城置武都鎮即今州是也亦姓風俗通云宋武功之後漢有武臣又漢複姓六氏漢有乘黃令武安恭出自武安君白起之後風俗通云漢武強侯王梁其後因封為氏世本云夏時有武羅國其後氏焉何氏姓苑有廣武氏出自陳餘之後又武成氏武仲氏又虜複姓西秦錄有武都氏文甫切二十四 舞歌舞左傳曰舞所以節八音而行八風也周禮曰樂師掌國學之政以教國子小舞也山海經曰帝俊八子始為舞又姓出何氏姓苑 儛上同 嫵嫵媚 侮侮慢也侵也輕也 ⿱罒舞幒中網也 憮憮然失意皃說文愛也一曰不動也 ⿰亻無上同 珷珷玞石次玉 碔上同 廡堂下也 ⿸广舞籀文 甒甖甒 潕水名在南陽 鵡鸚鵡鳥名能言

䳇上同憮愛也說文撫也膴土地腴美膴膴然也瞴微視之皃娬好也斁彊也𦨊長艇船也䍢
雉網橆蕃滋生長說文豐也隸省作無今借爲有無字·父說文曰父矩也家長率教者扶雨切十五輔毗輔又助也弼也亦
姓左傳晉大夫輔躒又智果以智伯必二其宗改爲輔氏⿰面甫頰骨䫍上同腐朽也敗也說文爛也鴍鴍鴀越鳥滏
水名在鄴山海經云神箘之山釜水出焉䮛牡馬㕮㕮咀嚼也又音甫蚥蟾蜍別名⿸疒府病癰也說文俛病也秿禾積積也
鬴說文鍑屬又覆鬴九河之一名釜上同古史考云黃帝始造釜⿰韋甫尻衣·撫安存也又持也循也芳武切十三𢼄
上同弣弓把中也⿰金付上同說文又方九切刀握也拊拍也說文揗也殕食上生白毛䋨䋨綿俌輔也又音
甫剖判也又普厚切⿰糸無絲⿱髟咅說文云髮皃又步侯切⿰菩刂⿰菩刂草⿺走句健也亦作訽·柱廣雅曰楹謂之
柱又姓出何氏姓苑直主切三跓勇足⿱山柱天⿱山柱案爾雅曰霍山爲南嶽郭璞云即天柱山字俗從山·詡和也普也遍也大也禮云
詡詡謂敢而有勇況羽切十二冔殷冠名⿰口冔上同姁呂氏春秋云姁姁然相樂也又漢高后字娥姁說文嫗也栩柞木
名說文云杼也其實皁一行樣樣音象珝玉名欨說文吹也一曰笑意本火于切祤祋祤縣在馮翊咻噢咻病聲煦呈示

⿰阝句鄉名在安邑煦温也又香句切豎立也又童僕之未冠者又姓左傳鄭有大夫豎拊臣庾切四竪俗樹

扶樹裋敝布襦也庾倉庾又姓出潁川新野一望本自堯時為掌庾大夫因氏焉以主切十二窳器空中亦病也⿱穴注上同

抌刺也㥚懼也⿱艹庾百⿱艹庾草愈差也賢也勝也瘉病也說文曰病瘳也㼌微弱本不勝末貐獸名

龍首食人說文曰猰貐以貙虎爪食人迅走也楰鼠梓似山楸而黒也斞說文量也主掌也領也典也守也君也說文曰鐙

中火主又姓出姓苑之庾切五麈鹿屬華國志曰郪縣宜君山出麈尾枓㪷水器也宔說文曰宗廟宔祏或作砫炷燈炷

又音注傴不伸也尪也荀卿子曰周公傴背於武切三噢噢咻病聲迂曲迴皃齲齒病後漢梁冀妻能為愁眉啼糚齲

齒笑折要步驅雨切三踽踛踽又行皃竘巧也又音口拄拄從旁指知庾切四柱柱夫草一名搖車也丶說文曰有

所絕止丶而識之也黈黈點義與上同乳柔也而主切三擩擩取物也醹厚酒窶貧無禮也其矩切二貗

爾雅云貒子貗數說文計也所矩切又所句所角二切二籔窶籔四足九也矩法也常也俱雨切十一榘上同

說文又其呂切踽獨行又驅雨切枸木名出蜀子可食江南謂之木蜜其木近酒能薄酒味也萭姓漢有萭章又音禹聥

縷集韻作𡟤

張耳有所聞。緅曲枝果也。翑曲羽又求俱切。楀楀氏木名又音禹。蒟蒟醬出蜀其葉似桑實似椹又音句。椇枳椇
取收也受也七庾切一。縷絲縷力主切十三。𨻳𨻳贏𨻳縣名在交阯。僂僂傴疾也。褸襤褸衣㡀說文衽也。窶
小筐。嶁岣嶁衡山別名。謱謰謱委曲。慺姓出纂文。漊說文曰雨漊漊也一曰汝南人謂飲酒習之不醉爲漊。鷜
𪇆鷜鳥今云郭公也。縷女人惡稱。遘小蔦草。蔞草可亨魚又力俱切。䋶絆前兩足相庾切二。䅪草名。䝒
小母豬也鶵禹切二。𧱎上同
十姥老母或作姆女師也亦天姥山也又姓出何承天纂文莫補切六。莽宿草又音蟒。䥈鈷䥈又音蟒。媽母也
峔慈母山名在丹陽亦作姥俗從山。憮愛也又音武。土釋名曰土吐也吐萬物也土口吐亦文字指歸無點他魯切四。吐虜複姓
三氏後魏書有吐奚吐難吐萬氏又虜二字姓二氏慕容廆庶長兄吐
谷渾後將所部居西零以西甘松之南極乎白蘭數千里其孫葉延曰
禮云孫子得以王父字爲氏遂以吐谷渾爲氏又後魏書吐伏盧氏。稌稌稻。芏草名似莞生海邊可爲席。杜甘棠子似梨又
塞也澀也又杜仲藥名亦姓本自帝堯劉累之後出京兆濮陽襄陽三
望漢有御史大夫杜周以南陽豪族徙茂陵始居京兆徒古切九

鼓集韻作鼓

靯鞴靫別名一云靯韉⿰土瓦瓶也⿰土度填也[illegible]又塞也閉也肚腹肚又當古切⿰者皮桑皮芏杜衡香草似葵
山海經云可以治癭帶之令人便馬馬亦善走都似細辛而氣小異字俗從卄土土田地主也本音吐魯鈍也又國名伯禽之
後以國為姓出扶風又羌複姓有魯步氏郎古切十七櫓城上守禦望樓釋名曰櫓露也露上無覆屋也說文云大盾也鹵
鹹鹵虜虜掠又獲也服也擄虜掠或從手虜庵舍⿰扌鹵搖動樐彭排艣所以進船鑥釜屬
蓾杜衡別名⿱艹魯上同鹵鹵簿今⿹勹鹵匐也⿰金鹵鑥以木為刀柄⿰木乎木名可絛繒⿰魚虜魚名蔖
草死爾雅曰蓾蔖郭璞云作履苴草采古切二麤草履覩見也當古切十一睹上同睹詰朝欲明賭
戲賭堵垣堵又姓左傳鄭有堵叔又音者肚腹肚又徒古切帾幡也標記物之處也⿰石古美石又音怙楮木名
又音褚⿰者皮桑皮又音杜⿱𢼄目梁公子名仉⿱𢼄目古故也又姓周大王去邠適岐稱古公其後氏焉蜀志有廣漢功曹古牧又
漢複姓晏子春秋有齊勇士古冶子又虜三字姓後漢書有古口引氏公戶切二十一鼓說文曰郭也春分之音萬物郭皮甲而出故謂
之鼓周禮六鼓靁鼓靈鼓路鼓鼖鼓鼛鼓晉鼓亦作鼓鼓擊鼓也瞽無目股髀股⿰月古上同罟網罟

蠱疑也又蠱毒也又卦名蠱事也

估市稅

盬鹽池又左傳曰盬其腦杜預云盬咂也又詩傳云盬不固也

鈷鈷鏻

羖羖䍽羊說文曰夏羊牡曰羖

𦍩俗

詁詁訓

牯牯牛

賈商賈又古下切

夃多債利也又古平切

沽屠沽

[目人]人名出漢書

兒壅蔽

𥂓器也說文作𥁕

五數也又姓左傳有五奢亦漢複姓四氏漢有五鹿充宗風俗通云氏於職焉三烏五鹿是也趙有將軍五鳩盧國語云楚昭王時有五參蹇姓苑有五里氏疑古切五

午交也又辰名爾雅云太歲在午曰敦牂

旿明也

伍行五說文曰相參伍也周禮曰五人爲伍

仵偶敵又伍仵皆姓出姓苑

簿簿籍又車駕次第爲鹵簿裴古切二

部部伍又部曲

粗麤也略也徂古切又于胡切五

麆大也

駔駿馬又徂朗切

伹淺也

觕牛角直下

祖祖禰又始也法也本也上也又姓祖己之後出范陽則古切六

珇珪上起又美好

組組綬又綸組東海中草名

耝茅藉

蒩說文菜也

靻靻勒名

虎獸名說文曰虎山獸之君淮南子曰虎嘯谷風至又姓風俗通曰漢有合浦太守虎旗其先八元伯虎之後呼古切七

琥發兵符有虎文周禮云白琥禮西方

𡱆𡱆斗舟中渫水器又音戶

滸水岸

虝地名

萀虎豆名俗加艹

[虫虎]蝹虎蟲加虫

隖村隖亦壁壘說文曰小障也一曰庳城也安古切十

塢上同通俗文曰營居

白塢戴延西征記云蠡城川南有金門塢 鄔 郡名又姓鄔郡太守司馬年之後因以爲氏 瑦 石似玉也 ⿰石烏 小障也出埤蒼

⿰巾烏 頭巾 ⿰氵烏 水⿰氵烏 ⿰言亞 相毀皃 ⿺走烏 走輕 ⿰車烏 車頭中也 苦 麤也勤也患也說文曰大苦苓也康杜切二 ⿱竹苦

竹名 怒 恚也奴古切又奴故切五 弩 弓弩古史考曰黃帝作弩 砮 石可爲矢鏃又乃胡切 努 努力 ⿱奴虫 水弩

蟲俗從虫 戶 說文云戶護也半門爲戶侯古切二十三 楛 木名堪爲矢鏃書云荆州所貢詩跡云東夷之所貢 扈 跋扈

猶強梁也又有扈國名亦姓風俗通云趙有扈輒又虜三字姓有扈地千氏 怙 恃怙 鄠 縣名在京兆府本夏之扈國秦爲鄠

縣也 帍 巾也 祜 福也 昈 文彩狀又明也 ⿰山扈 山卑而大曰⿰山扈 岵 山多草木 苄 地黃 雇 說文曰九雇農桑候

鳥扈民不婬者也春雇鳻鶞夏雇竊玄秋雇竊藍冬雇竊黃棘雇竊丹行雇唶唶宵雇嘖嘖桑雇竊脂老雇鷃也 鳸 上同亦作

扈 ⿰雩鳥 亦同 ⿸虍邑 西京記云抱土含⿸虍邑 婟 婟惜又音互 屖 扜也 居 美石又丁古切 洿 洿深皃 ⿱互女 貪也

酤 一宿酒又音姑 滬 靈龜負書出玄滬水 簄 海中取魚竹名曰簄 普 博也大也徧也又姓後魏卜姓獻帝次兄

爲普氏亦虜複姓周書辛威賜姓普屯氏又虜三字姓周書楊忠賜姓普六如氏後魏書有普陋如氏滂古切五 溥 大也廣也 誧

文字音義云大也助也 浦 風土記云大水有小口別通曰浦說文濵也又姓晉起居注有浦選 焑 火行皃 補 補綴說文
曰完衣也博古切三 譜 籍録 圃 園圃說文種菜曰圃亦姓又博故切

十一薺 甘菜徂禮切五 鮆 魚名常以春時出九江 鱭 上同 癠 病也方言曰生而不長也 呰 弱也又子
西茲此二切 禮 說文曰履也所以事神致福也釋名曰禮體也得其事體也又姓左傳有衛大夫禮孔盧啓切十六 礼 古文 ⿱竹豊
竹名 蠡 蠡吾縣名在涿郡又彭蠡澤名 ⿰舟蠡 小船補也 澧 水名在武陵又水名出衡山亦姓出河氏姓苑 醴 醴酒亦醴
泉縣屬京兆府本漢谷口縣也屬馮翊至後魏置寧夷縣隋改醴泉因周醴泉宮名也 鱧 說文鱯也 鱺 上同 ⿰魚蠡 說文鮦也
欚 江中大舩名 盠 簞也 劙 刀刺又力移切 豊 行禮之器 𢿢 布也說文數也又音離 欐 小舩又力計切
體 體身也又生也他禮切八 軆 俗 醍 醍酒又音啼 涕 目汁 䩚 䩚鞮鞻皃 挮 去淚 緹 纁又音啼
⿺是大 横首杖名 頪 傾頭匹米切一 濟 定也止也齊也亦濟濟多威儀皃又水名出王屋亦州本齊地秦屬東郡宋於此置
碻磝戍後魏於此置濟北郡周武帝置肥城郡武德改爲濟州或作泲又姓出姓苑襄城人也子禮切又音霽五 ⿰扌此 殺也又側買切 ⿱罒齊

手搦酒又作擠癠生而不長𠨍事之制也說文音卿邸舍也又姓風俗通云漢上郡太守邸杜俗從互餘同都禮切十三
底下也止也作底非也詆呰也訶也聜耳聵坻隴阪又支氏切抵擠也擲也牴角牴觝同上柢本也
根也弤埤蒼云舜弓名䟡隱也堤滯也軧大車後也弟兄弟爾雅曰男子先生爲兄後生爲弟徒禮切又特計切
七娣娣姒悌愷悌詩作豈弟毛萇云豈樂也弟易也䑯䑯船遞更代也又亭繼切㼭小瓦瓮媞好人
安詳之容皃又啼是二音禰祖禰亦姓出平原魏有禰衡亦作祢餘同奴禮切十三嬭楚人呼母又奴蟹切⿵門爾智少力劣
苨薺苨𩊠𩋾𩊠鞕皃泥泥泥濃露也亦作泥濔水流濔也坭地名⿱髟爾髮長皃薾華茂也檷
絡絲趺也鑈上同⿰革爾轡垂也洗洗浴又姓先禮切又音銑二洒上同又所賣切泚水清也千禮切四玼
玉色緀帛文皃皉白色啓開也發也別也刻也說文敎也俗作啓康禮切十二棨兵欄說文曰傳信也綮戟衣一曰
戟衣卟問卜也又工兮切䭫首至地也稽上同又古兮切晵說文云雨而晝姓也又姓後燕有將軍晵倫或作啓闙
埤蒼與啓亦同启說文開也䏌肥腸又口系切䙡開衣領也⿰車多至也礙也傒待也胡禮切八謑恥辱⿱⺮奚

所以安重舩又音系艀上同涀水名在高陵⿱亻言說文待也匸有所藏也⿰目奚目動。米穀實說文作米又胡

姓莫禮切七眯物入目中⿰糸米繡文如聚米出說文洣水名在茶陵蔝蔝子菜⿳宀爿米寐不覺⿰魚米魚子。陛

階陛也傍禮切八梐梐枑行馬髀髀股⿰骨坒上同坒下也蓽蓽凬莞見爾雅可爲席又必鼻切⿰牛坒⿰牛坒

牛馬行⿰亻坒⿰亻坒⿰亻褱開腳行也。⿱冋亏可也亦也烏弟切二訏磨聲。堄埤堄女墻研啓切六⿰兒攴⿰單攴⿰兒攴擊聲掜不從也

觬角曲⿰衤兒⿰衤秝⿰衤兒袿衣飾也睨明也亦作睆。⿰卑攴補米切二皉明白

十二。蟹水蟲仙方云投於漆中化爲水服之長生以黒犬血灌之三日燒之諸鼠畢至胡買切七鱰說文上同解曉也

又解廌仁獸似牛一角亦姓自唐叔虞食邑於解今解縣也晉有解狐解揚出鴈門又虜複姓魏書有解批氏又佳買古賣二切獬字林

字㨾俱作解廌廣雅作⿰犭角⿰豸解陸作獬豸也澥渤澥嶰山澗間又嶰谷名案漢書只作解谷⿰阝解小谿。買說文市也莫蟹切五

嘪羊聲蕒吳人呼苦蕒⿰氵買水名鷶鷶⿸广鳥鳥名。芐戾也苦蟹切三⿱毄女意難⿰月皆瘦皃。廌解廌

宅買切三豸⿰豸弟上同。嬭乳也奴蟹切三妳上同。罷止也休也薄蟹切六矲矲䂬短也猈犬短頸一曰案

文当作文

下狗也鑼大鐵杖憊疲劣𦋺𦋺㔸惡怒矮短皃烏蟹切三𡰝坐倚皃又作躷躷同上擺擺撥北買切二捭上同鬼谷子有捭闔篇解講也說也脫也散也佳買切三薢爾雅曰薢茩芵茪檞松樠灑灑

爾雅云大瑟謂之灑長八尺一寸廣一尺八寸二十七弦所蟹切又所綺切二䩥履屬躧颯躧丫丫丫羊角開皃乖買切又工瓦切三𢊁𢊁盾屬也說文苦圭切盾握也枴老人拄杖也𢪃攙𢪃𢪃物出聲譜文夥切一夥多也懷丫切又胡果切一扮亂扮也花夥切一𥮔竹具用之魚笱竹器也求蟹切二拐手脚之物枝也

十三駭驚也又九河名一曰徒駭出爾雅孫炎云禹跡九河功衆懼不成故曰徒駭侯楷切四絯大絲又音絯侅無侅人名又音該駴駴擊楷模也式也法也說文曰木也孔子冢蓋樹之者又姓苦駭切四㔸𦋺㔸鍇𨭚鍇鍇鐵好

騃癡也五駭切又音俟四𤸷疾𤸷娭喜樂睍笑視挨打也於駭切二唉飽聲又於來切

十四賄財也又贈送呼罪切七𧶭上同䏂腲䏂大腫皃腲都罪切燘熟皃又亡罪切悔悔吝蛕土蛹毒蟲𤇯南人呼火也猥犬聲又鄙也烏賄切十腲腲脮肥皃嵔嵔𡾊鍡鍡鑸不平㛴㛴娞好皃

磈磈磊石皃碨上同𣩫𣩫矮不知人也㞂㞂㞂行病䣀䣀郲不平磥衆石皃落猥切十六磊上同

癗痱癗皮外小起㠥㠥峞山狀礧礧硌大石郲郲陽鄉名在桂陽鑸鑸鍡灅水名在右北平郲䣀郲不平

𡾋𡾋𡺬山狀又力水切蕾蓓蕾花綻皃儡傀儡戲𨻶𨻶郵果實垂又力追切𦡀𦡀腲膚皃頛頭不正皃

櫑櫑劒古木劒也錞矛戟下銅鐏或作鐓徒猥切又徒對切五遺遺沱水氾沙動皃陮陮隗不平狀鐀鍊鐀車轄

萑草名辠文字音義云辠從自辛也言辠人蹙鼻辛苦之憂始皇以辠字似皇乃改爲罪也徂賄切三罪上同

𡺬𡾋𡺬山皃浼水流平皃武罪切六潣上同每雖也辞也頻也說文作每艸盛上出也挴貪也燜燜爛

也又呼猥切𧯞豆碎萁也骽骽股也吐猥切八腿俗聉聉顡癡頑皃說文五滑切無知意也顡音隗僓長好皃

腇腲腇崣崣𡺬山高皃㱬𣩫㱬行病㞂㞂㞂行病瘣木病無枝胡罪切九溾溾浽穢濁也㱱㱱㱬讉

列也玉篇云譯也說文胡對切中止也匯回也廆晉有大單于遼東郡公慕容廆藱爾雅云藱懷羊又音瑰輠[illegible]

車轉之皃䣀䣀郲不平䫥大頭說文曰頭不正也口猥切五𡖶𡖶䫋多皃傀俗作傀儡子也顝首大骨又口瓦

切 磈磈礧石也 腲腲腇亦作脮都罪切五 竧木實垂皃 陲悴郵垂皃 頠頭不正皃 謉謉諢謔言

出聲 餧飢也一曰魚敗曰餧奴罪切八 餒上同 浽溾浽 婑㛱婑 䬐風動皃 鮾魚敗 腇上同

𤬓瘍瓜 𩮴陟賄切假髮髩也一 頠頭也一曰閑習五罪切又五毀切七 顡聉顡說文音聵癡頭不聰明也 隗

陮隗高也亦姓出天水後漢有隗囂 峞峞巍山皃 嵬山皃又玉回切 䫥頭不正也又口猥切 𥗴衆石皃 皠霜雪

白狀七罪切八 滜新水狀也 𤀐上同 漼水深皃 璀玉名 𥻘物粗也 䊫赤米 鏙鏙錯鱗甲皃

琲珠五百枚蒲罪切三 痱痱㽯 厞厞起令虛 嶉山林崇積皃子罪切二 洅說文云雷震洅洅本作代切

倄痛而叫也于罪切一

十五海 說文曰天池也以納百川者亦州禹貢徐州之域七國時屬楚秦爲薛郡漢爲東海郡後魏爲海州亦姓呼改切二

醢肉醬亦作䤈 榼榽榼木名似檀齊人諺云上山斫檀榽榼先殫 愷樂也康也左氏傳云八愷苦亥切九 凱上同

颽南風亦作凱 塏爽塏高地爽明塏燥也 暟美 鎧甲之別名 闓開也亦音開 䐩肉美 輆輆軩

不平宰冢宰又制也亦姓孔子弟子宰予作亥切四縡載也聹半聾耳字林云秦晉聽而不聰聞而不達曰聹載

年也出方言又音再駘疲也鈍也駘蕩春色皃亦馬宮名徒亥切又音臺十一殆危也近也待待擬也俟也怠懈怠迨

及也隸上同紿欺言詐見又絲勞也箈竹筍詒相欺軩輆軩不平⿰口怠言不上乃語辭也汝也奴

亥切三廼古文鼐鼎大者曰鼐又奴代切改更也又姓秦有大夫改産古亥切三頦頰頦又戶垓切絠解繩

說文云彈彄也亥辰名爾雅云也歲在亥曰大淵獻亦姓戰國策晉有亥唐胡改切四侅奇侅非常㧡動也⿰立亥堅⿰立亥神人

啡出唾聲匹愷切一采事也又取也亦姓風俗通云漢有度遼將軍采嗐倉宰切七採取也俗綵綾綵寀寮寀

官也彩光彩䰂髮䰂又七代切⿰山采恨也茝香草也昌紿切一等齊也多改切又多肯切一䆀禾傷

雨也莫亥切又莫代切二⿰扌毐貪在居也存也昨宰切一俖不肯也普乃切二朏說文云月未盛之明又音斐

欸相然譍也於改切四⿸厂衣藏也毐嫪毐秦人多又音哀挨擊也佁癡也夷在切一⿰口臺⿰口臺⿰口怠言不止他亥切

一疓病也見尸子如亥切一釓連絲鈎曰釓出字苑來改切二唻囉唻歌聲又力諧切⿰月與肥也與改切二⿰月弁上同

倍子本等也薄亥切三菩說文曰草也倍黃蓓草也

十六軫

軫動也車後橫木也又姓今吳縣有之俗從尓餘同章忍切二十三縝結也單也又丑珍切胗瘖胗皮外小起說文曰脣瘍也又音緊疹籀文畛田間道又音眞賑隱賑說文富也又之刃切㐱說文曰稠髮也引詩曰㐱髮如雲亦作鬒鬒上同槇木密又丁堅切紾軍衣或作縝縝上同聄告也診候脈又視也驗也袗說文云玄服也亦作裖裖上同敐𨊻𨊻敐敐喜悅皃𨊻音田眕目有所恨而止又厚重也䪴顏色䪴𩕶慎事也黰黑皃駗馬色也鎮纑也稹緻也又聚物𠘼新生羽而飛也辴大笑丑忍切一腎五藏之一也時忍切六蜃大蛤說文曰雉入水所化又時刃切祳祭餘肉說文云社肉盛之以蜃故謂之祳天子所以親遺同姓脤上同敐指而笑也鋠王篇云圓鐵忍強也有所含忍而軫切三荵說文曰荵冬草也爾雅曰蒡隱荵郭璞云似蘇有毛涊水名在上黨矤說文曰況也詞也从矢取詞之所之如矢也式忍切六矧訠並上同哂笑也弞笑不壞顏頣舉眉視人嶙嶾嶙山高皃良忍切五僯慙恥䫰少髮皃橉門限也又牛車絕橉又力進切撛扶也紖牛紖直引

切四䏖杖痕腫處說文音酳瘢也一曰遽也䀕瞋怒目皃眹目童子也又吉凶形兆謂之兆眹緊糾急也居忍切四

胗脣瘍也又之忍切腵瘕並俗盡竭也終也慈忍切又即忍切二濜濜溳水流急皃[木盡]埤蒼云盂也即忍切

盡曲禮曰虛坐盡前又慈忍切牝牝牡牛毗忍切又扶履切四髕去膝蓋骨形名臏上同猵獺屬又音邊釿

齊也說文曰劑斷也宜引切五磭大脣[犬齒]齒齊齗犬爭皃听口大皃笉笑皃七忍切一窘急迫

也渠殞切十僒上同莙牛藻也[口囷]吐口皃[王囷]玉名箘竹名菌地菌又姓出姓苑䐃腸中脂也

蔨爾雅曰蔨鹿藿郭璞云今鹿豆也葉似大豆根黃而香蔓延生蜠爾雅曰貝大而險者曰蜠又音囷引爾雅曰長也說

文曰開弓也余忍切又徐刃切十四[弓人]上同玉篇云挽弓也蚓蚯蚓又余刃切螾螾衍蚰蜒又餘刃切說文上同弞笑不壞顏

[口寅]大笑又音衍[扌衍]伸又布也䏖當脊肉也濥水門又引水也說文曰水脈行地中濥濥也夊長行之皃戭長槍

也又弋淺切縯齊武王名鈏爾雅曰錫謂之鈏靷說文曰引軸也又徐刃切愍悲也憐也眉殞切十四慜

聰也憫憫默亦憂也閔傷也病也又姓孔子弟子閔損敏疾也敬也聰也達也敃說文強也暋上同潣

㞦 鷩

水流浼浼浼皃 簢 竹名可以爲席爾雅曰簢閔筡中言其中空筡音塗或作⿱竹慜 ⿱竹慜 上同 ⿱敏牛 獸如牛也 ⿱罒黽 細罔 ⿰韋憂
車軼免下革也 鰵 海魚 ⊙泯 水皃亦滅也盡也武盡切又彌鄰切十 ⿰民皮 細理 僶 僶俛 笢 竹膚 黽 黽池縣在
河南府俗作黽又音緬 澠 上同又音繩 ⿰足民 跡甲 刡 削 ⿰車昬 車軼免下軶也 脗 脗合 ⊙殞 歿也于敏切七
溳 濜溳波相次也 磒 石落 隕 墜也落也 霣 說文雨也齊人謂靁爲霣一曰雲轉起也 愪 憂也 ⿰土旬
爾雅云⿰土旬芺蔈華根可食者曰芺芺胡狡切

十七準 均也平也度也又樂器名狀如瑟長丈而十三弦隱九尺以應黃鐘之律之尹切又音拙四 准 俗 埻
射的周禮或作準 純 緣也又音淳 ⊙尹 正也誠也進也說文治也又姓出天水河閒周有尹吉甫又漢複姓齊定王時有尹
文子著書言之漢書百官表曰內史周官秦因之掌治京師武帝更名曰京兆尹應劭曰河南尹所以治周地秦兼天下置三川守河洛伊也漢
更名河南太守也世祖從都雒陽改爲尹余準切八 ⿰尹頁 面科 允 信也 狁 獫狁 駀 馬毛逆 玧 充耳玉 ⿰㞢夋 進也
蚒 蟲名 ⊙筍 竹萌思尹切九 笋 俗 ⿱旬兮 鷩詞 鵻 說文曰祝鳩也 隼 鷙鳥也說文同上 ⿱竹隼 ⿱竹隼律

簨簨虡釋名曰所以懸鼓者橫曰簨簨峻也在上高峻也縱曰虡虡舉也在旁舉簨也⿱⺮奠上同⿰木奠亦同又作栒蝡

淮南子曰蠉飛蝡動或作蠕而允切又而兖切一蠢出也爾雅云作也動也蠢不遜也尺尹切九⿹戈春古文䐇肥也

踳踳駮相舛也惷惷惷擾動皃朐漢朐䏰縣名在巴東郡地下濕多朐䏰蟲䏰音閏偆厚也富也又癡準切

僢相背敱亂也盾干盾也食尹切四揗摩也吮吮舐也楯欄檻偆厚也富也癡準切一

稐束也力準切二稛上同毴毛聚而尹切一麇束縛丘尹切一螼蚯蚓也爾雅曰螼蚓竪蚕弃忍切三

⿱臤皮皮厚皃⿺走叚行皃又去刃切賰賱賰富有式允切一脪腫起興腎切二⿸疒希上同濜濜湞水勢

鉏紉切一屒重脣黏好說文伏皃一曰屋宇珍忍切一

十八吻口吻武粉切七脗上同刎刎頸抆拭也伆離也又武弗切勿覆也芴蘠芴粉

博物志曰燒鉛成胡粉又曰紂作粉方吻切三黺黺綵文扮扮動又握也又房吻切憤懣也房吻切十四⿰忄奮

上同扮握也⿸疒賁病悶鼢字林云地中行鼠百勞所作亦作蚡蚡上同墳土膏肥也魵鰕又魚音忿鱝

巹 㐆

鱝魚圓如盤口在腹下尾上有毒 弅莊子有隱弅之丘也 輴輴輐車名 膹切熟肉也 ⿰忄畚盛穀囊滿而裂也

坋說文曰塵也一曰大防也又步寸切 忿怒也敷粉切又敷問切二 魵鰕別名 惲謀也議也亦厚重也於粉切十

蕰藏也說文曰積也春秋傳曰蕰利生孽俗作蘊 蘊俗 韞韞櫝 縕枲麻 褞褞袿 輐轒輐車名 賱

賱賰富也 醞釀也又於問切 搵沒也 齳無齒魚吻切五 齫同上 㚼大也 喗大口 䞇走皃又丘粉切

抎有所失云粉切四 頒說文曰面色頒分皃 䪻同上 㿎病也 䞇走皃丘粉切二 麇左傳云無勇麇

之束縛也

十九隱藏也痛也私也安也定也又微也又姓吳志有廷尉左監隱蕃於謹切十一 磤雷聲 癮癮胗皮外小起

⿰糸㥯縫衣相著也 㥯謹也 檃說文括也 嶾嶾嶙山皃 乚匿也 濦水名 㐆歸依也又於機切 ⿰車㥯

車聲 謹絜也慎也居隱切十 ⿰黍斤黏皃 㹕牛馴也 槿木槿櫬也又名蕣一曰朝華一曰日及亦曰王蒸又曰赤堇

堇菜也說文作𡐀黏土也又音芹 𡐀同上 ⿺辶堇請也 慬慤也 巹以瓢爲酒器婚禮用之也 𢀳同上

齔当作齓集韵尒

菦菜名⿰魚秦角齊多皃仄謹切二蓁草木衆齊本又音臻赾跛行皃丘謹切一近迫也幾也其謹
切又其靳切二瘽病也齓毀齒俗作齔初謹切又初靳切一听笑皃牛謹切一⿰虫憲蚯蚓也吳楚呼爲寒
⿰虫憲休謹切又虛偃切一

二十阮

阮姓出陳留虞遠切三⿺元皀小皃邧秦邑名說文云鄭邑也遠遥遠也雲阮切二⿰夌頁
面不正偃偃仰又息也說文僵也又姓左傳舒庸舒鳩並偃姓於幰切十二㫃旗旌之旒⿰貝匽物相當也鶠
鳳也郾縣名褗衣領堰壅水也又於建切匽隱也鄢鄢楚地名左傳曰晉侯鄭伯戰于鄢陵鼴
鼴鼠似鼠形大如牛好偃河而飲水也蝘蜩螗別名又爾雅云蝘蜓守宮也鰋魚名⿺辶建水名居偃切五⿰矛建矛
⿰干力⿰干力吃語也揵難也舉也蹇跛也屯難也亦卦名又居免切寋女字亦姓今蜀人有之其偃切四楗關楗
鍵上同⿰亻蹇倨也言言言脣急皃去偃切一言語偃切四巘山形如甑齴开露齒說文作齗屵
屵⿰石脣又大脣皃脣音綽幰蒼頡篇云帛張車上爲幰虛偃切四攇手約物⿰虫憲寒⿰虫憲又休謹切⿰言憲⿰言憲搏很戾

䩩　⿰目且

晚暮也無遠切七　娩婉娩媚也又忙件切　挽引也　輓上同　⿰皮曼皮悅也又無願切　⿰子免子母相解又音免

脕色肥澤又音曼　反反覆又不順也府遠切六　⿰車反車耳曰⿰車反　阪大阪不平　坂上同　返還也　播木名

⿱龹豆黃豆求晚切四　圈獸闌又姓後漢末圈稱字幼舉撰陳留風俗傳圈氏本氏於其國又其卷切　菌蕈也又求敏切

卷風俗傳云陳留太守琅邪徐焉改圈姓卷氏字異音同　婉順也美也於阮切二十　菀紫菀藥名又菀茂木也又

姓左傳齊大夫苑何忌　苑園苑白虎通云苑囿所以在東方者謂養萬物東方物所生也　踠體屈　蜿蜿蟺蚯蚓也亦作⿱夗虫

⿱夗虫上同　畹田三十畝王逸云十二畝也　琬圭也　宛宛然說文曰屈艸自覆也又姓左傳有宛春　惌說文同上又周

禮注云惌小孔貌　倇歡樂　䩩䩩量物之䩩也　䩩上同　䘼襪也又安阮切　夗臥轉皃　⿰韋宛䩩底履名　晼

晼晚　睕乖也又無媚也　⿰片宛舩⿰片宛木　⿰言夗慰也又於万切　⿰禾卷相近皃去阮切六　綣繾綣謹慎　⿱艹⿰弓雚蘆筍　䘰

幭也　⿰米卷粉也　⿰黍卷黏⿰黍卷　晅日氣況晚切又古鄧切七　⿰目爰大目　咺見啼不止朝鮮云也　烜光明　愃寬心又音

宣　⿰爰見大視　諼詐也　飯餐飯禮云三飯是扶晚切又扶万切四　軬車軬　笲竹器所以盛棗脩　⿰舟頁無髮

大当作木

上聲

二十一混 混混沌一曰混沌陰陽未分胡本切十六 鯶魚名 渾渾元又戶昆切 緷大束 焜火光說文煌也

倱倱伅四凶之一春秋作渾沌 棍木名 顐頭面形圓也 睔大目又古悶切 梱木未破也 䚠角圓皃亦上同

䤞醽酒相沃 䧿大皂 掍同掍 睴視皃 煇煇煌光又音揮 翉飛起又走也普本切一 忖思也倉本

切三 刌截也 刌細切又割也 夲本末又治也下也舊也說文曰木下曰夲从大一在其下俗作夲夲自音叨布忖切六

本 本 本

畚草器 畚上同 笨竹裏又蒲本切 𢈊戎姓 苯苯䔿草叢生也 損減也傷也蘇本切四 痒痒瘵

惡寒 䐣膹切熟肉 䐪屬更煑也 剸剸減也茲損切六 撙挫趨禮曰恭敬撙節鄭玄云撙猶趨也 噂噂喈

譐上同 蕁草叢生皃 僔衆也 穩持穀聚亦安穩烏本切三 㥏噫嘾小口 𠍼僓憶 囤小廩也徒

損切九 𥫵篴也說文篅也 盾趙盾人名 沌混沌 坉上同 庉樓牆 遁遁逃又音鈍 遯上同 楯

貯也又張倫支旬二切 鱒說文曰赤目魚也才本切一 鯀禹父名亦作骸尚書本作鯀古本切十三 稇大束

衮天子服也 緄帶也 鯀說文曰魚也亦作鮌 輥車轂齊等皃 緷爾雅云百羽也 蔉穮蔉壅養苗 惃

惃亂丨上下相通硍石聲錕車釭睴睴怨行無廉盹隅他衮切四肫肉吨氣相吨衝也黗黑狀
閫閫門限也苦本切十壼居也廣也又宮中道壸篆文稇成熟又縛衣也裍成就悃至誠顐
禿頭又日沒切梱織弋門橛齫齫齦齒起皃硱碖硱石石落皃惃睴惃行無廉隅盧本切四惀心思求曉事
睔睔目皃碖碖硱石石落皃獖守犬蒲本切四笨竹裏又晉書有兗州四伯豫章太守史疇以大肥爲笨伯⿰扌畚
車弓体麤皃又劣也懣愁悶也模本切又亡頓莫旱二切一⿰火内⿰火内熱也乃本切一緫結也虛本切二惛
惛懣忽疾皃也
二十二很很戾也俗作佷胡墾切二⿱艹很⿱艹很似蓍花青白墾力也耕也治也康很切四懇懇惻至誠也又
信齦齧也豤豕食皃頣頰後古很切二詪難語皃
二十三旱不雨胡笴切五峼山名在南鄭睅白皃草草名諢大言亶信也厚也大也
多也穀也俗作亶多旱切又遮連切八癉病也嬗媛也笪持也笞也又都達切疸黃病又音旦觛小觶

又音但。狚獦狚獸。担笞也。坦平也安也明也寬也他但切二。閆闌也門傍之橺所以止扉。散散誕說文作㪔分離也又作㪚雜肉也今通作散又姓史記文王四友散宜生蘇旱切又蘇汗切十一。㪔㪚並見上注。饊饊飯。糤上同。鏾弩牙緩也。繖繖絲綾今作繖蓋字。𥲤篙𥲤桃支竹名。傘傘蓋。㪚鳥形又㦅思肝切。㦅㦅扇。但語辭又空也徒也徒旱切十一。蜑南方夷。袒袒裼又除鴈切。襢上同又陟扇切。誕大也育也欺也信也。潬水中沙爲潬今河陽縣南有中潬城。䩥馬帶。繵束要大帶。膻說文云肉膻也。僤疾也夲音去聲。䱇小觶。瓚圭瓚拒鬯宗廟之盛禮周禮云祼圭有瓚以肆先王藏旱切三。趲散走又則捍切。禶祭。笴箭笴古旱切又音哿十二。簳上同。皯面黑又工旦切。䵟上同。𤿍亦同。稈禾莖。秆上同。仠仠長。𦼮衆草莖也。矸矸擊。衦摩展衣也又音幹。紆上同。嬾惰也落旱切五。懶俗。糷飯相著也。𥻨同。讕謾讕。侃強直也又侃侃和樂皃空旱切二。衎信言又苦旰切。罕希也亦鳥網又姓左傳鄭有罕氏出自穆公以王父字爲氏代爲卿大夫又羌複姓有罕井氏說文作罕或作罕呼旱切十。蔊菜味辛也。厂說文云山石之崖巖。灘水濡而乾。

說文呼旰他丹二切暵日乾也又呼旰也焊火乾也熯上同又人善二切⿱髟貝款皃作旱切一

二十四緩●緩舒也又虜姓緩稽氏後改爲緩氏胡管切十四澣濯也浣上同綩𠈵風羽出淮南子又音桓曼

玉篇云曼明也又姓晉有西中郎將曼清⿰目爰目皆說文火晚切大目也⿰爰見大視梡木名又束薪又苦管切棵斷木賗

⿰貝宛賗小有財也鯇魚名⿰山爰山名睆縣名篗簫篗簡也●短促也不長也都管切四⿰扌豆上同斷斷絕俗作

𢇍斷又徒管切⿰扌𢇍轉籆●椀器物烏管切三盌上同⿰貝宛⿰貝宛賗小有賰●疃說文曰禽獸所踐處也詩曰町疃鹿場毛

萇云町疃鹿迹也亦作畽吐緩切四暖上同瘓癱瘓皃躖行速●算物之數也蘇管切三匴器也冠箱也篹

籮屬●管樂器也主當也又姓出平原周文王子管叔之後古滿切十二筦上同脘胃府輨車轂端鐵盥洗也又公

玩切琯玉管又姓痯病也郭璞云賢人失志懷憂病也悹悹悹憂無告也詩傳云悹悹無所依又音灌⿰革官車鞁

具也錧車具⿰虫官雨下蟲名⿰衤官袴襱也●卵說文曰凡物無乳者卵生盧管切一●款誠也叩也至也重也愛也苦管切八

欵上同欵俗窾空也⿰金款⿰金欵鏠梡虞俎名形有足如案棵斷木也⿰魚款魚名●煗說文曰溫也乃管切七

暵上同 暖亦同 煖火氣亦上同又音暄 餪女嫁三日送食曰餪 渜湯也 稬方言云沛國呼稻也 纂集也
作管切八 穳鋋也又子筭切 纘繼也 儹聚也 篹竹器 酇五百家也又五鄉爲酇周禮曰四里爲酇五酇爲鄙又子
旰切 纂纂組本亦作纂 纗古文 伴侶也依也蒲旱切三 扶說文云並行也从二夫輦字从此 拌弃也又音潘
滿盈也充也亦姓出山陽風俗通荆蠻有瞞氏音舛變爲滿魏有滿寵莫旱切五 懣煩悶 懣古文 𥴢竹器 鏋金
粄屑米餅也博管切四 𥹐上同 瓪牝瓦也又音板 昄均大也 鄹字林云亭名在新豐辝纂切一 斷絕也
𩏽履後帖也徒管切三 緞上同 攤按也奴但切一 坢平坦坢也普伴切二 𧺝走皃

二十五潸 涙下皃數板切又音刪一 綰繫也烏板切一 版說文判也布綰切六 板上同 蝂蝂蝜蟲
瓪瓪瓦 昄大也又扶板切 鈑鉼金 䣐䣐醶面皺側板切三 拃拃摸 𩙻鷙飛 赧慙而面赤俗作赧奴板切
四 醶䣐醶 㬎溫濕 戁悚懼又音赧 僴武猛皃一曰寬大下赧切又音簡五 憪寬大 𤟹猛也 捍捍握
摇動 橌大木也 睆大目也戶板切七 睅目出皃 𪍔黃蒸子也 鯇魚名又胡本切 𪌭𪌭子麥麴類 皖

昄

明星莞莞爾而笑阪阪別名扶板切又音返三版大也又音板魬魚名矕視皃武板切二蔄草可染子可食齹齹齖齒不正士板切二蝬蟲名齖五板切一㹽齧也初板切一眅目中白皃普板切一撰撰述雛鯇切二饌盤饌

二十六產生也又大籥似笛三孔而短又姓何氏姓苑云彭城人所簡切十簅大籥或從竹摌以手摌物𤛓畜𤛓畜牲嵼巉嵼汕魚浮水上滻水名在京兆㦃全德又音剗𪖭粟𪖭驏馬名限度也齊也界也胡簡切五硍石聲𥈲䫹𥈲無畏視也掔牛掔很不從牽𨳿門閾又作痕㮒並俗本只作限𩲡武簡切一簡札也牒也略也釋名曰簡閒也編之篇篇有閒也又姓左氏傳魯大夫簡叔蜀志簡雍傳云本幽州人姓耿後音訛改爲簡古限切七𤄶洗米僩武猛皃襉帬襉柬分別也一曰縣名在新寧說文本从束八八分也暕陰日明揀揀擇剗剗削初限切六鏟平木器也弗炙肉弗也羼說文曰羊相廁也从羴在尸下尸屋也一曰相出前也㦃全德⿰月產⿰月產皮棧閣也亦姓魏有任城棧潛士限切八嶘山皃也菚上同轏車名士所乘也孱孱陵古縣名在武陵又士連切僝

書傳云見也說文云具也 輚 埤蒼云臥車也亦兵車又儀禮注云載柩車也 虥 虎竊毛謂之虥 眼 眼目也五限切一

醆 酒濁微清阻限切四 琖 玉琖小杯 盞 醆 並上同 㦃 全德初綰切二 ⿰齒產 ⿰齒離栗 齦 齒聲起限切一

二十七銑 銑 說文曰金之澤者一曰小鑿一曰鐘兩角謂之銑蘇典切十一 洗 姑洗律名 跣 跣足 毨 書曰鳥獸毛毨

傳云毨理也毛更生整理 姺 古國名 燹 字統云野火也 箲 洗帚飯具 筅 上同 ⿰木先 棗木名 ⿱艹先 草名 ⿰魚先 魚名

腆 厚也善也忘也至也他典切十五 痶 痶瘓病也 圢 坦也 淟 淟涊熱風 町 町疃鹿迹 ⿰田忝 上同 錪 小釜 靦

面慙 㥏 說文曰青徐謂慙曰㥏 琠 玉名 蚕 爾雅曰蝩蚓蜸蚕郭璞云即蛩蟺也江東呼寒蚓 ⿰足典 行跡 ⿰足亶 行皃

⿰耳典 ⿰耳典富 ⿰目典 玉篇云明也 典 主也常也法也經也又姓魏志有典韋多殄切五 蕇 葶藶 ⿰足頁 頰後也又古很切

錪 小釜又他典切 ⿱竹典 大篋 蝘 蝘蜓於殄切五 躽 身向前也 ⿰目匽 視也 宴 安也又烏見切 嬿 嬿婉又烏見切

殄 絕也俗作弥徒典切三 蜓 蝘蜓一名守宮博物志云以器養之食以朱砂體盡赤重七斤擣物杵以點女人體終身不滅婬則點滅

故号守宮漢武試之驗也又音廷 跈 蹈也 ⿱艹爾 蠶⿱艹爾古典切十三 絸 古文 蠒 俗 ⿰⿱艹爾皮 皮起 趼 上同 ⿱艹柬

編集韻作緶

小東秊俗垷塗尼又大坂在隴西筧以竹通水襺纊著衣也㩌拭面挸上同[illegible]古文峴峻嶺
胡典切十三臔肉急哯小兒歐乳也又不顧而吐晛日出好皃又乃見切垷又古典切蜆爾雅曰蜆縊女郭璞云小黑蟲
赤頭喜自經死故曰縊女俔譬喻又苦甸切⿰糸頁⿰糸頁綴[illegible]黑白睍小目皃詪爭語⿰忄然意難嫢細腰皃
顯明也著也光也覿也又姓風俗通云有顯甫為周卿呼典切五韅在背曰韅在胷口靷在腹曰鞅在足曰絆蜆小蛤抮引戾
㬎衆明也微妙也從日中見絲今作㬎又五合切搷塗也彌殄切四芇相當也又亡弦切丏不見也眄斜視又亡
見切撚以指撚物乃殄切四涊淟涊蹨蹂蹨又而善切跈蹈也編編絹方典切一曰次第也又卑連切十一匾匾𠥱
薄也𠥱湯奚切編褰裳⿰糸匾上同萹萹茿草稨豆名⿰禾邊上同惼愝惼性狹碥乘車石也扁扁署
門戶⿰米扁燒稻作米泫露光又泫然涕流皃胡畎切十四鉉鼎耳說文云舉鼎也琄玉皃⿱虎貝獸名似犬多力
出西海一曰對爭也到一虎者非也埍女牢也亦作妶又姑泫切繯韋昭云繯繫也旬說文云目搖也⿰目縣目童子又
胡涓切鞙鞽鞙刀鞘也說文曰大車縛軛靼也⿰革玄上同隕坑也⿰車尹車⿰車尹⿰革尹上同⿱馬千馬一歲也く

水小流也深尺廣尺曰𡿨姑泫切八畎上同𤰝古文誸誘也埍女牢罥挂也羂上同汱兩雅墜也

又伏水也●辮說文交也薄泫切七艑吳船⿰鹵扁蜀人呼鹽扁姓也盧醫扁鵲是也又方典切⿰扁毛⿰扁毛襈毛領⿸广扁

骨風病也𩩓骨𩩓生皃●犬狗有懸蹄者曰犬廣雅云𤝮虞晉獒楚獚韓𤞤宋浞並良犬苦泫切一●⿱穴堅不動牽繭

切四豤齧也⿱臤黍穄別名也蜸蜸蚕蚯蚓●齞開口見齒研峴切一

二十八●獮秋獵曰獮獮殺也息淺切十三⿰犭璽禒並上同見說文鮮少也尠俗尟寡也癬

癬疥燹字林云逆燒又音銑⿰火爾上同⿱竹鮮⿱竹開⿱竹鮮今人戶版籍也⿱竹開音牽上聲廯屋廩⿰虫鮮⿰虫鮮蛇蘚苔蘚

●演廣也亦水長流皃以淺切八衍達也亦姓字統云水朝宗於海故從水行縯長也⿱艹寅土瓜⿰口寅大笑戭

長槍又檮戭八元名⿴行虫螾⿴行虫蟲⿴行示上同●踐蹋踐慈演切七諓蹈也餞酒食送人又疾箭切俴淺也

⿸疒戔小痒⿴行戔蹈也⿰彳戔跡也●展舒也整也審也適也說文作㞡轉也又姓魯孝公之子子展之後知演切十㞡

上同搌束縛又丑善切皽皮寬皃輾輾轉又虜複姓後魏輾遲氏改爲展氏紾轉繩也又音軫㠭極巧視之又祝戰切

⿰糹叟

㛪㛪奵好皃蟺蟲名襢襢衣皃⿰耳善耳門旨善切十七⿰孱刂以槌去牛勢樿木名禮記用之爲杓⿰善頁
說文曰倨視人也饘饘粥又音饘醆杯又側限切皽皮寬又知善切燀又昌善切義見下文⿰禾亶亶束也⿰身亶
裸形無可蔽也䁴說文曰視而不止⿰目善上同⿰木善木廇⿰羽戔武也又鷙鳥擊勢也⿰亶刂擊也⿰金亶上同⿰女善偏伎
趁踐也亦作碾尼展切三輾車轢物或作碾㞋柔弱淺不深也七演切一闡大也明也開也昌善切九
燀說文曰炊也春秋傳曰燀之以薪又然也又章善切繟寬綽䵐黃色幝車蔽詩曰檀車幝幝⿰阝單魯邑名
灛汝水爲灛嘽寬綽名也樂記曰其聲嘽以緩⿰糹羨偏緩又徐翦切遣送也縱也去演切八繾繾綣不相離皃
又黏也⿰食遣乾麪餅也⿱竹開⿱竹開⿱竹鮮戶籍掔牛很不從引也𠳋小塊說文作𦥯𦥯見上注⿰食𠳋黏也蹇
跛也屯也難也又姓秦有蹇叔九輦切十一謇吃又止言搴取也攓上同⿰亻蹇偃⿰亻蹇傲也⿰扌善⿰扌善搌醜長皃搌丑輦切
⿰糹叟⿰糹叟縮⿰山蹇⿰山蹇嵼山屈曲也⿱艹搴爾雅釋草云⿱艹搴蔄⿰魚蹇魚名⿰衤蹇⿰衤蹇袴善良也大也佳也說文作譱吉也
又姓呂氏春秋云善卷堯師常演切十一譱見上注篆文又譱墠除壇地名鱓魚名異苑云死人髮作也蟺蜿蟺

蚯蚓 單 單父縣名亦姓出周卿士單襄公之後又丹禪二音 僐 說文云作姿也 鄯 州名本漢之破羌縣地屬金城郡後魏孝昌二
年置鄯州又鄯善西域國也夲名樓蘭又音擅 墡 白土 磰 上同 𪍑 大麥新熟作𪍑麵也 翦 截也齊也殺也勤也俗作
剪即淺切十四 剪 俗 揃 揃搣 戩 福祥也 錢 錢銚田器 媊 明皃又子離切 俴 淺也 帴 狹也 葥
王蔧草名 鬋 髮垂 箭 箭䉛 ⿱竹進 竹名 籛 竹名又姓 擶 切也俗 蹨 踐也續也執也緊也人善切五 橪
橪棗木名 戁 懼也又音赧 熯 乾皃又漢又音罕 ⿰亻然 意脃也又式善切 ⿰糹羨 緩也徐翦切一 輦 人步輓車
又姓出何氏姓苑力展切九 𪎗 大麥𪍑麵 燃 小然火也 璉 瑚璉 鄻 地名在周 僆 畜雙生子 摙 擔運物也 蓮
蓮芍縣名在馮翊又音憐 膦 膦輭無力 齴 齒露魚蹇切七 巘 山峯 𨗨 行皃 嵃 峨嵃山形 讞 議獄 甗
玉甑 甗 器也周禮曰陶人爲甗甗無底甑也 件 分次也其輦切四 𡾱 𡾱嵯又音蹇 鍵 管籥 鑳 上同 辯
別也理也慧也說文治也符蹇切五 ⿱⿰工力言 俗 辡 辠人相訟又方免切 辨 別也說文判也又蒲莧切 諞 巧佞言也又符沔切
緬 遠也說文曰微絲也彌兖切十 沔 漢水別名亦州名春秋鄖國之地戰國時屬楚秦屬南郡武德初平朱粲置沔州 汅 俗

湎沈湎 愐思也 黽黽池縣名在河南府俗作澠又忘忍切 䩂勒靻革名也 偭背也 勔勉也 ⿰巾面幕出玉篇

褊衣急方緬切二 辡憂也亦曰急也 臇臛少汁也子兖切三 ⿰火雋同上 ⿱雋虫蟲風食 雋鳥肥也又姓漢有雋

不疑祖兖切五 隽俗 ⿰疒雋大痒 吮欶也又徐兖切 ⿱艹雋蒚蕉菜名 辡罪人相訟方免切又符蹇切四 ⿱罒衣

蔽目說文曰皃初生蔽目者 ⿵門見視皃 鴘埤蒼云鷹鷂二年色又云人姓 兖州名尚書禹貢曰濟河惟兖州武王封周公於

曲阜為魯公秦為薛郡後魏置南兖州於譙城又置西兖州於定陶城隋改為魯州武德初平徐圓朗復為兖州又姓出姓苑以轉切十 渷

濟水別名出王屋也 沇上同 ⿰扌兖動也 抁上同 ⿱艹兖草名 ⿰馬允馬逆毛 㕣山閒泥也 ⿰糹兖絹綩 ⿰兖風小風

臠肉臠說文曰臞也一曰切肉也力兖切四 孌美好 ⿰女䜌從也 脟割也 轉動也運也陟兖切二 ⿱叀木乘⿱叀木

卷卷舒說文曰膝曲也居轉切六 菤菤耳苓耳 韏爾雅曰革中辨謂之韏車上所用皮也辨音片 ⿰阝卷河東

安邑聚名 捲捲衣 埢家土 圈說文曰養畜閑也渠篆切又求晚切三 ⿴囗菤爾雅曰⿴囗卷鹿蘿 ⿱艹兖耎也

輭柔也或从需餘同而兖切十七 軟俗 蝡蟲動 㮕紅藍又㮕棗也 ⿱艹耎木耳 碝碝石次玉 瑌上同

鼈

愞愞弱又奴亂反腝腝脚疾䞂腝小有財物也耎說文曰稍前大也恨弱皃㞋弱也又尼展切偄
敬也亦弱也䓴柔韋又作䓴見正典畂城下田也緛衣縫也舛剌也說文曰對卧也從夕㐄相背夕中几切㐄
口瓦切昌兗切四喘喘息說文曰疾息也荈茗草名歂揣也又初委切膞切肉市兗切七腨腨腸鄟
地名𠩚說文曰小危有蓋也歂口氣引皃踹脚跟䝐草名生處無魚篆篆書持兗切七瑑璧上文也
沌水名在江夏又徒混切摶周禮百羽為摶十摶為縳縳音渾又音鯀縳上同亦作縳隊道邊埤也墂耕土
卷也剸細割旨兗切九剬上同孨孤露可憐說文曰謹也又莊眷切鱄魚名美也出洞庭湖竱等也膞
切肉又市兗切闢開閉門利圌囚刑圓出古今音字𦎒小危也又之累切選擇也思兗切又思絹切又思管切三
巽罟也選竹緣撰述也定也持也士免切五僎具也數也持也又子倫切顨巽也見也䱚魚名譔
專教也又音詮蜎爾雅曰蜎蠉郭璞云井中小蛣蟩赤蟲一名孑孑又姓漢藝文志有老子弟子楚人蜎淵著蜎子十三篇狂兗切一
蠉香兗切二𧼯走皃楩木名符善切又父綿切四𢘿急也諞巧言扁又辦篇二免

止也黜也脱也去也亦姓左傳衛大夫免餘云辨切八娩婉娩媚也又音挽勉勗也勸也強也俛俯俛鮸魚名挽生子挽身冕冠冕絻上同又音問搌搌搐丑善切七⿰金蚩⿰金蚩物令長㫃旌旗柱又於幰二音蕆備也一曰去貨蚩神行㢟安步行之又丑延切⿰革蚩驂具又丑井切鴘埤蒼云鷹鷂二年色披免切一㒄說文曰意膬也式善切三⿰女然女恣態又奴見切⿰目亶視面色變也㫃旌旗之皃於蹇切三⿺走焉走也嫣長皃邅移行除善切一棧士免切棚也一

二十九篠細竹也先鳥切七筱上同魡魚名⿰言叜誘爲善也又小也謏上同⿰石肅黑砥石也又思六切⿰扌肅打名皎月光詩云月出皎兮古了切十二璬佩玉憿行縢憿脛布也鐃鐵文又呼了切皛白也又匹白切皦明也皎也又珠玉白皃恔恔憭慧也繳纏也又音酌⿵門翏喪之降殺晈交光明⿰衤交小袴儌儌抄鳥說文曰長尾禽總明也象形都了切九⿰巾勺絹布頭也⿰忄勺垂心蔦樹上寄生釕釕鈘帶頭飾出聲譜扚扚擊⿰衤鳥短衣⿰禾勺禾穗垂皃𠄏懸皃了慧也訖也盧鳥切十四蓼

平菜瞭目睛明也騡騡驕長皃驕巨夭切鄝地名繚繚繞纏也憭照察舠玉篇云小船也爒火炙
樵拭也𥗳𥗳帓垂皃撩抉也又力凋切潦水清又小水也𧘇袴也●朓月行疾出西方土了切三窱窈窱
深遠皃𨈬身長皃●鐃鐵文馨皛切四曉曙也明也慧也知也皢白也膮豕羹●杳冥也深也寬也烏皎
切十五窅深目皃窈窈窱深也靜也偠偠㒟好皃騕騕褭神馬日行千里䮍上同𨲠𨲠𨲜長而不勁
葽廣雅云遠志也𣄘旗類𩦍爾雅曰𩦍頭鵁郭璞云似鳧脚近尾略不能行又音㧞婹婹嬝細弱𣅁合也
宎遠也隱也說文冥也窔說文曰戶樞聲也室之東南隅也苭草長●嬲戲相擾奴鳥切九嫋長弱皃
𨲜𨲠𨲜㒟偠㒟褭腰褭嬈苛酷也又擾戲弄也又音遶嬝婹嬝䃕䃕𥑮擾擿也●皛
明也胡了切五㵿水淼㵿皃芍鳧茈草又市若切葯上同𠤎修續譜云相誑也玉篇音患●窕美色曰窕
詩注云窈窕幽閒也徒了切八𤕧𤕧牀子𤱞眺瞗田中穴誂弄也俗作挑說文曰相呼誘也掉搖尾又動嬥嬥嬥
往來皃韓詩云嬥歌巴人歌也挑挑戰亦弄也輕也䃝磽䃝●磽山田亦作𥑮苦皎切二𥑮上同●湫湫隘

子了切又子攸切五剿截也說文絕也杪木忽高也𢄊凶首飾薻似薺菜

三十小微也私兆切三鮹小魚名䒒䒒草遠志也肇始也正也敏也長也治小切十一肁開也又姓

戰國策趙有大夫肁賈兆十億曰兆說文分也又姓趙少也久也字林云趂也亦州名春秋屬晉秦屬邯鄲郡後魏以廣阿城置殷

州至齊改為趙州又姓本自伯益孫造父善御幸於周穆王賜以趙城因封為氏簡襄始大列為諸侯今出天水南陽金城下邳頼川五望

旐旗旐爾雅曰長尋曰旐郭璞云帛全幅長八尺釋名龜蛇為旐旐兆也龜知氣兆之吉凶建之於後察事宜之形兆也狣犬有力也

䍬羊子鮡魚名似鮎而大駣馬四歲垗葬地𠧞灼龜坼出文字指歸沼池沼之少切三菬菬子草箔

竹緣夭屈也於兆切四殀殁也芺爾雅曰鉤芺郭璞云大如拇指中空莖頭有臺似薊初生可食仸仸僑不伸又尪弱皃

⿱山⿰高昇意氣息皃丑小切一少不多也書沼切又式照切三䒚草名⿰少阝說文地名擾亂也順也說文作擾煩也而沼

切七擾上同繞纏繞又姓左傳秦大夫繞朝遶圍遶嬈亂也犪牛馴說文作犪牛柔謹也𧳜爾雅注云即蒙

貴也狀如蜼而小紫黑色可畜之健捕鼠亦作猱又諾高切摽落也又拊心也字統云合作此受符少切八擙上同見說文今

從票餘同鰾䱥魚鰾可作膠慓急性顠髮白又孚小切䰘上同膘脅前又孚小切芆芆草又零落也䴭
糗也尺沼切五麨上同弨弓反曲又昌招切楢赤木名又音猶音酉昭弄人昭眧目也縹青黃色也敷沼切八醥
清酒犥牛黃白色顠髮白皫鳥變色也篻竇中竹名瞟睥蒼云一目病膘脅前又音芆眇說文
曰一目小也亡沼切十渺渺瀰水皃訬擾也一曰訬獪䒚草細淼大水杪梢也木末也秒禾芒藐字書藐遠
又亡角切吵雉聲篎笙管紹繼也又姓出何氏姓苑市沼切五𥿮古文佋佋介袑袴上覞玉篇云見也
矯詐也說文曰揉箭箝也又姓左傳晉大夫矯父居夭切十二鱎白魚別名𧤏角長敿盾也撟說文曰舉手也一曰
撟擅也嬌女字又居喬切𥄎目重瞼也蟜山海經云野人身有獸文說文曰蟲也又姓後漢有蟜愼字彥仲譑多言
鄗國名𡣜竦身蹻驕也又其虐切表明也亦威表釋名云下言於上曰表說文作衷上衣也古者衣裘以毛爲表也又姓
出姓苑陂矯切四衷上同𧞤古文𦯬草名褾袖端方小切四覞字林云同有所察標標杪木末𡾰
峯頭藨草名可爲席平表切八䕯上同殍餓死又音孚莩上同又音孚𠬪物落皃𣢾又歐吐狢

獪也貓似狐善睡鷕雉鳴也以沼切又羊水切七㵖浩㵖大水皃舀說文曰抒臼也䑒抭並上同䯾

肩骨䁘眇䁘目皃悄悄悄憂皃親小切三愀容色變也釥好也又淨剿絕也子小切八劋上同出說文

勦勞也又音巢漅水名𨛭魯地潐盡酒膘又箬小切幧拭也驕䮍驕長皃巨夭切一繚

繚繞力小切九燎說文曰放火也左傳曰若火之燎于原敹長皃璙好皃憭慧也又音聊𤎥繚炙也僚

朋也又音平聲𩈢𩈢𩈢面白嫽嫽嫽好皃麃蒼頡篇云鳥毛變色本作𪇰滂表切又經典釋文云徐房表切劉普保切一

闄隔也於小切一

三十一巧好也能也善也苦絞切又巧僞苦教切二𪃑𪃑婦鳥案爾雅注云鷦鷯桃雀也俗呼為巧婦字俗從鳥澩

動水聲下巧切說文音學六㺒事露又好巧切說文音哮䕧草根亦竹筍也或作茭又音狡佼庸人之敏說文交也又古巧切

𥂕溫器又公巧切䈥竹筍飽食多也博巧切三𩞯𩟦並古文獿擾亂奴巧切三撓撓亂又音蒿

獿犬驚說文又奴交切卯辰名爾雅曰太歲在卯曰單閼晉書樂志云正月之辰謂之寅寅津也謂物之津塗二月卯卯茂也

丣

言陽氣生而孳茂三月辰辰震也謂時物盡震而長四月巳巳起也物至此時畢盡而起五月午午長也大也言物皆長大六月未未味也言時物向成有滋味七月申申身也言時物身體皆成就八月酉酉緧也時物皆緧縮也九月戌戌滅也謂時物皆衰滅十月亥亥劾也言陰氣劾殺萬物十一月子子孳也謂陽氣至此更孳生十二月丑丑紐也謂終始之際故以結紐爲名也莫飽切七 丣篆文 緢旄也又絲名 泖水名在吳華亭縣 媌好皃又莫交切 昴星名 茆鳧葵說文作茆音柳

絞縛也又姓出何氏姓苑古巧切十五 狡狂也猾也疾也健也說文曰少狗也匈奴地有狡犬巨口黑身 佼女字 攪手動說文亂也 㪣郭璞云江東呼藕根亦作茭又下巧切 筊竹索也又音交 挍挍捼物也 鉸鉸刀 ⿱翏皿器也 姣妖媚 烄烄木然也 敥上同 ⿺辶⿱翏皿燭也說文器也又胡巧切 ⿱竹㪣竹筍 ⿸疒丩腹中急痛俗作疞

爪說文曰丮也覆手曰爪象形丮音戟側絞切八 叉古文說文曰手足甲也 ⿰豸爪⿰犭爪獠 瑵玉名說文曰車蓋玉瑵 笊笊籬 ⿰巾爪⿰巾爪頭 抓亂搔搯也 ⿱艹爪草也

拗手拉於絞切五 鴢鴢頭鴢似鳧而腳近尾 怮靴韈怮亦從革 見深目 狕獸名

鮑鮑魚又姓出東海泰山河南三望本自夏禹之裔因封爲氏薄巧切四 骲骨鏃 ⿰彔包面地 鞄柔革名

齩交齧也五巧切一 ⿰見堯黠也士絞切二 ⿰亻巢⿰亻巢長皃出聲譜

爒熬也初爪切七䰯鬻𤍽炒並上同謅相謅乾弄鬧也吵聲也本音眇獠夷別名張絞切又盧晧切二

獠上同𢿙擊也一云攪也亦作敹山巧切一

三十二晧光也明也日出皃也胡老切十六昊昊天說文作昦昦上同皡明也旰也曜也亦太皡又姓本出武

落鍾離山黑穴中者見蜀錄鎬鎬京浩浩行大水皃又姓漢青州刺史浩賞又漢複姓魯人浩星公治穀梁顥大也又天邊氣

說文曰白皃楚詞曰天白顥顥南山四顥白首人也今或作晧灝灝溔水勢遠也鰝大鰕夰說文放也昦天字從此本音杲薃

薃侯莎鄗光武立處邑名郻上同𧇭上仝亦作號𦃃網綴滈水名在京兆抱持也說文曰引取也薄浩

切一老耆老亦姓左傳宋有老佐盧晧切十四獠西南夷名獠上同轑車軸橑屋橑簷前木一曰蓋骨一曰欄

也說文曰椽也潦雨水藔乾梅栳栲栳柳器也𣠿木名𩔈廣大皃恅愺恅心亂嘐嘷嘐無人

𪏻黃色澇水名又力到切討治也誅也他浩切三套長也槄山楸又他刀切道理也路也直也衆妙皆道

也說文曰所行道也一達謂之道徒晧切七衟𨗨並古文稻秔稻禮記曰凡祭宗廟之禮稻曰嘉蔬又姓何氏姓苑云今晉陵人

嫂

駣馬四歲又音兆䆎禾一莖六穗也出字林䠷䟫䠷長皃又奴晧切堖頭堖晧切九腦上同或從𡿺餘同
𠜫亦同出周禮惱懊惱碯碼碯寶石䠷䟫䠷長皃獶獶狢𧲫上同嫍相嫍亂也說文曰有所恨痛也嫂
兄嫂蘇老切七嫂上同埂俗燥乾燥埽埽除掃上同𦺛蔜𦺛草倒仆也都晧切十一擣擣築
㨨俗島說文曰海中往往有山可依止也又音鳥禂牲馬祭也𩣡上同檮說文曰斷木也又音陶禱請
求福也𤺺病也壔高土也懤憂也草說文作艸百卉也經典相承作草采老切七艸篆文隸變作卄懆
憂心慅上同騲牝馬曰騲嘷嘷嘐無人愺愺恅心亂早晨也子晧切十二澡澡洗藻文藻說文
同下薻水草也蚤齧人跳蟲抱朴子曰蚤蝨攻君臥不獲安蚤上同又古借爲蚤莫早字𩸗魚名似鯉雞足璪玉名
璪石次玉者棗果名史記曰楚莊王時有所愛馬啖以脯棗漢書曰安邑千樹棗等千戶侯又姓出潁川文士傳云棗氏本姓棘避
難改焉繰紺色曰繰繅雜五綵文皁皁隸入槽屬亦黑繒俗作皂昨早切四草草斗櫟子造造作又七
到切艁船舟以舟爲橋說文云古文造暠明白也古老切十一格木名杲日出又明白也稾禾稈又稾本草

夭○

翢之本　槀俗　夰說文放也　縞素也又音告　槀槀本藥　臭大白澤也　菒乾草　⿰石杲女[illegible]石似

玉　好善也美也呼晧切又呼号切二　㚪人姓　蓩毒草武道切又地名又亡毒切四　⿱艹⿰禾攵細草叢生　媢夫妬

婦也說文音冒　冃重覆　寶珍寶又瑞也符也道也禮記曰地不藏其寶又天寶晉灼云天寶雞頭人身又姓出何氏姓苑

博抱切十五　珤古文　保任也安也守也說文作保養也亦姓呂氏春秋云楚有保申爲文王傅　禾古文　堢堢障小城

堡上同　褓繈褓　緥說文曰小兒衣　鴇鳥名亦作鳵鴇鴾　葆草盛皃羽葆　鴇郭璞云今鳥驄　⿰包羽彩羽

宲藏也　賲有也　乍相次也　襖袍襖烏晧切十四　镺镺䠷長也　懊懊惱　⿰月奧奧藏肉又烏到切　芺苦

芺　⿸鹿夭麇子　媪女老稱　燠甚熱又音郁　夭禮曰不殀夭本又於矯切　㤇怏正之皃　郁邑名　蝹蟲名

如猿常地下食人腦　⿰骨昷藏骨　⿰芺鳥鳥名　考校也成也引也亦瑕亹淮南子云夏后氏之璜不能無考是也又姓出何氏姓

苑苦浩切十　攷古文　栲木名山樗也　槁木枯也說文作槀　祰禱也說文曰告祭也　洘水乾　燺火乾

丂氣欲舒皃　⿰高頁⿰高頁領大頭　薧乾魚周禮曰辨魚物爲鱻薧注云薧乾也亦作槁又薧里字音蒿　⿱艹頁瓜蔓苗頭五老

切二⿰午頁顚⿰午頁大頭

三十三哿嘉也古我切四舸楚以大船曰舸笴箭莖也又公旱切䇶笴䇶出南中瑳玉色

鮮白千可切三䰈髮好皃也又昨何切磋磋石地名嚲垂下皃丁可切五軃古文哆語聲又昌者切下脣垂皃

癉勞也又怒也䫂醜皃縒鮮絜皃也蘇可切又楚宜切三娑駊娑殿名又蘇哥切褨衣長皃𡖅北方人呼

父徒可切九柁正舟木也俗從㐌餘同舵上同陊下坂皃又落也袉裾也拕引也沱讉沱沙水往來皃又徒河

切沲上同詑輕也我己稱又姓我子古賢者著書五可切五騀駊騀馬揺頭皃䫏側弄也㧴差也

硪硪硪山高皃袉長舒皃吐可切又徒可切一𣟴𣟴椏樹斜來可切九䣰䣰鈞出異字苑欏裂也砢磊砢

石皃㦬㦬懡也玉篇又作⿰面羅⿰面麼⿰目羅色光明出釋典⿰旦斤柯擊也亦斫也⿰旦刂上同⿱⿰旦斤口⿱⿰旦斤口哆脣垂皃橠

橠木盛皃奴可切六娜婀娜美皃𢠩成也⿰忄衺上同那俗言那事本音儺袲袲衣好皃荷負荷

也胡可切又戶哥切二何上同㰤大笑虛我切五⿰口閜上同⿰可攴擊也⿰早攴上同⿰可頁傾頭皃又音訶可許可

也又虜複姓三氏周太保主雄賜姓可頻氏梁有河南王可沓振又有可達氏又虜三字姓三氏後魏書可地延氏改爲延氏又并州刺史男

可朱渾買奴前燕慕容儁皇后可足渾氏枯我切四 岢 岢嵐鎮在嵐州 軻 轗軻又音坷 坷 坎坷 閜 閜砢欲傾皃烏

可切七 椏 ⿰木磊椏樹斜 ⿰木哀 ⿰木哀橡 婀 婀娜亦作婀 㛔 人姓莊子有㛔荷甘又音痾 旖 旖旗旖皃又徛蟻切 哀

哀褒 左 左右也亦姓齊之公族有左右公子後因氏焉又漢複姓二氏左傳宋公子目夷爲左師其後爲氏秦有左師觸龍晉先蔑爲

左行其後爲氏漢有御史左行恢臧可切三 𡯃 ⿺尢皮𡯃又子賀切 𠂇 戾也說文曰左手也象形

三十四果 果 果敢又勝也定也剋也亦木實爾雅曰果不熟爲荒俗作菓古火切十一 菓 見上注 猓 猓然獸名

輠 車脂角又音禍 鐹 刈鉤又古臥切 划 划刈 裹 苞裹又纏也 蜾 蜾蠃蟲也 惈 蒼頡篇果敢作此惈

餜 餅餜食 粿 淨米 埵 土埵丁果切十五 鬌 小兒翦髮爲鬌 挅 搆量 ⿰糸朶 冕前垂也 朶 木上

垂也 朵 上同 綞 綞子綾出字林 揣 搖也又初委切 鍺 車鐗 ⿰阝朶 山漼 ⿰金朶 鈌也 ⿰禾耑 禾垂皃又丁官切

⿰耑攵 試也又初委切 ⿰革朶 履跟緣也 褍 衣正幅也 鎖 鐵鎖也俗作鏁蘇果切十二 瑣 青瑣漢舊儀曰黃門令日

鞣

暮入對青瑣丹墀拜名曰夕郎又瑣小皃　溑水名　葰葰人縣在上黨又蘇瓦切　⿱竹𧴪竹名　⿰麥𧴪說文曰小麥屑之覈

⿰魚𧴪魚名　⿰石𧴪小石　⿰𧴪阝亭名在河南　惢心疑也又醉隨才捶二切　⿰扌𧴪動也　𧴪貝聲　墮落也徒果切又

他果切十四　垜射垜亦作垛　⿰朶瓦長沙呼甌也　⿰禾垂小積　⿱竹朶竹名　⿱竹隋上同　鞖履跟緣也或作鞣　⿰金隋

車轄又犂鍩出玉篇　憜嬾惰也說文曰不敬也　惰上同　媠美也說文曰南楚人謂好曰媠又吐臥切　鬌又丁果切

鰖魚子巳生又他果弋水二切　嶞山高　妥安也他果切九　嫷好也　陏裂肉也又徒果切　鰖魚子巳生

⿰山妥山長皃　墮倭墮髻也又徒果切　橢器之狹長　⿰阝⿱左土山皃　⿰妥鳥鳥名　麼幺麼細小亡果切三　⿰目麼⿰目麼矖

日無色　懡懡㦬人慙　坐釋名曰坐挫也骨節挫屈也祖果切二　⿱亜土古文　⿰女厄好皃五果切二　厄木節也亦

作戹　裸赤體說文曰袒也郎果切九　躶臝臝並上同　卵又力管切　瘰瘰癧病筋結也　⿸疒⿱彖虫上同　蓏

果蓏說文曰木上曰果地上曰蓏應劭云木實曰果草實曰蓏張晏云有核曰果無核曰蓏　臝螺臝蒲盧郭璞云細腰蜂也負螟蛉

之子於空木中七日而成其子法言云螟蛉之子殪而逢蜾蠃祝曰類我類我久則肖之　婐婐妮身弱好皃烏果切三　倭倭墮

又烏戈切𡖃多也妑奴果切二把把擿跛跛足布火切又彼義切四簸簸箕揚又布箇切駊駊騀馬惡行又音叵
𡰥𡰥𡰪行不正也叵不可也普火切四駊駊騀頗又普波切𡸣𡸣峩山皃禍害也胡果切七𥚁上同
夥楚人云多也𡖊上同𣄩說文云逆惡之驚詞輠車脂角又音果過過過也秦人呼過爲過也火河圖挺左
輔曰伏羲禪於伯牛鑽木作火說文曰燬也南方之行炎而上象形呼果切二邩玉篇云地名顆小頭苦果切三堁堀堁
塺起也𣪚研理又音課爸父也捕可切一脞書傳云叢脞細碎無大略也倉果切二䂳碎石硰硰石地名作可切一

三十五馬說文曰怒也武也象頭髦尾四足之形尚書中候曰稷爲大司馬釋名曰大司馬馬武也大揔武事也亦姓扶風人
本自伯益之裔趙奢封馬服君後遂氏焉秦滅趙徙奢孫興於咸陽爲右內史遂爲扶風人又漢複姓五氏漢馬宮本姓馬矢氏功臣表有馬
適育溝洫志有諫議大夫乘馬延年何氏姓苑云今西陽人孔子弟子有巫馬期風俗通有白馬氏莫下切七碼碼碯石似玉𨛘郁𨛘
縣名在犍爲罵罵詈又莫霸切𩡧宂𩡧在燕野䳸異鳥鰢魚名者語助章也切三赭赤土堵縣名
又姓左傳鄭有堵女父堵狗又音覩野田野說文云郊外也羊者切五壄古文也語助辭之終也冶銷也尸子曰蚩尤造九冶

⿱乍吾

又妖冶亦姓左傳衛大夫冶廑 虵羌複姓有虵咥氏又食遮切咥都結切 雅正也嫺雅也說文曰楚烏也一名鸒一名卑居秦謂之雅五下切五 疋正也待也說文所葅切足也古文以爲詩大雅字又山呂切 庌廡也說文曰廡也周禮曰夏庌馬 厊厏厊不合 ⿱疋皿酒器 檟山楸古疋切十 榎上同 嘏大也福也 假且也借也非眞也說文又作徦至也又姓漢有假倉 叚說文借也 賈姓也出河東本自周賈伯之後又音古 斝玉爵禮記曰夏后氏以醆商以斝周以爵 瘕久病腹內又古牙切 椵爾雅曰櫰椵郭璞云柚屬子大如盂皮厚二三寸中似柷食之少味 婽好也 灑灑水也砂下切一 啞不言也烏下切又乙革切三 瘂 ⿸疒⿰亞欠並上同 灺燭妻徐野切三 担取也 䵎䵎慢汚也出文字辨疑 下賤也去也後也底也降也胡雅切四 丅古文 夏大也又諸夏亦州名秦屬上郡漢分置朔方部晉末赫連勃勃於州稱大夏爲後魏所滅置鎮又改爲夏州又胡駕古下二切 廈廈屋 寫憂也除也程也盡也又轉本曰寫悉姐切四 ⿰木寫案之別名 瀉瀉水 ⿱乍吾獸名 蛆蛆蛆好皃銼瓦切一 乜蕃姓彌也切一 且語辝七也切又子余切一 㗻大笑許下切三 閜大裂 覀說文曰覆也覆覈賈類皆從此 社社稷又漢複姓二氏風俗通云齊昌徙居社南因以爲氏何氏姓苑云右扶風有焉又有社北氏常者切三 埜器名 樜宜樹善夢神見仙經 跒跁跒

行皃苦下切一 跁 傍下切三 竨 短人立也 笆 竹名出蜀又音巴 捨 釋也書冶切五 舍 止息亦上同又音赦 騇
牝馬 ⿰飠多 ⿰飠肖飫 ⿰飠舍 上同 姐 羌人呼母一曰慢也兹野切三 抯 取也又才也切 飷 無食味也 把 持也執也愽下切一
踝 足骨也胡瓦切十一 稞 淨穀 ⿸尸系 青絲履又繩履 ⿰耳果 地名 黊 鮮明黃色 黊 說文曰黃華又音壞 觟
牝牂羊生角者又楚冠名 ⿰魚果 魚似鮎也 ⿻戈卂 大口又聲說文曰擊踝也 輠 轂頭轉皃 ⿺麥果 ⿺麥舌名 寡 鰥寡說文少也
古瓦切八 冎 剔人肉置其骨 剮 俗 ⿱冎木 老人柱杖 ⿰亻冎 ⿰亻冎⿰亻冎行皃 𦫳 羊角皃 ⿱竹冎 箴⿱竹冎收絲具 ⿰角冎 觰⿰角冎
牛角開 瓦 古史考曰夏時昆吾氏作瓦也五寡切二 邷 衞地 若 乾草又般若出釋典又虜複姓二氏周書若干惠傳
曰其先與魏俱起以國爲姓後燕錄有步兵校尉若久和人者切又人勺切三 惹 亂心 ⿰口尒 應聲也 鮓 釋名曰鮓菹也以鹽
米釀魚以爲菹側下切五 厏 厏厊不合 謯 謯訝訶皃 ⿱竹差 炭籠也又音⿰齒差 痄 痄瘂不合 觰 牛角橫都賈切又竹
加切一 槎 逆斫木士下切又仕加切二 厏 厏厊 奲 寬大也昌者切五 ⿰扌者 擊也 ⿰奢鬼 醜⿰奢鬼 哆 脣下垂皃
又當可切 撦 裂開 ⿰糹奓 ⿰糹奓⿱奴糸相著皃竹下切一 ⿱奴糸 奴下切一 髁 ⿱覀月骨苦瓦切七 跨 ⿱覀月跨又苦化切 骻

上同帢帢衿袍也銙帶飾襘帛衣𠦂跨步又口化切硰好雌黃又瓦切又七火切一穤穤米穀南人食之

或云茙葵丑寡切一蕿蕿人縣名沙瓦切三謏強事言語傻傻俏不仁奼嬌奼也丑下切又陟嫁切一藞

玉篇云藞磋泥不熟皃盧下切

三十六養

養育也樂也飾也字從羊食又姓孝子傳有養奮餘兩切七痒皮痒癢上同瀁滉瀁水皃蛘蟻名

說文曰搔蛘也勨勉也又音象⿰虫養蟲名像似也徐兩切十一象說文曰象長鼻牙南越大獸三季一乳象耳牙

四足之形爾雅曰南方之美者有梁山之犀象蟓桑上繭橡櫟實襐未笄冠者之首飾也勨勉也又音養鱌

魚名似魟白鼻長也潒潒遠⿱艹象草名⿺辶象行也⿰山象山名奬勸也助也成也譽也厲也即兩切六獎上同說文

本作獎嗾犬厲之也⿱竹將剖竹未去節也又秦杖切槳檝屬⿰木將上同蔣國名亦姓風俗通云周公之胤又漢複姓漢有

同陽令蔣匠照又子羊切㒳說文曰再也易云參天㒳地今通作兩良獎切八兩上同說文曰二十四銖為一兩脼膎脼⿰木兩

松脂緉雙屨蜽蝄蜽蟲名說文曰蝄蜽山川之精物也國語曰木石之怪夔蝄蜽亦作魍魎魎見上注𠢕𠢕勥力拒鞅

迫

牛羈也說文頸靼也於兩切十一抰木名秧秧穰禾稠也又音央鉠飽皃詇早知也岟岟山足駚駚驡馬皃
炴火光眏無資量謂無極限也怏怏悵也又於亮切紻冠纓勥迫也勉力也其兩切五彊說文云弓有力
也或作強又姓前秦錄有將軍強求又其良切弜弓有力也誩競言滰乾米之皃仰偃仰也說文舉也魚兩切三
茚昌蒲別名卬望也欲有所度磢瓦石洗物初兩切六⿰爽瓦上同⿰爽刂皮傷搶頭搶地見史記又七良七養切傸
淨也愴愴怳失意皃又音創想思想也息兩切二鮝乾魚腊也掌手掌又姓晉有琅耶掌同前涼有燉
煌掌據諸兩切三仉姓梁公子仉瞀後也爪反爪爽明也差也烈也猛也貴也踈兩切九爽上同繺屩中絞繩
鷞鷞鳩塽塽塏高也樉木名⿰爽瓦半瓦漺淨也又初兩切⿰爽頁醜皃響聲也許兩切八饗歆饗蠁
說文曰知聲蟲也⿰虫向上同亯獻也祭也臨也向也歆也書傳云奉上謂之亯享上同亦作享嚮爾雅兩階閒謂之嚮
本亦作鄉又音向曏不久也又音向敞高也昌兩切七惝惝怳驚皃氅鷙鳥毛也⿱敞鳥上同㢢屋也出方
言又音唱䟫踞也又丑尚直庚二切僘僘寬也繈絲有纇又孟康曰繈錢貫也俗作鏹居兩切五鏹俗見上注襁

繦襁褓負兒衣博物志云繦織縷爲之廣八寸長二尺以約小兒於背上膙強筋頭憼敬也說文音景丈說苑曰十尺爲丈直
兩切四杖說文曰持也大戴禮曰武王踐阼爲杖之銘曰惡乎失道於嗜慾惡乎相忘於富貴呂氏春秋曰孔子見弟子抱杖而問其父
母拄杖而問其兄弟曳杖而問其妻子尊卑之差也禮曰苴杖竹也削杖桐也仗憑仗本又音去聲痮病也袒通也明也舒也
丑兩切二鋹長利也獷獷平縣在漁陽居往切又居猛切一壤土也書傳曰無塊曰壤風土記曰擊壤者以木作之前廣後銳
長尺三四寸其形如履臘節僮少以爲戲也逸士傳曰堯時有壤父擊於康衢藝經曰擊壤古戲又漢複姓孔子弟子有壤駟赤如兩切八
釀釀菜爲葅⿰月襄肥蜀人云穰豐穰又汝羊切蠰蟲名似蛘而小攘擾攘又汝羊切躟躟躟行疾皃⿰石襄
惡雌黃賞賜也又吳姓有賞氏書兩切五⿰食象日西食餳上同饟周人呼餉食曏少時也又火亮切
髣髣髴亦作彷佛妃兩切六彷彷佛俗仿說文曰相似也紡績紡鶭鶭鸅鳥蒼黑色常在澤中俗呼爲護
澤鴋上同网网罟說文曰网庖羲所結繩以田以漁也世本曰庖羲臣芒所作五經文字作罔俗作冈文兩切十二網上同
罔上同又無也輞車輞棢上同惘惘然失志皃菵菵草誷誷誣⿱亡土上同𦖠耳疾蛧蛧蜽

𢻲 臩 臩

魍魍魎上同昉明也分网切四倣學也放上同瓬周禮有瓬人爲簋者蓋埏埴之工又音甫枉邪曲也亦姓今虢州有紆往切四𢻲曲𢻲傴人汪汪陶縣在鴈門又烏光切往之也去也行也至也于兩切二暀德也是也光也爾雅曰暀暀皇皇美也怳惝怳許昉切二詤夢中言也又火光切搶七兩切又初兩七羊二切二搩上同長大也又漢複姓晉有長兒魯少事智伯智伯絕之三年其後死智伯之難知丈切又直張切一上登也升也時掌切又音尚二丄古文𢓊楚詞注云𢓊𢓊遑遽皃求往切一臩說文曰驚走也一曰往來皃俱往切四迋欺怨儣載器也出埤蒼逛走皃𩧢姓也䚡養切一𩒻醜也初丈切二傸惡也

三十七蕩

蕩大也又水名出湯陰又姓宋之公族也徒朗切十二崵山名漢高鳳隱處婸婬戲皃簜大竹筩潒水大之皃又洸潒也像放像或作婸愓不憂璗玉名說文曰金之美與玉同色者也盪滌盪摇動皃說文曰滌器也又吐浪切暘舂也持米精也簜大竹嵣嵣㟐山皃顙額也蘇朗切四𪔳鼓匡木也𪔳上同磉柱下石也廣大也闊也古晃切二鄺姓出廬江榜木片北朗切六牓題牓𣯷毛𣯷罽文螃陸居

朗
又集作[illegible]
女人

蝦蟆蒡牛蒡菜⿱髟盎⿱髟盎毛亂毛駔會馬市人又牡馬也子朗切三驡駚驡馬容髒骯髒體盤曩

乂也奴朗切二灢泱灢水不淨見海賦沆沆瀣氣也胡朗切六骯骯髒體盤⿰足亢伸脛也頏直項之皃蚢

貝大者如車輞爾雅作魧吭聲也曭日不明他朗切十二儻倜儻不羈又他浪切偒長皃戃戃慌失意皃

矘矘⿰目莽目無精簜說文曰大竹筩也帑金帛舍又音奴爣爣朗火光寬明⿰月黨⿰月黨⿰月莽月不明也⿰月昜

大瓜名又⿰月昜⿰月昜長皃⿰白黨白曭攩攩提搥打莽莫莽說文曰南昌謂犬善逐兔於艸中為莽又姓前漢反者馬何羅後漢

明德馬后恥與同宗改為莽氏模朗切又莫古切十茻說文曰衆艸也壾吳王孫休子名見吳志⿰目莽無一睛⿰莽色⿰莽色

無色狀⿰目莽日無光⿰金莽鉆⿰金莽又莫古切蟒蛇最大者漭漭沆水大⿰山莽⿰山莽嵣山皃黨釋名曰五百家為黨

黨長也一聚所尊長也又輩也美也累也說文曰不鮮也多朗切五讜直言欓木名⿰黨阝地名說文作鄗⿱艹黨草名

朗明也亦姓出姓苑盧黨切七朖誏並上同俍俍偒長皃崀㟍崀山空榔木名⿱宀良⿱宀康⿱宀良空虛

坱塵坱也又朗切十姎姎自稱姎我又烏朗切眏眏䁳不明泱㳷泱水皃咉咉咽悲也醠濁酒

篕竹名玉篇云篕無色也盎盆也又烏浪切駚駚驡馬容軮軮軋聲也慷慷慨竭誠也苦朗切七忼

上同嵻嵻崀山空骯骯髒體盤䡉車䡉之名㝩㝩㝗空虛𢞃大也又丘廣切說文又口謗切汪

大水烏晃切二瀇水深廣皃晃明也暉也光也亦作晄胡廣切七幌帷幔也晉惠起居注云有雲母幌櫎兵欄

讀書牀也滉滉瀁水皃攩攩打又吐朗切皝人名前燕慕容皝也䯁髀吳人云髈回朗切二䒀

䒀艵無色慌慌戃呼晃切七爌爌朗寬明也又苦晃切宊宊㝗也䁜䁜瞵䁜目疾出新字林𦝫𦢊𦝫

月不明皃䀭日旱熱也䚘夢言也䲳鹽澤也各朗切四𨠵𤱪並上同䟘伸脛也駠馬怒

䮾驡駠也五朗切二奘大也徂朗切一蒼莽蒼麁朗切一汻姓今涇州有之呼朗切三酐苦酒𤰟鹵町

𢞃大也寬也怨也丘晃切三䡉䡉軏輞也爌爌朗寬明也又火光

三十八梗

梗梗直也又桔梗藥名古杏切九挭挭槩大略哽哽咽郠邑名在莒綆井索鯁刺在

喉又骨鯁謇諤之臣埂堤封吳人云也骾骨骾𧎖蟲名丙辰名爾雅云太歲在丙曰柔兆又光也明也又姓風

境

俗通云齊有大夫丙歜兵永切九昞亮也亦作昺怲憂也邴邑名在泰山又姓左傳晉有大夫邴預又音柄炳

炳煥明也秉執持又十六斗曰藪十藪曰秉又漢書有秉漢窉爾雅云三月爲窉本亦作寎又兄病孚命區詠三切苪

著也蛃蛃蟲名警寤也戒也居影切八儆上同景大也明也像也光也炤也又姓齊景公之後後漢有景丹境

界也璥玉名蟼蛙屬㯳所以正弓出周禮亦作檠憼敬也影形影於丙切八璟玉光彩出埤蒼璄

上同𩜴飽亦作⿰食英擏中擊⿰英毛毛車⿰英刂玉篇云刺也⿺風英高風省省署漢書曰舊名禁中避元后諱改

爲省中又姓左傳宋大夫省臧所景切又息井切九眚過也災也⿸疒省瘦⿸疒省也⿰女省減也⿰省見⿰省見腳露也⿵門省閣府今爲

省字⿰省瓦瓶⿰省瓦有耳瓶渻水名亦丘名⿰省阝上同永長也引也遠也遐也亦姓出何氏姓苑于憬切二栐

木可爲笏⿱艹兄小風許永切一皿器皿武永切三⿱穴皿⿱穴皿戶土穴⿱囧皿盟也憬遠也俱永切六囧光也臩

火也璟玉光⿱景馬驚走皃暻明也曲見悟也杏果名廣志曰滎陽有白杏鄴有赤杏黃杏何梗切三莕

莕菜荇上同猛勇猛又嚴也害也惡也亦姓左傳晉大夫猛獲之後莫幸切六⿰目黽盯視皃蜢虴蜢蟲艋

丱　𪓟　奔

艀艋小船　艀陟挌切　鼆蛙黽屬　鄳縣名在江夏　礦金璞也古猛切七　鑛同上　鉷古文　𪎊𪎊麥　⿰麥黃上同

獷犬也又居往切獷子縣名在漁陽　穬穀芒又曰稻不熟　浜浦名布梗切又布耕切三　併詐偽人也　絣絣急

皃　盯盯矃張梗切一　瑒祀宗廟圭名長一尺二寸徒杏切又音暢一　⿱𤇾目清潔烏猛切三　泂泂澋水回旋也

奣六合清朗　打擊也德冷切又都挺切一　冷寒也魯打切又魯頂切一　丱金玉未成器也乎⿱𤇾目切二　澋泂澋水回旋也

鮩鮩魚別名蒲猛切一　⿱目介⿱目介然舉目也苦礦切又音句一　檸木皮入酒浸治風拏梗切一

三十九耿　耿介也又耿耿不安也又姓晉大夫趙夙滅耿因封焉遂以國為氏古幸切三　⿱艹耿芋莖也　⿱竝目⿱竝目猛視皃

⿰黽孟武幸切三　鼆句鼆魯邑名　黽蛙屬　幸說文作㚔吉而免凶也从屰从夭夭死之事故死謂之不㚔胡耿切四

㚔見上注　倖儌倖　⿰幸瓦⿰幸瓦甑瓶有耳　⿰亻竝俱也或作併羅列也蒲幸切四　⿰魚丙⿰魚丙蛤　⿱竝黽亦同　⿸厂黽同

⿰并皃⿰并皃⿰皃曷蒲皃普幸切一

四十静　安也謀也和也息也疾郢切十　睜眳睜不悅視也　⿰青彡清飾也　靖立也思也理也審也又姓齊靖郭君

之後風俗通云單靖公之後姘女人貞絜也婧上同穽坑也阱上同猙獸如狐有翼又音爭竫停安

整正也齊也之郢切二整俗逞通也疾也盡也丑郢切六騁馳騁又走也裎襌衣悜慎悜意不

盡也鞓驂具又丑善切睈視也又意不盡郢楚地以整切三浧泥也梬梬棗似柹而小痙風強病也巨郢

切二涇王篇云寒也潁水名在汝南亦州名禹貢豫州之境春秋時沈丘也秦為潁川郡漢為汝南郡之汝陰後魏置潁州餘頃

切二穎禾末也穗也又姓左傳有穎考叔領理也錄也說文項也良郢切六嶺山坂也裴潛廣州記云大庾始安臨賀桂陽揭

陽為五嶺與鄧德明南康記云別也阾古文柃木名可染衿衣衿禮左執領不從衣𦺇草名頸項也居郢切又

巨成切一餅必郢切五屏蔽也爾雅曰屏謂之樹又廣雅曰罘罳謂之屏風俗通云卿大夫帷士以廉以自鄣蔽鉼

鉼金謂之鈑周禮祭五帝則供鉼金併併合和也又必姓切䴵索䴵出食苑頃田百畝也去潁切六𩑶古文㯋

竟也檾枲草苘䔛並上同井說文曰八家一井象構韓形罋之象也古者伯益初作井今作井見經典省又姓

姜子牙之後也左傳有井伯子郢切二郉郱邢地名廮安也又廮陶縣名在趙州於郢切五鄸地名癭瘤也

博物志云山居之人多癭疾 ⿰婁欠 ⿰婁欠氣 ⿱目月 滯氣 請 乞也求也問也謁也七靜切又疾盈疾姓二切二 睛 眳睛不悅

目皃出字林又音精 省 察也審也息井切六 渻 說文曰少減也一曰水門又水丘前謂之渻丘 睲 睲睲照視 惺 惺悟

出字林 ⿰木省 組几名 ⿰忄省 ⿰忄省悟皃俗 眳 眳睛亡井切二 慏 慏悜意不盡也 徎 雨後徑也又丈井切一 逞 通也

四十一迥 遠也戶頂切五 冋 空也 炯 光也明也又音熲 泂 詩云泂酌 適 草名 熲 光也又輝也古迥切

八 炅 光也又古惠切 烱 火明皃又音迥 泂 滄寒 頛 篋名 餇 餇飽皃 ⿱目大 目驚 ⿰虫冋 ⿰虫冋蝏似蛙 茗 茗草

莫迥切七 嫇 嫇奵自持也 酩 酩酊 瀴 瀴涬大水皃 溟 上同 眳 眳睛 姳 姳好 頂 頂顙頭上說文顛也都挺

切十三 𩠐 上同 ⿰鼎頁 籀文 奵 嫇奵 耵 耵聹耳垢 鼎 說文云鼎三足兩耳和五味之寶器禹收九牧之金鑄鼎荊山

之下 薡 草名 酊 酩酊 濎 濎濘水皃 葶 葶藶毒草 靪 補履又音丁 打 擊也又都冷切 ⿸广頁 展也

挺 挺出說文拔也徒鼎切十二 艇 小船 鋌 金鋌 梃 木片 娗 長好皃 町 田畝又音汀 霆 疾雷又音

庭 莛 草莖又音庭 涏 涏寒 蜓 蟲名又徒典切 訂 平議 誔 詑言 珽 玉名說文曰大圭長三尺抒上

矢夭

終葵首他鼎切十二打平也脡脯朐侹長也直也代也勑也頲直也徎徑也壬善也町田壠艼荊也

又禿鈴切㽪田器𦉪𦉪䍅小網閅門上關汫汫濙小水皃徂醒切一濙汫濙烏迥切一謦謦欬

也去挺切一𩕄頂𩕄乃挺切五聹耵聹𧓍似蛙濘泥也又乃定切薴葶薴婞很也胡頂切七涬

瀴涬大水皃䱴魚名鋞似鐘而長脛腳脛又胡定切悻悻恨緈絓緈醒醉歇也蘇挺切二箵

箵笭篝籠鞞刀室補鼎切一褧褧衣說文檾也口迥切六檾枲屬苘上同烓行竈又烏圭切熲

禪也絅衣剄斷首古挺切二烴焦臭顈斂容匹迥切一巊巊溟山水皃烟涬切三覭誙厭瀴瀴涬大水

皃笭篝笭籠也力鼎切三䍅𦉪䍅小網冷寒也又姓前趙録有徐州刺史冷道字安義又盧打切並比也蒲迥

切四竝上同鮩白魚名也併立竝又必姓切詗明悟了知也火迥切一䁝直視皃也五剄切二𥎿小皃

四十二拯救也助也無韻切音蒸上聲五抍撜並上同見說文𨋬軺車後登出字林氶晉譙王名庱

亭名在吳晉陵丑拯切又恥陵切一殑殑殑欲死也其拯切一𣨶殑殑色夌切一

莥

四十三等 齊也類也比也輩也多肯切一 倗 不肯也普等切二 崩 穆天子傳云西征至崩郭璞云國名也前漢書有崩成侯 肯 可也說文作肎骨間肉肎肎著也一曰骨無肉苦等切二 肎 上同 能 夷人語奴等切本又奴登切一

四十四有 有無又果也取也質也又也又姓孔子弟子有若又漢複姓有男氏禹後分封以國爲姓出史記云久切九 右 左右也又漢複姓五氏左傳宋樂大心爲右師其後因官爲氏漢有中郎右師譚晉賈華爲右行因官爲氏漢有御史中丞右行緯何氏姓苑有右閭右扈邑右南等氏 ⿰有鳥 鳥名似雉 友 朋友同志爲友 㕛 上同出說文 ⿱有皿 器也又余救切 ⿱右皿 上同 栯 木名服之不姡又於六切 ⿱艹有 草名 柳 木名說文作桺小楊也从木丣聲丣古文酉餘倣此又姓出河東本自魯孝公子展之孫以王父字爲展氏至展禽食采於柳因爲氏魯爲楚滅柳氏入楚楚爲秦滅乃遷晉之解縣秦置河東郡故爲河東解縣人力久切十四 罶 魚梁 ⿱罒卯 上同 懰 好也 珋 石之有光璧珋也說文本音留 飀 飀飀風皃 嬼 妖美又婁婦也 ⿱劉金 竹⿱金皿聲 ⿰鼠卯 似鼠而大又音留 熮 火爛 瀏 水清 綹 十絲爲綹 䡂 載柩車也 茆 鳧葵水草詩云言采其茆即蓴菜也又莫飽切 狃 相狎也女久切十一 紐 結也 鈕 印鼻昇又姓何氏姓苑云今吳興人東晉有鈕滔也 杻 木名 莥 玉篇云鹿豆也 ⿸几丑 爾雅

韻上聲 四十五

莥集韻作𦬙 莥作𦬙

蕢

云貍狐貓貓跡也扭扭手轉皃猱習也䏔食肉𨚮地名莥蔄實亦作莥丑辰名爾雅曰太歲在丑曰赤奮若敕久切三杽杻械拝古文肘臂肘陟柳切四疛說文曰小腹痛[疒肘]上同扭扭按也又音紐朽腐也許久切四𣦵上同㽱病也殠臭也久長久也舉有切七九數也又漢複姓二氏何氏姓苑云昔益縣人姓九百名里為縣小吏而功曹姓萬縣中語曰九百小吏萬功曹列子秦穆公時九方皐一名甄善相馬也玖玉名灸灸灼也又居又切韭說文曰菜名也一種而久者故謂之韭象形在一之上一地也俗作韮𡛖女字也亦作奺[夂隹]姓出纂文首頭也始也書九切六𩠐上同𦣻人頭象形手手足守主守亦姓出姓苑䭭人初產子醜類也穀也釋名曰醜臭也如物臭穢也又虜複姓西秦錄有下將軍醜門于弟昌九切三𨡅瑞草也䰩棄也惡也譸又市籌切湫溲水漬也在九切又子由子小切二愀變色也又鍬小切婦說文曰婦服也从女持帚洒埽也房久切十五𧒂𧒂蝜負擔也荷也又受貸不償因負背恩忘德曰負也萯王萯草蝜蝜蝂阜陵阜釋名曰土山曰阜阜厚也言高厚也廣雅曰無石曰阜𨸏上同鴀鳩別名也偩禮云禮樂偩天地之情草香草隯盛也亦作隅

⿰阝馬上同 焞熾焞 萺香草又步乃切 ⿰虫帚鼠⿰虫帚 缶瓦器鉢也史記云秦王趙王會于澠池藺相如使秦王擊缶是也詩疏云缶者瓦器也所以盛酒漿秦人鼓之以節歌方久切八 缹蒸缹 否說文不也又房彼切 不弗也說文作丕鳥飛上翔不下來也从一一天也象形又甫鳩甫救二切 鴀鳺鳩 痞病也 殕物敗也 妚好皃

糗乾飯屑也孟子曰舜糗飯茹菜又姓風俗通漢有糗宗爲嬴長去久切一 蹂踐也人九切十 楺屈木 煣上同 輮車輞 沑說文曰水吏也又溫也 禸獸跡又女九切 莥莥蘘菜不切也 ⿰禾柔禾⿰禾柔 ⿱柔車車軔 粈糅粈 舅夫之父也亦母之兄弟又姓左傳秦大夫舅犯其九切十一 倃說文毀也 臼杵臼世本曰雍父作臼又姓左傳宋華貙家臣臼任 齨齒齨亦馬八歲俗作⿰馬臼 麔牝麋 鴭鳥名似鵂有冠 咎愆也惡也過也災也從人各各者相違也 ⿱臼木米 椇 ⿸疒咎病也

⿱咎心怨⿱咎心也 ⿰言咎毀也 紂殷王号也方言云自關而東謂緧曰紂俗作𦃍除柳切六 ⿱竹紂竹易根而死也 鮦銅陽縣在汝南又直冢切 紂褁也 聚姓也襄州有之又音籌 𦡆小腹痛又腿後 酉飽也老也就也首也又辰名爾雅曰太歲在酉曰作噩又姓魏有酉牧與久切二十一 丣古文 誘導也引也教也進也說文曰相訹呼也 羑

輖 牖

牖上同並見說文 牖道也向也說文曰牖穿壁以木為交窻也禮曰蓽門閨竇蓬戶甕牖 卣中形鐏又音由 槱
積木燎以祭天也 梄上同 莠草也 羑羑里文王所囚處人有羑水並在湯陰又姓也 庮久屋木也周禮曰牛
夜鳴則庮鄭司農云庮朽木臭也 十[illegible] 秀朝生暮死蟲名 宊字書云貧病也 𧦝說文云言意也 琇玉名又音秀
栖作栖木 鹵遺也 輶輕車又音由 醻酒 𦎈水名 受容納也承也盛也得也繼也殖酉切五
壽壽考又州名楚孝烈王自陳徙都壽春號曰郢秦為九江郡魏為淮南郡梁為南豫州周為揚州隋平陳為壽州亦靈壽木名
生日南又姓王莽兗州牧壽良又漢複姓前漢燕王遣壽西長之長安蘇林云壽西姓也又承呪切 𨞪水名在蜀亦地名也 璹玉名
又音孰 綬組綬禮云天子玄公侯朱大夫純世子綦士緼應劭漢官曰綬長一丈二尺法十二月廣三尺法天地人也 溲溲麪
說文曰久泔也息有切四 𧖴𧖴 醙白酒 縜絆前兩足又相主切 𩗂飀於柳切三 𩶅魚名 懮懮愛舒遲皃
酒酒醴戰國策曰帝女儀狄作而進於禹亦云杜康作元命包曰酒乳也又酒泉縣在肅州陶侃傳云水甘如酒因以名之亦姓也子
酉切一 浚浚麪亦作溲踈有切一 帚少康作箕帚之九切五 菷俗 鯞鯫鯞魚名 晭明晭 輖

猛獸怌小怒芳否切三紑不鮮也又孚丘切雬霧雺掫持物相著側九切三搊搊扇別名𧊱蟲名𥢖聚名士九切一𩋰𩋰束初九切二𩌀上同秠爾雅曰一稃二米此亦黑黍漢和帝時任城生黑黍或三四實實二米得黍三斛八斗是芳婦切又匹几孚悲二切一

四十五厚厚薄又重也廣也說文作𠪋曰山陵之𠪋也又姓出姓苑胡口切七垕古文後先後說文遲也又胡豆切逡古文后君也又姓漢有少府后倉又音候郈鄉名在東平又姓左傳魯大夫郈昭伯呴欲吐又呼后切母父母老子注云母道也蒼頡篇云其中有兩點象人乳形豎通者即音無莫厚切十四牡牝牡某詔前人之言也拇大拇指也胟上同畝司馬法六尺為步步百為畝秦孝公之制二百四十步為畝也畮畞並古文莽草莽𤝞猦𤝞獸名痗病痗踇踇偶山名踇行皃䳇鸚䳇能言之鳥又音武部署也又姓出姓苑蒲口切十培培塿小阜或作𡶈犃犃𤙭偏高又牛頭短䏠豕肉醬瓿瓿甊小甖𦈣小缶䴺䴺𪌍餅篰櫝也蔀蔀菜魚蔀也易云豐其蔀王弼曰蔀覆暖鄣光明之物亦音剖婄婦人皃又音剖斗說文作𣁬十升也有柄象形石經作斗當口切八㪷

俗枓柱上方木蚪蝌蚪蟲也阧阧峻陡上同抖抖擻舉皃襡衣袖又音蜀⿰夌主𪍿麰天口切九飳

上同妵人名左傳有華妵說文女字也黈冕前纊也⿰主鳥水鳥黑色又大口切蘣好皃又黃木苗出斢斢斢兵奪人物

出字書鈄姓出姓苑⿰魚豆魚名苟苟且又姓出河內河南西河三望國語云本自黃帝之子漢有苟參古厚切十三玽

石似玉狗狗犬垢塵垢笱笱屚縣名在交阯又魚笱取魚竹器⿱罒句上同耇耇老壽也詬詬恥也又呼候切

枸枸杞茩蔛茩岣岣嶁山嶺敂敂扣打也豿熊虎之子藕爾雅曰荷芙蕖其根藕五口切六蕅上同

偶合也匹也二也對也諧也耦耦耕也亦姓風俗通云宋卿華耦之後漢有侍中耦嘉髃肩前髃也⿰禺瓦盎名⿰扌保衣上

擊也方垢切二掊擊也㝅乳也乃后切六⿰氵乳說文水也陾衆陾⿰女乳⿰女乳婷女肥皃⿰口乳⿰口乳食物出新字林⿱小乳

小皃叜老叜蘇后切十五叟上同傁上同亦從叟餘倣此嗾使犬聲𠺕上同瞍瞽瞍舜父謏謏訹

誘辭擻抖擻舉也藪藪澤爾雅有千數魯有大野晉大陸秦楊陓宋孟諸楚雲夢吳越具區齊海隅燕昭余祁鄭圃田周焦護又

十六斗曰藪籔漉米器也⿰耳叜字林云聰揔名也廋廣雅云隈也掫薪也駷馬搖銜走又思隴切橾車轂

次 一本作次

中空吼牛鳴呼后切七吽上同呴亦同㸸蘷牛子也⿰牛句上同蚼蚍蜉名也又渠俱切㖃厚怒聲剖

判也破也普后切五婄婦人皃部小席又音部⿰咅鳥⿰咅鳥雀名⿱髟咅髮皃歐吐也或作嘔烏后切又烏侯切七

嘔上同毆毆擊也俗作毆㸸特牛又吼口二音⿷凵山山名在溧陽縣塸聚沙褔次衣也又於侯切塿培塿

郎斗切十嘍連嘍煩皃又力侯切簍籠也周禮作簝甊瓿甊甖⿺麥婁麰麴粿餅嶁文字音義云山巔也

⿰婁斗⿰婁斗兵奪人物出新字林謱謰謱小兒語又力侯切漊溝通水漊也耬耕畦走趨也子苟切又音奏一

口說文曰人所以言食也亦姓今同州有之苦后切九扣扣擊也亦作叩㸸牾㸸⿰牛口上同釦金飾叩叩頭⿰言卩

先相訶可叩鄉名竘健也又驅甫切⿱艹榆圓草褥也徒口切六鋀酒器也或作鍮⿱卯豆水盥皃也說文同上揄

揄引䳼水鳥又他口切襡短衣鯫魚名一曰姓漢有鯫生又淺鯫小人仕垢切又七溝切一趣趣馬書傳云趣

馬掌馬之官也倉苟切又七屢切三取又七庾切棷棸也又側溝切

四十六黝黑也於糾切又於夷切七怮憂皃颵颵飂風聲又於柳切蚴蚴蟉龍皃岰崑崙山下澤也

眑幽靜目之皃 㓱愁皃 糾督也恭也急也戾也俗作糺居黝切四 赳武皃詩曰赳赳武夫 朻爾雅曰朻者聊又居
幽切 䦶䦶取皃 螑蚴螑龍皃渠黝切一

四十七寑室也臥也七稔切九 寢上同見說文 寝上同見經典 梫木名桂也 㾛㾛痛又皃醜也
寢說文曰病臥也 䔲覆也 鋟爪刻鏤版又子廉切 醦小甜 朕我也秦始皇二十六年始爲天子之稱直稔切六
𦨷古文 鰧魚名似鰕赤文出廣雅 螣螣蛇 栚說文曰槌之橫者關西謂之撰 顉顉頤醜皃 坅坎也丘甚切一
廩倉有屋曰廩力稔切八 㐭上同 懍敬也畏也 菻菻蒿 凜寒凜 顲顲然作燣色皃 畣火舒
癝粟體 罧積柴取魚斯甚切二 伈伈伈恐皃 踸踸踔行無常皃丑甚切三 鍖鍖鈝 䫖䫖顲自愞劣皃
醦小甜也子朕切四 寖漸也漬也又子鴆切 䭙𦇖通上也 䐶䐶脣病也 荏荏菜也又荏苒如甚切十四 飪
熟食 餁上同 䭃亦同又玉篇云飽也 稔年也亦歲熟廣雅曰稔秋穀熟也 栠木弱皃 恁念也 袵文字
音義云臥席也 䏕肉汁 衽字書云單席 棯果木名爾雅云還味棯棗 𢆉稍甚 鈓鍖鈓 腍味好 枕

任当作衽

蕈　凚

枕席又姓出下邳章荏切又之賃切三 𩕄頭骨後 䫈頭銳長也 沈國名古作邥亦姓出吳興本自周文王第十子聃季食采於沈即汝南平輿沈亭是也子孫以國爲氏式任切又丈林切十四 邥古文 宷說文曰悉也知宷諟也 審詳審也說文同上亦姓漢有辟陽侯審食其 㰂木名山海經云煑其汁味甘可爲酒 瞫窺視又姓後漢書云武落鍾離山有黑穴出四姓瞫氏相氏樊氏鄭氏也 諗告也謀也深諫也又知甚切 魿大魚 魫魚子 淰淰瀾水動也禮運曰龍以爲畜故魚鮪不淰淰之言閃也 嬸志下 眹瞋也 𩵦大魚 蕃草名 葚說文曰桑實也食荏切二 𣡸上同俗又作椹椹本音砧 甚劇過也說文曰尤安樂也常枕切二 訦信也又市林切 瀋汁也昌枕切一 墋土也初朕切三 醦酢甚 磣食有沙磣 拰拰搦尼凜切一 噤寒而口閉渠飲切四 䫴切齒怒也 凚玉篇云寒極也 𨥈說文云[illegible]急也 錦釋名曰錦金也作之用功重其價如金故字從金帛居飲切一 蕈菌生木上慈荏切一 僸仰頭皃牛錦切又音禁三 趛低頭疾行 㾕寒病踈錦切三 瘮上同 槮木實名也 稟供穀又與也筆錦切一 歙說文曰歠也於錦切三 飲上同 㵝大水至又於感切 品官品又類也衆庶也式也法也二 口

顩

則字訟三口乃能品量又姓出何氏姓苑丕飲切一顩頗顩醜皃鈐錦切二頷曲頤之皃又五感切㰹大喪囊也許錦

切又義今切一戡少斫也張甚切又音堪二㲀深擊說文曰下擊上也潭㵲潭水動搖皃以荏切又徒南切一

頗頗顩醜皃士痒切一

四十八感

感動也古禫切十一䉞竹名亦作簢鱤魚名灝亙汁贑水名在南康又音紺贛

酒味傜也贛水名在豫章匴方言云箱類又云覆頭也又音貢䕾蒷薏苡䃭石篋見封禪議灨水名

禫除服祭名徒感切十六䊤糝䊤滓也䨢䨢䨴雲皃黮黔黮雲黑又他感切窞坎傍入也易曰入于

坎窞髧髮垂萏菡萏荷花未舒𧂍上同倓安也𥥍竉窞說文深也𧡊除視醰長味嘾

莊子曰太甘而嘾說文曰含深也贉買物先贉入直也譚大也又姓檶木名晻晻藹暗也冥也烏感切九黭

黭黮揞手覆唵手進食也隌隌闇罯魚網黤青黑色也𡮻𡮻跛又蹇也濶大水至腩

煮肉奴感切六湳水名在西河又姓䈒竹弱䎱羽弱揇揇搦萳䓣草長弱皃襑衣大他感切五𥁜

盬醢亦作醢䏙肉汁嗿衆聲黮黔黮黑也又徒感切歜昌蒲葅徂感切四𢐗弓弦𢐗又作建魿
大魚又才枕切𠜱𩬮𠜱又割翦出也慘憾慼也說文毒也七感切八憯痛也朁說文曾也黲暗色說文
曰淺青黑也又倉敢切㜗說文婪也傪好皃又音平聲噆銜也又子盍切𩕾顉𩕾搖頭又素慘切顉顉𩕾
五感切三𡣗含怒皃嵁嵁崿山形昝姓也子感切三寁速也撍手動糂羹糂墨子曰孔子厄
陳藜羹不糂也或作糝桑感切八糝上同糣糣䊤滓也𢔈顉𢔈㨎撼㨎搖動也槮郭璞云叢木於水中
魚寒入其裏因以箔取之𩕾顉𩕾摇頭皃粽蜜藏木瓜坎險也陷也又小罍也形似壺苦感切十歁食未
飽也惂憂困也又恨也輡輡轢車行不平錎字書云瑣連環也轗轗軻多迍埳埳陷顑顑𩕾瘦也
竷舞曲名臽小穽名也頷漢書曰班超虎頭燕頷說文曰面黃也胡感切十六頜說文曰顄也𡣗𡣗害
惡姓也撼撼動也淊水和泥或作涵菡菡萏欿欲得蜭爾雅云蜭毛蠹涵水入船又胡南切肣
牛腹又音含𢎘說文曰嘾也草木之華未發圅然象形启启嘾乳汁狀出莊子㡟纏耳荅花開顄頤也

𩕾

又胡南切嵢嵢崿壈坎壈盧感切八燣黃焦轗軩名轗浨藏梨汁也出字林醂桃菹顲面顲黃

醜說文曰面顑顲也又力稔切𣔍愁皃漤鹽漬果黕滓垢也黑也都感切十耽虎視又丁含切𡖔玉篇

云多也又丁含切衴埤蒼云被緣也頕顲頕醜也丼姓也瓬瓦屬抌刺也擊也也音由𥲅箱屬又作

䉞䉞上同顑食不飽呼唵切一

四十九敢敢勇也犯也說文作𠭫進取也古覽切七𠭫上同𣪊籀文𢽚古文橄橄欖果木名出交阯

澉澉𩟗無味䈒竹名實中𤅐果決勇也賞敢切覽視也又姓何氏姓苑云彭城人盧敢切六爁火爁擥

手擥取攬上同欖橄欖罱罱網𦵹說文曰雚之初生一名薍一名鵻吐敢切八菼上同緂青黃

色說文充三切白鮮衣皃䑙上同毯毛席𦄐毳衣說文曰帛騅色也引詩曰毳衣如𦄐裧俗𠪚厰唫也又

五今切膽肝膽都敢切六紞紞冕前垂也說文曰冕冠塞耳者𥖁石磮藥名出玉篇黵大污垢黑芜蕁芜

藩又音沈鸇應福鳥名噉噉食或作啖又姓前秦録有將軍噉鐵徒敢切八啖上同啗亦同澹澹淡水皃

淡音談又恬靜又徒濫切 ⿱竹淡竹名 淡滔淡水滿皃又薄味也又徒濫切 憺安緩又徒濫切 惔上同 黲日暗

色倉敢切一 ⿰女岩鄉名在河東猗氏縣亦作⿰女岩謨敢切二 ⿰食岩吳人呼哺皃也 ⿱斬食○澉⿱斬食子敢切 槧削版

版

贖才敢切又七廉切七黵切四 鏨鏨鑿也又音慙 嵌開張山皃出蒼頡篇 ⿱山甘上同 喊聲也呼覽切四 嚂上同

壏壏土地之堅也 ⿱監木上同周禮注云強⿱監衣地之堅者又音檻 埯坑今之窊埯走烏敢切二 揜手揜物也

厰厰嶮側穴口敢切二 ⿸虍甘⿸虍甘屬

五十琰

琰玉名周禮曰琰圭九寸以冉切十一 剡削也利也亦姓又時冉切 ⿰足炎疾行 棪木名實似柰可食

燄燄燄火初著也 淡澹淡水皃又徒敢切 扊扊扅戶壯所以上扉或作剡移 淊潭淊水滿 夵上大下小 ⿰耒炎

⿰耒炎耜 ⿰糸閻續也 斂收也又姓姚秦錄有輔國將軍斂憲良冉切十三 撿說文拱也 蘞白蘞藥名又力瞻切

蘝上同 瀲瀲灩水溢皃或作澰 獫犬長喙也又音險 溓薄冰也 嬚女字 ⿰食兼廉也又小食良也 羷

羊角三觠羷也 ⿰糸僉懸蠶簿也 ⿺辶奄善美之名 ⿺辶奄功勤之稱 險危也阻也難也虛檢切八 獫獫狁 玁上同

婡婡妗性不端皃又棄葉切少氣也譣譣詖說文息廉切問也憸憸詖又譣胡被又息廉切韋音枚嶮嶮巇
貶損也方斂切二㝵說文曰傾覆也或同上颭風吹落水占琰切一䫡頩顩不平丘檢切二嵰山高
顩頩顩魚檢切七广因巖爲屋隒山形似重甗嬐嬐然齊肎也鰜鰜鯛魚名出樂浪嶮嶮嵰嶮山不平
噞噞喁魚口上下皃儉約也少也饑饉也又姓出姓苑巨險切二芡說文云鷄頭也方言曰南楚謂之鷄頭北燕謂之葰青徐
淮泗之間謂之芡檢書檢印窠封題也又檢校俗作撿撿李音斂又姓出姓苑居奄切二瞼眼瞼黶面有黑子於琰切八
䙡䙡襆檿山桑厭厭魅也又於豔切魘睡中魘也又於協切𢅏蟹腹下𢅏擪持也又一牒切酓
酒味苦也冉冉冉行皃又姓孔子弟子冉有而琰切十姌長好皃也又奴簟切苒草盛皃又荏苒猶展轉也染染色
周禮染人掌染絲帛又姓石勒時有染閔𩃳濡也䎃䎃弱羽也枏木名䣸𩟍䣸味薄䇓竹弱之皃媣
謑也陝縣名在弘農亦州名周爲二伯分陝之地即虢國之上陽也秦屬三川郡漢弘農之陝縣後魏改爲陝州失冉切八睒
暫見閃出門皃貟蕃姓亦作貪覢蒼頡篇云覢覢視皃㶎水動皃夾盜竊懷物㛳不媚諂

諂諛丑琰切二讇上同奄忽也止也藏也取也遽也說文覆也大有餘也又姓左傳秦三良奄息衣儉切十七䨄雲狀𨛫國名掩掩桼閹閹闇掩閃取也說文云斂也小上曰掩揜說文曰自關以東謂取曰揜一曰覆也裺衣縫緣也晻晻晻日無光渰雲雨皃詩云有渰淒淒罨鳥網又於劫烏合二切弇蓋也旃掩也媕女有心媕媕也腌屋腌雀也崦崦嵫山日沒處𣄼掩光又於葉切漸漸次也進也稍也事之端先覩之始也地理志有漸江今之浙江也慈染切十磛磛礹蔪說文曰艸相蔪苞也𧀞埤蒼曰麥秀皃𧺨說文進也嚵小食又初咸切𨣽𨣽䣼味薄鏨小鑿名螹說文曰螹離也槧說文曰牘樸也憸憸詖七漸切二醶醋味𩟝食薄味也子冉切一脥腹下謙琰切一剡縣名屬會稽時染切一

五十一忝辱也他玷切五𥞊鄉名在濟北蛇丘縣栝說文云炊竈木也銛取也又銛屬又音纖㤐㤐弱淰水流皃乃玷切四𡡞弱也𨸹亭名在鄭姌纖細又音冉點點畫多忝切五玷玉瑕𦒷老人面黑㓠斫𦈚說文缺也簟竹席徒玷切六扂閉戶𨹂上同驔驪馬黃脊潭潭滔水滿

橝屋梠名又音潭 嗛猿藏食處苦簟切四 歉食不飽又苦減切 慊慊恨 膁腰左右虛肉處 䅠禾稀 力忝切二 濂薄水 䉹瓜名 鼸鼠名胡忝切二 獫犬吠又胡斬切 憯憯悽青忝切又七感切一 嬐竦身皃兼玷切一 㚇腦蓋也俗作夋明忝切又亡犯切二 𠙴張口

五十二儼 儼敬也說文曰昂頭也一曰好皃魚掩切七 广因巖爲屋 㢛掩广癡 店陵店 礹巗礹 庈齊庈 曮日行 顩欠崖丘广切三 頋頋醜 笑小竹 埯土覆也於广切二 𣃁旍翳

五十三豏 𧯷豆半生也下斬切八 減減耗又古斬切 𤢹犬齧物聲 喊喊聲 獫犬吠不止 𠪚健皃 𥹛椷塗也 甉瓦屋 湛水皃又沒也安也亦姓後漢有大司農湛重徒減切又直心切三 㵸古文 偡偡然齊整 𢈟牖也一曰小戶苦減切七 𢢽𢢽意不安也 歉食不飽 撖撖危 𩒎面長 𢈟不安 槏牖𤗗柱也 鹼鹵也古斬切又七廉切四 鹻鹹也 減損也又姓漢有減宣 𥴦竹名出玉篇 瀺瀺灂士減切三 嶄高峻又士減切 嵁嵁絕山皃 臉臉𦢺羹屬也力減切二 醶醶䤁醋味 斬周禮曰秋官掌戮掌斬側減切一

黲初減切二 醶醶酢味 闞虎聲火斬切又苦暫切二 欿笑也 摻擥也詩曰摻執子之袪兮所斬切四 㺑㺑𤢂犬吠又山檻切 醦醋味 槧芟林木也 黯黯然傷別皃說文云深黑也乙減切一 喊聲也呼豏切一

囡捕魚網也女減切三 𦋇上同 淰水無波也又乃玷切 僴癡也丑減切二 旵日光照也

五十四檻 檻闌也說文曰櫳也一曰圈胡黤切十 艦禦敵舩四方施板以禦矢如牢 壏堅土 㯺繟也 𠠽利也 濫泉正出也又盧暫切 𨏔網監車 轞車聲 𤢂惡犬吠不止也 撖姓出姓苑云今河內有之 𩕳長面皃丘檻切又五減切一 𢷄斬取山檻切二 㺑𤢂㺑犬聲 黤青黑色於檻切二 黬黄黬人名說文曰黬者忘而息也 醶酢漿初檻切一 𤞣小犬吠荒檻切二 䜱開險皃 巉峻巉皃仕山檻切一

五十五范 范姓也出南陽濟陽二望本自陶唐氏之後隋會爲晉大夫食采於范其後氏焉防錽切六 範法也常也式也前也 軓說文云車軾前也周禮曰立當前軓 笵說文云法也从竹竹簡書也 犯干也侵也僭也勝也 𧍞蜂也案禮云范則冠而蟬有緌字不從虫 錽馬首飾西京賦云金錽鏤鍚亡范切三 𡕥腦蓋也俗作𡖇又明忝切 錢

刃也。腇今河東謂淫腫爲腇府犯切一。凵張口皃丘犯切二扟以手扟物。銋銋𢶉峯犯切一。僴僴行丑犯切二𨇮跧足望

廣韻上聲卷第三

新添類隔更音和切

否並鄙切 貯知呂切 縹徧小切 摽頻小切 褾邊小切

去

三十葉

廣韻去聲卷第四

送第一 蘇弄 獨用
宋第二 蘇統 用同用

用第三 余共
絳第四 古巷 獨用

寘第五 支䜴 至志同用
至第六 之利

志第七 之吏
未第八 無沸 獨用

御第九 魚據 獨用
遇第十 愚樹 暮同用

暮第十一 莫故
霽第十二 子計 祭同用

祭第十三 子例
泰第十四 他蓋 獨用

卦第十五 古賣 怪夬同用
怪第十六 古壞 獨用

夬第十七 古邁
隊第十八 徒對 代同用

代第十九 徒戴
廢第二十 方肺 獨用
震第二十一 職刃 稕同用
稕第二十二 之閏
問第二十三 無運 獨用
焮第二十四 許靳 獨用
願第二十五 魚怨 慁恨同用
慁第二十六 乎困
恨第二十七 乎艮
翰第二十八 乎旦 換同用
換第二十九 乎奐
諫第三十 古晏 襉同用
襉第三十一 古莧
霰第三十二 蘇見 線同用
線第三十三 私箭
嘯第三十四 蘇弔 笑同用
笑第三十五 私妙
效第三十六 乎教 獨用
号第三十七 乎到 獨用
箇第三十八 古賀 過同用

古臥 過第三十九　莫駕 禡第四十 獨用

余亮 漾第四十一 宕同用　杜浪 宕第四十二

於命 映第四十三 諍勁同用　側迸 諍第四十四

居政 勁第四十五　古定 徑第四十六 獨用

諸應 證第四十七 嶝同用　都鄧 嶝第四十八

尤救 宥第四十九 候幼同用　平遘 候第五十

幽謬 幼第五十一　七鴆 沁第五十二 獨用

苦紺 勘第五十三 闞同用　苦濫 闞第五十四

以贍 豔第五十五 㮇釅同用　他念 㮇第五十六

魚欠 釅第五十七　戶韽 陷第五十八 鑑梵同用

鑑古懺第五十九　梵扶汎第六十

一送遣也蘇弄切三鬆鬉鬆髮皃凇凍凇冰也
鳳爾雅曰鶠鳳其雌皇郭璞云瑞應鳥雞頭蛇頸燕頷龜背魚尾五彩色高六尺許孔演圖曰鳳爲火精說文曰神鳥也亦州在秦隴西郡地漢改雍州爲涼州魏其地沒蜀蜀平屬雍州本自白馬氐羌所居晉爲仇池國後魏置固道郡又爲南岐州又改爲鳳州馮貢切二鵬古文
貢獻也薦也又姓漢有瑯邪貢禹古送切十贛賜也灨水名出豫章虹縣名在泗州今音絳羾至也甘宮賦云登椽欒而羾天門⿰阝虫從⿰阝虫山名又戶工切䇨杯笿名⿷匚贛小杯名又音感⿰木贛格木說文同上⿱艹贛薏苡別名
弄說文玩也盧貢切七⿰忄弄贛愚也梇梇棟古縣名在益州礱磨礱又音礱哢郭云鳥吟庰庰屏涍水名
凍瀑雨又水名出發鳩山多貢切又音東七凍冰凍又音東棟屋棟爾雅曰棟謂之桴湩乳汁巨蒐民取牛馬湩以洗穜天子之足⿰東瓦⿰東瓦甑鬉鬉鬆髮皃⿰羊東獸名似羊一角一目出秦戲山又音東
控引也告也苦貢切六倥倥偬困皃悾誠心又苦紅切鞚馬鞚空空缺又苦紅切⿰阝空穿垣出文字集略
糭蘆葉裹米作弄切十粽俗⿰目叜竊視偬倥偬㚇斂足又子貢切鯼石首魚又[illegible]工切

幪

緵小魚罟也天子工切瓮說文䍌也烏貢切五甕上同罋瓶也說文曰汲缾也罋上同齆鼻塞曰齆謥

謥詷言急俗作謥千弄切二憁憁恫洞空也又洞庭湖徒弄切十六恫憁恫不得志眮轉目絧相通之皃洞

泠也峒硐深詷謥詷胴大腸慟慟哭哀過也筒簫達又音同駧馬急走也衕通街迵過也說文迭也戙

舩纜所繫㖦大歌聲出埤蒼又戶冬戶宋二切䪌鐘聲痛病也傷也姓出姓苑他貢切一仲中也爾雅曰中篇謂之仲亦姓

風俗通云凡氏於字伯仲叔季是也湯左相有仲虺又漢複姓曰氏左傳衛大夫仲叔圉魯有仲顏莊叔宋有司馬仲行寅後漢有山陽仲長

統直衆切三䖝蟲食物又音中或作蚛𪀚鳥名諷諷刺方鳳切二風上同見詩焪火乾物也去仲切三䛪

䛪多言也又詾問也竆使役也亦作倥㝱寐中神遊說文云寐而有覺周禮以日月星辰古六㝱之吉凶一曰正㝱無所感動

平安自㝱二曰愕㝱驚愕而㝱三曰思㝱覺時所思念之而㝱四曰寤㝱覺時所道之而㝱五曰喜㝱喜悅而㝱六曰懼㝱恐懼而㝱亦

作夢莫鳳切五夢上同又亡中切瞢雲瞢澤在南郡亦作夢鄸邑名在曹𧽍𧽍趨疲行皃趨𧽍趨香仲切二

䠓跳皃又亡幼切幪幪穀蓋中也莫弄切三霿天氣下地不應曰霿艨艨艟戰船又音蒙䞶行皃千仲切一賵

賵賻撫鳳切二 麷 麩麥 𣪠 𣪠𣪠不迎自來徂送切二 ⿰亻聚 聚也 中 當也陟仲切又陟冲切二 衷 又陟冲切 唝 唱聲胡貢切五 烘 火皃 港 港洞開通 閧 兵鬬也又下降切俗作鬨 蕻 草菜心長 齈 多涕鼻疾奴凍切二 癑 痛也 衆 多也三人爲衆又姓左傳魯大夫衆仲之仲切又音終一 銃 銎也充仲切一 ⿰崇刂 鍤屬仕仲切一 烘 火乾也呼貢切二 戇 愚戇愚人

二宋 州也即閼伯之商丘也微子封宋二十餘世爲齊楚魏所滅魏得其梁陳留齊得濟陰東平楚得沛梁即今郡地是也隋置宋州爾雅曰宋有孟諸之藪今爲睢陽縣地又姓取微子之所封遂爲氏出西河廣平燉煌河南扶風五望蘇統切一 綜 織縷子宋切三 豵 牡豕 錝 金毛 統 摠也紀也又姓他綜切二 𪏁 黃色 雺 地氣上天不應莫綜切一 ⿰石宮 石聲乎宋切二 ⿰口動 大聲

三用 使也貨也通也以也庸也又姓漢有用蚪爲高唐令余頌切一 頌 歌也詩云吉甫作頌穆如淸風又姓出何氏姓苑似用切四 誦 讀誦 訟 爭罪曰獄爭財曰訟 吅 爭言也出文字音義又宣喧二音 俸 俸秩扶用切四上 ⿰忄逢 款書 縫 衣縫又房容切 摓 灼龜視兆也說文父容切奉也 共 同也皆也渠用切一 葑 菰根也今江東有葑田方用切亦作⿴行封二 封 又方容切

供設也居用切又居容切二龔又九容切雍九州名雍擁也東崤西漢南商北居庸四山之所擁翳也又姓風俗通云文王
子雍伯之後於用切又於容切三灉河水決出還入爲灉又於容切壅加土壅田湩乳汁竹用切又都貢切三堹
池塘塍埂諥言相觸也縱放縱說文緩也一曰舍也子用切又子容切二瘲病也蹱蹱蹱行不正也丑用切二惷
愚也又丑江切⿰革茸毳飾而用切三⿰革毛同上⿰魚農鮎魚種種埴也之用切又之隴切三偅儱偅不遇皃⿰重瓦
甕屬重更爲也柱用切又直容切三緟增縷⿰身重婦人娠也贚貧也良用切三躘躘踵儱儱偅恐
疑也區用切三⿱工心古文⿱艹慈藺蕩從隨行也疾用切又才容切一⿰扌戎推也穠用切一

四絳赤色又州詩譜云晉穆侯遷都於絳曾孫孝侯改爲翼翼晉之舊都後獻公又命爲絳邑秦爲河東郡後魏置東雍州周
爲絳州又姓古巷切五虹又音紅降下也歸也落也又音缸伏也⿸尸夅同上洚水流不遵道巷街巷又姓
詩云巷伯胡絳切三衖上同亦作鄉閧說文云鬬也孟子鄒與魯閧俗作鬨戇愚也陟降切一⿰車童衝城戰車直絳
切六憧戇憧凶頑皃又尺容切憃同上幢后妃車幰又宅江切撞撞鐘又直江切艟短船名⿱春目直視丑絳切二

見視不明也春又丑江切〇漴水所衝也士絳切一〇胮脹臭皃匹絳切一〇𥞩不耕而種楚絳切一〇淙水出

皃色絳切二𢧐捍船木也

五寘止也置也廢也支義切八忮懻忮害心說文很也伎傷害也詩云鞫人伎忒亦作忮觶爵受四升或作觗觝

伿惰也又以智切詖快也⿰多支多也⿰山寘山名〇避違也迴也毗義切一〇惴憂心也之睡切三耑杵耑上〇目擊日同

〇詈罵詈力智切六荔荔支樹名葉綠實赤味甘高五六丈子似石榴出廣志又音隸離去也又力知切癧瘦黑又力計切

珕刀飾也又力許切𥳆篤𥳆〇豉鹽豉廣雅云苦李作豉是義切六枝同上提青州人𢐅云彈提鯷魚名重千斤郭

璞云鮎之別名又音提音是⿰面比⿰面比䩈面皃出新字林⿰米是黏皃〇積委積也子智切又子昔切四𣢕歐也積草名

羵羊相羷羵〇賜與也惠也又姓世本云齊大夫簡子賜之後斯義切六𧅫草名澌盡也禮注云死之言澌也𣩠同

上儩同上杫肉机後漢之亂尚書郎無被枕杫也〇爲助也于偽切又允危切一〇𧶠賭也詭偽切五垝坫堂

偶可致物⿰危支瘦極又去奇切攱攱戴物又居委切庪毀也〇帔衣帔披義切三秛禾租䙬衣也〇賁卦名

賁飾也亦姓漢有賁赫彼義切又肥墳奔三音七 彼哀也論語云子西彼哉 詖論詖又慧也佞也 貱[illegible]也 陂傾也

易曰無平不陂又音碑 跛偏任又彼我切 藣草名又旄牛尾舞者所執又音陂 髲頭髲也南越志云開平縣出髲平義

切六 被被服也罷覆也書曰光被四表又平彼切寢衣也 鞁裝束鞁馬 ⿰弓皮⿰弓皮弓 旇埤蒼云旌旗又衣服皃 ⿱止皮⿱止皮欄

累緣坐也良僞切一 寄寄附說文託也居義切三 ⿰月奇肉四⿰月奇 徛石杠聚石以爲步渡 臂肱也卑義切一

芰菱也奇寄切八 騎騎乘又姓燕有騎劫又音奇 鬾鬼服又音奇 輢枕輢又於綺切 ⿰貝支⿰貝支具四向用也 ⿱此牛

積也又前智切 汥水戾 ⿰言戈謀也 刺針刺爾雅曰刺殺也釋名曰書姓名於奏白曰刺漢武帝初置部刺史掌奉詔察州

成帝更名牧哀帝復爲刺史七賜切又七亦切十 刾俗 ⿸广束偏⿸广束舍也 朿木芒 ⿸广且人相依⿸广且也 ⿰言朿數諫也

莿草木針也 庛周禮車人爲耒庛長尺有一寸鄭玄云耒下前曲接耜者 蛓毛蟲 ⿰言戈謀也 易難易也簡易也

又禮云易墓非古也易謂芟除草木以豉切又以益切六 偒相輕慢也 貤物之重次也 伿情也 ⿱日施⿱日施⿱日前面衣又失智切

敡輕簡爲敡 議謀也擇也評也語也宜寄切六 誼人所宜也又善也 竩同上 ⿰立義正也止也 ⿰面宜⿰面比⿰面宜面皃出新字林

義仁義釋名曰義者宜也裁制事物使合宜也又姓漢有義縱又複姓西戎義渠爲秦所滅後因氏焉漢有光祿大夫義渠安國譬說文諭也匹賜切二檗水洲曰檗漬浸潤又漚也疾智切八眥目眥又在計切羵䍤羵𢪛說文積也一曰槭頮秀也殨骨也又獸死髊髊枯骨見吕氏春秋骴鳥鼠殘骨胔上同又骨有肉也智知也又姓晉有智伯知義切三𥏫古文潪水名倚侍也因也加也於義切又於蟻切三輢車輢陭陭氏縣在上黨又於奇切縋繩懸也馳僞切七膇重膇病或作𤺼槌蠶槌錘稱錘或作鎚又直危切腄縣名在東萊甀小口罌硾鎮也吕氏春秋云硾之以石吹鼓吹也月令曰命樂正習吹尺僞切又尺爲切三龡古文秵羅戲戲弄也施也謔也歎也說文曰三軍之偏也一曰兵也又姓魏志有潁川戲志才香義切二企望也去智切六歧傾也跂垂足坐又舉足望也迲避也蚑蟲行吱行喘息皃縊自經死也於賜切三㱂物凋死又脚手小病螠螠女蟲案爾雅曰蜆縊女郭璞云小黑蟲赤頭喜自經死故曰縊女字俗從虫翅鳥翼施智切十三翄𦐆並上同施易曰雲行雨施又式支切馶馬强啻不啻鍦短矛䗐爾雅曰蛄䗐强蛘郭璞云今米穀中蠹蟲小黑蟲是也建平人呼爲蛘子𨾴鳥名本又音支𨛔

有大慶也[片多]几也[尸毛]屚雨衣翨鳥翮又居豉切屣履不躡跟孟子曰舜去天下如脫敝屣所寄切又所綺切五

灑灑埽說文汎也[革徙]靴屬[衤麗]褷襹毛羽衣皃矖暴也觖望也窺端切又音決一餧餧飯也於僞切四

萎萎牛[羊委]羊相[羊委]積又音委[歹委]禮記注𡚂州有鹿[歹委]僞假也欺也詐也危睡切一毀男八歲女七歲而毀

齒況僞切一恚怒恨也於避切二[女恚]說文曰不說也睡眠睡是僞切四瑞祥瑞也符也應也說文曰以玉

爲信又姓出姓苑[垂阝]雅鳥別名又音垂[禾垂]小積馶強也居企切二翨鳥翮說文云鳥之彊羽猛者周禮翨

氏掌攻猛鳥又音翅[禾内]內也而瑞切一[多卩]充豉切有大慶也一[禾委]禾四把也思累切二瀡滑也娷竹恚切飢

聲二諈諈諉累也瓗玉名以睡切四纗絃中絕也[言畫]𧪨恨也[臤貝][臤貝]嫷也諉諈諉累也女恚切三

攜內也又姓[弓委][弓委]跛弓皃瞡規恚切視也一[衣支]爭義切衣不展也二[皮支][皮支]皺皮不展也孈呼恚切過

也一[走奇]跛也卿義切二掎跛也說文曰偏引也又居綺切

六至到也說文曰鳥飛从高下至地也篆文象形脂利切十三摯國名亦持也又姓左傳周禮有摯荒贄執贄也周

鴲

禮云以禽作六贄以等諸臣孤執皮帛卿執羔大夫執鴈士執雉庶人執鶩工商執鷄本亦作摯鷙擊鳥礩柱下石又音質

鏊田器說文曰羊箠也端有鐵又先列切鴲雀鷙懥怒也䲀魚名䩇杠絲名亦作鞊鞊上同𢃇禮巾

𡠞至也位正也列也莅也中庭之左右謂之位于愧切一郿縣名在岐州明祕切又音眉十媚嫵媚魅魑魅

𩲍上同篃竹名蝞蝞似蝦寄生龜殼中食之益人顏色嚜嚜屎小兒多詐獪䉋笋冬生名煝焅熱娓

從也又音眉音尾遂達也進也成也安也止也往也從志也一曰又州名又姓出姓苑徐醉切二十四彗帚也一曰妖星又音

歲又內笏切隧埏隧墓道也俗作墜襚贈襚旞羽繫旌上璲玉也詩曰鞙鞙佩璲鄭玄謂以瑞玉為佩檖陽檖

木名一曰赤羅子似梨小酢可食詩云隰有樹檖樣上同𤏢說文曰塞上亭守㷭者隊上同燧上同又同論語云

鑽燧改火澻田間小溝䡵輰䡵車也墜陽鐆可取火於日中鐩上同穟禾秀說文曰禾穗之皃蓫上同

彗玉彗草繸佩玉繸也㒸從意也采禾穖成皃說文曰禾成秀人所收从爪禾穗上同䉌蘧篨韢

囊組名或作轊醉說文曰醉卒也各卒其度量不至於亂也將遂切二檇左氏傳曰越敗吳於檇李又遵為切邃

深也遠也雖遂切九祟禍祟誶言也詩云歌以誶止粹易曰純粹粹精也睟視皃又潤澤皃㪚說文云楚人謂
十問吉凶曰㪚賥貨也譢讓也諫也告也問也㥞意思深也類善也法也等也種也說文云種類相似唯犬爲
甚从犬頪力遂切九淚涕淚俗作淚瓃玉器又力追切〓血祭說文音律垒垒塹也出字林蘱爾雅曰蘱薡蕫
郭璞云似蒲而細纍係也隸臨也又力地切禷祭名祕密也神也視也勞也又姓西秦録有僕射祕冝俗作秘兵
媚切十五毖告也慎也一曰遠也閟閟閉轡馬轡說文作轡柲戟柄左傳有鏚柲鉍上同泌泉皃鄪
邑名在魯費上同䀣直視也〓弓洩邲好皃粊惡米又魯東郊地名說文作棐棐上同〓女子匱
竭也乏也說文曰匣也又姓何氏姓苑云今廬江人求位切十一蕢草器也臾上同今作臾貴蕢皆從之饋餉也餽
上同繢織餘櫃櫃篋樻木名又腫節名又口愧切䩻繢韋也盾綴革也亦作韇簣土籠〓馬韁濞
水聲匹備切六嚊喘聲〓盛肥〓氣滿〓敗皃又魚名淠水名在汝南備備具也防也咸也皆也副也愼
也成也又姓風俗通云宋封人備之後平祕切十七俻俗𤰈說文具也葡古文奰怒也又一曰迫也〓上同見經典省

𦢊壯大 糒糗也 犕牛具齒 絥說文曰車絥也 鞴上同 韛同 𩋳上同 贔贔屓壯士作力皃 𣙜木名出蜀其穗可食

𢐥以筋帖弓 𩇯鳥如梟又非尾切 牑編模 媿慚媿俱位切六 愧聭謉同並上 騩馬色淺黑

䁛大視 帥將帥也曹憲文字指歸云佩巾也所類切又所律切二 率鳥網也又所律切 喟大息也丘愧切又苦拜切

九 嘳上同 樻樻梧木腫節可為杖 膭膝加地也 䯣髻屈髮也 腃筋節急也 繢細也俗又作䙡 𧻓越也 蕢

地名在洛陽 豷豕息也許位切二 燹火也字統音統 嗜嗜慾常利切六 𩞄𨡊並上同 視看視又音是

眎眡並古文 利吉也說文銛也亦州名華陽國志昔蜀王封弟於漢中号曰苴侯因命其邑曰葭萌秦滅蜀置巴蜀二郡先主改葭萌為漢壽屬梓潼郡晉為晉壽南齊分置東晉壽郡於烏奴令州城是又於其郡置西益州梁改為黎州元帝又改為利州又含利獸名亦姓風俗通云漢有利乾為中山相力至切八 𥝢古文 颲烈風說文音栗 莅臨也亦作涖 涖涖涖水聲

痢病也 𩔇求也 隷臨也 膩肥膩女利切四 𦢅上同出道書 𥊐目深皃又一活切 䣱重釀酒也 屁下氣洩也匹寐切二 𥼶上同 劓割鼻漢文帝除肉刑劓者笞三百魚器切一 致至也說文曰送詣也陟利切十五 櫍止也

鷙〇　⿰亻致〇

疐礙不行也又頓也詩曰載疐其尾疐跲也⿰扌疐⿰足疐並俗躓礙也頓也說文跲也輊車前至上重也軽同鷙

馬腳蛪也⿰貝致賑也亦貝也⿺走亜赴也又於進切懥怒也恨也𢷄刺也又刦財也質交質又物相贄又之日切騺馬騭

棄說文捐也詰利切五弃古文⿱夊多結多𡰪身欹坐一曰尻蟄蟄蟲蟲名緻密也直利切十二稚

幼稚亦小也晚也又姓史記云湯後因國爲姓遲待也又直尸切穉晚禾⿰糸屖刺⿰糸屖針縫也⿰魚致魚名治理也又直

之切⿰亻致會物樲當也對也⿰言辛語⿰言辛⿰革致履⿰革致底也⿰金致上同寐寢也臥也息也彌二切二媢夫妬婦又音冒⿸尸禾

夒柄也又屎嚜多詐丑利切八屎上同諫不知⿱癶至叩⿱癶至也⿰言四四陰知亦作呬蟸分蠶跮跮踱乍前乍卻⿰言致

笑也冀九州名爾雅曰兩河間曰冀州續漢書安平國故信都郡光武師薊南行太守任光開門出迎今州城是又姓左傳晉大夫冀

芮几利切八兾上同見經典省覬覬覦希望穊稠也驥騏驥⿰馬豈上同洎肉汁又音泉⿰忄冀強力皃臮

眾與詞也其冀切七暨及也至也与也鱀魚名鼻在頷上又音忌洎潤也及也垍堅土塈息也又仰塗也⿰氵臮

水名悸心動也其季切五⿰亻癸左右兩視也⿰犭癸壯勇皃痵病中恐也⿱宀⿸爿季熟寐也翆字林云青羽雀又翆

⿰糸⿰彑帀 ⿰器帀

微亦姓急就章有翠鴛鴦七醉切三濢下濕臎鳥尾上肉○二說文云地之數也而至切五弍古文貳副也亦攜
貳變異也疑也敵也又姓後秦錄有後魏平陽太守貳塵樲酸棗髶髮飾○恣縱也資四切二⿺死次說文曰戰見血曰傷亂或
爲惛死而復生爲⿺死次又七利切○次次第也亦三宿曰次又姓呂氏春秋荆有勇士次非七四切九⿱次鳥鳥名似梟人面山居所經國國必亡
出山海經佽佽飛漢武官名又助也利也代也遞也及也⿰長⿰彡桼以漆塗器絘緝所未緝者⿱次鳥鳥名⿱次虫蝨似蜘蛛⿺死次
又資四切載見上文⿰長⿰彡次髮長也○懿美也大也溫柔聖克也又姓秦錄有吏部懿橫乙冀切七饐食傷熟也⿰土壹陰皃欭喑欭
歎也鷧鷧鸕鶿鳥撎拜舉手左傳注云若今之揖⿰壹乚貪也○四說文曰陰數也象四分之形息利切十四亖籒文
⿰卩卩古文肆陳也恣也極也放也說文从隶極陳也又姓何氏姓苑有漁陽太守肆敵⿰長⿰彡聿上同柶角匕大喪用之泗水名
在魯說文曰受沛水東入淮又涕泗也牭牛四歲貄爾雅云狸子貄○⿰彑帀鼠名說文曰⿰彑帀屬⿰彑帀羊至切俗作肄駟一乘
四馬⿰月宰腦蓋⿰長韋革也說文曰赤⿰長韋也殔埋棺坎下○器器皿史記曰舜作什器於壽丘又姓出姓苑去冀切一○季
昆季也又少也小稱也亦姓左傳魯有季友又漢複姓四氏晉有唐邑大夫季連齊古鬼方氏第六子名季連其後氏焉晉有祁邑大

謚

忽宋有季隨逢世本云周有八士季隨季騧之後騧或作瓜又有魯大夫齊季窺昔齊公子季弃于楚楚遂号為齊季氏居悸切二䁤視皃

鼻說文曰引气自畀也毗至切十七匕近也又阿黨也又房比上脂必履扶必二切枇細節痹足氣不生坒地相次坒也亦

音邲䙖司馬相如著犢䙖褌𥘵以豚祠司命也䪁首也膞鼻盛也芘草名瞲恚視也香季切三婎醜也

又許葵切睢恣睢暴戾又許葵切痹腳冷濕病必至切六畀与也庇庇廕也萆鼠莞可為席𥘵以豚祠司命也

比近也并也萃集也聚也秦醉切六顇顦顇悴憔悴憂愁崪止崪𥢑稻禾黏也瘁病也地土地說文

曰元氣初分輕清陽為天重濁陰為地萬物所陳列也元命包曰地者易也言養萬物懷任交易變化含吐應節故立字從大一一者為地又

虜複姓有地連氏地倫氏徒四切二墬籀文𪖐鼻息也虛器切六叩呻也又火尸切屓贔屓呬息也又丑致切陰知

也𤢺夏后氏有澆𤢺寒浞子名⿱雨見說文云見雨而止息曰⿱雨見肄習也嫩條也羊至切八殔釋名曰假葬於道曰

殔說文云瘞也庾倉也貤重物次第也勩勞也隶本也及也又音代㣇說文曰脩豪獸一曰河內名豕也又徒計

切爾雅作肆𦃇重多示垂示神至切五諡易名又申也說文作謚謚上同音益眎呈也貤重物次第自

從也用也由也卒也疾二切二嫉妬也又音疾墜落也直類切三懟怨也鎚好銅半熟出尺類切又昌律切一遺

贈也以醉切又音惟七𦘳𦘳肙倩侯出漢書王子侯表⿱維心忘也出廣雅蜼爾雅曰蜼仰鼻而長尾雄似獼猴鼻露向上尾

長數尺末有岐雨中自縣於樹以尾塞鼻又余救切瞶目疾⿰虫遺蜸蜩⿱維虫蜼⿱維虫蟲名侐靜也詩云閟宮有侐火季切又火逼

切一轛車橫軨追萃切一痓惡也充自切一屍似皴皃也矢利切二⿰言矢⿰言矢忘⿰差皮粟體楚愧切一⿸疒木病皃釋類

切二⿱穴氺方言云深也趙魏間語

七志意慕也詩云在心爲志爾雅曰骨鏃不翦羽謂之志職吏切七娡有莘氏之女骸娶之謂之女娡䓌遠䓌誌記誌

痣黑子織織文錦綺屬又音職識標識見禮記本音式值持也措也捨也當也直吏切五植種也又市力切治理也

又丈之切⿰扌直⿰扌直扻⿱弋直戓也寺寺者司也官之所止有九寺釋名曰寺嗣也治事者相嗣續於其內又漢西域白馬駝經來初

止於鴻臚寺遂取寺名刱置白馬寺祥吏切五嗣繼也又姓風俗通云衞嗣君後孠古文飤食也飼上同蛓蛓毛蟲有

毒七吏切四蚝螆⿰虫司並上同笥篋也圓曰簞方曰笥竹器也相吏切四伺伺候也察也思念也又音司覗

慈

覗覷也試用也式吏切四弒大逆亦作殺幟旗幟又音熾僿史記云小人以僿胾大臠也側吏切六椔
木立死亦作檣事事刃又作剚倳剚上同倳上同又置也鶅東方雉名又音甾吏說文曰治人者也力置切
二慈憂也字春秋說題辭曰字者飾也說文乳也又愛也疾置切六牸牝牛孶孶尾乳化曰孶交接曰尾孛
爾雅曰莩麻母郭璞云苴麻成子者芓上同孖雙生子又音咨眙任視丑吏切五佁佁儗不前⿺鬼失癘鬼⿱孫土
忿戾誺不知餌食也說文粉餅也仍吏切十六⿲弓⿱耳鬲弓上同珥珥飾衈開刑書殺雞血祭名周禮注云云割牲耳血及毛祭
以爲刉衈毦氅毦羽毛飾也咡口刎刵截耳佴次也誀誘也洱水名⿰耳申以牲告神神欲聽曰⿰耳申也㚷女字
⿰月耳筋健⿰酉耳重釀⿰目耳耳目不相信也⿰耳音聽音不敢言也駛疾也踈吏切七使又色里切⿰氵吏水名在河南⿰豸吏
郭璞曰今江東呼貉爲⿰豸吏⿰豸夾⿰豈吏列也⿰𠂤冑山阜突也⿱穴吏穴也廁說文圊也釋名曰廁雜也言人雜廁其上也又間也次也
初吏切一異奇也說文分也羊吏切七异异哉歎也退也舉也潩水名在河南密縣出文字音義食人名漢有酈食
其又音蝕巳過事語辭又去也弃也成也萁連翹草名廙恭也敬也置安置也驛也設也說文赦也陟吏切二⿰弓是

亟

青州呼彈弓侍近也從也承也時吏切三蒔種蒔秲同上事使也立也由也鉏吏切又側吏切二餕玉篇

云嗜食忌忌諱又畏也敬也止也憎惡也亦姓周公忌父之後出風俗通渠記切十三邔古縣名在襄陽惎教也一曰

謀也說文毒也𢘊連針鱀魚名又音泉鵋鵋鵙鵂鶹忌鳥今之角鴟貄狸子也又音四誋告也信也說文誡也諅

志也說文忌也周書曰上不諅于凶德梞梞柎畁舉也說文音其帺繫也又音其⿱竹忌竹名熾盛也昌志切八

饎方言云熟食也說文云酒食也⿰食配說文同上糦大祭亦稷也說文同上幟又音試音志戠赤土哆哆聲埴

黏土意志也又姓於記切四鷾鷾鴯玄鳥意也出莊子亄貪也又音乙⿺乚黑深黑記記志也說文疏也居吏切二憙

好也許紀切二嬉可嬉美姿顏也又音熙⿺鬼疑恐也魚記切六豙豙怒毛豎也出說文㘈唭㘈無聞見也譺調譺

⿱髟疑大髮儗俗儗不前亟數也遽也去吏切又紀力切三唭唭㘈無聞見也⿱亟皿鑑居獸名似蝟而赤尾

八未辰名爾雅曰太歲在未曰協洽無沸切八味五味酸鹹甘苦辛周禮瘍醫以酸養骨以辛養筋以鹹養脉以苦養氣以

甘養肉以滑養竅菋五味子藥名頛面前粖饘也亦作⿱尾米沬水名鮇魚名⿰山未山名貴

尊也高也釋名曰貴歸也物所歸仰也說文作𧶠亦姓出自陸終之後風俗通有貴遷為盧江太守居胃切三 瞶 極視 [illegible] 使也 胃
腸胃說文作胃穀府也于貴切十七 謂 言也告也說文報也 㥜 悱㥜不安也 媦 楚人呼妹公羊傳曰楚王之妻媦 [illegible]
運船 緯 經緯又姓 彙 類也說文作𧒍蟲也似豪豬而小爾雅曰彙毛刺是也 蝟 說文同上 渭 水名亦州名書曰終
南敦物至于鳥鼠鳥鼠山名渭所出也秦伐義渠始置隴西郡後魏莊帝置渭州因水為名也 煟 火光 䲁 魚名山海經曰樂游
之山桃水多䲁魚似蛇而四足 [illegible] 獸似鼠 緭 緭繒也 [illegible] 草木[illegible]字也 [illegible] 草名 颵 大風 圍 繞也又音
韋 魏 魏闕又州名夏觀邑之國春秋時晉地秦為東郡隋為武陽郡武德初平竇建德改置魏州亦姓本自周武王母弟受封
於畢至畢萬仕晉封魏城後因氏焉出鉅鹿任城二望魚貴切二 犩 犩牛肉重千斤又魚歸切 沸 詩曰觱沸檻泉箋云觱沸
者謂泉涌出皃方味切十一 疿 熱生小瘡 芾 毛萇詩傳曰蔽芾小皃 茀 上同 誹 謗人又音非 鯡 魚子 [illegible]
覆耕 [illegible] 湯沸[illegible] [illegible] 蔽膝 [illegible] 言急 [illegible] 行疾 費 耗也惠也芳未切又房未冰備二切六 髴 髣[illegible]髴雲雲布
狀也 樻 木名 昲 日光又物乾也 [illegible] 失氣 毇 細米丘畏切三 [illegible] [illegible]紐 [illegible] 俗 尉 候也說文作尉从上案下也

涕·如字　蜰

从尸又持火所以申繒也風俗通曰火斗曰尉俗作熨又尉氏縣鄭大夫尉氏邑也亦云鄭之別獄又姓左傳鄭大夫尉止於胃切又紆物切二十尉出說文熨俗見上注慰安慰畏畏懼罻罻網犚牛也蔚茺蔚螱飛蟻⿱尉䖵同上㷉衣裓也䲁魚名諱說文誋也許貴切四卉草揔名詩曰卉木萋萋又音虺芔古文𣳚水波汶也𥝊獸名說文曰周成王時州靡國獻𥝊人身反踵自笑笑即上脣掩其目食人北方謂之土螻爾雅曰狒狒如人被髮迅走一名梟羊俗謂之山都今交州南康山中有之郭璞讚云狒狒怪獸披髮握竹獲人則笑脣蔽其目終乃號咷反爲我戮扶涕切二十四[illegible]狒並上同濆濆渭水溢腓又音肥怫怫憒又扶物切菲菜可食又霏斐二音扉草屬黃帝臣於則所造也蜚蜚蠦蟲也一名蠜即負盤臭蟲也又獸名山海經曰蜚如牛白首一目蛇尾行水則竭行草則枯見則有兵役郭璞讚云蜚之無名體似無害所經枯竭甚於鴆厲萬物攸懼思介遐逝𧓉上同厞隱也陋也翡赤羽雀也𩇕塵萉枲屬𢂁𢂁隱痱熱瘡䠊刖足亦作剕⿰弗力壯勇之皃⿰禾糞稻不黏也費姓也夏禹之後出江夏後漢汝南費長房孫盛蜀譜云益州諸費有名位者多又後魏書費連氏後改爲費氏蜰蜰蟦神蛇⿱弗目目不明或作⿰目弗黂爾雅曰黂枲實禮曰苴麻之有黂又音肥蟦蠐螬蟲也

忍 居 莊

既已也盡也又姓吳王夫既之後居豙切七 暨諸暨縣在越州又其兾切 禨禨祥 漑漑灌又古代切 𣢟幸也不便言也
旡飲食逆氣不得息也 蔇𦬆多皃 毅果敢也魚既切七 忍怒也 豙豕怒毛豎也 藾說文曰煎茱萸
也 藙上同 顡說文曰𤸇頭不聦明也 𥳒竹名 氣氣息也去既切說文本音欷五 炁同上出道書 气與人物也
說文曰雲气也今作乞又去訖切 盵姓也出纂文 𥁕𥁕居獸似蝟毛赤也 欷歔欷許既切十八 唏唏也 墍仰塗
愾大息也又苦愛切 氣說文曰饋客芻米春秋傳曰齊人來氣諸侯 𩞯並上同見說文 鎎怒戰 𢡟息也 熂
燹火 黖黖菲黑也 霼霼䨴雲狀 摡拭也 𥁕獸名又音氣 豷豕息 𩤊馬走 𤙭牛病 忥靜也說文曰𤸇
皃 𨢮秋酒名其既切二 幾未已又音蟣音機 衣衣著於既切又音依一
九御理也侍也進也使也又姓左傳有大夫御叔牛倨切三 馭使馬也 語說也告也又魚巨切 慮思也又姓良倨
切九 勴助也 𦪇舟中簣𦪇見方言 勴助也導也 鑢錯也 櫖林櫖山林又山櫐也 驉旅傳馬名 𡼖山名 𦋺網罟
據依也引也案也亦姓出姓苑居御切十 鋸刀鋸古史考曰孟莊子作鋸 倨倨傲 踞蹲又踑踞大坐 椐靈壽木名又居

㰦　燕

祛二音鐻樂器形似夾鐘削木為之出埤蒼說文与虡同澽乾水又音遽觡角似雞距鯺魚名豦獸大如狗似猴多覊
好奮迅其頭能投石擲人出建平山又音渠覷伺視也七慮切六𥊪上同⿰且刂耕土起亦作粗坥螾場又七余切胆蠅胆
又七余切蜡周禮有蜡氏又音作㰦欠劫丘倨切四去離也又卻呂切麮麥汁呿卧聲鼁鼁䵶似蝦蟆居陸地胠
脅也又去魚切⿸尸去閉也又口荅切⿱艹去草名⿱去鳥鳥名署書也又部署也常恕切四藷藷蕷又音諸薯薯蕷俗
曙曉也恕仁恕商署切四庶衆也冀也侈也幸也又庶幾也亦姓樜木名⿰氵庶水名著明也處也立也補也成也定也
陟慮切又張略長略二切二箸上同⿱者飛飛舉也章恕切九翥上同⿰齒庶筐⿰齒庶⿰食庶犬糜又豕食⿱者䖵蟲名爾雅
云翥醜鏬剬毋背而生或作⿱者䖵庶周禮有庶氏掌除毒蠱又音恕蟅畨也⿰山庶畨山⿰庶斤斫也䟽記也亦作疏所去切三
捒裝捒又色句切⿱日所明也飫飽也厭也賜也說文本作⿰食夭燕食也依倨切十⿰食於上同瘀血瘀鄔縣名在太原又
音塢醧私醼⿰扌於⿰扌於擊淤濁水中泥也又音於菸臭草⿰木於橅足樽也⿰爿⿱宀要假寐也箸匙箸遲倨切四筯
上同⿸疒余痴⿸疒余不達又丑御切除去也見詩遽急也疾也亦戰慄也窘也卒也其據切五勮勤務也又懼也疾也詎

牡　𪋻　抽

又其呂切醵斂錢飲酒又音渠又其虐切澽乾澽絮說文曰敝緜也息據切又抽據尼恕二切一助佐也益也牀據切
三耡又士魚切麆爾雅云麕牡麌牝麜其子麆怚憍也將預切二沮沮洳漸濕亦作洳詛呪詛亦作𥙊莊
助切二阻馬阻蹄又莊所切洳沮洳說文作濘漸濕也人恕切三茹飯牛又菜茹也如又介諸切豫逸也
備先也辨也早也安也猒也敘也又州名尚書禹貢曰荊河爲豫州釋名云豫州在九州中京師東常安豫也秦爲三川郡漢爲河南郡後魏
置司州又改爲豫州亦獸名象屬又姓晉有豫讓羊洳切二十預安也先也厠也樂也佚也猒也怠也譽稱美也又姓晉書有平原
太守譽粹又音余礜礜石藥名蠶食之肥鼠食之死𩥸馬疾行皃輿車輿又方輿縣名又音余鸒爾雅曰鸒斯鵯
鶋郭璞曰雅烏也小而多羣腹下白悆悅也𪋻大鹿⿱與木舁食者或作轝藇諸藇又音序蕷薯蕷俗穥
穥穥黍穥美也屐履屐屬忬安也歟歎也又音余悇憂懼與參與也澦灩澦水名⿱與土高平嘘吹嘘
許御切又音虛一女以女妻人也尼據切二絮姓也漢有絮舜楚楚利又木名出歷山瘡據切又瘡所切二儊儊不滑也
處處所也昌據切又音杵二䖏俗絮和調食也抽據切三悇憚悇憂也瘀痴瘀不達屐履屐屬徐預切一

獁 馵 膂 合葬 今

十遇

遇不期而會又姓何氏姓苑云東苑人風俗通云漢有遇沖爲河内太守牛具切七 寓寄也 庽上同 嫗嫗姤也女子姤男子 瘑疣病 禺獸名母猴屬也又音愚 鸜鸜鼠鳥名 嫗老嫗也衣遇切三 蓲茎也 饇飽饇 樹木揔名也立也又姓姓苑云今江東有之後魏官氏志樹洛干氏後改爲樹氏常句切五 𦒱老人行皃 澍時雨又音注 尌立也又音住 侸上同 住止也又姓出姓苑持遇切三 牏築垣短板 逗姓也出何承天纂文又音豆 附寄附又姓晉書有附都符遇切十一 坿白坿說文益也 祔祭名亦合葬也 賻贈死也助也 駙駙馬都尉官名漢武帝置掌附馬晉尚公主者並加之駙副馬也一曰近也又疾也 鮒魚名 ⿰身付⿰身付⿰身俞著衣也 蚹蚹蛇腹下橫鱗可行者又爾雅曰蚹蠃螔蝓即蝸牛也 跗古之醫人俞跗出史記 ⿰卮尃小卮有蓋 胕肺胕心膂 注灌注也又注記也之戍切十六 疰疰病 罜小罟 ⿰犭主黃犬黑頭 鑄鎔鑄又姓堯後以國爲氏 馵馬後左足白 註註射出埤蒼又音駐 炷燈炷 澍時雨又殊遇切 霔霖霔 獁鄉名在河南 䎷䎷聵又音赴 祩詛也視也 ⿰走主邑名 ⿰韋主皮袴 蛀蛀蟲 屨屨屬方言曰履自關而西謂之屨九遇切十 句章句又音溝音構 蒟蒟醬又音矩 絇絲絇 瞿視皃又音衢 䀠目[illegible]䀠䀠然出埤蒼 怐

姤

恐怐鉤竹名郇邑名朐左右視也昫日光說文曰日出温也北地有昫衍縣香句切六煦上同酗醉怒亦作䣱

呴吐咮姁姁嫗蝹么蠶戍遏也舍也從人荷戈也傷遇切八腧五藏腧也輸送也又式朱切𧼯馬𧼯前也

鞧刀鞘隃鴈門𨉷䠵𨉷𣬠𣬠毛裕饒也道也容也寬也羊戍切七䘱上同覦覬覦又音俞諭譬諭

也諫也又姓東晉有諭歸撰西河記二卷何承天云喻音樹豫章人喻上同龥呼也又和也見書傳㬰雨衣孺稚也

爾雅曰屬也說文曰乳子也一曰輸孺尚小也而遇切四𡦹俗擩擩莝手進物也㹘牛莝赴奔赴爾雅曰至也說

文曰趨也芳遇切十一𠑽急疾也䞯上同䎷䎷顙也又音注豧豕聲簠簠簋又甫于方武二切訃告喪也又

至也𧼈偪也說文音匐仆偪仆說文曰頓也𧿒說文曰趣越皃娩兔子曰娩又孚万切務事務也又強也遽也

趣也又姓列仙傳有務光亡遇切十四婺婺女星名霧元命包曰陰陽亂爲霧爾雅曰地氣發天下應曰霧釋名曰霧冒也

氣蒙冒覆地之物也霚上同見說文騖馳也奔也驅也𦍩六月生羔𩀦雞雛蝥蟊名亦作蟱𨂝長跪又拜

𦅻緐淹餘也𢃃髮巾嵍丘也敄說文強也鶩鳥名又音目緅青赤色子句切又子侯切二足足添物也

本音入聲懼怖懼其遇切四具備也辦也又姓左傳有具丙埧堤塘臞瘦又音瞿芋芋名蹲鴟廣雅云蜀
漢以芋爲資凡十四等大如斗魁其車轂鋸子旁巨青鳥等四等多子王遇切五雨詩曰雨雪其雱又音禹羽鳥翅也又五聲
宮商角徵羽晉書樂志云宮中也中和之道無往而不理商強也謂金性之堅強角觸也象諸陽氣觸動而生徵止也言物盛則止羽舒也陽
氣將復萬物孳育而舒生又音禹⿱雨羽說文曰水音也吁疑怪辭也埾桀也才句切二聚又秦雨切捒裝捒色句
切又所據切三數筭數周禮有九數方田粟米差分少廣商功均輸方程贏不足旁要也世本曰隸首作數又色矩色角二切均又音速
⿰巾俞裁殘帛也付与也方遇切六賦賦頌詩有六義二曰賦釋名曰敷布其義謂之賦漢書曰不歌而頌曰賦又斂也量也班也稅
也傅相也亦姓本自傅說出傅巖因以爲氏出北地淸河二望四⿱髟付露髻髻名陚丘名搏擊也又布莫切娶說文曰取
婦也七句切二趣趣向又親足七俱倉苟二切註解也中句切又音注九鉒置也又送死人物也駐止馬軴車軴
住停手又長句切⿺辶馬不行壴說文云陳樂也咮鳥聲亍步止也驅區遇切又羌愚切二⿰牛區牛名鼔
鳥窠芻注切三⿰豆攵敄勇⿰月芻膳也⿵門主直開也丑注切二⿸尸主上同尠思句切少也又息淺切一屢數也疾也

良遇切二嘍嘍嘍吳人呼狗方言也

十一暮日晚也冥也又姓出何氏姓苑莫故切六慕思慕又虜複姓二氏前燕録云昔高辛氏游於海濱留少子厭越以居北夷邑于紫蒙之野號曰東胡秦西漢之際爲匈奴所敗分保鮮卑山因山爲號至魏初莫護跋率部落入居遼西時燕代多冠步摇冠跋好之乃斂髮襲冠諸部因謂之步摇後音訛爲慕容焉跋孫涉歸進拜單于遵循華俗自云慕二儀之德繼三光之容以爲氏歸子廆據遼東稱王僭號燕後又有將軍慕輿虔募召也墓墳墓慔勉也簒竹筥渡濟也過也去也徒故切五斁猒也一曰終也詩云服之無斁又音亦鍍金飾物也度法度又姓出後漢荆州刺史度尚又徒各切䈷蠶䈷路道路亦大也周禮曰合方氏掌達天下之道路爾雅曰一達謂之道路又姓本自帝摯之後出陽平襄城陳留安定東陽何南等六望洛故切十三露説文曰露潤澤也五經通義曰和氣津凝爲露也蔡邕月令曰露者陰之液也又露見也亦姓風俗通云漢有上黨都尉路平潞水名又州名春秋時初爲黎國後爲狄境古黎亭也周爲潞州隋爲韓州又爲上黨郡唐爲潞州開元中陞爲大都督府又縣名在幽州輅車輅釋名曰天子乘王輅以王飾車也輅亦車也謂之輅者言行於道路也鷺爾雅曰鷺舂鉏郭璞云白鷺鳥也頭翅背上皆有長翰毛江東人取以

爲睫攡名之曰白鷺縗璐玉名賂遺賂也簬竹名簵上同蕗蔠葵蘻蕗𤺌𤺌痦病𤺊上同䍡

䍡𦋍取魚具也○妒妒忌當故切十二妬上同秅禾束又縣名在濟陰或作秺秺上同妊美女𦙶𦙶胍腹大𤵸

乳病託奠酒爵也蠹食木蟲也𧏜古文殬敗也斁上同○菟菟絲草名又虜複姓後魏書有菟賴氏湯故切四

兔獸名崔豹古今注云兔口有缺尻有九孔論衡曰兔舐毫而孕及其生子從口而出說文云象踞後其尾形兔頭與龟頭同吐

歐也又湯古切鵵木鵵鳥有毛角○顧迴視也眷也又姓出吳郡古暮切十五頋俗雇本音戶九雇鳥也相承借爲雇

賃字稒稒陽縣在五原故舊也事也常也又姓出姓苑酤賣也又音姑沽上同痼久病固堅也一也常也故也

四塞也錮錮鑄又禁錮金也亦鑄塞也𤶅小兒口瘡鯝魚肚中腸𦋍䍡𦋍取魚具也棝射鼠斗也凅凝也閉也

○誤謬誤五故切十四悮上同寤覺寤忤逆也啎上同迕遇也遻上同晤明也朗也悟心了

逜干逜𥨈廣雅云竈名捂斜柱也又枝捂也娛娛樂也又五干切聑聽也○護救也助也胡誤切十七

瓠匏也又瓠子隄名亦姓淮南子有瓠巴善鼓琴嫭美好婟婟嫪戀惜也出聲類頀大頀湯樂周禮作濩互差互

俗作𠀋餘倣此濩布濩䇘所以收絲冱寒凝枑門外行馬䨼青屬韄佩刀飾也⿰言互誌也認也鱯魚名
擭布擭猶分解也⿱罒互兔網⿱艹互草名●訴訟也毀也說文作⿰言㡿告也桑故切十五愬譖也說文同上⿰言朔向也說文同上
泝逆流而上廣雅曰泝斗舟中抒水斗遡說文同上素列子曰太素者質之始也又空也故也帛也說文作𥿬白緻繒也又虜複
姓二氏後趙錄有宜陽公素和明又後魏書云素黎氏後改爲黎氏傃向也嗉鳥嗉膆上同⿰王斥玉名塑塑像也出周公
夢書塐捏土容出古今奇字⿰言素語⿰言素⿰犭素牲白也亦作素⿰扌素暗取物也●祚福也祿也位也昨誤切七胙祭餘阼
阼階東階⿰坴虘魚醬飵相謁食也⿰虘且往也秨禾稼皃又音昨●笯盛鳥籠也乃故切又音奴二怒恚也又音努
●布布帛也又陳也周禮錢行之曰布藏之曰泉又姓陶侃列傳有江夏布興博故切六圃園圃說文曰種菜曰圃又音補佈佈編
也抪抪持⿰甫刂裁刀⿰虫布⿰虫布蝢蟲也●汙涂也烏路切又音烏四惡憎惡也又烏各切噁喑噁怒皃⿰言惡相毀
說文作⿰言亞●怖惶懼也普故切五悑上同見說文鋪設也又普胡切誧謀也⿸疒尃⿸疒尃慮痞病又音步●厝
置也倉故切五措舉也投也說文置也醋醬醋說文作酢錯金塗又姓宋太宰之後又千各切⿰氵昔壅水●絝說文

捕 屛

曰脛衣也苦故切七袴上同庫貯物舍也又姓風俗通云古守庫大夫之後以官爲氏後漢輔義侯庫鈞亦虜複姓二氏周有
少師庫狄峙又有庫門氏亦虜三字姓前燕錄有岷山桓公庫傉官泥胯股也韓信出於胯下酷醋葅苦困也今人苦車
是跨踞也捕捉也薄故切十三哺食在口也步行步爾雅曰堂下謂之步白虎通曰人踐三尺法天地人再舉足步備陰
陽也又姓左傳晉有步揚食采於步後因氏焉又虜三字姓三氏後魏書步六孤氏後改爲陸氏又西方步鹿根氏後改爲步氏北齊書有步
大汗氏鞴鞴靫盛箭室餔餹餔又作糒鮬魚名⿰馬步⿰馬步馬習馬案左傳曰左師見夫人之步馬字不從馬⿰舟符艇船
⿰步阝亭名鵏鵏豉鳥⿸疒尃⿸疒尃⿸疒慮痞病又音怖荹亂草說文曰亂藁也⿰馬本馬名謼號謼亦作呼荒故切又火姑切二
⿸尸斗⿸尸斗斗欿水器也作造也臧祚切一

十二霽

霽雨止也子計切八隮升也又子奚切躋上同濟渡也定也止也又卦名既濟又子禮切擠
排擠又將西反⿰镸齊婦人束小髻也又音祭音節⿰巾齊⿰巾齊緝麻紵名出異字苑穧穫也又音劑帝說文曰諦也王天下
之號也爾雅曰君也都計切二十三諦審也嚔鼻氣也嚏俗柢木根柢也蔕草木綴實螮螮蝀蝃

上同見詩摕撮取艜艜水戰舩出字林⿱世是姓也漢書王莽傳有中常侍⿱世是惲·⿱虍是⿱虍是抵也爾雅柬曰⿱虍是之謂去抵也
骶背也僀俊也揥兩手急持人也⿰足氏蹋也⿰氏瓦⿰氏瓦甇大瓮偙俙儶腣胅腹皃又當兮切趆趆走皃
蝭寒蟬又音啼⿰革氏補履下也渧埤蒼云渧㵴漉也●嚌嘗至齒也在詣切十劑分劑又子隨切穧刈禾把數
⿰酉齊鹹也眥目際又才賜切齊火齊似雲母重沓而開色黃赤似金出日南又齊和又徂兮切齌吹餔疾也癠病也
懠怒也⿰齒齊⿰齒齊齘●替廢也代也滅也說文本作普廢一偏下也他計切二十普替並上同鬀說文曰鬄
髮也大人曰髡小兒曰鬀盡及身毛曰鬄剃上同⿸尸大輜車⿰歹大殀楴楴枝整髮釵也涕涕淚洟鼻洟⿰耒啇不耕
而種屜履中薦也亦作屟屜迏足滑薙除草悏寧悏心安褉補也殢極困軟唾聲笶車節也●
第次第說文本作弟韋束之次第也今為兄弟字又漢複姓二氏後漢書第五倫傳云齊諸田徙園陵者多故以次第為氏有第五第
八等氏特計切二十九弟見上注又音上聲遰迢遰又底隸切去也避也髢髲也鬀上同說文音剃締結也睇
睇視悌孝悌又音上聲娣娣姒禘大祭五年一禘軑說文曰車轄也釱以鎖加足說文鐵鉗也又音大鷤鷤鴂鳥又音啼

棣 車下木又常棣子似櫻桃可食又姓王莽司馬棣並 杕 木盛皃 踶 蹋 題 又徒雞切 遞 更遞 題 視皃 䔕 說文䔕

曰脩豪獸也一曰河內名豕也 ⿱丘木 兩手急持人 摕 取也 𧬳 𧬳審 懘 極也又恥厲切 鯷 鮎魚別名 鶗 鶗鴂鳥又

音啼 墆 墆貯也又墆翳隱蔽皃又徒結切 䈕 竹名 逮 逮及也又徒戴切 ●砌 階砌也七計切八 切 衆也又千結切

⿰目祭 視也 妻 以女妻人又七兮切 摖 挑取 聺 耳聽 ⿰目切 目眗 ⿰耳切 耳聹 ●細 小也蘇計切六 絤 古文 些 可也此也

辭也何也楚音蘇箇切 栖 雞所宿也又先奚切 壻 女夫 ⿰氵囟 水出汝南新郪入潁 ●詣 至也五計切十一 𢏚 古能

射人名說文曰帝嚳射官也夏少康滅之 羿 上同 羿 說文曰羽之羿風亦古諸侯也一曰射師 睍 睤睍 栺 柃指殿名 盻

恨視又下戾切 覞 傍視 甈 破甖 垷 埤垷女牆也見博雅 霓 虹又音倪 ●計 籌計說文會也筭也又姓後漢有計子勳

古詣切十二 係 連係 繼 紹繼俗作継 繫 縛繫又口奚胡計二切 薊 草名爾雅曰朮山薊又縣名又州開元十

八年以漁陽縣爲薊州又姓後漢有薊子訓俗作蓟 髻 綰髮 ⿰契阝 燕都 檕 爾雅曰朹檕梅說文云繘耑木也 檵 枸杞

蘻 狗毒草也 轚 舟中互序而行也 㲉 係也盡也 ●蒵 藶蒵胡計切十四 ⿰月絜 喉脈 ⿰月契 上同 系 緒也又姓

楚有系益𦂚籀文妎心不了也說文姡也又音害禊祓除不祥也又禊飲繫易之繫辭瘛小兒病又尺制切
㥛恨足𢱢𢱢換盻恨視又五計切閉門扇又胡介切稧稧事換秧契契約苦計切又苦結切十㓞刻也
罊說文云器中盡䏿字林云腨腸蟿蟿蠡螇蚸𦨣舟名𢡃劇也又怖也𡡉難也𩔅恐也䁈省視
翳羽葆也又隱也奄也鄣也又鳥名似鳳於計切十七曀陰風詩曰終風且曀枍枍指瘱靜也安也恭也𡪖安也靜也
𡓚塵也殪殪死瞖目瞖医藏弓弩矢器嫕婉嫕柔順皃蘙蘙薈縊自縊豷豕息繄是也
賴縮走絲也𡒄天陰塵也譩譩諦殹擊中聲也謎隱言也莫計切二𢫦裁也閉掩閉說文曰闔門也博計
切五閇俗嬖愛也卑也妾也箅甑箅也說文蔽也所以蔽甑底又必至切𢿅𢿅毀也又補米切慧解也胡桂切十
三憓憓愛也潓水名惠仁也亦惠然順也又姓出琅邪周惠王之後梁有惠施蟪蟪蛄蕙香草蘭屬橞
木名繐繐帳又音歲㩓㩓裂儶俙儶譓多謀智曰譓也鏸銳也又三隅矛䎚羽䎚桂木名叢生合浦巴南
山峯間無雜木葉長尺餘冬夏長青其花白山海經曰八樹成林又姓
後漢太尉陳球碑有城陽炅橫漢不被誅有四子一守墳墓姓炅一子

避難居徐州姓昋一子居幽州姓炔一子居華陽姓炔此四字皆九畫古惠切九 昋炅炔並見上注 筀竹名 罣挂也 畎

畎田 殃殃殃極妖也死皃也 鷦鷦鵫即杜鵑也 ⬤嘒聲也說文小聲也亦作嚖呼惠切三 嚖上同 暳小星詩亦作嘒 媲

配也匹詣切七 踻上同見管子 睥睥睨 渒水名在汝南 濞水名又芳備切 淠水聲 𠜾𠜾斫 ⬤薜薜荔蒲計

切五 𨭆所以理苗殺草 辟𥳽弋鳥具也 醳醬也 棚木名 ⬤麗美也著也又姓出姓苑郎計切三十三 戾乖也待也利也

立也罪也來也至也定也又很戾說文曲也从犬出戶下戾者身戾曲也 悷很悷 俗 隸僕隸 隷上同俗作隸 儷伉儷 盭

綠色又綬名或作綟又云弼也 綟草也衣也 劙割破 劙上同 唳鶴鳴曰唳 蜧大蝦蟆也 莀紫草 沴妖氣說文曰水

不利也 荔薜荔香草又羌複姓有荔非氏 捩琵琶撥也 欐梁棟之名也又師禮二音 𤄙埤蒼云滯𤄙瀝也 籙札也

涖沱也又力二切 悷𢤱悷多惡又懍悷悲吟也 栛小棟木名 丽本也又鹿皮 蜦神蛇又音倫 㸚止也系也 珕

刀飾又力智切 𥉮視窺也 𤸌瘦黑又力翅切 覼求視又師蟻切 䕻草木生亞土也 颲急風 離漢書云附離著

也 棣木名 ⬤遰胡竹名也杕也丑戾切一 ⬤泥滯陷不通詩云致遠恐泥奴計切又奴低切五 埿俗 懘懘惉音慢又胡

㒚摩也迡近也濘濘陷欪氣越名呼計切三奃肥大殢殢極困也
十三祭享也祀也薦也至也察也子例切七際邊也畔也會也穄黍穄呂氏春秋曰飯之美者有山陽之穄說文曰穈
也穈音穈鰶魚名⿱髟祭露髻又音霽⿱衞心寐言穧穫也又才計切歲釋名曰歲越也越故限也從步戌相銳切四⿰木慧
小棺又箠衞二音⿰糸彗布縷細也繐上同衞護也垂也加也亦州名殷所都也本衞國爲翟所滅齊桓公代翟遷衞于河南秦屬
東郡魏文置朝歌郡晉爲汲郡東魏爲義州周武改爲衞州亦官名漢書曰衞尉秦官掌宮門衞屯兵又姓周文王子衞康叔之後國滅因氏
焉出河東陳留二望又精衞鳥名山海經云狀如鳥白首赤喙其鳴自呼取西山木石以塡東海于歲切十三軎說文曰車軸耑也从車象
形轊上同璏劒鼻王莽碎玉劒璏⿱竹衞竹名⿱衞豕豚屬⿱衞彖上同槥小棺彗日中必彗⿱衞心寐言讆上同躗
牛蹏熭曬乾芮草生狀又姓周司徒芮伯之後而銳切六汭水曲說文曰水相入皃枘柄枘蜹蚊蜹又音爇笍
竹名鈉銳鈉贅贅肉也又最也聚也又贅衣官名也之芮切二⿰宗又卜問吉凶⿰口率小歠也山芮切一毳細毛也又姓出
姓苑此芮切又楚稅切十二韢橐囊屬以盛賦頭又音遂脃說文曰小耎易斷也膬上同又七劣切脆俗帨佩巾又音稅

竁葬穿壙也又楚稅切𣃁斷也蠽蟲名㓹小割毳重擣又楚稅切𣹞歠也鋭利也又姓姓苑云外平中鮮卑有御史中丞鋭管以芮切六銴銅生五色叡聖也睿上同莌草生狀蜹毒蟲又而稅切綴連綴陟衛切又丁劣切十一醊祭也畷禮注云井田間道吳都賦云畛畷無數又張劣切笍小車具也䄔重祭啜嘗也

餟說文曰祭酹也司馬禎曰漢志作腏字通腏上同又皮腏著也錣針也凡釣也輟車小缺也稅斂也舍也又姓盛弘之荆州記云建平信陵縣有税氏舒芮切九說說誘裞衣送死也又禮注云日月已過乃聞喪而服曰裞又他活切又他外切

蛻蛻皮又他臥切又他外切帨佩巾也又音脃𢃳說文曰禮巾也涚溫水又淸也𩜹小餟也又郎外切𩞀上同

獘困也惡也說文曰頓仆也俗作弊毗祭切五斃死也說文同上幣幣帛㡀說文曰敗衣也从巾象敗衣之形又匹世切敝說文曰帗也一曰敗衣也又姓左傳齊有敝無存𣰖重擣楚稅切四𣃁𣃁斷竁葬穿壙也毳細毛

篲埽帚爾雅曰葥王篲本亦從卄祥歲切九𥫔古文鏏大鼎彗星名又音遂𪔂小鼎槥小棺軎車軸頭也又音衛

轊上同𢄼布巾蔽掩也必袂切四鄨縣名在牂牁又音鼈鷩爾雅曰鷩雉郭璞云似山雞而小冠周禮云王享先

公饗射則鷩冕又音鼈 彆 弓彆 劌 傷也割也居衛切六 鱖 魚名大口細鱗有斑文一曰婢魚也 劂 剞劂 㓺 割也 斷

蹶 爾雅云蹶洩苦棗亦作蹶 蹶 行急遽皃曲禮曰足無蹶又居月切 𧗿 跟𧗿牛展足 袂 袖也彌獘切一 憏

殘帛所例切三 鎩 矛戟類又所戒切 蔱 椒蔱又所八切 掣 掣曳尺制切又尺折切八 瘛 小兒瘛驚 懘 怗懘音不

和也惉樂記作怗 瘌 郭璞云癩病 𤸷 上同 恄 說文曰小怒也 𨨏 除利也 猘 狂犬別名 制 禁制又斷

也止也勝也說文作利裁也从刀从未物有滋味可裁斷也征例切十八 𠛇 見上注 𦞅 魚醬亦作𩻬 𠊱 水名 製 製作

又裁也 𦗩 入意一曰聞也 晢 星光也亦作晣又音折 𥳰 方言云自關而西謂簟或謂之𥳰 㥞 婦孕病兒 𡦄 蝗子

鯯 魚名可爲醬 晢 目光也又丑世切 狾 狂犬 𥎊 矛也 𩋆 刀鞞 𧸘 臭敗之味 𨗿 古人姓 迣 迾也度也

逝 往也行也去也時制切十三 忕 忕習 觢 牛角豎也 噬 齧噬 誓 誓約 𣂶 古文 筮 龜曰卜著曰筮巫咸作筮筮決

也 簭 上同見周禮 澨 水名書曰過三澨 埶 車樘結一曰銅生五色又音銳 遾 逮也 𧼮 踰也 𦟝 割肉 曳 牽也

引也餘制切二十九 裔 邊也苗裔也又容裔也說文曰衣裾也俗作㐮 玴 石之次玉也 勩 勞也 泄 水名在九江又音薛

鱌

䬻上同 瘈病也 𦐇鳥飛 枻檝枻 詍多言 㖂明也一曰習也 𦔳鳳六翮 靾以馬鞁贈亡人 跇超踰又丑

例切 丿旗明也又身皃 袣長被又衣長皃 䄿目䄿又稻名 鴺鳥名 澨容澨水皃 㣘合板㣘縫 抴數也 霎

婦人病胎 𥫃長也 猘狸子 丿至地 䕉蒸也又葱䕉也 帠裂也 呭呭樂說文曰多言也亦作咉 蔕草名

餲急也一曰不成也於罽切五 瘞埋也 餲又於葛於介二切 腸腸膭 藹靄也又音藹 藝才能也靜也常

也準也又姓出姓苑魚祭切八 埶說文種也周禮音世 藝同 寱睡語 讛上同 囈亦同 槸樹枝相摩 褹

字林云複襦也 滯廢也止也凝也直例切七 彘豕也又姓左傳有彘恭子 蹛蹛林又音帶 鏊除也 瑑劍鼻

玉也 茢草補鱌魚鉄 鱌魚名 例比也皆也力制切二十五 厲惡也亦嚴整也烈也猛也又姓漢有魏郡太守厲温 礪砥石

勱勸勵勉也 禲無後鬼也 癘疫癘 𤸱上同 𩶱音列 鱱魚名又作厲詩曰深則厲淺則揭說

文又作砅履石渡水也 濿以衣渡水由膝已上為濿亦 砅見注 蠣牡蠣蚌屬 蠇上同 欐木名 䮽馬馳 騳同 秎禾穰 䅻上同 賻

贎貨也又力達切 𡾋巍也 犡牛白脊 栵栭栗又音列 䅀作裂 𠞳帛餘亦恐人 㤠恐也 洌清水又音列一 憩

息也去例切厺𠫠上同藒藒車草揭褰衣渡水由膝巳下曰揭甈爾雅康瓠謂之甈郭璞云瓠壺也賈誼曰寶康瓠是也○世代也又姓風俗通云戰國時有秦大夫世鈞舒制切三勢形勢貰賒也貸也○狾狾犬宋書云張收嘗為狾犬所傷食蝦蟆膾而愈居例切八罽罽氈類織毛為之說文曰西胡毳布也𦋺上同說文曰魚网也㲢亦同瀱泉出皃訐干持人短又居列切彐彐豪頭說文作彐云豕之頭象其銳而上見也蘮蘮蒘似芹○𤺋赤白痢亦作滯竹例切又音帶一○偈偈句其憩切一○啜嘗也嘗芮切又臣劣切一○跇跳也踰也丑例切十二趩上同傺侘傺侘敕加切怈習也懘困劣𧗿衎佞晢瞥也觢觟也又丑列切揥佩飾𨂿躍皃踶渡也䠕視也○𨬊曲刀也削竹也除芮切一○劓去鼻也牛例切一○蕝束茅表位子芮切又子悅切三䗚蟲名又作會切擖裂也○潎魚游水也匹蔽切一○𥏗綣緣短皃丘吠切一○𥏝短皃呼吠切一

十四○泰大也通也古作太他蓋切四忕奢也又逝忕一音太甚也大也太也周禮曰太史掌建邦之六典宋書曰太史掌歷數靈臺專候日月星氣焉經典本作大亦漢複姓六氏漢有尚書太叔雄古今人表有大師庇何氏姓苑云太征氏下邳人太

士氏永嘉人又有太室氏太祝氏汏大過也蓋覆也掩也通俗文曰張帛也禮記曰敝蓋不棄爲埋狗也又發語端也說文曰
苫也俗作盖古太切三匄乞也丐上同本又音緬艾草名一名冰臺又老也長也養也亦姓風俗通云龎儉母艾氏五蓋切三
䝟䝟猳豕鴱巧婦別名譪晻譪樹繁茂又姓晉南海太守譪奐於蓋切十壒塵也馤香也靄雲狀又於
葛切⿰目蓋目色藹覆也倩也微也說文蓋也⿰歹蓋死也⿰忄蓋倩謹⿰鼠曷⿰鼠离⿰鼠曷小鼠相銜而行瞹曖隱柰
果木名廣志曰柰有青赤白三種俗作捺奴帶切五奈如也遇也那也本亦作奈又致箇切⿰奈毛⿰奈毛⿰奈毛多毛⿰魚柰魚名⿰亻柰
說文曰沛之也大小大也說文曰天大地大人亦大故大象人形又漢複姓五氏晉獻公娶大狐氏楚襄王時有黃邑大夫大心子成
史記秦將軍大羅洪周禮大羅氏掌鳥獸者其後氏焉又大庭氏古天子之号其後氏焉又有大叔氏又虜複姓後魏末有南州刺史大野拔
又虜三字姓周書蔡祐賜姓大利稽氏周末有尉回將軍大莫干玄章後魏書南方大洛稽氏後改爲氏徒蓋切八汏濤汏說文曰淅㶕也
軑車轄釱鉗也又大計切⿰鳥大大鳥也⿰黑大黑跡忕奢忕伏地名在海中害傷也胡蓋切四夆相遮也妎
字林云疾妎妬也⿰忄害快也帶衣帶說文曰紳也男子鞶革婦人鞶絲象繫佩之形帶有巾故从巾易曰或錫之鞶帶又蛇別名莊

子云蝍蛆甘帶也當蓋切十七　跢倒跢　⿸疒帶⿸疒帶下病也　蹛勾奴傳有蹛林又音滯　⿱無帶⿱無帶方山名　艜艇船　摕槌也

貝說文曰海介蟲也居陸名猋在水名蜬象形古者貨貝而寶龜亦州名春秋時屬晉七國屬趙秦為鉅鹿郡漢為清河郡周置貝州

以貝丘為名博蓋切十四　沛郡名又姓出姓苑又匹蓋切　⿰巿阝上同　鋇鋇柔鋌也　芾小皃又方味切　⿰⻊貝步行躐跋

狽狼狽　犻牛二歲也爾雅云體長犻　伂顛伂之亦作沛　⿰魚巿魚名食之殺人　茷草木葉多　⿰毛巿⿰毛巿⿰毛尧多毛　⿰目巿

目不明皃又音霈　⿲彳巿亍行皃　霈霶霈普蓋切五　浿水在樂浪　沛流皃亦霶沛又水名出遼東又音貝　⿰目巿⿰目巿眛

目不明也　⿰忄巿恨怒　會合也古作會亦州秦屬隴西郡漢分為金城郡周為防隋為鎮武德初平李軌置會州又姓漢有會栩黃

外切又音儈五　䢈說文曰日月合宿為䢈　達說文云無違也　禬除殃祭也又古外切　繪繪五采也　兊突也又卦名說

文本作兊說也又姓杜外切五　⿰革兑補⿰革兑　綐細紬　銳矛也又弋稅切　⿰山兑山名　儈合市也晉令儈賣者皆當著巾白帖額言

所儈賣及姓名一足白履一足黑履古外切十八　膾魚膾說文曰細切肉也　鱠上同　襘說文曰帶所結也　禬福祭　檜

柏葉松身又古活切　旝水置石投敵也　巜說文曰水流澮澮也方百里有巜廣二尋深二仞　澮上同爾雅曰水注溝曰澮又木名在

賴 較 竅

平陽鄶國名在滎陽廥芻稾藏也䯤五綵束髮說文曰骨擿之可會髮者詩云䯤弁如星鬠同上劊說文曰斷
也會會稽山名又黃外切䯤要䯤痛擓收也獪狡獪小兒戲最極也俗作冣祖外切三綷五色采也繇
蟲也又山芮切䜀眾聲呼會切六噦鳥聲翽鳥飛聲鐬鈴聲渙水名在譙又音喚濊說文曰水多皃又烏
會切穭麤糠苦會切一酹以酒沃地郎外切五頪說文曰難曉也一曰鮮白𣭻馬色班也餟門祭癩疫病又力
卧切外表也遠也五會切一祋祋祤縣名在馮翊又役殳也丁外切一懀惡也烏外切七濊汪濊深廣又呼會切薈
草盛嬒婦人名也𪖴息也瞺眉目之間𪒠淺黑色蕞小皃才外切二䉋䉋篭䃎小石光外切三𣩵
瘦病䁟流盼襊衣游縫也麤最切三𨄁行𨄁竅塞外道也旆旗也繫旐曰旆蒲蓋切三䟴賴頭行不正也較
祭道神又蒲葛切磕硠磕石聲苦蓋切九鶡鶡鴠鳥又音渴轄車聲愒貪也公羊傳云不及時而葬曰愒愒急也溘
船著沙也⿰衤害子屬寏擊也𢿣伐也擊也⿰盍阝地名或作鄯蔡龜也亦國名又姓出濟陽周蔡叔之後也倉大切三
䕉古文𪄷𪄷鳩鳥賴蒙也利也善也幸也恃也又姓風俗通云漢有交阯太守賴先落蓋切十四籟簫三孔也癩

關

疾也說文作癘惡疾也今爲疫癘字瀨湍瀨糲麤米又力達切襰隋壞藾藾蒿剌同上犡牛名說文曰牛白脊
⿰魚賴魚名⿰足厲跛⿰足厲行皃⿰火賴火之毒鵣鳥名⿰口厲聲⿰口厲餀食臭呼艾切五⿰臭曷同上⿰犭厲獸名出音譜疫
疫病⿰魚曷魚名娧他外切五蛻蛇易皮又音稅駾奔突也詩云昆夷駾矣毻鳥易毛又音唾祱送死衣也
眛眿眛目不明也莫貝切三沬水名枺木名⿰日最春小⿰日最也七外切一

十五卦

卦說文曰筮也易疏云挂也懸挂萬象於其上八卦者八方之卦也乾坎艮震巽离坤兊古賣切六挂懸挂又剮挂弩
矢鏃名潘岳射雉賦云出剮挂以潛擬掛俗詿誤也又胡卦切觟盾握也罣罣擬又胡卦切懈懶也怠也古隘切六
解除也繲繲浣衣出埤蒼廨公廨薢薢茩藥名㾏病也隘陜也陋也烏懈切六⿰𨸏益古文阸阻塞又阸辟山
形或與隘同⿸疒殹病聲䅊稻小把也賹賹記人物邂邂逅胡懈切二解曲解亦縣名在蒲州又古賣古買胡買三切
賣說文作賣出物也莫懈切一畫釋名曰畫挂也以五色挂物象也俗作畫胡卦切又胡麥切九詿礙也罣同上絓
絲結澅水名在齊黊鮮黃色繣繣微乖違纗弦中絕也孈愚戇又多態也差病除也楚懈切又楚宜楚皆楚牙三切七

瘥上同又音醝 衩衣衩 杈杈杷平田具也又音叉 浲浦浲 誃誃持短又疑心名也 䛽差異言 ○睚目際又睚眦怨

也五懈切又五佳切 ○誒怒言火懈切又胡禮切一 ○庍到別方卦切一 ○粺精米傍卦切四 稗稻也又稗草似穀 䵗黍屬又音俾 杷田具又音琶一 ○疵疾也士懈切二 眦睚眦 ○派分流也俗作派匹卦切七 𠂢說文曰水之衺流別也 䋔未緝

麻也說文曰散絲也 𣏟麻紵 渒說文曰水在丹陽 𣐿藤屬蜀人以織布出埤蒼 朩分枲皮也又匹刃切 ○債徵財側賣切

切一 ○嫛難也苦賣切又音契二 郝鄉名 ○曬暴也所賣切又所寄丑離二切王 黐不黏之皃或與曬同 醋簀酒

汛水皃說文灑也本又音信 洒洒埽又先禮切 ○諣疾言呼卦切一 ○嶭院嶭山形方賣切一 ○膪亦作䐈腏肉也

竹賣切又竹亞切䐈膪肥皃二 𢕘𢕘步立皃出聲譜

十六怪 ○怪怪異也古壞切八 恠俗 硁硁石似玉 蔽草名 敳毀也 壞上同又胡怪切 𡖈大皃 㧟

訬也 ○噫噫氣烏界切二 呃不平聲 ○瘵病也側界切三 祭周大夫邑名又姓周公第五子祭伯其後以爲氏 𨛍

說文曰周邑也 ○誡言警也古拜切二十三 戒慎也具也備也警也易注云洗心曰齋防患曰戒 界境也垂也 介大也

屆

助也佑也甲也閡也耿介也說文作分畫也俗作分又姓介之推是屆至也舍也說文曰行不便也一曰極也疥瘡疥玠

大珪長尺二寸岕獨居忦憒也砎硬也魪比目魚也尬尲尬行不正尲音緘价善也又佋价也⿱髟介鬠結悈

飾也司馬法曰有虞氏悈於中國鴧鴧雀也似鶡而青出羌中艐爾雅云至也亦云古屆字⿰目㚇怒也芥辛菜名又草芥衸

布衣幅也又胡介切丯草介⿸厂介⿸厂介到⿰馬介⿰馬介馬尾結也褹紩布襦女介切二譮怒聲許介切九欸上同⿰口戒喝⿰口戒

齂鼻息噧高聲皃又多言⿰言萬譀⿰言萬㞘臥息⿱此大說文曰瞋大聲也⿱介心說文曰忽也孟子曰孝子心不若是⿱介心械

器械又杻械胡介切十一韰葷菜也葉似韭䪥俗齘⿰禁頁齘切齒怒⿰禁頁于禁切⿵門介門扇瀣沆瀣北方夜半之氣又胡代切

⿰亻韰俠也韰韰倮猶果敢也⿰犭忩雌狢衸補膝裙也說文袥也⿰氵戒水名⿰耳豙不聽五介切四譺誡譺⿰忄豙忦⿰忄豙懝恪人也

⿰虫豙蟲名咂食草木葉也蒯茅類又姓出襄陽漢有蒯通或作⿱艹刿苦怪切九喟歎也又丘愧切嬇女字欳太息⿱竹欳箭竹

名也簣籠也嘳譏他人也蕢杜蕢蕢尚並見禮記⿱土貴俗云土塊本音憒𢷎周禮曰大祝辯九𢷎一曰稽首二曰頓首

三曰空首四曰振動五曰吉𢷎六曰凶𢷎七曰奇𢷎八曰褒𢷎九曰肅𢷎博怪切三拜上同扒拔也詩云勿剪勿扒案本亦作拜湃

湏

辿丑連切 字彙

澎湃普拜切二 湏水名在樂浪 ·壞自破也胡怪切三 𡒞古文 蘾蘾烏蓘草 ·聵聾也五怪切三 顝說文

同上 顡說文曰頭蒯顡 ·備病也說文憊也蒲拜切八 憊𤺋並同上 韛韋囊吹火 𩏮同上 𦨶船後𦨶木

棑木名 瀤水波 ·𥄎𥄎眼久視莫拜切三 𧱓𧱓𧲙頑惡 韎東夷樂也 ·𧲝𧲝𧲙火怪切五 𧗿過也 衞木名

皮可牽船 潵水聲 咶鼻息 ·鎩翦翮說文曰鈹有鐔也所拜切又所八切四 𧝬衣縫也 殺殺害又疾也猛也亦降殺

周禮注云殺衰小之也又所八切 繝上同亦見周禮 ·烗熾也盛也苦戒切四 𤈦同上 劾勤力作也 揩鼓名又客皆切

·顡顏惡也辿怪切說文五怪切癡頭不聰明也一

十七·夬決也亦卦名古賣切三 獪狡獪 𥲑𥲑竹名 ·快稱心也喜也可也又姓漢有快欽苦夬切五

噲咽也又人名漢有樊噲又姓孝子傳有噲參鵠銜珠與之 𥢶麤穅 駃駃馬日行千里 璯姓也晉王有錢璯 ·邁行也

遠也莫話切四 勱勉也強也 譪誇誕又火搳切 佅僸佅 ·話語話說文作譮合會善言也下快切一 ·敗自破曰敗

說文毀也薄邁切又北邁切四 𣪘籀文 退散走 唄梵音 ·䵳淺黑色烏快切又烏外切三 𪖐喘息聲又烏外切 懀

惡見嘬一舉盡臠曲禮曰無嘬炙楚夬切四䶐南方呼醬歠齧也⿰口毳上同犗揵牛古喝切二⿰衤害衣上也亦作⿰衤盍蠆毒蟲丑犗切二懘極也劣也又懘芥喝哄聲於犗切五餲飢臭又於罽切嗄聲敗又所嫁切餀通食氣也欬上同⿰口冊喝⿰口冊所犗切一⿰臭祭大臭又事露也除邁切一⿰言萬譤⿰言萬火犗切譤火懺切二⿰臭害⿰臭害⿰臭祭臭皃咶息聲火夬切二

敗破他曰敗補邁切又音唄一啐啗也倉夬切一寨羊栖宿處犲夬切二砦山居以木柵⿰員又纔然何犗切一

十八隊

隊羣隊徒對切十二䨴靅䨴雲狀薱草盛懟怨也惡也周書曰元惡大懟憞上同譈亦同鐓矛下銅也曲禮曰進矛戟者前其鐓錞上同礈䃃礈物墜也⿰骨㒸⿰骨罷⿰骨㒸愚人⿱隊金鏊也濧清也濡也佩玉之帶也說文曰大帶佩也从人从凡从巾佩必有巾巾謂之飾禮曰凡帶必有佩玉蒲昧切十二珮玉珮俗孛星也又蒲沒切鄁紂之畿內國名東曰衞南曰鄘北曰鄁邶上同偝向偝誖言亂又補內蒲沒二切悖心亂又蒲沒切背弃背又姓也又補妹切⿱非土埤蒼云珠百枚曰⿱非土孫權貢珠百⿱非土⿱非土貫也又云珠五百枚也亦作琲又蒲罪切枚拂[illegible]芘爾雅曰芘山䨙案本亦作勤勤音勍妹姊妹莫佩切十二昧暗昧眛目暗每數也又武罪切痗病也又音晦瑁瑇瑁亦作瑁蝐又莫沃切黴點筆又武悲切莓莓子木名似葚

㴵

又莫杯切 罞鳥網 脢背肉也又莫杯切 穤禾傷雨則生黑班也 配匹也合也滂佩切四 朏向曙色也 妃妃偶也又匹非切 䰰崩聲 誨教訓也荒內切十一 悔改悔 晦冥也又月盡也 𣂑易卦上體 靧洗面 頮上同 秏稻名出南海又火号切 痗病也 𩈣面肥也 詯休市 㴵大清說文曰青黑皃今作潧 對答也當也配也揚也應也古作對漢文責對而面言多謂非誠對故去其口以從土也都隊切六 對見上注 碓杵曰廣雅曰磓碓也通俗文云木碓曰轓車杜預作連機碓孔融論曰木碓之巧勝於聖人之斷水掘地 𣝗車箱考工記云立曰𣝗橫曰軓 轛上同 𠑇𠑇市 倅副也七內切五 淬染也犯也寒也 焠作刀鑿也天官書曰火與水合爲焠 碿碿磨 啐嘗入口又先對切 晬周年子也子對切七 祽月祭名也 𪓐說文曰會五綵繒也 綷上同 悴亦同 捘推也 夎失容節拜又子臥切 尵尵𡰜廢風苦熱烏繢切三 㕟隱翳 隈字林云映隈也 退卻也說文作復他內切五 復上同 𨒌古文 𢖍肆也又他沒切 𡰜尵𡰜 憒心亂也古對切十 幗婦人喪冠又古獲切 刉刉刀使利 慖恨也 䵻黃色又于鄙切 𦟛𦟛忽痛也 簂筐也亦作槶 篠篷也 𪐁病皃 蔮儀禮注云滕薛名蔮爲頍 潰逃散又亂也胡對切十三 迴曲也又音回又作匯 繢畫也 嬇女字 殨肉爛 闠闤闠市門 豊

草名呂氏春秋云菜之美者有雲夢之薑蜠蟲蛹詯胡市膭肥大僓長也讃覺悟說文曰中止也司馬法曰師多則民

讃讃止也詗市詗塊土塊苦對切三凷上同說文曰墣也禮曰寢苫而枕凷堁塵起又於卧切碎細破也蘇內切

五𠦁說文破也誶告也啐送酒聲繀織繀說文曰著絲於筟車內入也奴對切一纇麤纇絲也盧對切十四

耒耒耜世本曰倕作耒古史考曰神農作耒說文云耕曲木也儽極困也擂擂鼓酹酹酒蘱草名似蒲一云似茅

㔣推也莱耕多草𥢌秲𥢌稻名𡓯𡓯塊土皃礧礧硋石重也郲郲陽縣漢書作耒銇銇鑽錑平板背

脊背補妹切三輩等輩又比也類也俗作輩誖亂也磑磨也世本曰公輸般作之五對切一蚚爾雅曰強蚚胡輩切又音析一

十九代代更代年代亦州名春秋時屬晉其後趙襄子以銅斗擊殺代王取其地至秦隷太原郡漢置雲中鴈門代郡魏爲州

又姓史記趙有代舉徒耐切十三岱泰山黛眉黛黱上同逮及也又徒帝切埭以土堨水𡋯上同帒囊屬

袋上同甙甘也酨醋也又昨代切瑇瑇瑁亦作蝳蝐異物志云如龜生南海大者如籧篨背上有鱗鱗大如扇有文章將作器則煮

其鱗如柔皮俗又作玳又徒督切靆靉靆雲狀載年也事也則也乘也始也盟辭也又姓風俗通云姬姓之後作代切又材代切六

再 重也兩也 縡 事也出字林 𢦏 古國名 𩞁 說文曰設飪也 𪑀 深𪑀戴 䆀 禾傷雨莫代切又莫亥切二 脄 背側肉也

賽 報也先代切四 簺 格五戲說文云行碁相塞故曰簺也 塞 邊塞又蘇則切 𡨄 窴也實也 貸 借也施也假也他代切四

儓 儓儗癡皃 態 意態亦作能 逮 瞹逮不明 𥆧 皃出玉篇 溉 灌也又水名出東海桑瀆縣覆甑山古代切六 槩 平斗斛

摡 滌也詩云摡之釜鬵 𣪠 深堅意又偶也 僟 既主也 扢 摩也 慨 慷慨苦蓋切六 愾 大息 欬 欬瘷 鎧 甲也管子曰葛盧之山發而出金蚩尤制以爲鎧也

闓 開也又音開 嘅 嘅嘆 礙 止也距也五溉切七 硋 上同 㝵 釋典云無㝵也

閡 外閉 儗 儓儗 懝 騃也 㚈 水曲頭不出又音稽 愛 憐也說文作㤅行皃烏代切九 㤅 惠也 懓 古文 曖 日不明又晻曖暗皃

僾 隱也 𥶊 隱也爾雅作薆 靉 靉靆雲狀 薆 薆對草盛 璦 珠璦玉篇云美玉也 瀣 沆瀣氣也胡槩切三

㤥 患苦 劾 推劾 耐 忍也奴代切七 𧍢 小蟲也 鼐 大鼎 能 技能又能何氏姓苑云長廣人 佴 姓也山公集有佴湛

䏻 日無光也 耏 頷也又如之切 戴 荷戴又姓出濟北本自宋戴公之後風俗通云凡氏於謚戴武宣穆是也都代切一 賚 與也賜也洛代切九

萊 查也又音來 睞 傍視 徠 勞也 勑 上同 𤸰 惡病 誺 誤也 䚓 內視 逨 就也又音來

菜草可食者皆名菜倉代切五 埰古者卿大夫食采地郭璞云采地葬之因以名 棌木名 ⿱髟采髻也 䐆大腹 載運也

昨代切七 裁製裁 纔僅也 在所在 截醋醬 栽築牆長板 渽測也 儗儓儗癡也海愛切又音礙一

二十廢止也大也方肺切九 癈固病 廢賦斂 撥木似柚也 祓福也除惡祭也又敷物切 𥶞蘆𥶞 廢上同

𧤼說文云弋射收繳具也 𥔵以石遏水曰𥔵 肺金藏芳廢切四 柿斫木札也 怖怒也 昁暍也又音代 穢惡也

於廢切六 薉荒薉說文蕪也 濊濊貊夫餘國名或作穢貊又汪濊又烏外切(獩) 獩見上注 饖飯臭 䮹䮹驤馬怒 吠

犬聲符廢切四 茷草葉多也又方大切 ⿰魚犬魚名 鼣鼠名如犬吠也 喙口喙許穢切又昌芮切六 ⿸疒彖困極也詩云昆夷⿸疒彖

矣本亦作喙 ⿰歹彖上同 ⿺走复行走之皃 餯飯臭 顪頮也 衛牛觸人渠穢切一 刈刈穫魚肺切八 乂才也

汉水名 ⿱乂心困患爲戒 ⿰乂鳥爾雅云桃蟲鷦其雌鳪俗呼爲巧婦亦作鴱又音艾 艾治也見詩 ⿰乂虎虎皃 ⿱辟乂才人名

二十一震雷震也又動也懼也起也威也章刃切十一 振奮也裂也舉也整也救也又之人切 賑贍也 娠妊娠又音身

侲侲子逐厲鬼童子也 挋說文云給也一曰約也又爾雅曰挋拭刷清也 袗玄服 須須類頭少髮說文曰顏色𩑺䫰順事也頁皆在

左 ⿰足辰 動也 ⿰辰阝 地名又音辰 ⿱振馬 ⿱振馬⿱路馬 信 忠信又驗也極也用也重也誠也又姓魏信陵君無忌之後又漢複姓何氏姓苑有

信都信平二氏息晉切十一 訊 問也告也 訙 上同 迅 疾也又私閏切 囟 說文曰頭會腦蓋也 顖 上同 卂 疾飛而羽不見

汛 說文灑也 ⿰犭卂 小獸有臭居澤色黃食鼠 奞 奮奞毛 阠 八陵名爾雅曰東陵阠又所臻切 刃 刀刃而振切十一 認

識也 肕 牢肕 韌 柔韌亦與肕同 仞 七尺曰仞 軔 礙車輪木 牣 滿也詩曰於牣魚躍 杒 木名 訒 難言 ⿰巾忍 枕巾 脤

眩濜 胤 繼也嗣也亦姓羊晉切十一 酳 酒漱口也 靷 引軸 引 又羊忍切 朄 小鼓在大鼓上擊之以引樂亦作軸 濥 說文云水

脈行池中濥濥然 ⿰月引 脊肉又直忍切 ⿰扌衍 伸也 ⿰氵⿱八月 小水 鈏 鐵鈏 ⿰車申 車名 遴 行難也又姓良刃切二十八 吝 悔吝

又惜也恨也俗作⿱文厶 悋 鄙悋本亦作吝 磷 薄石 閵 閵鵲鳥名似鴝鵒而黃 ⿱竹粦 竹名堅中 粦 說文作粦鬼火也兵死及

牛馬血爲之 燐 上同 藺 草名莞屬亦縣名在西河又姓出西河本自有周晉穆公少子成師封韓韓獻子玄孫曰康食邑於藺因

氏焉 轥 轥轢車踐 轔 上同 ⿰虫粦 螢火 顲 須顲一曰乙獸名似豕頭少髮粦身黃尾白 麐 牡麟又音鄰 ⿱竹閵 損也

⿱艹粦 草名 瞵 視不明皃 橉 木名 鏻 鏻健 甐 器也 ⿰貝吝 貪也 ⿵門蟲 蟁也 ⿵門炎 火皃 ⿰田粦 田壟 撛 扶也又力

⿰血十当作衅集韵作衅

盡切⿰羙刂水在石間躙蹸躙儐儐相也說文導也必刃切七擯擯斥殯殯殮鬢鬢髮也頻上覕不相見也⿰必賓

上同⿰賓見觀見又匹人切敶列也直刃切五陳上同見經典陣俗今通用診候脈又之忍切⿱二門登也慎誠也

謹也亦姓古有慎到著書又漢複姓家語魯有慎潰氏奢侈踰法時刃切三昚古文亦姓蜃蛟蜃又縣名眒張目試刃切三阠

東方陵名抻抻物長也菣香蒿可煑食去刃切又苦見切三⿺走臤行皃臤堅也賮琛賮又財貨也會禮也徐刃切又疾刃切六

燼燭餘⿱聿火上同藎進也詩云王之藎臣一曰草名濜水名壗石似玉憖且也一曰傷也又曰閑也魚覲切三猌犬張

齗怒皃垽滓也晉進也又州名堯所都平陽禹貢冀州之城春秋時晉地秦屬河東郡後魏爲唐州又爲晉州爾雅晉有大陸之藪今鉅鹿

是也亦姓本自唐叔虞之後以晉爲氏魏有晉鄙即刃切十晉上同出說文搢搢紳之士搢笏而垂紳又插也縉淺絳色又古有縉雲

氏⿰虫進蟲名又蛤屬進前也善也外也登也又姓出何氏姓苑枃凡織先經以枃梳絲使不亂出埤蒼瑨美石次玉璡上同又音

律⿱執手羊名又亭名⿰血十牲血塗器祭也許覲切三釁上同又罪也瑕釁也舋俗鎮壓也周禮有四鎮揚州之會稽

青州之沂山幽州之醫無閭冀州之霍山又姓出姓苑陟刃切三瑱玉充耳又吐甸切填定也亦星名又音田僅餘也纔也劣也

少也渠遴切十一覲見也殣埋也瑾美玉名饉無穀曰飢無菜曰饉⿰堇少少也廑小屋也瘽病也墐塗也
詩曰塞向墐戶⿰堇刂⿰堇刂割也又去槿切⿰堇欠⿰堇欠欠櫬空棺也初覲切七瀙水名嚫施䞋同襯近身衣儭
裏也齔說文曰毀齒也男八月而齒生八歲而齔女七月而齒生七歲而齔俗作齓又初忍切印符印也印信也亦因也封物相因付又漢
官儀曰諸王侯黃金橐駝鈕文曰璽列侯黃金龜鈕文曰章御史大夫金印紫綬文曰章中二千石銀印龜鈕文曰章千石至四百石皆銅印文曰印又
姓左傳鄭大夫印段出自穆公子印以王父字爲氏於刃切四鮣魚名身上如印⿰氐垔⿰氐失又音致⿱雨因氣行疢病也俗作疹丑
刃切二趁趁逐俗作趂朩麻片撫刃切三⿵門賓闢也⿰賓見暫見親親家七遴切又七鄰切四寴屋空皃說文至也
儭至也又畏也瀙水名螼螼蚓一名蜸蚕蚯蚓也羌印切蜸苦典切一呁唁也九峻切二訇欺言

二十二稕束稈也之閏切六⿱艹稕上同諄告之丁寧⿰目享鈍目盹上同訰訰訰亂也⿱山陖高也長也險也
峭也速也私閏切十三峻上同濬深也浚水名在衛亦浚儀縣名陖亭名在馮翊說文曰陗高也埈上同迅
疾也又音信鵔鵔鸃似鳳說文曰鷩也漢初侍中服鵔鸃冠⿰弓夋弓蕭奞奮奞鳥張羽毛也⿰貝睿⿰貝睿益睃早也又音俊

迿出表詞也殉以人送死辭閏切四徇自衒名行侚以身從物狥巡師宣令又從也或作徇儁智過千人曰儁又羌複姓有儁蒙氏子峻切十二俊上同晙早也餕食餘畯田畯農夫詩傳曰田大夫也駿馬之俊周穆王有八駿驊騮騄駬赤驥白兎犧渠黃踰盜驪山子又音峻⿰夋兔⿰夋兔古東郭之狻免名又音逡⿰鼠夋石鼠出蜀毛可作筆寯人中最才焌然火⿱此瓦備之韋袴說文曰柔韋也又音耎⿱火廾上同又⿱此瓦而隴切舜虞舜仁聖盛明曰舜說文作𦱔艸也楚謂之蕣秦謂之藑蔓地連華象形舒閏切八𦱔見上注蕣木槿瞬瞬目目動也瞚眴並上同眣亦同見公羊傳鬊毛皃禮注云亂髮也閏閏餘也易曰五歲再閏史記曰黃帝起消息正閏餘漢書音義曰以歲之餘爲閏如順切三潤潤澤也又益也䏰漢朐䏰縣名地下溼多朐䏰蟲朐音蠢順從也食閏切二揗說文摩也

二十三問訊也又姓今襄州有之亡運切十一璺破璺亦作塱方言曰秦晉器破而未離謂之塱絻喪服亦作免汶水名紊亂也聞名達詩曰令聞令望葂新生草也脕上同詩曰微亦柔止鄭玄云柔謂脃脕之時抆拭也鼤鼠文娩生也又音免運遠也動也轉輸也國語云廣運百里東西爲廣南北爲運又姓出姓苑又漢複姓二氏史記云秦後以國爲姓有運奄氏後漢

殨集韻作殰

梁鴻改姓爲運期氏王問切十六暈日月傍氣餫野餉䩵理鼓工考工記云韗人爲皐陶皐陶鼓木也又況万切韗上同鄆邑名又州名魯太昊之後風姓禹貢兗州之城即魯之附庸須句國也秦爲薛郡地漢爲東平國武帝爲大河郡隋爲鄆州亦姓魯大夫食采於鄆後因氏焉貟姓也前涼錄有金城貟敞唐有棣州刺史貟半千䲰鳥名似烏一名同力忶心悶鶤雞三尺曰鶤又音昆賱物數亂也韻韻和也䞋衆視𧢍上同𤺌病也又尤粉切緷說文緯也●訓誡也男曰教女曰訓又姓許運切五爋火乾物臐羊羹薰薰香又許云切鐼鐵類●湓含水潠也匹問切四忿怒也魵小魚瀵水浸也又音奮●糞穢也方問切八䊭上同坌坌埽除也拚上同見禮僨僵也奮揚也鳥張毛羽奮奞也又姓左傳楚有司馬奮揚瀵水名有三眼一在蒲州泉眼大如車輪濆沸涌出一在同州界夾黃河一在河中央皆潛通大小並相似但深不測又音湓殨殨也●醞醞釀於問切又於刎切四慍怒也縕亂麻藴習也俗作蘊又音上聲●攈說文拾也居運切五捃上同皸足坼又居云切豩豕豩求食也又衢物切䝍小野豕名●郡說文曰周制天子地方千里分爲百縣縣有四郡故春秋傳曰上大夫受郡是也至秦初置三十六郡以監其縣釋名曰郡羣也人所羣聚也渠運切一●分分劑扶問切又方文切五𤺌𤺌痱瘡悶𢤱滿而裂秎穧秎穫也坋

塵也又房粉切

二十四焮 火氣香靳切六 炘 上同 㾙 瘡中冷 庎 上同 𦙾 並上同 脪 說文曰瘡肉反出也 靳 靳固又姓楚有大夫靳尚居焮切五 斤 爾雅曰明明斤斤察也又居勤切 [扌巾] 覆巾名 [扌堇] 說文拭也 劤 多力皃 近 附也巨靳切又巨隱切一

[亻㥯] 依人也於靳切八 懚 上同 隱 隈隱之皃又於謹切 檼 屋脊又棟也 𤔌 所依據也 㥯 說文謹也 濦 水名又於覲切 懚 懚褢相著 垽 爾雅曰澱謂之垽吾靳切一

二十五願 欲也念也思也說文云大頭也魚怨切四 𩕄 上同說文云顚頂也 傆 說文黠也 愿 慤也善也謹也 怨 恨也說文恚也於願切二 䛄 從也說文慰也又於阮切 販 買賤賣貴也方願切二 畈 田畈 券 券約說文契也釋名曰券綣也相約束繾綣爲恨也去願切六 桊 束腰繩也 勸 奬勸也勉也助也教也又姓 虇 萠筍又蘆牙 綣 繾綣志盟又去阮切 韏 曲也又革中辨也說文又九萬切 万 十千又虜三字姓二氏西魏有柱國万紐于謹周書唐瑾樊深並賜姓万紐于氏無販切十八 萬 萬舞字林云萬蟲名也亦州名自漢及梁猶爲朐䏰縣地後魏分置萬川郡及魚泉縣武德初割信州南浦置浦州貞觀改爲萬州又姓

居万集韵作居堰

孟軻門人萬章輓輓車也亦作挽夲又音晚蔓瓜蔓又姓左傳楚有蔓成然曼長也蟃蟃蛉蟲鰻魚名鄤蜀有
鄤鄉嫚篆文云姓也古萬字獌獌狿獸長百尋說文曰狼屬也爾雅曰貙獌似狸𧳜貙獌似狸或作此𧳜⿰霝免姓梁公子⿰霝免杰
之後絻挽舟繩也贎贎貨⿰車曼戰車以遮矢也⿸虍曼皮帨又無遠切脕肌澤鬗髮長飯周書云黃帝始炊穀爲飯符万
切六⿰食弁上同俗又作飰閞門欂櫨也⿰米弁粉⿰米弁⿰弁泉泉水⿰虫弁蟲名嬔嬔息也一曰鳥伏乍出說文曰生子齊均也或作嬎
芳万切十⿸疒反吐⿸疒反⿱弁酉一宿酒奔上同𢿱小舂⿰忄反急性娩說文云兔子也娩疾也⿰九力說文云其義闕⿱䜌乎量也
又居願切汳水在睢陽建立也樹也至也又木名在弱水直上百仞無枝又姓楚王子建之後漢元后傳有建公又州名居万切二⿰方建
揵也堰堰水也於建切十鄢地名在楚郾上同⿰貝匽引與爲價又於面切傿上同褗郭璞云衣領也⿰匽欠大呼用力
⿰氵焉水名在襄陽宜城入漢江也嫣長皃⿸厂昊說文曰大皃也獻進也禮云大曰羹獻又姓風俗通有秦大夫獻則許建切四
憲法也又姓也姓苑𧽼走意瀗水名楥靴履楥又法也虛願切四楦俗韗攻皮治鼓工也亦作⿰革軍又音運⿰韋宣
俗健伉也易曰天行健渠建切二腱筋本也𢿱小舂也亦作⿰米難芳万切一遠離也于願切一⿰鬳瓜瓠也語偃

万

堰 干

切二 鄺南鄺屬 圈邑名曰万切一 緉眈物也說文曰捋緉也居願切二 桊弦也

二十六慁 慁悶亂也說文憂也一曰擾也又禮云儒有不慁君王慁猶辱也亦作㥵胡困切四 溷濁也 俒全一 圂廁也一云豕所居也 頓說文云下首也亦姓魏志華佗傳有督郵頓子獻都困切三 扽撼扽 敦竪也又都昆徒官二切 巽卦名說文具也亦作巺蘇困切六 顨說文云巽也此易顨卦為長女為風者 潠潠水 噀上同 遜遁也從也伏也恭也 愻順也 困亂也逃也病之甚也悴也極也苦悶切四 朱古文 涃水名 顐耳門又苦根切 嫩弱也奴困切四 媆上同 腝肉腝 抐搵抐按物水中 揾烏困切二 䭡相謁食又於恨切 悶說文曰懣也易曰遯世無悶莫困切二 懣煩也又莫緩亡損二切 鐏說文曰柲下銅也曲禮曰進戈者前其鐏徂悶切五 𦤎人名魏時張𦤎又至也 栫太名 䑳船底孔也 鱒魚名又魚入泥 睔大目露睛古困切七 睴視皃 琯出光也又音管 瑻俗 鄆水名 諢諢摩人也 讂順言謔弄皃出聲譜 噴吐氣普悶切三 歕上同 湓水聲 鈍不利也頑也徒困切五 遁逃也隱也去也 遯上同 𪃿癡鳥 𩓣頹頓 寸說苑曰度量衡以粟生之十粟為一分十分為一寸十寸為一尺家語云孔子曰布指知寸倉困切二 鑄瓦器又千見切 坌塵也

亦作坋蒲悶切二 湓水聲 顐秃也五困切二 諢玉篇云弄言 論議也盧困切又盧昆切三 棆水中曳船曰棆

碖大小匀皃又盧本切 奔甫悶切又音犇一 惛迷忘也呼悶切又呼昆切一 焌然火周禮云遂龡其焌子寸切

三 鬊委髮鬊也 捘左傳曰涉佗捘衛侯之手

二十七恨 恨怨也胡艮切一 艮卦名也止也說文限也古恨切四 莨草名 珢石次玉 詪語也 饐飽也

五恨切一 䭲䭲饐飽也烏恨切一

二十八翰 翰鳥羽也高飛也亦詞翰說文曰天雞赤羽也又姓左傳曹大夫翰胡侯旰切二十五 捍抵捍 扞以手扞又衞也

鼾鼾睡 螒螒天雞爾雅注云小蟲黑身赤頭一名莎雞 垾小堤 豻野狗又音岸 釬釬金銀令相著亦作銲 汗

熱汗 悍猛悍 瀚瀚海北海 閈里也居也垣也說文曰閭也汝南平輿里門曰閈 𤿎射𤿎以皮𤿎臂 駻馬高六尺說文曰馬突也

雗雗鵲鷽別名 𩤯馬毛長也 馯姓也 韓草名又音寒 𦛜膹𦛜刀箭瘡藥出古兵格 忓善也 弙拒也又關名在

巫縣 矸磓也 𣯣長毛 𣪠說文上也 𩸞魚名 炭火炭又姓西京雜記有長安炭虯他旦切六 歎歎息 嘆上同 湠

案。集作案

㵗漫水廣皃出字林𡸁嵈敼無文章皃𡽆嫙婺無宜適也●按抑也止也烏旰切七案几屬也史記曰高祖過趙趙王張敖自持案進食又

曹公作欹案臥視書又察行也考也驗也洝說文曰渜水也晏晚也又於諫切䓀草也鄣里名案䡾禾●旦早也得按切八

疸黃病鴠鶡鴠鳥名觛小觶又丁但切狚獦狚獸名似狼悬傷也笪笞也𢈈小舍●憚難也又忌惡也徒案切文

彈行丸又徒丹切澶澶漫僤疾也周禮云句兵欲無僤但舜也又徒亶切撣撣觸也又徒干切●旰日晚也晏也古案切十一

榦楨榦築垣板倝說文曰日始出光倝倝也俗作榦幹莖幹又強也又姓杆檀木𧹞赤色也盰說文曰盰多白也一曰張目也

骭脅也涆淲淲涆涆水流疾皃𢂋布袋矸石淨●岸水涯高者五旰切九犴獄也又五干切豻野狗頇頭無髮也䮗

馯駻馬行又馬白額至脣𤆍說文云火色也讀若鴈𡶮屑也喭弔失容又五弁切𩬕長文●侃正也苦旰切又苦旱切六偘

上同靬乾革看又苦干切衎樂也鶾鶡鴠鳥名●漢水名又姓姓苑云東莞人呼肝切九暵日氣乾也𤑳火乾又人

善切罕抱罕縣在河州亦作罕抱音扶鄂呼也𪆷水濡乾也𦔳冬耕地厂山石之崖●爤火孰又明也郎旰切七爤上同見說

文瀾波也又音蘭𢒿粲彣文章皃糷飯相著爾雅曰摶者謂之糷鑭光鑭讕逸言又蘭嬾二音●攤按攤也奴案切

又他丹切六灘水奔又他丹切難患也又奴丹切難組也㬮說文曰安㬮溫也⿰巾㬮巾攔又塗著也粲鮮好皃又優也

察也明也亦作粲又姓出姓苑蒼案切六㛑詩傳云三女爲㛑又美好皃詩本亦作粲說文又作𡣺燦明淨皃璨美玉又璀璨⿱粲禾

草可爲席⿱粲鳥鳥名繖蓋也蘇旰切又蘇旱切六散分離也布也說文作㪔分離也散雜肉也今通作散又蘇旱切散見上注帴

二幅說文帬也⿱竹㪔說文曰竹器也㪔說文曰繖㪔也一曰飛散也贊佐也出也助也見也說文本作賛則旰切十二讚稱人

美之酇縣名在南陽饡羹和飯也趲散走灒水濺餍食也嬧女從𩯁髮光澤也襸衣好皃

攢訟也嬧不謹也一曰美好皃徂賛切五⿰月戔禽獸食餘⿰歹肉同上穳禾肥死又在丸切囋譏囋嘲也

又才葛切

⿰月掔°

○

二十九換

換易也胡玩切九逭逃也迭也轉也步也周也⿰兆雚上同肒胞肒垸漆骨垸也䯈上同漶漫漶

不可知也⿰目丸睕肒轉目又大目皃⿸疒丸癱疽屬也穳鋋也子筭切二鑽錐鑽惋驚歎烏貫切六腕手腕⿰月掔上同

捥亦同睕睕肒大目琬琬圭又於阮切貫事也穿也累也行也又姓漢有趙相貫高古玩切二十八矔張目祼祭名說文

瑖 鍛

曰灌祭也館館舍也周禮五十里有市市有館館有積以待朝聘之客俗作舘瓘玉名左傳曰瓘斝玉瓚杜預云瓘珪也鑵汲水

器也⿸疒雚病也痯上同灌水名在廬江又聚也澆也漬也又姓漢有灌嬰雚雚雀鳥鸛上同樌木叢生也鏆臂鐶

⿰火果楚人云火懽憂無告也錧車軸頭鐵一曰江南人呼犂刃爟烽火說文曰取火於日官名舉火曰爟周禮曰司爟掌行火之政令遦

行也冠冠束白虎通曰男子幼娶必冠女子幼嫁必笄又姓列仙傳有仙人冠先又音官觀樓觀釋名曰觀者於上觀望也說文曰諦

視也爾雅曰觀謂之闕亦姓左傳楚有觀起又音官涫沸也悹憂也悺上同盥說文曰澡手也从臼水臨皿也春秋傳曰奉匜

沃盥棺殯屍又音官毌穿也婠好皃⿰衤官袴別名竄逃也誅也放也藏也匿也從鼠在穴中七亂切五鑹小矟爨

炊爨又姓華陽國志云昌寧大姓有爨習蜀志云建寧大姓蜀錄有交州刺史爨琛殩粲孝秦人云饋喪家食穳鋋也本音鑽俗爲槍

穳字玩弄也五換切五貦說文上同翫習也妧好皃忨忨貪段分段也又姓出武威本自鄭共叔段之後風俗通云段干

木之後段氏有出遼西者本鮮卑檀石槐之後晉時段匹磾徒玩切三毈卵壞椵木名亂理也又兵寇也不理也俗作乱郎段切四

灓絕水渡也亦作亂敽煩也𤔔理也鍛打鐵丁貫切六腶鍛脯碫礪石斷決斷俗作斷斷瑖石之似玉踹

金

足端 彖易有彖象通貫切四 褖后衣 貒野豚 湪水名 喚呼也火貫切八 嚾上同 𠼥上同出說文 煥火光
奐文彩明皃又姓 渙水散又音歟 瞣國在流沙東 喛恚也又虛元切 筭計也數也說文曰筭長六寸計歷數者也又有
九章術漢許商杜忠吴陳熾魏王粲並善之世本曰黃帝時隷首作數蘇貫切四 蒜葷菜也張騫使西域得大蒜胡荽 笇竹器 祘
明也 縵說文曰繒無文也漢律曰賜衣者縵表白裏莫半切十 幔帷幔 漫大水 𢿓𢿓數 ⿰耒曼不合田也 獌狼屬又音
萬 𧳜上同 墁所以塗飾牆又莫干切 鏝上同又鏝刀工人器 謾欺也又莫干切 半物中分也博慢切七 絆羈絆 靽
上同 姅傷孕 䮻䮻駢馬行 㪵五升 吸吸喭失容 判剖判又分也普半切八 泮泮宮禮記作頖 頖見上注 沜
水涯 胖牲之半體 姅傷孕又音半 泮冰散 牉牉合夫婦也夲亦作判周禮云媒氏掌萬民之判 叛奔他國薄半切
四 婺嬎婺無宜適也 畔田界也 伴伴奐見詩 偄偄弱也奴亂切五 愞上同 稬稻稬也 渜浴餘汁也 䴡
說文曰鹿麛也 攢聚也在玩切一 ⿰金款燒鐵炙也口喚切二 ⿰魚款魚撞罩聲
三十諫 諫諍直言以悟人也又姓風俗通云漢有治書侍史諫忠古晏切三 澗溝澗爾雅曰山夾水澗亦作磵 鐧

亦也集韻作赤

車間鐵也鴈禮曰孟春之月鴻鴈來賓白虎通曰贄用鴈者取其隨時五晏切六鳫上同雁鳥也出說文贗僞物偐

上同犴逐獸犬晏柔也天清也又晚也又姓左傳齊有晏氏代爲大夫烏澗切五騴馬尾白也䁙目相戲也鴳爾雅曰鴳

鴳郭璞云今鴳雀鷃上同訕謗也所晏切又所攀切七汕魚乘水上狦獸名似狼說文曰惡健犬也⿱罒異取魚網也疝

病也又所姦切柵籬柵又叉革切⿺麥山餅麵骭脛骨下晏切又音肝二⿰女旱慢也慢怠也倨也易也俗作愓謨晏切五

嫚侮易謾欺謾縵緩縵⿸疒馬牛馬病又莫駕切綰鉤繫鳥患切三贃支財貨出文字指歸䩪面曲皃

患病也亦禍也憂也惡也苦也又姓出何氏姓苑胡慣切九𨵹古文擐擐甲宦仕官亦閹官又學也左傳云宦三年矣轘

車裂人又音還豢穀養畜又牛馬曰芻犬豕曰豢䍺獸名似羊無口出山海經槵無槵木名繯繯縞文慣習也古患切六

丱髮丱也幼稚也摜摜帶倌主駕官也又音官串穿也習也矔矔眮轉目孿雙生子亦作孿生患切又所眷

切二涮涮洗也篡奪也逆也初患切一薍茭薍五患切一輚卧車又寢車亦作轏士諫切五羼羊相閒也棧

木棧道又士限切虥虎淺毛又士限切⿰谷戔谷在上艾⿰虫戔馬蝬蟲名襻衣襻普患切一奻訟也女患切二⿺麥戔穀麥⿺麥戔也⿱白示亦也丑晏切二⿸疒馬牛馬病

盻

三十一襇 襇 襇裙古莧切六 㹞 逐虎犬 閒 廁也瘳也代也送也迭也隔也又音平聲 覸 視也 𨢿 酰也 衦 古衣

莧 菜名侯襇切三 蕢 草餘 粯 粉頭粯子 瓣 爪瓠瓣也蒲莧切五 辦 具也周禮曰以辨民器又步免切 辨 俗

辨 小見 釆 說文云辨別也象獸指爪分別也 盼 美目匹莧切二 𥈟 小兒白眼視也 幻 幻化胡辨切一 𨳿 人姓

亡莧切一 袒 衣縫解又作綻丈莧切三 綻 上同 組 補縫 扮 打扮晡幻切一 鰥 鰥視古幻切一

三十二霰 霰 雨雪雜又作霓霹釋名曰霰星也水雪相摶如星而散說文云霰稷雪也蘇佃切九 霓 霹 並上同 𢿞

散也 𢊍 舍也亦作廠 先 先後猶娣姒又姓出河東又蘇前切 汛 灑汛又所隘息進二切 軐 轉軐車迹 𥮃 紡𥮃也

蒨 草盛倉甸切十三 茜 草名可染絳色 輤 載柩車蓋大夫以布士以葦席 綪 青赤色 倩 倩利又巧笑皃 芊

芊蒨草木相雜皃 諑 諑散 棈 木名 𢃗 幨也又幧頭 䘠 襽也 𨯶 紡錘說文曰瓦器也又七鈍切 䑶 輕舟 篟 青竹

絢 文彩皃許縣切八 絃 上同 敻 營求也又休娉切 眴 目動又音舜 駽 青驪馬也 𧾣 走皃 㧢 擊也 讂

流言有所求也又古縣切 縣 郡縣也釋名曰縣懸也懸於郡也古作寰楚莊王滅陳為縣縣名自此始也又姓孔子門人縣單父黃練

讂

⿰目然⿰目然集韻作

切十五褎古文袨好衣眩瞑眩書曰若藥弗瞑眩厥疾弗瘳炫明也火光也衒自媒衙同上⿰貝玄行⿰貝玄賣贙

獸名又音泫⿰玄頁顯後迿出表餅姰狂也又相倫切玹玉名旬目搖眴同上睊視皃古縣切十一讂流言⿰肙瓦

盆底孔䣞說文曰醽酒也醽音歷羂鳥羅罥綰也懁急性𨍭車搖獧䍝也狷急也又音絹彃觶也電

陰陽激耀釋名曰電殄也乍見則殄滅也堂練切十八殿宮殿風俗通曰殿堂象東井形刻爲荷菱荷菱水物所以厭火又都甸切奠

設奠禮注云薦也陳也書傳云定也畋平皃澱澱滓亦藍澱也淀陂淀泊屬甸郊甸書曰五百里甸服佃營田鈿寶鈿

以寶飾器又音田闐于闐國在西域域或作窴又音田娗美好皃屏藍黰滓黰者也塡塞塡窴同上壂堂基⿸尸眞

待也又音項⿸尸并髀也⿺走眞走也瑱玉名說文曰以玉充耳也詩曰玉之瑱也他甸切又音田四顚同上滇滇澵大水又音田

睼迎視又音啼練白練又姓何氏姓苑云南康人郎甸切十五浰水疾流皃鍊鍊金揀揀擇楝木名鵷鶵食其實

𤬪瓜𤬪鰊魚名似鱦僆釋采成也萰草名堜堜塘墟名在吳郡湅熟絲也周禮曰慌氏湅絲潄熟潄⿱敕攵撻打

物也⿱桑奥䡔𤗼木解理也見視也又姓出姓苑古電切又胡電切二鋻鋻鐵晛日光奴甸切四⿰目然同上⿰女然姓也汭

⿱宀丏

說文曰水也俔磬也譬也苦甸切八牽牽挽也又苦堅切鼓爾雅曰蔦鼓又去刃切蜆爾雅曰蜆縊女郭璞曰小黑蟲赤頭
喜自經故曰縊女又音峴㯠橫㯠木涀水名汧泉出不流緊稺也又口典切見露也胡甸切四現俗涀水達名
無也硯筆硯釋名云硯研也研墨使和濡也吾甸切六研磨研又音平聲𧿳行不正也⿰犭开逐虎犬也豣爾雅云麢絕有力豣趼
趼肎宴安也息也於甸切十三驠馬名燕說文云玄鳥也作巢避戊巳鷰俗今通用醼醼飲周禮云以饗燕之禮視四
方之賔客詩云鹿鳴燕羣臣嘉賔也古無酉今通用亦作宴讌讌會本亦同上嬿嬿婉並也又於典切嚥吞也咽上同曣
星無雲出說文⿰氵佳大水皃酀邑名⿰目宴視也或作矈薦薦席又薦進也說文曰獸之所食艸古者神人以廌遺黃帝帝曰何食何
處曰食薦夏處川冬處松柏又姓出姓苑作甸切廌丈買切二⿸广薦畜食麪束晳麪賦云重羅之麪塵飛雪白莫甸切八麵上同
瞑瞑眩眄斜視⿰氵眄滇⿰氵眄水大皃⿱宀丏冥合⿰酉冥⿰酉冥炫汗血⿰米冥屑米片半也判也析木也普麪切三⿰月片半體也
辧爾雅華中絶謂之辧華車轡勒也本亦作辧荐重也仍也再也在甸切七洊水荒曰洊亦再也易曰洊雷震𦤀重至又魏
有高士張𦤀戴鵀之鳥巢其門陰者又祖問切栫圜也左傳云栫之以棘瀳水名袸小帶⿵門薦門次⿰食前饜飽烏縣切四

襉廣雅云衣衸袖曲處噮噮甘不猒也肙小蟲也又空也殿軍在前曰啓後曰殿又殿最漢書音義云上功曰最下功曰殿
都甸切又堂練切三唸唸吚呻也亦作㕿屎經典又作殿屎㕿見上注顯在背曰韅亦作韅呼韅甸切又呼典切一
三十三線線縷也周禮云縫人掌王宮縫線之事以役女御縫王及后衣服私箭切四綫細絲出文字指歸說文同
上惗思惗鮮姓也本音平聲戰懼也恐也又性之膳切二顫四支寒動繕補也時戰切十二鄯鄯善西域國名
擅專也膳食也饍上同僐廣雅云僐姿態禪圭禪又禪讓傳受禮古文單單父縣亦姓甎器縁鏄
上同嬗說文緩也一曰傳也漢書霍去病子名嬗彥美士魚變切六唁弔失國說文曰弔生也詩曰歸唁衛侯喭上同甗
甑也諺俗言這迎也譴問也責也怒也讓也亦姓去戰切五遣人臣賜車馬曰遣遣車又去尠切韆䙳帶晵雨而晝止
繾又去演切絹縑也廣雅曰緐總鮮支穀絹也吉掾切五狷褊急又古縣切鄄鄄城縣在濮州𣘐𣘐青木皮葉可作衣似絹出西
域馬耆國𧡊視也瑗玉名王眷切又于願切五援援援救助也亦姓媛淑媛褑佩帶院垣院面向也前也說文作回
顏前也俗作回彌箭切二偭說文曰鄉也禮少儀云尊壺者偭其鼻釧鐶釧續漢書曰孫程十九人立順帝各賜金釧指鐶尺絹切四

毳穿也又初税切 穿貫也又音川 譂相讓也 ·掾官名以絹切四 緣衣緣 彖弓彖 颿冊揚穀又小風也 ·驏

馬上俗陟扇切三 襄周禮王后之六服其一曰襄衣 襢上同 ·皽城下田人絹切又而兗切一 ·箭箭竹高一丈節間三尺可爲矢爾雅曰東南之

美者有會稽之竹箭子賤切九 箭古文 鬋女鬢垂皃 葥草名 湔水名在蜀 榗木名 錢陸終子名又子田切 濺濺水又作

甸切 煎甲煎又將仙切 ·硟展繒石昌戰切一 ·扇扇崔豹古今注舜作五明扇說文扉也式戰切四 煽火盛皃又音羶 傓熾盛 ⿱扇虫

⿰舟匽集作⿰身匽

⿰虫扇動翅也說文曰蠅醜⿰虫扇 ⿱艹扇草名 ⿱竹扇竹名 ·⿰舟匽怒瞋於扇切三 ⿰目匽視皃又於殄切 堰堰埭 ·眷眷屬說文顧也居倦切十五

睠上同 捲西捲縣名在日南 弮曲也又書卷今作卷 卷上同 桊牛拘 帣囊也亦三石爲一帣 絭連弩三十絭共一臂

犈爾雅云牛脚黑犈又音權 觠爾雅云羊屬角三觠羷郭璞云觠角三帀 ⿱龹豆黃豆又求晩切 ⿱龹示祭名 ⿱龹虫⿱龹虫蠋蜘蛛別名 ⿱龹廾

說文曰摶飯也隸省作龹眷字類從此俗作弃 劵勤也又 勬居員切 ·倦疲也猒也懈也說文又作券勞也或作勌渠卷切五 綣 ⿱龹糸

緣辮縫也 ⿱龹手上同 襈重繒 淃水名 ·戀慕也力卷切四 ⿱䜌乑又音亂 䜌何承天云姓也漢有䜌秘爲南郡太守

孌順也 ·猭獸走戀切二 ⿰彖鳥鳥名又豩音豢 ·變化也通也易也又姓出姓苑彼眷切一 ·篹篹䉵車軸所眷切

三孿一乳兩子亦作孿又生患切 ・縓絳色七絹切又七全切三 誸相責 䁲更視見皃說文作遉相顧視而行也又弋絹切 ・卞

縣名在魯又姓出濟陰本自有周曹叔振鐸之後曹之支子封于卞遂以建族皮變切十五 拚擊手 抃上同 弁周冠名 覍上同

汴水名在陳留亦州名秦屬三川郡漢爲陳留郡留鄭邑爲陳所并遂名之東魏置梁州周改爲汴州 ⿰犭番犬鬭聲 閞門欂櫨又音飯

昪日光皃 匥笥也 ⿱艹弁雀草 笲竹器 玣玉名 忭喜皃 ⿰弁頁傾冠 ・漩回泉辝戀切九 鏇轉軸裁器 縼長纆

繫牛馬放 ⿰扌旋上同 旋遶也 嫙好皃 ⿰羊巽羊也 ⿺走敢大也 ⿰月旋⿰月旋短者 ・選息絹切八 ⿺辶顨飲也 潠口含水潰 ⿰羊巽

羊也 ⿱罒巽一・罥獸足網 ⿰足巽上同 繏索也 渲小水 ・籑說文曰具食也士戀切九 饌上同 ⿰月巽上同見儀禮 襈緣也 僎

具也 譔專敬 ⿰王巽珍⿰王巽 僝見也具也 ⿰巳巳具也 ・孨謹也莊眷切一 ・傳訓也釋名曰傳傳也以傳示後人也直戀切又直專

丁戀二切二 縳縳繞也 ・賤輕賤又姓風俗通云漢有北平太守賤瓊才線切三 諓巧說皃 餞酒食送人 ・羨貪慕又餘

也又姓列仙傳有羨門似面切二 䢎遮也 ・騗躍上馬匹戰切二 偏又音篇 ・搷縣繩望時釧切二 叀說文

曰專小謹也 ・輾水輾女箭切二 碾上同 ・囀韻也又鳥吟知戀切三 傳郵馬釋名曰傳傳也人所止息去後人復

衍 纂

來轉轉相傳無常人也又直專直戀二切轉流轉又張変切◦衍水也溢也豐也于線切又以淺切八莚蔓莚不斷羨延也進也

狿㣲狿大獸名長八尺延曼延不斷其莚也涎洄涎水流𨗨移也嗔大笑◦便利也婢面切又音平聲一◦邅逐也

持碾切又張連切二纏纏繞物也◦𤸫痓𤸫惡病也連彥切二𨔵按𨔵之皃◦𥛖祭祀區倦切三眷臂胄縄𨇨巽糞綱◦剸

切肉皃之囀切一◦徧周也說文帀也方見切二遍俗

三十四◦嘯說文曰吹聲也蘇弔切五歗籀文𢷆打也䐹切肉合糅熽火皃◦糶賣米也他弔切十粜俗

眺視也覜周禮曰大夫衆來曰覜寡來曰聘趒越也咷叫咷楚聲又音桃頫薛琮云低頭聽本又音府窱叫窱深邃

皃鋽銚鋽絩綺絲數也◦弔弔生曰唁弔死曰弔多嘯切又音的七伄伄儅不當皃瘹瘹星狂病釣釣魚淮南

子曰詹公釣千歲之鯉詹公古善釣者呂氏春秋曰太公釣於滋泉以遇文王窵窵窅深也蔦寄生草䢼至也又音的◦

叫呼也古弔切十二訆說文曰大呼也徼循也小道也𥇡行縢又古鳥切譥訐也又痛聲也激水急又古歷切噭

噭噭深聲嘂大嘄說文曰高聲也一曰大呼獥狼子敫歌也鷩爾雅云鷩鷯鶥鶈似鳥而蒼白色轎轈車轉◦尿小便

廣韻

歔

也或作溺奴弔切二 尿古文 藋藜藋也徒弔切七 銚燒器又音姚 掉振也捎也又徒了切二 調選也韻調也又音苕 莜草田器又音苕 盄上同 嬥嬥嬈不仁又徒了切 竅穴也苦弔切二 撽旁擊亦作擻 顟顟顤長頭力弔切九 尥牛脛交 嫽嫽㑦又音僚 料料度量也又音僚 瘵病呼 鐐美金又音僚 璙玉名 䍡魚網 炓火光 顤五弔切五 獟狂犬 澆韓浞子方又音梟 𪖐仰鼻又牛救切 嘄叫也 窔隱暗處亦作窔東南隅謂之窔俗作窔烏叫切 窅窅篠幽深皃又音杳 歊說文云悲意也火弔切三 嬈嬥嬈不仁又而沼切 𡜊𡜊妖喜皃

三十五笑

笑欣也喜也亦作笑私妙切五 咲俗 肖似也小也法也像也 鞘刀鞘 韒上同 照明也之少切五 炤上同 詔上命釋名曰詔照也照人暗不見事以此示之使昭然也又告也教也 垗隄也界也 卲卜問也又音邵 燿熠燿說文照也弋照切十七 鷂鷙鳥也莊子曰鷂為鸇鸇為布穀此物變也 摇摇動又音遥 覞普視說文曰並視也 䚻上同 耀光耀 曜日光也又照也 䚺視誤䚺也 𥌓上同 𡯁行不正也 歖遺玉又音由 笆屋上薄也 趭走也 鷣一名負雀 蘨菟絲也又帝女花也 䑬䑬對䑬江中大船 𧭼誤言言皃 要約也於笑切又於招切三 葽草盛皃又於招切 約又於

去聲卷第四

略 召呼也直照切一 邵邑名又姓出魏郡周文王子邵公奭之後寔照切七 召上同 劭自強也 卲卜問也又音韶 ⿰召句倒懸鉤也

⿰食召小食又尺邵切 卲高也 嶠山道又山銳而高渠廟切又音喬二 轎輈車也又音喬 剽強取又輕也匹妙切十一

彯彯畫 瞟置風日中令乾 漂水中打絮韓信寄食於漂母又撫招切 僄僄狡輕迅 翲飛皃 ⿰耳票聽纔聞出字林 勡

劫也 摽摽落 嫖身輕便也 慓急疾 噍嚼也才笑切又子幺子由二切四 誚責也 劁刈也 趭走也 妙好也彌笑切三

玅上同 篎爾雅云小管也 陗山峻亦作峭七肖切八 峭上同 篍竹簫洛陽亭長所吹又七流切 ⿰氵峭峻波 哨壺

顯者名也 俏俏醋好皃 帩帩縛 ⿰黑肖⿰黑肖黷 尞說文曰柴祭天也凡從尞者作尞同力照切八 燎照也一曰宵田又放火也又九小切

㙩周垣 ⿸疒樂⿸疒樂病說文治也 療上同 熮火皃 膫炙也 鷯爾雅云鶉一名鶴其雄曰鶛又音僚 趬行輕皃丘召切五

⿰喬亢⿰喬亢⿰虛亢不安 ⿸广喬玉篇云高屋 譑譑弄 ⿱垚兄高⿱垚兄 ⿰虛亢⿰喬亢⿰虛亢牛召切一 醮祭也子肖切十二 ⿰礻焦上同 釂飲酒

盡也 皭白色 潐盡也 爝火 ⿰面焦面不光 僬行容止皃禮曰庶人僬僬 趭走皃 ⿰禾⿱西灬走⿰尢几 ⿰禾⿱西灬物縮小又作⿸疒樂

⿰目爵目瞑 廟皃也齊職儀曰周有守禮之官掌先王之宗廟也亦作庿眉召切二 庿上同 驃驃騎官名又馬黃白色毗召切

又卑笑切又匹召切一　少 幼少漢書曰少府秦官掌山海池澤之稅以給供養又漢複姓五氏說苑趙簡子御有少室周魯惠公子施叔之後有少施氏家語魯有少正卯孔子弟子有少叔乘何氏姓苑有少師氏失照切又失沼切二　燒 放火又失昭切　䏚 祭也丑召切一

褾 領巾也方廟切二　俵 俵散　翹 尾起也巨要切又巨堯切一　饒 益饒人要切又人招切二　繞 卷取物皃

三十六效

效 具也學也象也又效力效驗也胡教切八　効 俗　校 校尉官名亦周禮校人之後又音教　斅 學也書曰惟斅學半　恔 快也出孟子　傚 敎也詩曰是則是傚毛萇云言可法傚也　𧥺 誤也　詨 詨叫

教 敎訓也又法也語孝也元命包云天垂文象人行其事謂之敎敎之爲言傚也古孝切十一　效 占文　窖 倉窖　校 檢校又考校　鉸 鉸刀又裝鉸　酵 酒酵　覺 睡覺又音角　膠 膠黏物又音交　較 不等又音角　斈 又音交　珓 杯珓古者以玉爲之

孝 孝順爾雅曰善父母爲孝孝經左契曰元氣假沌孝在其中天子孝龍負圖庶人孝林澤茂又姓風俗通云齊孝公之後呼教切六　哮 㘞也又音虓　涍 水名在南陽　嗃 大嗥又呼各切　詨 上同　鳫 解薦屬又音教

罩 竹籠取魚具也都教切五　䈇 上同　䍜 說文曰覆鳥令不得飛走也　趙 趙趙跳皃

鵫 鵫雉今白雉也　豹 獸名崔豹古今注曰豹尾車周制也象君子豹變尾言謙也古軍正建之令唯乘輿建焉廣志曰狐死首丘豹死首

山又姓風俗通曰八元叔豹之後北教切五謈謈譟惡也𢕔㬥直吏官爆火裂又音駮鼩鼠屬能飛食虎豹出胡地又音酌

敲擊也苦教切又苦交切三礉礉磽又口交切巧巧偽山海經曰義均始爲巧倕作百巧也又苦絞切皃儀皃莫教切七䫉

說文同上貌籀文輓引也帽幗也緢旄雜絲也說文音苗[帛皃]綵雜文也奅起釀亦大也匹皃切六窌上同說文窖也

炮灼皃又步交切抛抛車又普交切皰面生氣也又旁教切礮礮石軍戰石也趠行皃丑教切二踔猨跳稍均也小也

說文曰出物有漸也所教切七潲豕食又雨濺也揱木上小或作𢭏𡘸上同娋小娋侵也[肖阝]大夫食邑䎌耰種棹

檝也直教切四櫂上同濯浣衣又直角切焯火急煎皃橈木曲奴教切又如昭切四淖泥淖吏不靜又猥也擾也

閙上同抓爪刺也側教切三[广焦]縮也小也亦作瘷笊笊籬靤面瘡防教切五皰面生氣也鞄持皮鉋

鉋刀治木器也骲手擊抄略取也初教切八鈔上同縐惡絹也又初爪切又側救切耖重耕田也仯仯仯小子

觘角上浪也艄船不安也罺小網靿靴靿於教切五袎襪袎㑃很也戾也出字林箹竹節又於角切軪

車有機樂好也五教切又岳洛二音三磽礉磽又五交切[孝鬼]醜皃巢棧閣也七稍切又士交切

三十七号 号号令又召也呼也諡也亦作號胡倒切六 號上同又平刀切 琥石似玉也 ⿱號金上 ⿰言皐相欺 ⿰女皐女字

導引也徒到切十四 翿舞者所執 纛左纛以犛牛尾爲之大如斗繫於左騑馬軛上 悼傷悼 蹈踐也 盜盜賊 壽覆也又徒刀切 幬上同 䆃嘉禾一莖六穗 儔隱也 ⿰镸兆長皃 ⿱⿸耂女日年九十或作⿱⿸耂女日 ⿰米壽黏也 ⿰糸翟不青不黃 到至也又姓出彭城本自高陽氏楚令尹屈到之後漢有東平太守到質都導切六 禱祭也請也文字音義云得福曰祠求福曰禱又當老切 倒倒懸又當老切 受姓也出河內 ⿰衤毒衣背縫 刲大也 誥告也謹也古到切七 郜國名在濟陰又姓晉有高昌長郜玖 告報也說文作告又音梏 縞白繒音蒿 膏膏車又音高 槁苦木 烄交木然也 傲慢也倨也說文作傲餘傚此五到切八 嫯慢也 ⿰敖頁頭長 鏊餅鏊 驁馬名 奡陸地行舟人也 謷志遠皃 ⿱敖身⿱敖身⿰身几魚鳥狀也 冃說文曰小兒蠻夷頭衣也莫報切十九 帽頭帽 耄老耄亦作耄見經典省 薹上同見說文 芼菜食又擇也搴也謂拔取菜也芼以蘋蘩爲羹亦草覆蔓 眊目少睛 瑁圭名天子所執 ⿰王目古文 冒覆也涉也又莫北切 ⿰目冒低目細視 旄狗足旄毛 毛毛鷹鷄鸛 媢夫妬婦出說文 ⿰毛鳥鳥輕毛 㨹手扶之也 覒邪視也亦作⿰見毛 ⿰毛隹鳥毛盛也 ⿰糸毛刺也絹帛⿰糸毛起如刺也

⿰木冒說文曰門樞之橫梁 嫪恪物又姓郎到切八 澇淹也又水名或作潦 潦上同 勞勞慰又郎刀切 僗俗 髝髝髞麤急皃又音牢 癆癆瘌惡人說文曰朝鮮謂飲藥毒曰癆 鐒麻莖大也又施絞於鍽也 ○操持也又志操七到切又七刀切七 造至也又昨早切 艁古文 慥言行急 ⿰差皮米穀雜 糙上同 鄵鄭地名 ○暴侵暴猝也急也又晞也案說文作㬥疾有所趣也又作暴晞也今通作暴亦姓漢有繡衣使者暴勝之薄報切九 虣上同周禮曰以刑教中則民不虣 曝曝乾俗 瀑瀑雨 勽說文覆也 菢鳥伏卵 袌衣前襟又云今朝服垂衣又薄高切 复姓也出姓苑 鸔鳥名又博木切 ○報報告又下婬曰報博耗切一 ○漕水運穀在到切二 ⿰扌曹手攢也 ○奧深也內也主也藏也爾雅曰西南隅謂之奧烏到切十一 懊懊悔 ⿰月奧藏肉埋土倉云鳥胃也 ⿰食奧姤食 隩說文曰水隈崖也 燠燠釜以水添釜 ⿰言奧語也 镺長也 墺四墺四方土又於六切 ⿰魚奧小鱐名 澳澳深又水名 ○喿羣鳥聲蘇到切九 譟羣呼 噪上同 瘙疥瘙 ⿸疒喿上同 髞髝髞 埽埽灑說文棄也又桑道切 掃上同 懆情性踈皃 ○鎬餉軍苦到切五 犒上同 稾稾飫書篇名 靠相違也 ⿰高頁⿰高頁䫜大頭 竈淮南子曰炎帝作火死而爲竈則到切三 躁動也 趮疾也 ○秏減也亦稻屬呂氏春秋云飯之美者南海之秏又姓出何氏姓

毦俗作耗呼到切四　好愛好亦壁孔也見周禮又姓出纂文又呼老切　㚵姓也或作㺐　歊歊縮也　臑臂節那到切三　⿱髟兆長皃　腦瀀皮也

三十八箇

箇箇數又枚也凡也古賀切三　个明堂四面偏室曰左个也　個偏也　賀慶也擔也勞也加也亦姓出會稽河南二望本齊之公族慶封之後漢侍中慶純避安帝諱改爲賀氏又虜複姓九氏北俗謂忠貞爲賀若魏孝文以其先祖有忠貞之稱遂以賀若爲氏周書賀蘭祥傳曰其先與魏俱起有紇伏者爲賀蘭莫何弗因以爲氏賀拔勝傳云其先與魏俱出陰山代爲酋長北方謂土爲拔爲其揔有地土時人相賀因爲賀拔氏後自武川徙居河南也南燕録有輔國大將軍賀賴盧後魏書有賀葛賀婁賀兒賀遂賀悦等氏胡箇切四　⿰衤賀裓袖也　⿰衤可上同　⿰氵賀水名　佐助也則箇切六　左左右又作可切　⿰方左副也　⿰方差行不正也　⿰衤左禪衣

作造也本臧洛切　跢小兒行也丁佐切四　癉勞也　⿸疒多病也　哆語助聲　邏游兵也郎佐切三　⿰衤羅婦人衣

⿸疒羅病也　坷坎坷不平也口箇切四　軻轗軻不遇也孟子居貧轗軻故名軻字子居又苦哥切　蚵爾雅蛪蚵蟲一名蛶又胡哥切　艐船著沙不行也　餓不飽也五个切一　馱負馱唐佐切二　大又唐蓋切　奈奈何奴箇切又奴帶切二

那 語助又奴哥切 些 楚語辭蘇箇切又音細一 呵 噓氣呼箇切又呼哥切二 歌 歌歌大笑 拖 牽車吐邏切一

三十九過 誤也越也責也度也古臥切七 裹 包也又音果 鐹 鎌也亦作划 划 上同 蝸 蟷蠰也即螗蜋 𣲆 水名 餜 食也出玉篇 和 聲相應胡臥切又音禾三 盉 調味 咊 和也 挫 摧也則臥切三 夎 拜失容又詐也經典作蓌 侳 安也有也 課 稅也試也第也苦臥切七 堁 塺堁塵起皃 敤 研治 髁 髀骨也 㞀 上同 瘰 秃瘰 科 滋生也又音窠 唾 說文云口液也湯臥切七 涶 上同 毻 鳥易毛也 蛻 蛇去皮 嫷 好皃 毤 落毛 䙎 無袂衣也 播 揚也放也弃也說文擅也一曰布也又姓播武殷賢補過切五 𢿎 古文 簸 簸揚又布火切 番 獸走 譒 敷也謠也 剉 破也麤臥切三 莝 斬草 銼 蜀呼鈷鏻 磨 磑也摸臥切又莫禾切四 礳 上同 塺 塵也 摩 按摩又莫禾切 愞 弱也或從需下文同乃臥切又乃亂切四 堧 沙土又而緣如兗二切 稬 秫名 畽 城下田又隍池內也 破 破壞又虜三字姓三氏北齊書有破六韓常後魏書有北墳賊破六汗拔陵又西方破多羅氏後改爲潘氏普過切二 頗 又普禾切 座 牀座徂臥切二 坐 被罪又藏果切 臥 寢也釋名曰臥化也精氣變化不與覺時同也說文曰休也从人臣取其伏也吾貨切一 譗 譗譍過切二 㨁 揻揸

㨁 揻

覀

貨財也蔡氏化清經曰貨者化也變化反易之物故字有化也呼臥切一 惰惰懈也徒臥切四 嫷嬾婦人也 ⿰衤青無袂衣也 ⿰豕青猪別名也 縛符臥切一 羸瘦病也魯過切七 ⿰扌羸擊物之名 纙不訓也不均也 ⿰歹羸畜産疫病 ⿰木羸膝病 摞理也 儸儸弱也 朶木本都唾切四 ⿰女朶量也 剁剁斫剉也 挆落帆 磋磨磋治象牙七過切一 膭骨膏也先臥切一 侉痛呼也安賀切一 涴泥著物也亦作汚烏臥切又烏官切又於阮切一

四十●禡師旅所止地祭名莫駕切九 榪牀頭橫木 ⿱髟莫婦人結帶 ⿸疒馬牛馬病又音慢說文曰目病一曰惡气著身也一曰蝕創 罵惡言 ⿰馬阝縣名在犍爲又音馬 ⿰言馬多言 ⿰阝馬增益又巧也 傌齊大夫名 駕行也乘也說文曰馬在軛中也古訝切十二 稼稼穡種曰稼斂曰穡 嫁家也故婦人謂嫁曰歸 瘕腹病 架架屋亦作枷禮記曰不同椸枷 ⿰扌叚舉閣 價價數 假借也至也易也休假也又古雅切 幏蠻夷賨布 ⿸广架⿸广架屋閒也 賀賀膠不密 賈賈人知善惡 亞次也就也醜也衣嫁切十 俹倚俹 晋姓也 ⿰亞欠歐⿰亞欠驢鳴歐乙剎切 稏稏稏稻名 ⿰月亞⿰月亞膪肥皃 啞啞啞鳥聲 婭爾雅曰兩壻相謂爲亞或作婭 ⿺辶亞次第行 覀覆也覀覆覈覀賈從此又許下切 嚇笑聲呼訝切又呼格切八 罅孔罅 唬虎聲 謼

色夜 集韻作充夜

誆誶㖒地名在晉謑怒言煆赫也熱也乾也㘔詬㘔責怒迓迎也吾駕切六訝嗟訝亦上同犽獸名齖
齘齖不相得也枒木名一云車輞合處砑砑碾詫誑也丑亞切三侘侘傺失志見楚詞謓相誤吒吒歎說文曰噴
也叱怒也陟駕切十二咤上同禮記曰無咤食奼美女又丁故切炧火聲哆哆只大口奓張也開也又陟加切⿰月奓⿰月奓⿰月多相黏
也⿰彳⿱亞口⿰彳⿱亞口步肥也⿰月⿱亞口⿰月亞⿰月⿱亞口肥也⿱艹奼⿱艹奼蒼黃苓別名託祭奠酒爵又丁故切⿵門託同上詐僞也側駕切六溠周禮
職方氏云河南曰豫州其浸波溠春秋傳云楚子除道梁溠咋咋語聲笮笮酒器也醡壓酒具也出證俗文榨打油具也出證俗文
乍鋤駕切五䄍年終祭名或作蜡廣雅曰夏曰清祀殷曰嘉平周曰大䄍秦曰臘也蜡上同齰齰齖𧧑說文曰慙語也謝辤謝
又姓出陳郡會稽二望辝夜切三榭臺榭爾雅曰有木者謂之榭⿰氵射水名髂要骨枯駕切六⿰骨叚上同疴小兒驚⿰言契⿰言契詬
巧言才也㰤大笑⿰去可歎聲睱閑也書曰不敢自暇俗作暇胡駕切四夏春夏又胡雅切下行下又胡雅切芐蒲芐草
褯小兒褯慈夜切五藉以蘭茅藉地又慈亦切躤踐也⿰金夜鏡⿰金夜⿰耤阝亭名在貝丘夜舍也暮也君子有四
時朝以聽政晝以訪問夕以修令夜以安身又姓羊謝切三射僕射鵺鳥名似雉⿺走斥怒也一曰牽也色夜切又丑格切二斥

赦

山名爾雅曰東方之美者有斥山之文皮焉又音尺 蝑 蝑蠀蟹司夜切又司余切四 卸 卸馬去鞍 瀉 吐瀉又音寫 篤 笘篤

柘 木名亦姓之夜切七 樜 同上 鷓 鷓鴣鳥似雌南飛 䗪 蟜蝜蟲名亦作蟅 嗻 多語之皃 炙 炙肉周書曰黃帝始燔肉

爲炙又之石切 蔗 甘蔗 唶 歎聲子夜切二 借 假借又將昔切 舍 屋也又姓古作舍始夜切五 赦 赦宥 騇 牝馬 涻

文字音義云涻水出北䣝山也 厙 姓也出姓苑今合括有之又昌舍切 射 射弓也周禮有五射白矢參連剡注讓尺井儀又姓三輔

決錄云漢末大鴻臚射咸本姓謝名服天子以爲將軍出征姓謝名服不祥改之爲射氏名咸神夜切又音石又音夜僕射也四 䠶 同上

見說文 麝 獸名爾雅曰麝父麕足又華山之陰多麝 貰 貰賖也貸也 霸 國語曰霸把也把持諸侯之權又姓益部耆舊傳有霸相

必駕切七 覇 俗 弝 弓弝 欛 刀柄名 䩗 轡革 灞 水名 垻 蜀人謂平川爲垻 帊 帊幞通俗文曰帛三幅曰帊帊衣幞

也普駕切二 怕 怕懼 摦 寬也大也胡化切七 吴 大口 崋 崋山西嶽亦州名春秋時秦晉之分境後魏置東雍州改爲崋州又姓出

平原殷湯之後宋戴公考父食采於華後氏焉 華 同上 樺 木名 鱯 魚名似鮎白大 檴 亦木名又胡郭切 化 德化變化禮記

曰田鼠化爲鴽紀年曰周宣王時馬化爲狐又姓呼霸切六 匕 變也從到人 諣 疾言 䰐 鬼變 魤 魚名 𣏌 木名皮可爲索

篤 笘

跨越也又兩股間苦化切三胯兩股閒也午一步也又口瓦切詑枉也所化切二傻傻俹不仁狛獸名似狼白駕切六

杷田器又白巴切䰾海魚皅色不皃也跁跁跒短人䆉䆉稏稻名䏧膩也乃亞切二絮絲結亂也笡斜逆也遷謝切二

趄趄脚了立也嗄老子曰終日號而不嗄注云聲不變也所嫁切又於介切三茸姓也沙周禮云鳥皫色而沙鳴注云沙嘶也又所加切

坬土埵古罵切二諛相諛誤也蛇水母也一名蟦形如羊胃無目以蝦為目除駕切二秅開張屋皃瓦泥瓦屋五化切一攨吳人云牽亦為攨也烏吳切三窊窊下處也𧿬𧿬跍踏地用力

四十一漾水名在隴西餘亮切十二恙憂也病也又噬蟲善食人心也羕長大也颺風飛煬炙也向也㬥也

樣式樣養供養眻美目皃諹謹也讙也䭐餌也㺊㺊獸如師子食虎豹及人瀁水溢蕩皃亮朗也導也亦姓出姓苑力讓切十五諒信也相也佐也又姓後漢有諒輔掠略也奪也取也治也悢悢悢悲也緉履屐雙也𤙴牛色雜也兩車兩數踉踉蹡行不迅也量合斗斛兣字統云事有不善曰兣薄颹北風又音涼晾目病眼上同

喨嘹喨啼也涼薄也又呂張切狀形狀鋤亮切一讓退讓責讓又交讓木名兩樹相對一枯則一生岷山有之人樣切四欀

人

道木攘文字指歸云揖攘又音穰懹憚也餉餉饋式亮切十傷未成人或作殤又音商向人姓出河內本自有郋宋文公
支子向文盱盱孫戍以王父字爲氏又許亮切蠁桑繭即桑蠶也曏少時也不久也愓憂也⿸疒向同上饟爾雅曰饁饟饋也又
自家之野曰饟蠰食桑蟲似天牛珦玉名帳帷帳釋名曰小帳曰斗帳形如覆斗也漢書曰東方朔云陛下誠能用臣朔之計推
甲乙之帳知亮切五脹脹滿痮上同漲大水又陟良切張張施又陟良切悵失志丑亮切十暢通暢又達也亦姓陳留風
俗傳曰暢氏出齊鬯上鬯又香草韔弓衣𩏽上同⿱艹畼草盛⿰示旦遠也日長也通遠也又丑兩切畼不生也⿰禾鬯
穧也⿰目長失志向對也窻也說文曰北出牖也从宀口詩云塞向墐戶許亮切八珦玉名又音餉曏又音餉⿵門鄉門頭也說文曰
門響也蠁蛹中蟲也又許兩切萫萫芼食⿱鄉言非美言也嚮與向通用仗器仗也又持也直亮切三長多也又直良切
瓺瓶也又音腸釀醖酒女亮切三⿰米襄雜也⿰酉蘘菜也又如養切匠工匠漢書曰將作少府秦官掌理宮室又姓風俗通云凡
氏於事巫卜陶匠是也疾亮切三⿺走匠行皃⿰匠鳥自關以東謂桑飛爲女⿰匠鳥郭璞云工雀今謂之巧婦也障界也隔也又步障也王君夫作
絲布步障三十里石崇以錦障五十里以敵之之亮切五⿸广章上同墇墇塞嶂峯嶂瘴熱病尚庶幾亦高尚又飾也

曾也加也佐也韻略云凡主天子之物皆曰尚尚醫尚食等是也又姓後漢高士尚子平又漢複姓有尚方氏時亮切四上居也猶天子也又時

兩切上古文償備也還也又音常壯大也側亮切三裝行裝又側良切𣶒𣶒米怏情不足也於亮切四飫飽也訣智也

又早知也蚾青面弶張取獸也其亮切又魚兩切一唱發歌又導也亦作誯倡尺亮切四誯籒文廠露舍倡道引先又

音昌刱初也說文曰造法刱業也初亮切四創上同又初良切愴悽愴滄寒也醬說文作醬醢也漢書武帝使唐蒙風

曉南越南越食蒙蜀蒟醬子亮切四𥃝籒文酱古文將將帥𨋬轎𨋬魚向切二仰又魚兩切訪謀也數亮切三

妨妨礙又敷方切邡邑名妄虛妄又亂也誣也巫放切六望看望說文曰出亡在外望其還也亦祭名又姓何氏姓苑云魏興人

又音亡朢弦朢說文曰月滿與日相朢以朝君也又音亡忘遺忘又音亡𧮰谷名在京兆也𧬄責也況匹擬也善也矧也說

文曰寒水也亦脩況琴名又姓何氏姓苑云今盧江人許訪切四况俗岲山名貺賜也與也誑欺也居況切四𢘅𢘅惑也

徃往也又遠行也暀乖也迋往也勞也干放切五旺美光𦡀上同𢘅誤人王霸王又盛也又于方切放逐也

去也甫妄切四舫並兩船又音謗趽曲脛馬名旊鳥名相視也助也扶也仲虺爲湯左相漢書曰相國丞相皆秦官金印紫綬

掌丞天子助理万物亦州名春秋時屬晉秦邯鄲郡地魏初以東部爲陽平郡西部爲廣平郡兼魏王都爲三魏後魏置相州取河亶甲居相之義周自故鄴移於安陽城也又姓後秦録有馮翊相雲作德獵賦又漢複姓三氏前趙録有偏將軍相里覽又務相成廩君之姓也晉惠時空相機殺平南將軍孟觀息亮切又息良切一 彊屍勁硬也居亮切一 唴唴𠹐小兒啼丘亮切三 ⿰目羌⿰目京⿰目羌目病 ⿰羌夒陳桓子名 蹡踉蹡行不正皃七亮切一 狂輒爲也渠放切二 誆謬言 防守禦也符況切一

四十二宕 宕洞室一曰過也亦州名禹貢梁州之域秦漢魏晉諸羌處之後魏內附置蕃鎮周爲宕州也徒浪切七 踼跌踼行失正又音唐 碭石又山名又縣名在梁郡又音唐 逿過也 䕨⿱艹閬䕨毒藥 囥碎石聲 嵣嵣砋山皃 浪波浪誼浪遊浪又姓晉永嘉末張平保青州爲其下浪逢所殺來宕切又魯當切五 閬高門又閬中地名在蜀又閬風崑崙峯名也 埌冢也 ⿱艹閬⿱艹閬䕨 蒗蒗蕩渠名在譙 吭鳥咽下浪切三 行次第 笐衣架 盎盆也又姓出姓苑烏浪切二 醠濁酒 枊繫馬柱五浪切三 ⿰馬卬馬怒又五郎五朗二切 岇山名在越剡縣界 葬葬藏也則浪切一 傍蒲浪切又蒲郎切二 徬徬附 藏通俗文曰庫藏曰帑徂浪切又徂郎切三 奘說文曰駔大也 ⿱尚車修車 讜言中理丁浪切六 儅

不中㼜大甕一曰井甃說文云大盆也又姓姚弋仲將㼜耐虎當主當又底當也亦音璫擋擋搒闣門闣人抗以手
抗舉也縣也振也苦浪切十二閌閌閬門高炕火炕犺猰犺不順伉伉儷敵也又姓漢有伉喜為漢中大夫出風俗通亢
高也旱也亦姓出姓苑蚢蟲名爾雅云蚢蕭蟰砊砊硠石聲邟邑名𪐴黃色阬門也又口庚切頏咽亢頏螃蟲名
似蝦蟆補曠切四搒棹船一歟舫舫人習水者也謗誹謗儻偉也他浪切六攩攩排湯熱湯也又他郎切
蕩蒗蕩滌又土郎徒朗二切盪盪盪行又度朗切鍚工人治木器曠空明也遠也大也久也又姓苦謗切五爌上同
䁠目無眇也壙墓穴纊絮也又細緜也禹貢豫州厥貢厥篚纖纊又作絖儾緩也奴浪切三灢泱灢濁𡒄
坱𡒄塵喪亡也蘇浪切又音桑二䘮上同攩廣雅云搥打也乎曠切四擴上同潢釋名曰染書也又音黃眭
眭明桄織機桄古曠切又古黃切二光上色又古黃切鋼古浪切又古郎切二掆捎掆昇也出字林荒草多皃呼浪切
荒
一漭漭浪大野莫浪切三吂老人不知㟐㟐嵣山皃汪水臭也烏浪切二䤑潑䤑酒
敬
四十三映明也隱也於敬切四暎上同賏頸飾詇早知也又音怏敬恭也肅也慎也又姓陳敬仲之後出

竟

風俗通後漢有揚州刺史敬歆居慶切四**竟**窮也終也又姓出何氏姓苑**鏡**拾遺錄曰穆王時渠國貢火齊鏡廣三尺六寸暗中視如晝人向鏡語則鏡中響應之晉鎮南大將軍甘卓照鏡不覩其頭視庭樹而頭在樹上**獍**獸名食人**競**爭也強也逐也高也遽也渠敬切七**竟**俗**誩**爭言**倞**強也**檠**檠子疊名**儆**儆慎又音警**曔**明也**慶**賀也福也亦州名周之先不窋之所居春秋爲義渠戎國城本漢郁郅縣魏文置朔州隋爲慶州州立嘉名也亦姓左傳齊大夫慶封又漢複姓有慶師慶忌慶父三氏出姓苑丘敬切一**更**易也改也說文作㪅古孟切又古衡切一**命**使也教也道也信也計也召也眉病切一**病**憂也苦也說文曰疾加也皮命切四**評**平言又音平**坪**地名說文作坪地平也**枰**獨坐版牀一曰投博局又音平**孟**長也勉也始也又姓出平昌武威二望本自周公魯桓公之子仲孫之胤仲孫爲三桓之孟故曰孟氏莫更切四**䀍**䀍盯瞋目**甍**甍倀失道皃又音忙倀豬孟切**盟**盟津又音明**蝗**蟲名戶孟切又音皇三**潢**說文曰小津也一曰以船渡也**橫**非理來又音宏**柄**本也權也柯也陂病切六**棅**說文同上**怲**憂心也**邴**邑名又姓左傳魯大夫邴洩**鋲**堅鋲**寎**驚病**詠**歌也爲命切五**咏**同上**泳**潛行水中**禜**祭名周禮禜門用瓢齎又永兵切**醟**酗酒**行**景迹又事也言也下更切又胡耶胡浪胡庚三切三**絎**刺縫

胻脛也瀴瀴瀱冷也於孟切一瀱冷也楚敬切一倀萠俍失道猪孟切又丑良切五趟趟趟行皃偵廉視憕
開張畫繒也出文字指歸韸張皮也牚邪柱也他孟切一榜榜人船人也北孟切三𧼧走也跰史記云歲星晨出爲
跰踵鋥磨鋥出鈏光或作碾除更切三瞠仕視䂻塞也生所敬切又所京切三鼪鼬鼠貹財富迎逆也魚敬切一
膨脹也蒲孟切一𧩙瞋語許更切一穵小水皃烏橫切一
四十四諍諫諍也止也亦作爭側迸切一迸散也北諍切一併皆也俱也蒲迸切二靐雷靐靐靐靐聲𧞤文字集略
云襴錯綵郭璞江賦云𧞤以蘭紅𦄰鷰迸切二嫈小心態鞕堅牢五爭切二硬上同轟衆車聲也呼迸車切又呼宏切二輷上同
四十五勁勁健也居正切一倩假倩也七政切又七見切二凊温凊政政化釋名曰政正也下所取正也亦
姓出姓苑之盛切四正正當也長也定也平也是也君也亦姓左傳宋上卿正考父之後魏志有永昌太守正帛又漢複姓漢有郎中正令宮又
之盈切証諫証鴊雒也又之盈切聖生也通也聲也風俗通云聖者聲也言聞聲知情故曰聖式正切一鄭鄭重慇懃亦州
名秦屬三川郡史記管叔鮮之所封也宋武置司州於武牢後魏爲北豫
州周爲滎州隋罷滎州於管城置鄭州又姓滎陽彭城安陸壽春東陽五

遉

☆娶也下當有匹正切三之四字 据集勻補寫

聘匹正切ㄧ問也訪也三 娉娶也 俜伶ㄧ 右據補廣韵

望本自周宣王封母弟友於鄭及韓滅鄭子孫以國為氏今之望多滎陽直正切三 呈自媒衒又音程 ⿰貞瓦瓦甖也 遉邐候也丑鄭切

三 偵問偵覘也 性性行也息正切二 姓姓氏說文云姓人所生也古之神聖母感天而生子故稱天子从女生聲又姓漢書

貨殖傳臨菑姓偉貲五千万 令善也命也律也法也力政切又力盈切又歷丁切二 詅自衒賣也 聘娶也☆ 俜伶俜

敻遠也休正切四 詗自言長 醟酗酒又為命切 ⿰目夐直視皃 摒摒除也畀政切三 併兼也並也皆也 幷專也

偋偋隱僻也無人處字統云廁也防正切又蒲徑切二 庰上同 淨無垢也疾政切八 瀞古文 穽陷穽又音靜 䝼

䝼賜 靚裝飾也古奉朝請亦作此字 請延請亦朝請漢官名張禹首為之又秦盈親井二切 婧竦立 ⿰爭頁⿰爭頁首說文好皃 盛

多也長也又姓後漢西羌傳有北海太守盛苞其先姓奭避元帝諱改姓盛承正切又音成三 墭墭器 晟明也熾也器也 詺詺目或單

作名彌正切一 輕墟正切又去盈切一 ⿰令欠含笑也許令切二 䩄面䩉䩄也 精強也子姓切又音旌一

四十六徑步道古定切十七 經經緯又古靈切 逕近也 ⿰口巠猿聲 俓直也 ⿵鬥巠隔鬩也 桱桱木似杉而硬 ⿱巠系

寗邑名亦姓說文作甯所願也乃定切四 佞諂也一曰才也俗作侫 濘泥濘 鸋爾雅鸋鴂鴟屬也楚詞云鸋鴂之鳴 腥

魏 又

實当作實

豕息肉中似米蘇佞切又音星三 醒酒醒又蘇丁先頂二切 睲目瞑 ·脛脚脛釋名曰脛莖也直而長似物莖也胡定切二

踁上同 ·定安也亦州名帝堯始封唐國之城秦爲趙郡鉅鹿二郡漢爲中山郡後魏置安州又改爲定州以安定天下爲名徒徑切四

掟天掟出道書 廷朝廷又音亭 鋌錫屬 ·矴矴石丁定切九 釘又得庭切 訂字林云逗遛也 定題額詩云定之方中

定營室也又徒徑切 飣貯食 ⿱丁食上同 ⿰月丁亦同 顁題顁 錠豆有足曰錠無足曰鐙 ·罄盡也說文曰器中空也苦

定切七 𥦗說文空也 磬磬石樂器周禮曰磬人爲磬 殸籀文 ⿸厤平爾雅云厤絶有[illegible]力又堅奚二音

金聲 ·聽待也聆也謀也他定切又音廳三 汀汀瀅不遂志又音廳 侹侹侹直也代也儆也 ○靘靘艶青黑千定切二 [illegible]

捽也 ·䨪莫定切二 瞑夕也 ·鎣鎣飾也烏定切四 瑩上同說文曰玉色一曰石之次玉者 濴志恨也 瀅小水 ○

零零落郎定切又魯丁切三 ⿰扌靈插空皃又魯丁切 令令支縣在遼西郡

四十七證 ·證驗也諸應切二 烝熱又音蒸 ·孕懷孕以證切七 ⿰黑黽面黑子 賸增益一曰送也又物相贈 媵

送女從嫁 倂倂送行也 鱦小魚 䁬大視又雙也 ·乘車乘也實證切又食陵切升 鱦魚媵又音子 ⿰月孕 ⿰月黽

縆 凝 〇 滕 黒音作里

孕也嵊山名在剡縣也賸又音孕剩剩長也認認物而證切又而振切四扔強牽引又音仍艿草不翦

扔上車又木名應物相應也說文作應當也於證切又音膺三譍以言對也應上同甑古史考曰黃帝始作甑子

孕切四䰝上同𩱧籒文䙕汙襦興許應切又許陵切三𦦦腫起嬹悅也喜也勝勝負又加也克也亦州名

春秋時戎狄地戰國時晉趙地漢雲中五原也隋置榆林鎮屬雲州唐武德中改爲勝州詩證切又詩陵切四賸美口藤苣藤胡麻

榺織機榺也瞪直視皃陸本作胎丈證切三登米黒壞黖雲黒色䬋馬食穀多氣流四下也黒甑切一凭依几

也皮證切又皮陵切二䨻䨻䨻雷聲也稱愜意又是也等也銓也度也俗作秤云正斤兩也昌孕切又昌陵切二秤俗

凝牛餧切又牛淩切一丞縣名在沂州臣衛所居常證切又音承一覴直視丑證切一殑釋典殑伽其餧切又其陵切一

四十八嶝嶝小坂都鄧切八鐙鞍鐙隥梯隥櫈几櫈凳牀凳出字林豋蕿豋䲣祭食磴巖磴

贈玩也好也相送也昨亘切二𪒠厏𪒠亘通也遍也竟也出方言古鄧切六堩路搄急引又古登切縆急張

亦作組䱴魚名𥓓石蓮皃蹭蹭蹬千鄧切二𠟤刀割過也鄧國名周爲申國平王母申后之家戰國時地楚昭襄王取

⿵冂𣪘　⿺辶𣪘

韓宜南陽郡釋名曰在地楚昭襄王取韓置南陽郡釋名曰在南中而居陽地故以爲名始皇三十六郡即其一焉隋以南陽爲縣改爲鄧州取鄧國名之又姓出南陽安定二望殷王武丁封叔父於河北是爲鄧侯後因氏焉徒亘切六 蹬蹭蹬 僜倰僜不著事 𣩘殑𣩘困病 驓行欲倒也 幐囊屬 懵悶也武亘切五 鯍魚名 懜不明 ⿰金夢重鍾 夢夢夢新睡起 崩束棺下之說文作堋喪葬下土也方隥切二 堋上同又雍江水灉澱曰堋 倗輔也父鄧切一 倰倰蹬行皃魯鄧切二 殑殑𣩘 增剩也子鄧切一 寱寱夢睡覺思贈切一 澄小水相益台鄧切一

四十九宥 宥寬也于救切十六 又又猶更也 佑佐也助也 右左右又于久切 祐神助 𥁕抒水器也 盍上同 酭報也 頄說文頯也 疚上同 囿說文曰苑有垣一曰禽獸有囿又于目切 姷偶也 忧動也 䞥走皃 侑勸食爾雅曰酬酢侑報也 莤草名 救護也止也又姓風俗通漢有諫議大夫救仁居祐切十一 灸灼也又居有切 廄馬舍釋名曰廄聚也生馬之所聚也又灸廄並姓出姓苑俗作廏 究窮也深也謀也盡也 㝌說文云貧病也 疚病也 𣪘強擊也 [illegible]說文飽也 ⿰言求文字音義云止也禁也助也 猶爾雅云猶如麂善登木又音由音柚 ⿺辶𣪘恭謹行也 冑冑子國子也說文曰[illegible]

又姓出姓苑直祐切十三胄介胄說文曰兜鍪也𦚾古文酎三重醲酒宙宇宙繇卦兆辭也籀史籀周宣王太
史名造大篆伷系也詘訓也疛心腹疾也𤸫上同駎競馳馬也懤愁毒晝日中又姓晝邑大夫之後因氏
焉出風俗通陟救切三咮鳥口又鬭卓二音噣上同狩冬獵舒救切五獸說文曰守備者周禮曰獸人掌罟田獸辨
其物名字林曰兩足曰禽四足曰獸守太守首自首前罪收穫多臭凡氣之惣名俗作臰尺救切二殠腐臭岫
山有穴曰岫似祐切四䆬籀文袖衣袂也亦作褎褎牰牛黑眥齅以鼻取氣亦作嗅許救切三嘼嘼產亦作畜
珛朽玉呪呪詛職救切四𩬸髮多椆木椆船篙木也祝說文曰祭主贊詞又音粥舊故也亦姓出姓苑巨救切三
柩尸柩禮注曰在牀曰尸在棺曰柩匶古文瘦瘦損說文臞也所祐切四痩上同漱漱口鏉鐵姓鏉皺
面皺俗作皺側救切五㿈縮小⿱秋乚并⿱秋乚縐衣不申又絺之細者⿰月芻字書云⿰月芻脯也副貳也佐也又复姓後魏書
副呂氏後改爲副氏敷救切七仆前倒⿱髟畐假髻又敷六切覆蓋也又敷六切⿸疒复病重發也⿰忄豆小怒也褔衣一褔今
作副簉簉倅一曰齊也初救切三⿺辶⿱艹告上同又草根遚不進富豐於財又姓左傳周大夫富辰方副切四輻輻湊競聚又音

畜

福鍑釜而大口一曰小釜䔰爾雅云䔰葍大葉白華根如指曰可食詩云言采其葍葍音福畜六畜丑救切又許宥許六丑六三切

二俞姓漢有司徒掾俞連又羊朱切溜水溜力救切十九廖姓周文王子伯廖之後後漢有廖湛霤中霤神名嬼美好

鷚雛子一曰鳥子餾餾飯瘤赤瘤腫病也出文字集略窌地名左傳云與之石窌之田留宿留停待也宿音秀坈

聯土曰坈僇癡行皃廇屋梁宗也畂百畝⿰示留留祀祝⿰示留飂高風又古國在南陽湘陽勠并力又力竹切翏

高飛皃又力幺切塯瓦飯器也⿱霤瓦瓦㮤也又力回切秀出也榮也息救切五繡五色備也尚書大傳曰未命爲士不得衣繡又

姓漢書游俠有馬領繡君賓螑蟲名琇玉名宿星宿亦宿留又音夙僦僦賃即就切三⿰禾胄⿰禾胄稔實又稅也媨

醜老嫗皃驟馬疾步也奔也鋤祐切三⿰亻蜀任身人也僽僝僽惡言罵也就成也迎也即也說文曰就高也从京尤尤異於

凡也又姓後漢書莬賴氏改爲就氏疾僦切四鷲鳥名黑色多子殧殧殄又子六切⿱山就山名又嶺名糅雜也女救切五

⿰食丑雜飯亦作粈腬嘉膳猱爾雅曰猱蝯善援又奴刀切狃狎也就也又狐狸也復又也返也往來也安也白也告也扶

富切又音服八⿰亻复古文癁再病伏鳥菢子又音服椱機持繒者𨸐兩阜閒也覆伏兵曰覆複重複狖獸名

斗

似貜余救切十四 貁上同 鼬蟲名似鼠 槱積薪燒之 柚似橘而大廣志曰城都柚大如斗爾雅注柚似橙而酢出江南 蜼似獮猴鼻露向上尾長四五尺有岐雨則自縣於樹以尾塞鼻又以季切 褎服飾盛皃 油蘿子桐花曰油 猶獸似麂善登木 䶩䶩鼠 櫾木名 輶輶車又音由 牰牛黑眥 蜏不知晦朔又音酉 授付也又姓出何氏姓苑承呪切六 詶荅也又市州切 㖟口㖟 壽壽考 售賣物出手 綬綵衣皃 輮車輞人又切四 蹂蹂踐 煣蒸木使曲也 鞣柔皮又音柔

苺覆盆草也亡救切一 鼿仰鼻牛鼻救切二 𪖳𪖳鼿仰鼻丘救切一 趥進也七溜切一

五十候伺候又姓周禮有候人其後氏焉胡遘切十五 鮜魚名 郈地名在晉 逅邂逅 詬罵詬 睺半盲 后君也皇后也 後方言云先後猶娣姒 堠今封堠也 鱟郭璞注山海經云形如車文青黑色十二足長五六尺似蟹雌常負雄漁者取之必得其雙子如麻子南人爲醬 鍭爾雅曰金鏃翦羽 厚厚薄 𧺆蹇行又蒲北切 𧹞𧹞瞜貪財之皃 㪗石窑膜也

寇鈔也暴也又姓出馮翊河南二望陳留風俗傳云浚儀有寇氏黃帝之後風俗通云蘇忿生爲武王司寇後以官爲氏苦候切十 滱水名在代郡 怐怐愗愚皃 扣扣擊 鷇鳥子亦作㱿生而須哺曰鷇自食曰鶵 𡣍𡣍瞀無暇 㱿說文曰未燒瓦器也

簆織具瞀瞀瞀詬罵又巧言茂卉木盛也古作懋莫候切十五貿交易也市賣也又姓出姓苑東莞人鄮縣名在會稽亦姓出姓苑戊辰名愗怐愗袤廣袤東西曰廣南北曰袤楙爾雅曰楙木瓜實如小瓜味酢可食懋美也勉也瞀瞀瞀菆細草叢生姆女師說文作娒莓莓子即覆盆林草名冃重覆又亡保切雺地氣發天不應仆倒也匹候切又匐覆二音五踣上同⿺走咅僵也⿰咅欠語而不受也豧豕息豆穀豆物理論云菽者眾豆之名也又姓後魏有將軍豆代田侯切十六竇空也穴也水竇也又姓出扶風觀津河南三望風俗通云夏帝相遭有窮氏之難其妃方娠逃出自竇而生少康其後氏焉窬禮曰蓽門圭窬又音俞逗逗遛又住也止也酘酘酉荳荳蔻脰項脰郖地名梪籩豆或作梪古食肉器也餖飣餖浢水浢裋祭裋毭毭毹䩓車鞁具⿰氵窬木名⿰女豆嫗⿰女豆語帖也鬥說文曰兩士相對兵仗在後象鬥之形凡從門者今與門戶字同都豆切九鬭鬭競說文遇也又姓左傳楚有大夫鬭伯比鬪俗噣鳥口或作咮又丁救切䛠䛠譳不能言也⿰豕尨⿰豕尨尾張衡東京賦云日月會於龍⿰豕尨斣斠也角力走也又相易物俱等襡衣袖又時燭切⿰食殳⿰食殳飣耨說文曰薅器也篆文曰耨如鏟柄長三尺刃廣二寸以刺地除草奴豆切六鎒上同亦出說文

鎒上同五經文字云經典相承從耒衣故不可改𣪊乳也擩搆擩解事譳詛譳○瘶欬瘶蘇奏切七嗽欶
上同軟上氣漱上漱又音瘦鏉欶鏽利謏誘謏言也嗾使狗○奏進也說文作𡗗則候切二走釋名曰疾趨曰走又俎苟
切○透跳也他候切又書育切五咅說文作咅相與語唾而不受也隸變如上⿰豆欠說文同上俗又作啞殶索彄殶也⿺走殳自投下或
作殶○漚久漬也烏候切三⿰衤區區頭衣⿱林口地名又市由切○遘遇也古候切二十構架也合也成也蓋也亂也媾重婚
覯見也姤卦名姤遇也又偶也購購贖⿰貝句稟給雊雉鳴彀張弓⿱𣪊牛取牛羊乳亦作⿱𣪊手句句當又姓華陽國志
云王平句扶張翼廖化並爲大將軍時人曰前有王句後有張廖俗作勾軥軥挽車也冓夜也搆搆擩也怐怐愗愚皃
又苦候切⿰火冓舉火也⿰石冓甃井也又罰也冓數也𣪊說文曰乳也一曰穀瞀也⿰身句綿⿰身句○輳輻輳亦作湊倉奏切八腠
膚腠湊水會也聚也嗾使犬⿰鹵奏南夷名鹽蔟太蔟律名又倉谷切楱橘屬⿰豕奏溫豕○陋踈惡也說文曰阸陜也盧候切
十三漏漏刻說文曰漏以銅受水刻節晝夜百刻爾雅曰西北隅謂之屋漏又禹耳三漏鏤彫鏤書傳云鏤剛鐵也又鏤編並姓出何
氏姓苑又力誅切屚說文曰屋穿水下也从雨在尸下尸屋也一曰笱屚縣名在交阯瘻瘡也⿱艹屚⿱艹屚蘆⿰貝婁⿰貝侯⿰貝婁貪財⿰金屚

鍬鎘蔄姓也數數欶小兒兒惡謅護詬忽怒⿰婁刂⿰婁刂剽細切僂僂傴短醜皃蔻苴蔻呼漏切十豿豕聲頯

字統云勤作詬怒也詢上同吼聲也又呼後切歐數歐呞恐㕭佝僂佝怐上同⿰月咅豕肉醬也蒲候切二⿰車尃

尻衣偶不期也五遘切一⿰聚刂細切才奏切三楱鎘楱鐵齒杷名⿰足聚醉倒皃出埋蒼

五十一幼少也伊謬切一謬誤也詐也差也欺也靡幼切二繆紕繆又姓漢書儒林傳有申公弟子繆生⿰足臭⿰足臭蹌

行皃丘謬切一⿰足丩⿰足丩⿰足臭醜行之皃巨幼切一

五十二沁水名在上黨亦州名本漢穀遠縣後魏置沁源縣武德初置州因沁水以名之七鴆切四沁沁冷吣犬吐⿱竹侵

⿱竹侵墨工人具浸漬也漸也子鴆切四濅上同出說文⿱穴浸上同出字林祲祆氣也又子心切妊妊身懷孕汝鴆切五

紝識納亦作紝絫鵀戴鵀鳥任上四字並又音壬衽衣衿鴆鳥名廣志云其鳥大如鴞紫綠色有毒頸長七八寸食蛇

蝮雄名運日雌名陰諧以其毛歷飲食則殺人直禁切三沈又直任切⿰瓜冘瓜名枕枕頭也論語曰飲水曲肱枕之之任切又之稔

切二針又之林切⿰舌今牛舌下病巨禁切十⿰齒今⿰牛今並上同噤說文曰口閉也⿰舟今蜀人呼舟紟紟帶或作襟又音今

鈙說文云持止也讀若琴亦作襟 澿寒禁 笒笒籖 齽齒向裏 禁制也謹也止也避王莽家諱改曰省又姓何氏姓苑云今吳興人居蔭切三 僸北夷樂名又居林切 襟格也 賃傭賃也借也乃禁切一 蔭說文曰草陰地也於禁切七 稓同上 窨地屋 喑聲也 瘖心中病亦作癊 癊庇癊 飲又於錦切 滲滲漉所禁切二 罧爾雅曰槮謂之涔郭璞云今之作罧者聚積柴木於水中魚得寒入其裏藏隱因以簿圍捕取又息甚切槮與罧同也 闖馬出門皃丑禁切二 䑡私出頭視 譖讒也毀也莊蔭切一 讖讖書釋名曰讖纖也其義纖微楚譖切一 吟長詠宜禁切一 揕擬擊史記曰右手揕其胷知鴆切二 抌揺也抌又 [參冘]赤黑色 臨哭臨又偏向良鴆切又音林二 𠐩𠐩僋頭向前 甚太過時鴆切二 僋𠐩僋 顉顉齡切齒怒皃于禁切二 鼟鼓聲見兵書 深不淺也式禁切又式今切二 [广罙]廕[广罙]大屋

五十三勘 勘校也苦紺切七 衉凝血 [血甚]同上 [鹵甚]鹹味厚 轗轗軻坎壈也 竷擊也 磡巖崖之下 紺青赤色也古暗切五 淦新淦縣在豫章 贛贑以贑縣名記云章貢二水合流因其別名灨處立縣使以爲名在南康郡亦作贑 贛贛愉縣在琅邪郡 憾恨也胡紺切七 琀送死口中玉亦作含 浛水和物 唅哺唅 蜭有毛之蟲 莟

苗莟心欲秀也胎食肉不猒暗日無光又黙也深也貪也不明也烏紺切二闇冥也說文曰閉門也僋僋俫癡皃他紺

切入灟灟氾水浮皃撢深取西無光又舌出皃又吐念切傝傝㒌不肖安又吐盍切䐺食味美憛憛悇懷憂

誩競言也又渠仰渠政二切俫僋俫蘇紺切四閐閐覆蓋也𢠽憛𢠽失志䫲顉䫲搖頭皃謲伺也七紺切三

參參鼓俗作參𤳉田隴聮也醰酒味不長徒紺切又音譚五贉貿物預付錢也潭沈水底没潭瞫括也

又徒南切盦羊血凝㒌傝㒌五紺切一馾冠幘近前丁紺切三𩈎頑劣面皃鴆鴆鳥妠取也奴紺切一顲

面色黃皃郎紺切三僋僋伸皃又僋俫不淨灊灊灟浮皃顑面虛黃色呼紺切二𩟗食不飽也篸以針篸物作紺

切二撍手撼

五十四闞闞魯邑亦視也又姓左傳齊大夫闞止苦濫切五瞰視也矙日出皃嚂可也又工覽切𪉖味苦濫

叨濫氾濫盧瞰切九𠟉刀利𨢿𨢿觴說文曰泛齊行酒也纜維舟吳書曰甘寧常以繒錦維舟去輒割弃以示奢爁火皃𡢃

貪也失禮也過差也俗作從水㦨貪也𥨫𥨫𥧌不平嚂食皃賧夷人以財贖罪也吐濫切七𪊇鹹𪊇無味𥧌𥨫𥧌不平

鹼無味 䁯候視 澉薄味 舕舚舕舌出 ○䶢䶢鹽無味古暫切二 鹼鹹苦 ○𧵳乞戲物或作 歛呼濫切三 蘫瓜菹也出說文

虓虎怒 ○憨害也果決也下瞰切又呼甘切六 㺖犬吠聲 譀誇誕東觀漢記曰雖誇譀猶令人熱又呼甲切 蚶蟲 爪𦙶

炙令熟或作𦙶 𦙶上同 ○憺恬靜徒濫切又徒敢切八 惔上同 澹水搖動皃 腅相飯也或作啖 淡水味 啗噉也食也

啖誑也 倓安也靜也恬也亦作憺 ○暫左傳云婦人暫而免諸國暫猶卒也藏濫切三 蹔上同 鏨鐫石又音鏨 ○擔

負也都濫切二 甔甔石大甖又都甘切 ○三三思蘇暫切又蘇甘切一

五十五 ○豔美色也以贍切九 艷俗 爓光也 焰上同 焱火華也 𢶒豔也 鹽以鹽醃也本音平聲

灩上同 灎瀲灎水波動皃 ○贍賙也時豔切一 ○染而豔切又如檢切二 髯髯頷毛又人占切 ○厭論語曰食不厭精於

豔切五 懕快也又於驗切 猒飽也又於廉切 饜上同 嬮嬮嫳美女 ○窆下棺方驗切又方亘切二 砭石針說文曰以石刺

病也又甫廉切 ○驗證也徵也效也說文云馬名也魚窆切三 噞噞喁魚口也 撿證 ○閃說文曰闚頭門中也舒贍切又舒斂切四 炶

火行 苫以草覆屋 掞舒藻 ○嚵嚵噉不廉子豔切又子廉切一 ○壍坑也遶城水也七豔切四 塹上同出說文 槧

瓜 菹

西

揷也論衡曰斷木爲槧釋名曰槧版長三尺古也槧漸也言漸漸然長也又七廉切又才敢切 㜞嬮㜞美女皃 殗殗殜歹驗切七

歛聚也又力琰切 瀲泛瀲一曰水波也亦作溓 爁爁焱火延 賧市先入直也 霰小雨 獫長喙犬名 覘假也說文云闚

視也春秋傳曰公使覘之丑豔切二 䀡視目也 𨆪音譜云馬急行昌豔切八 幨披衣或作襜裧 襜裧並上同 韂鞍小

障泥 韂上同 壛蔽也 闇闚闇 憸快也於驗切亦作㤿二 俺大也 潛藏也慈豔切一 占固也章豔切又職廉切一

五十六㮇 㮇火杖他念切六 𦧡舌出皃 忝辱也又他玷切 阽亭名在京兆 黏火光 㐁無光說文曰舌皃

念思也又姓西魏太傅念賢奴店切二 𦃨字林云挽船篾也 店店舍崔豹古今注云店置也所以置貨鬻物也都念切十一 坫

墇也屛也 沾水名在上黨說文他兼切 痁病也又式詹切 墊下也又墊江在巴陵又徒協切 䨮早霜寒 唸呻吟 𥨎窮也說文曰屋氄

傾下也 埝下也 𦒷老人面黑皃 䀡目垂皃又丁炎切 𥗊𥗊磹電光先念切二 𥢕禾草不實稴𥢕之皃 磹徒念切二

𧆂支也出通俗文 趝疾行皃紀念切一 酓苦味於念切一 僭擬也差也子念切一 𥈺閉目思也漸念切一

兼古念切又古嫌切二 䱐魚名 傔傔從苦念切一 稴稴𥢕力店切一

五十七。釅酒醋味厚魚欠切二⿰齒兼齒皃。脅妨也許欠切二㜝好皃。[illegible]庢下也丘釅切二⿺瓦金似甑有耳

蔆草木無蔓也士劒切一

五十八。陷入地隤也戶韽切五鮨魚名又古念切臽小阱坑[illegible]說文云食肉不猒也又脃臽也錎車鏁。韽下入聲俗作韽於陷切四⿰犭音犬吠又乙咸切淊水沒揞吳人云抛也。醮以物內水莊陷切一。⿰鹵占鹹多味陷切二站俗言獨立又作䟫

迠江岸上地名也出括州記。歁歁喙口陷切又口感切二⿰兼頁⿰兼頁顑面長皃又公陷切。賺重買佇陷切三詀被誑謙俗。儳輕言仕陷切三⿰阝詹陷也⿰革毚⿰革焉之短也。⿰鹵臽鹹味公陷切二⿰兼頁⿰兼頁胡剤面也。諵尼賺切一。顑顑長面也玉陷切一

五十九。鑑鏡也誡也昭也亦作監格懺切又古銜切五鑒同上監領也亦姓風俗通云衛康叔為連屬之監其後氏焉

又古銜切⿰目監瞻也⿰監刂利也又細切也。懺自陳悔也楚鑒切六儳雜言又食陷切摲投⿰毚瓦甖屬⿰犭敢小犬聲嚵試人

食。⿱斬見⿱斬見⿰亻敢高危皃子鑑切三⿱斬酉長面皃又昨三切[illegible]以物內水中出音譜。⿰金彡大鎌所鑑切三⿰目彡暫見⿰占彡相接

物也又利也出字諟。⿰亻敢⿱斬見⿰亻敢許鑑切三譀[illegible]又呼咸切闞犬聲。埿深泥也蒲鑑切二溢同上。⿱監瓦大瓮似盆

瓮

汜 血乏

續漢書云盜伏於甖下胡懺切二 甖 大罌又下斬切 鑱 鑱土具又士儳切又士銜切六 䪜 韂 欃 水門又作𣰇 轞

似雕而斑白出音譜 讒 譖也又士衫切 艬 艬船 黬 叫呼仿佛黬然自得音黯去聲一

六十梵 梵 梵聲扶泛切三 帆 船使風又音凡 颿 風上同說文曰馬疾步也 汎 浮皃孚梵切八 泛 上同 仉 輕也 䀢

杯也 𥁕 上同 氾 濫也 䒦 草浮水皃又匹凡切 姂 好皃 劒 釋名曰劒檢也所以防檢非常也廣雅曰龍泉太阿干將鏌鎁斷蛇魚腸純鉤

燕支蔡倫屬鏤陳干隊堂谿墨陽巨闕辟閭並劒名也崔豹古今注云吳大皇帝有寶劒六一曰白虹二曰紫電三曰辟邪四曰流星五曰青冥六曰百里列子云孔周有三劒一曰含光二曰承影三曰霄練吳王賜子胥屬鏤之劒而死周穆王有錕鋙劒切玉如泥居欠切 欠 欠伸說文曰張口气悟也今借爲欠少字去劒切二 㰦 俗 俺 大也於劒切八 㤿 心甘 淹 沒也又纔淹絲一淹也 䎨 奄劒羽 𡟵 誣挈 裺 衣寬 諳 諳匿 覎 覎口墟名在富春清上也

廣韻去聲卷第四

新添類隔更音和切

褑 賓廟切 窆 斑驗切

八

廣韻入聲卷第五

烏谷屋第一獨用

烏酷沃第二燭同用

之欲燭第三

古岳覺第四獨用

之日質第五術櫛同用

食律術第六

阻瑟櫛第七

文弗物第八獨用

許訖迄第九獨用

魚厥月第十沒同用

莫勃沒第十一

胡葛曷第十二末同用

莫割末第十三

胡八黠第十四鎋同用

胡瞎鎋第十五

先結屑第十六薛同用

私列薛第十七

以灼藥第十八鐸同用

校合畢

徒各 鐸第十九　莫白 陌第二十 麥昔同用

莫獲 麥第二十一　私積 昔第二十二

先擊 錫第二十三獨用　之弋 職第二十四 德同用

多則 德第二十五　七入 緝第二十六獨用

胡閤 合第二十七 盍同用　胡臘 盍第二十八

與涉 葉第二十九 帖同用　他協 帖第三十

侯夾 洽第三十一 狎同用　胡甲 狎第三十二

魚劫 業第三十三 乏同用　房法 乏第三十四

臺

一屋 舍也具也淮南子曰舜築牆茨屋風俗通曰屋止也亦虜複姓後魏書官氏志云屋引氏後改爲房氏烏谷切七 屋 籀文

臺 古文 剭 鄭玄注周禮云剭誅謂所殺不於市而以適甸師氏又音握 鄏 地名 黳 墨刑名又音握 胥 肥皃 獨

鷇

說文曰犬相得而鬭也羊爲羣犬爲獨一曰獨㺯獸名如虎白身豕鬣馬尾出北嚻山㺯音欲亦單獨又虜複姓有獨孤氏後魏書云西方獨

孤渾氏後改爲杜氏徒谷切三十 黷垢也蒙也黑也 讟謗讟 髑髑髏 ⿰蜀頁上同 殰殤胎 讀讀誦 櫝匣也又曰

小棺 牘簡牘 儥見也動也又音育 ⿸疒田字書云怨痛也 殰卵敗 碡磟碡田器 ⿺辶賣遺也 騳騼騳野馬 皾

滑也 ⿰蜀犬獸名如鼠 襡襡韜藏又音蜀 韣弓衣又之蜀切 瓄圭名 瀆說文曰溝也一曰邑中溝爾雅曰江河淮濟爲四瀆 隫

說文曰通溝以防水 ⿰谷賣古文 韇箭箙 嬻媟慢 犢牛犢 鸀鸀鳿鳥也 罜罜麗魚罟 ⿰亻蜀⿰亻蜀倲短醜皃 匵匵匱

穀五穀也又生也祿也善也說文曰續也百穀之總名今經典省作穀餘從㱿者並同古祿切十七 穀俗 轂車轂 穀木名

瀔水名 谷山谷亦養也窮也又姓漢有谷永又欲鹿二音 㱿玉名又音角 鷇布鷇鳥案爾雅只作穀 ⿰歹角⿰歹角殐死皃出廣

雅 ⿰⿱壳鼠殳鼠名 豋豆名 ⿰多角⿰多角⿰多束多也 ⿰⿱壳月殳足跗 㺯獸如赤豹五尾又音欲 ⿰目角動目 ⿰目谷大目 ⿰口谷鳥鳴又作唃 ○㲉

羅穀胡谷切十四 槲木名 斛十斗又虜複姓二氏後魏有尚書斛斯延齊有丞相咸陽王斛律金 螜螻蛄 ⿱艹穀水菜可食 礐說文

云石聲也 觳周禮注云受二斗又苦角切 ⿰甬斗石草 ⿰⿱壳酉殳酒濁 ⿰⿱壳彔殳水聲 ⿰齒告齒聲 ⿱殸瓦瓦坏 ⿱竹斛箱斛 焀火皃 ○哭

㱿

哀聲空谷切八 𤮊朱燒瓦 㲉卵也 𪍿餅麴 𨸶大阜 縠泉未績者 𡏿土墼 𪎊麻㱿 禿說文云無髮也从人上象禾粟之形文字音義云蒼頡出見禿人伏於禾中因以制字又國語云史伯曰祝融之後八姓已董彭禿妘曹斟芈是也又虜複姓有禿髮氏其先壽闐之在孕其母胡掖氏因寢而産於被中朝鮮謂被爲禿髮因而姓焉禿髮烏孤以後魏元興元年稱王遷于樂都号涼及國滅入魏賜姓源氏他谷切五 秃籀文 誘詆說佼猾 㧒杖指㧒 鵚鵚鶖鳥也 豰豰㲉丁木切八 啄啄木鳥 豚尾下竅也 启俗 𧞤衣至地也說文音斵 豛擊聲 笁笁厚 剢刀鉏 速疾也召也戚也徵也桑谷切十八 遫籀文 𧬞古文 蔌郭璞云菜茹之揔名也詩云其蔌維何傳謂菜肴也 餗鼎實 鬻說文同上 螴蝶螴蟲 樕槲樕木 縠縠縠動物縠丁木切 倲儱倲又音東 棟赤棟木名 𨙅麋鹿跡也 遬白茅也 殐殞殐 嗽吮也 𧰱豨𧰱多也 棴棴常樹名 涑水名在河東 祿俸也善也福也錄也又姓紂子祿父之後盧谷切四十七 鹿獸名國語曰周穆王征犬戎得四白鹿四白狼而荒服不至又姓風俗通云漢有巴郡太守鹿旗 漉滲漉又瀝也說文浚也一曰水下皃 淥說文同上 觻觻得縣名在張掖 睩視皃 𥉁笑視 龣東方音 轒轒轤圓轉也或作摝 轆上同 𤮚𤮚甎

穀。

[illegible]舟名**琭**王名老子曰琭琭如玉注云琭琭喻少**簏**箱簏說文云竹高篋也**箓**說文同上**螰**蝶螰蟲螻蛄也**麗**

罜麗**麓**山足穀梁曰林屬於山曰麓**[illegible]**古文**碌**多石皃**盝**去水也瀝也竭也或作漉**[illegible]**上同**騼**野馬**磟**磟碡

又音六逐**簶**弧簶箭室也出音譜**睩**睩聽似蜥蜴居樹上輒下齧人上樹垂頭聽聞哭聲乃去出字林**谷**漢書匈奴傳有谷蠡

王蠡音离**娽**埤蒼云顓頊妻名說文云隨從也史記毛遂入楚謂十九人曰公等娽娽可謂因人成事耳又力玉切案史記亦作録**[illegible]**𥌴[illegible]

眼淨也**摝**振也周禮曰摝鐸鄭玄云掩上振之爲摝**[illegible]**祭也**[illegible]**捕魚具也**[illegible]**吳王孫休三子名**[illegible]**白獸**[illegible]**賈逵曰[illegible]

庾也**角**角里先生漢時四皓名又音覺**[illegible]**見鬼**彔**本也亦刻木也**濼**水名又音朴**鏕**鉅鏕郡名案漢書只作鹿**趢**

趢趗局小**[illegible]**水上飛也**轆**車聲**㪖**剥聲**[illegible]**大雨**蔍**蔍葱草**[illegible]**地名**嗀**歐聲呼木切七**豰**獸名似豹而小

食彌猴又名黃要胥案說文作豰犬屬要胥已上黃要胥巳下黑食母猴**熇**熱皃**臛**羹臛又火各切**[illegible]**日出赤皃**[illegible]**上同**嚛**大歠

聲**族**宗族昨木切三**銼**銼鑹釜屬**鑿**鑿鏤花葉又音昨**瘯**瘯瘰皮膚病也千木切六**[illegible]**碌[illegible]石皃**蔟**蠶蔟又千

候切**趗**趢趗局小皃**梀**短梀說文丑録切**簇**小竹**鏃**箭鏃作木切二**[illegible]**姓也出彭城**暴**日乾也蒲木切十二

鼭。　卜

曝俗　瀑瀑布水流下也　⿰虫菐⿰虫菐蝀蟲名　⿰菐毛氄⿰菐毛毛不理也　樸爾雅云樕樸心又音十　僕侍從人也　⿰臣菐古文　⿰矢菐短人又倉候切　菐瀆業　⿱爻夊行皃　穙穙穛也　扑打也普木切十一　醭醋生白醭　濼齊魯間水名左傳云公會齊侯于濼　墣說文云塊也又匹角切　穙草生穊也　鼭⿰鼠菐鼭鼠名　攴擊也凡從攴者作攵同　撲拂著　骲骨鏃名也

⿰黑卜淺黲黑也　⿰菐鳥鳥也　卜卜筮龜曰卜蓍曰筮又姓孔子弟子卜商博木切十四　濮水名出陳留郡入鉅野亦州名古昆吾之墟左傳齊桓公會諸侯於鄄今鄄城縣是後漢獻帝時兖州刺史治於此後魏爲濮陽郡隋初置濮州又姓出何氏姓苑　⿰阝菐彭⿰阝菐蠻夷國名　轐車伏兔　嫸昌意妻也　樸棫樸叢木又音僕樸樕小木也　獛獛鉛南極之夷尾長數寸巢居山林出山海經　蹼足指間相著爾雅云鳧鴈醜其足蹼　纀爾雅曰裳削幅謂之纀郭璞云削殺其幅深衣之裳　襆上同　⿰髟菐須鬚　⿰革菐⿰革菐絡頭繩

鳪鳪雉　鷍鳥鷍水鳥似鶂而短頸腹翅紫白背上綠色又音剝　木樹木說文曰木冒也冒地而生東方之行又姓木華字玄虛作海賦莫卜切十二　沐沐浴說文曰濯髮也禮記曰頭有創則沐又姓風俗通曰漢有東平太守沐寵又漢複姓有沐簡氏何氏姓苑云今任城人　杒杒桑　毣思皃一曰毛濕也　鶩鳧屬　霂霢霂　⿱敄車車轃名也　⿱敄巾轃上絲也　蓩毒草　艒小艖

服

鞪說文曰車軸束也 楘屋架五楘詩曰五楘梁輈傳云楘歷錄也 蚞蟥蚞蟲 ●福德也祐也方六切十七 腹肚腹 複
重衣 幅絹幅又姓也 輻車輻 ⿰亻复優⿰亻复 葍葍蔦爾雅曰葍葍又葍蔓茅 蝠說文曰蝙蝠伏翼也崔豹古今注云一名仙鼠
䈏竹實 鍑說文云釜而大口者或作鍢又音冨 鶝戴勝別名 踾踾踧聚皃 輹車軸縛也 菐瀆菐 偪偪陽宋國 楅
束以木逼於牛角不令牴觸人 ⿰耒藲草名 ●伏匿藏也伺也隱也歷也釋名曰伏者何金氣伏藏之日金畏火故三伏皆庚日又姓出平昌本自伏
犧之後漢有伏勝文帝蒲輪徵不至房六切三十三 復返也重也亦州名古竟陵縣春秋時屬楚秦屬南郡隋為江陽郡武德初為復州
虙古虙犧字說文云虎皃又姓虙子賤是也 服服事亦衣服又行也習也用也整也亦姓漢有江夏太守服徵 𠬝古文 茯茯苓 馥
香氣芬馥 鵩不祥鳥 鞴韋囊步靫 蕧旋蕧藥名 輹車輹免一 ⿰車伏上同 澓澓流又姓漢宣帝時有東海澓仲翁 椱
織椱卷繒者 洑洄流 ⿰角𠬝盛弓弩器 ⿰革复上同 軖車笭間皮篋也 ⿸疒复音譜云病重發也 ⿰复鳥鶝鵖即戴勝也 ⿰馬伏馬也
⿱穴復地室 㮘木出崐崘山也 复行故道也說文作复 畐滿也 ⿰革伏車具 絥 ⿰韋伏並上同 菔蘆菔菜也 匐匍
匐伏地皃又蒲北切 鰒海魚名 ⿰立彔見鬼皃 栿梁栿 ●縮斂也退也短也亂也所六切十三 莤說文曰禮祭束茆加于祼

圭而灌鬯酒是爲茜象神歆之也一曰榼上塞也𩙷風聲趚趜趚體不伸也趜趚渠六切樎馬櫪謖起也翻鳥飛𢹇

擊聲蹜文字音義云鳥鵲䴉其飛掌蹜在腹下也摍抽也顏叔子納鄰之嫠婦執燭燭盡摍屋以繼之螥蝍螥尺蠖摵到

也又子六切謏小也又蘇了切六數也力竹切二十二陸高平曰陸又高也厚也亦陸離參差也又姓出吳郡河南二望本自古天子陸

終後戮刑戮說文殺也爾雅病也剹上同勠勠力併力也又音留稑種稑先種後熟曰種後種先熟曰稑穋上同鵱鵱鷜

野鵝蓼蓼莪詩傳云蓼長大貌蓼上同⿰馬坴騄良健馬鯥魚名似牛蛇尾出山海經陸蔏陸磟磟碡⿰虫坴魁⿰虫坴淕

凝雨澤也⿰車坴轓輊車箱坴大塊⿱屮六地蕈踛翹踛也僇凝行又音溜⿰礻坴見也逐追也驅也從也疾也強也走也

直六切十二軸車軸碡磟碡田器又音祿獨妯妯娌舳舳艫鱁鱁鮧⿰虫逐馬蚿蟲筑水名出房陵漢有筑陽縣蕭何

妻封邑也蓫馬尾草柚杼柚機具又由舊切⿰馬逐馬⿰馬逐獸名篴竹名菊草名禮記季秋之月菊有黃華說文曰大菊蘧

麥也居六切三十三鞠推窮也養也告也盈也禮記曰天子乃薦鞠衣於先帝鄭玄云鞠衣名蓋黃桑之服又姓出東萊風俗通曰漢有尚

書令平原鞠譚又音麴又渠六切蘜爾雅曰蘜治牆郭璞云今之秋華菊也𥷚說文曰日精也似秋華㥌謹愼𠣳說文拳撮也

𥷔 ⿰㚔匊。 𧶠。儥

掬上同匊物在手𥷔說文曰窮治辠人也⿰㚔人上同鞫上同⿱穴⿰㚔人說文窮也⿱穴⿰㚔人上同⿰犭匊石狗獸名食猴⿰㚔鳥
說文曰秸⿰㚔鳥尸鳩爾雅作鳲鵴郭璞云今之布穀也鵴上同⿰阝匊曲岸水外曰⿰阝匊⿰土匊上同⿰田匊韭畦⿰魚匊郭璞云魚名有兩乳
椈爾雅曰柏椈禮云鬯臼以椈蘜山高皃𦥑兩手奉物⿱臼鳥鳥名⿰食匊饘也諊法用⿰髟匊亂髮踘踘蹋也
⿵門匊閉閭椈木名踘足也淗水文趜困人又巨竹切麴麴蘖又姓出西平漢有麴演驅匊切五𥻆上同說文
曰酒毋也⿰革麴上同鞠姓也又居六切⿰㚔匊曲脊又渠六切熟成也殊六切八孰誰也俶善也塾門側堂崔豹古今注
云臣來朝君至門外更詳熟所應對之事塾之言熟也⿵門孰上同璹玉名婌後宮女官名⿱孰石石聲俶始也厚也作也
動也昌六切五柷柷敔祝作樂也俗作柷又音祝琡璋大八寸曰琡又音祝⿰山叔至也埱氣出於地一曰始也育養也長也
余六切二十四毓稚也本亦同上鬻賣也亦作粥亦姓周有鬻熊為文王師案說文鬻本音糜鍵也粥上同⿱粥鬲說文鬻也⿰糸育
青經白緯⿰糸育陽所織𧶠。賣也重也長也動也說文衙也或作儥儥上同⿰木育車覆欄也錥鍋錥温器煜火光又燿也焴
上同昱日光藿爾雅云藿山韭淯水名出攻離山蜟復蜟蟬未蛻者出論衡𢍰兩手捧物說文音匊堉地土肥也

玄

嘼音聲𤳊生田矔望也又目明皃逌步也轉也行也䓛草名𧄍茂也驧馬跳躍也說文曰馬曲脊也渠竹切

十二駶上同趜趜趚䱡魚名鵴鵴鳩鳲鳩又音菊鶔上同鞠蹋鞠以革爲之今通謂之毬子又菊麴二音

毱皮毛丸也𧍧說文曰𧍧鼀蟾蠩以脰鳴者也踘踘蹋也𧮰谷名在上艾匔曲脊皃鼀𧍧鼀七宿切三

蹴蹋蹴殧終也肉骨肉如六切俗作宍三衄鼻出血俗作衂又尼六切鮞魚子一曰魚名粥糜也之六切五鬻

呼鷄聲亦作咮祝巫祝又太祝令官名周禮曰太祝掌六祝之辭以事鬼神祈福祥求永貞亦貞亦音呪又姓後漢有司徒中山祝恬柷

柷敔又音俶又爾雅曰柷州木髦柔英本亦作柷琡璋大八寸又音俶叔季父亦姓左傳魯公子叔弓之後光武破虜將軍叔壽又

漢複姓二氏後漢有犍爲叔先雄左傳魯有大夫叔仲小式竹切十三儵青黑繒倏倏忽犬走疾也透驚也又他豆切虪

爾雅云虪黑虎又音育倐疾也長也鮛爾雅曰鮥鮛鮪郭璞云鮪鱣屬也大者名王鮪小者名鮛鮪掓拾也𢡃疾也

翛飛疾之皃又音蕭尗豆也菽上同潚水波蓄蓄冬菜也許竹切又丑六切十稸上同畜養也說文

曰田畜也淮南子曰玄田爲畜又丑六許救二切𤳉上同說文云魯郊禮畜从田从兹兹益也𡡟畜媚也鄐晉邢侯邑又姓漢有

⿱祝土　閦　閦

鄗縣爲東海太守菫羊蹄菜又丑六切蓫上同慉起也詩云不我能慉䀰細視竹說文作竹冬生艸也象形下垂者箁箬也史記曰渭川千畝竹其人與千戶侯等亦姓本姜姓封爲孤竹君至伯夷叔齊之後以竹爲氏今遼西孤竹城是後漢有下邳相竹曾張六切六竺天竺國名又姓出東莞後漢擬陽侯竺晏本姓竹報怨有仇以胄始名賢不改其族乃加二字以存夷齊而移於琅邪莒縣也又冬毒切厚也俗作竺筑筑似箏十三弦高漸離善擊筑說文曰以竹爲五弦之樂也又爾雅曰筑拾也又音逐水名築擣也篁古文

苖蓨苖也似藜赤莖生道傍可食蹙迫也促也近也急也子六切十七踧踧踖行而謹敬⿰虫就蝍⿰虫就蚿蠖也噈說文嘆也本音寂慼慼咨慼也噈歍噈口相就也摵到也槭木可作大車輮殧殘也⿰龜欠取氣皃說文本才六切歍⿰龜欠也⿱竹龜笡也縬縮也又縬文也又側六切欶欶悲皃䐹腳䐹膏澤也顣顣頞鼻顣促皃裓好衣皃蹵蹋也又七六切踀齊也初六切六矗直皃又敕六切蹜廉謹皃閦衆也出字統或作閦𧿳小𧿳丑𦐑飛皃朒朔而月見東方謂之縮朒女六切八恧慙也⿰耳恧上同忸忸怩衄鼻出血又挫也又音肉蚎蚎蜓即蚰蜒也⿰禾丑刺也沑蹜沑水文聚縬縬文也側六切二⿱祝土塞也蝮蝮蛇又姓乾封元年改武惟良爲蝮氏芳福切八覆反覆又敗也倒也審也又敷救切蕧

鷚

蕧盆草又音服⿱髟畐廣雅曰假髩也副剖也又敷救切⿰土复地室⿱穴复上同葍葍蒚草名又音富郁文也亦郁郅縣
在北地又姓魯相有郁貢又虜三字姓二氏後魏書云蠕蠕姓郁久閭氏又北方郁原甄氏後改爲甄氏於六切二十戫有文章也彧
上同燠熱也又音奥栯栯李又音有俗作⿰木郁噢噢咿悲也墺墺襄⿰月奥鳥胃薁蘡薁澳隈也水内曰澳隩上同
又音奥⿱⺮奥可以漉米⿰糸欠愁皃⿰奥阝姓出姓苑⿰黑或羔裘之縫又于逼切稶黍稷盛皃懊貪也愛也又音奥⿰或欠
吹氣也⿰口或喉聲⿰金或溫器肅恭也敬也戒也進也疾也又州名古月氏國地漢匈奴昆邪王殺休屠王并其衆來降遂置酒泉郡
後魏以酒泉爲甘州隋分福祿縣置肅州亦姓出姓苑息逐切二十三宿素也大也舍也說文作宿止也左傳曰一宿爲舍再宿爲信又
姓風俗通云漢有鴈門太守宿詳又虜複姓後魏末有賊帥勤宿明達又虜三字姓後魏書宿六斤氏後改爲宿氏又息救切蓿苜蓿
史記云大宛國馬嗜目宿漢使所得種於離宮夙早也說文作⿰歹凡早敬也从丮持事雖夕不休早敬者也丮音戟又姓魯大夫季孫夙之後
𠈇𠈇並古文出說文玊朽玉又琢玉工又姓後漢有玊況字文伯光武以爲司徒鷫說文曰鷫鷞也五方神鳥也東方發明南方焦明西方鷫
鷞北方幽昌中央鳳皇鷚上同蠨蠨蛸俗呼喜子詩曰蠨蛸在戶又音蕭驌驌驦馬名⿰肅羽⿰肅羽鳥羽聲又音縮颵風聲

蝳 蝳蜍似蜘蛛

鱐魚鱐腊 䃤黑砥石又音篠 𡎽朽玉又姓也 潚深清也亦姓漢有潚河 橚木長皃 摍擊也 艏艒艏船名 倜倜佩不伸 璛玉也姓 𢿡打也 目釋名曰目默也默而内識也說文曰人眼象形重童子也莫六切十一 睦親也敬也又和睦也亦西胡姓 穆和也美也敬也厚也清也又姓漢有穆生 苜苜蓿 莜莜蓿見爾雅注 牧養也放也使也察也司也食也說文曰養牛人也又姓風俗通云漢有越巂太守牧稂 坶坶野殷近郊地名古文尚書作此坶說文作坶 繆禮記有繆公又姓也又靡幼切 萺萺萺菜

㣎說文曰細文也今作㣎同 痏痏病 囿園囿于六切又于救切二 哊吐聲 蓄蓄冬菜詩曰我有旨蓄鄭玄云蓄聚美菜以禦冬月乏無時也本亦作畜丑六切十 稸上同 滀水聚 苖蓨也又他六徒歷二切蓨音挑又音剔 蓫羊蹄菜 遂上同 敊病敊皃 倜倜佩不伸 鄐地名在晉 矗直也齊也 砡齊頭皃魚菊切一 ⿰畜欠說文曰歍⿰畜欠也丑六切一

二沃灌也說文作洪又姓太甲子沃丁之後出風俗通烏酷切七 鋈白金 鱟魚名又音候 ⿱𦥯月膏膜又音屋 ⿱𦥯目瞋目 觷治角也又户角切 鷽馬腹下聲 毒痛也害也苦也憎也說文作毒厚也害人之草往往而生徒沃切八 毐見上 ⿱艹毒萹竹草 蝳蝳蜍似蜘蛛 瑇瑇瑁又音代 纛左纛縣又徒号切 ⿰巾毒上同 碡碌碡田器 篤厚也說文曰馬行頓遲冬毒切十一 竺地名

說文厚也督率也勸也正也說文察也一曰目痛也又姓風俗通云漢有五原太守督瓚俗作督裻衣背縫也𧙃𧝼並上同𥂥䐁舌𥂥𨜓𥂥䃷砮砥玉篇云落石也𧛒新衣聲又先篤切启尻启俗酷虐也說文曰酒味厚也苦沃切六焅熱氣

䅣禾熟嚳帝嚳高辛氏也說文曰急告之甚也硞碌硞石狀峼山皃鵠鳥名又姓姓苑云今東海人胡沃切八皠鳥白也翯鳥肥澤也詩云白鳥翯翯又音學隺高也㸢灼也𩓃鼻高皃𨳡門聲礐石礐僕僮僕說文曰給事者也漢書曰太僕秦官掌輿馬亦姓風俗通云漢有渾梁侯僕多又虜複姓後魏書僕蘭氏後改爲僕氏蒲沃切六𥉁古文鏷鏷鏻矢名寀左傳曰魯莊公以金僕姑射南宮長萬字不從金蟔蟔蠃又蟔蜨蟲轐車轐兔也鸔鳥鸔𣻺雨聲先篤切二裻新衣聲

梏手械紂所作也古沃切九牿牛馬牢也𨾴鳱鵠鳥名似鵠䅷禾皮又地名告又音誥告上曰告發下曰誥郜國名又音誥祰說文云告祭也𨺵說文云大皐也𪘏治象牙也瑁瑇瑁莫沃切又莫代切五𣕻門樞橫梁媢夫妬婦艒艒䑨船名萺草也熇熱也火酷切四臛羹臛又音郝嚛食新也歊氣出皃又音囂褥小兒衣也內沃切又而蜀切四傉虜三字姓有庫傉官氏耨釋典云阿耨搙捻搙傶邑名又姓將毒切三戮穿也錊姓也襮黼領博沃

切三 犦犎牛出合浦郡 鸔鵅鳥鸔水鳥名 濼水名在濟南盧毒切又力各切一 ⿰牛翟白牛五沃切又音岳一

三燭燈燭也禮曰嫁女之家三日不息燭出本曰石季倫以蠟燭炊又姓左傳秦大夫燭之武之欲切十三 屬付也足也會也官衆也儕等也經典作屬又音蜀 屬俗 矚視也 𦆘綴帶也 囑託也 鸀鸀鳿鳥 𧽍小兒行皃 歜吹氣也 噣蜀鳿鳥名 蠾蚕也方言云鼅鼄自關而東趙魏之郊或謂之蠾蝓又音蜀 韣弓衣又六欲切 蠋螐蠋

玉白虎通曰玉者象君子之德燥不輕溼不重是以君子寶之禮記曰執玉不趍又烈火燒之不熱者眞玉也說文本作王隸加點以別王字魚欲切四 獄皐陶所造 䓝說文确也从㹜从言二犬所以守也 鳿鸀鳿鳥 頊人頊頊又音勗

旭說文曰日旦出皃一曰明也許玉切五 頊顓頊高陽氏也又謹欲皃 勗勉也 䴪顱顱出聲譜 ⿰骨鹿上同

輂禹所乘直轅車說文曰大車駕馬也居玉切十二 桊纕臂繩也又居願切 鋦以鐵縛物 挶持也 臼斂手 梮輿食器也 輂說文曰直轅車𨏥縛也 ⿱具木舉食者名 ⿱具糸靴⿱具糸子纏連者說文約也 拲兩手共梏又已奉切 ⿱豕糸素屬 ⿱具角曲角

局曹局又分也說文促也渠玉切五 跼踡跼又曲也俛也促也 駶馬立不定 侷侷促短小 ⿰耒局耕也

蜀巴蜀說文曰葵中蟲也淮南子云蠶與蜀相類而愛憎異也亦作蠋市玉切十二 韣弓衣又徒谷切 蠾

𠐊。 𩱩。

蠾蝓蜘蛛欘木似柳葉大也襡屬玉篇云長襦也連要衣也襩上同𠐊𠐊倲動皃襡短衣又大口切屬附也類也又音燭
屬俗瓙玉瓙鐲温器又直角切觸突也尺玉切四觕古文歜怒氣亦人名齊宣王時有高士顔歜或作斶臅狼臅
膏也辱恥辱又汚也惡也又姓出姓苑而蜀切十一蓐草蓐又薦也說文曰陳草復生也一曰蔟也褥氈褥鄏郟鄏地名
在河南縟文采溽溽暑溼熱㦺矛戟枝也媷懶惰也嗕噣嗕憐皃又西羌名𪑐垢𩱩大鼎束
縛也又姓夲自踈氏避難除足姓東左傳晉有束晳書玉切二倲𠐊倲欲貪欲也余蜀切九浴洗浴說文曰洒身也洒先禮切
鵒鴝鵒䧕上同鋊炭鉤又銅屑也漢書曰磨錢取鋊輍車枕前也慾嗜慾𤞞獨𤞞獸谷山谷爾雅曰水注谿曰谷說文
曰泉出通川爲谷亦虜三字姓吐谷渾氏又音穀躅躑躅直錄切三𨇽同蠋蠾蠋蟲名錄采錄說文曰金色也又錄事職
官要錄云總錄衆事力玉切十七淥淥水名在湘東又姓何氏姓苑有淥圖爲顓頊師𧡛眼曲𧡛也綠青黃色永徽二年始七品
六品服綠飾以銀八品九品服青飾以鍮石至文明元年又改青服碧色醁美酒騄騄駬駿馬名娽隨從又音鹿菉菉蓐草
逯謹也又姓風俗通云漢有大司空逯並後趙錄有金紫光祿大夫廣平逯明西征記有逯明壘云是石勒十八騎中人䱚魚名籙

粟○ 𠜱○

圖錄 碌碌石綠色本又音祿 踛恭踛也 𧦝謯也 趢趢𧻠皃行 睩目睛 𣪍剥𣪍又聲𣪍 ○曲委曲說文作𠙴象器曲受

物之形又姓晉穆侯子成師封於曲沃後氏焉漢有代郡太守曲謙丘玉切四 𩸞魚名 䒼蠶薄漢書周勃織薄䒼為生亦作筁 匤匤匩

也 ○瘃寒瘡也陟玉切七 𤸱上同 孎謹也又陟角切 斸斫也又钁也 钃上同 欘枝上曲一曰斤柄 𧰲豕行皃又丑足

切 ○足爾雅云趾足也又滿也止也從口止即玉切又將諭切二 哫楚詞云哫訾慄斯王逸謂承顏色也 ○贖說文貿也神蜀切又音樹三

𩎟𩎟鞮也又似足切 𢦧姓也梁四公子𢦧䵳之後 ○幞帊也又幞頭周武帝所制裁幅巾出四脚以幞頭乃名焉亦曰頭巾房玉切二

樸上同 ○促近也速也至也迫也七玉切六 誎飾也 趗趗速 娖迫也 綀弗綀炙具 𤞑宋良犬又七雀切 ○續繼也

連也又姓舜七友有續牙似足切四 俗風俗說文習也 藚藚斷藥名一曰牛脣又名水蕮 𩎟鸀白𩎟𩎟鞮也 ○粟禾子也淮南子曰昔蒼頡

作書而天雨粟又姓袁紹魏郡太守粟舉相玉切七 𠧪上同見說文 慄慄斯 涑水名在河東又蘇侯切 𣰈𣰈𣯫罽毛 玊西番

國名亦姓又香救切又新菊切 𠜱細切 ○𩍗絡牛頭封曲切一 ○梀梀樗木名丑玉切七 亍彳亍 𥻦字書曰𥹌𥻦損米 𧻠

趢𧻠皃行 𧰲豕行皃又知足切 㙂牛馬所蹈之處 豖說文曰豕絆足行豖豖也

鸑

四覺曉也大也明也寤也知也古岳切又古孝切十八 斠平斗斛 角芒也競也觸也說文曰獸角也又角抵戲漢武故事曰未央庭中設角抵戲角抵者六國時所造也使角力相抵觸亦犬角軍器徐廣車服儀制曰角前世書記所不載或云本出羌胡以驚中國之馬也又姓後漢有角善叔 桷椽也 較車箱又直也略也 較說文曰車輢上曲銅也 珏二玉相合為一珏 瑴同 鷽馬腹下聲 觷飾杖頭骨又胡歷切 榷以木渡水今之略彴也 捔掎捔 搉揚搉大舉又音確 ⿱𦥯目明也 梏直也又古沃切 傕後漢有李傕 ⿰馬隺馬白額 鱳樂器 嶽五嶽也五角切八 岳上同 樂音樂周禮有六樂雲門咸池大韶大夏大濩大武又姓出南陽今自有鄒微子之後宋戴公四世孫樂莒為大司寇 鸑鸑鷟鳳屬國語曰周之興也鸑鷟鳴于岐山俗作鸑 頟說文云面前岳岳也 觷爾雅云角謂之觷治角也或作礐又音學 捳抨捳 ⿰牛隺白牛也 浞水濕士角切十二 丵叢生草 鋜鐲足 灂瀺灂 鷟鸑鷟 捔撓捔組織亦作敪 澩山夏有水冬無水 篧魚罩音捉 汋說文曰激水聲也一曰井一有水一無水為瀱汋 齺齒相近皃 ⿱丵馬速也或作⿺辶丵 簎取魚箔也 捉捉搦也側角切七 穛早熟穀 ⿰米焦上同 穱稻處種麥 斮斬又側略切 籗魚罩 蕉葵毒 朔月一日又幽朔也命和叔宅朔方北方也又姓何氏姓苑云南陽人俗作朔所角切十二

欶口噏欶也　嗽上同　矟矛屬通俗文曰矛丈八者謂之矟　槊上同　蒴蒴藋藥也　數頻數　箾說文曰以竿擊人又舞者所執

又蘇彫切　𦃃縅也　⿰木朔木名　揱纖也又長臂皃又相邀切　⿱罒削攡罰罜不罜　斲削也竹角切十九　涿郡名　諑訴也王逸注楚

詞云諑猶譖也　椓擊也推也　琢治玉　孎謹孎　卓高也又姓蜀有卓王孫　桌古文　⿱埶卓說文曰特止也　啄鳥啄也又丁木

切　斀說文云去陰刑　啅衆口　噣鳥生子能自食　⿰豕巴龍尾　⿰月豖上同　倬大也　晫明也又敕角切　⿰豖攴打也　菿說文

云菿大也本音到又陟孝切　剝落也削也割也傷害也北角切十四　駁六駁獸名似馬鋸牙食虎豹　駮馬色不純　⿰咅攴

指聲　⿰月暴皮破　嚗李頤注莊子云嚗放杖聲又呼邈切　⿱竹肑⿱竹肑手足指筋之鳴者亦作肑　肑上同　爆火烈又北教切　鸔

烏鸔鳥又博沃切　⿰骨隺骲骲　𤿭𤿭皺皮起　⿰月樂⿰月樂犖亂雜　趵足擊　邈遠也亦作邈莫角切九　藐紫草　⿱貌心說文

美也　眊目少精　皃皃人頰狀本莫教切　毣好皃　瞀目不明也　⿰扌貌打也　瞐美目　雹說文曰雨冰也蒲角切二十　⿱雨⿰田田

古文　擈相撲亦作撲　跑秦人言蹴　⿰馬孛獸名似馬一角　⿰馬包上同　骲骲箭　鰒魚名　⿱竹雹竹名　瓝瓜瓝也　瓟上

同　⿰瓜交上同出說文小瓜也　𧭏嗃𧭏大呼說文作𧭏云大呼自冤也　犦犎牛又甫沃切　豰說文云小豚也　窇廣雅曰窖也　窌

朴。

車奮帶也曝肉脹起懪煩悶也㩧擊聲又匹角切●璞玉璞匹角切十五撲擊聲又蒲角切樸木素朴上同

又厚朴藥名犦牛未劇攴楚也入普木切小擊也墣說文塊也淮南子曰水勝土也非以一墣塞江圤上同颮颮颮紛紛

衆多皃鞄攻皮之工髱、自冤本蒲角切炇火裂䙶玉篇云久視玐批玐𧴩盈財●㱿皮甲又說文曰从上擊下

也一曰素也苦角切十九毃毃打頭愨謹也善也愿也誠也㩁擊也又音角確靳固也或作碻碻上同𥀬𤿭皵皮乾

㲉鳥卵觳盛脂器也燩廣雅云火乾物嶨爾雅云山多大石嶨礐上同墧高也歡上同𤜭至也高也硞

固也肯說文曰幬帳之象隸省作青埆墝埆不平㘁鞕聲●濁不清也又姓漢書貨殖傳云濁氏以胃脯而連騎直角切十六

擢拔也抽也出也濯澣濯又姓風俗通云濯輯之後鵫白鵫鳥嬥直好皃𢹿蒴擢鐲似鈴又音蜀擉爾雅云拘

擉謂之定擉鋤也拘音劬本亦作所斸劚陟玉切𤢕獸名鸀小鳥似烏赤喙出西方蠗小鷹名鸐山雉長尾𧮯

龍𧮯㒔不安𩆸大雨𩆸𩆸戳築也舂也本又敕角切●渥霑濡於角切十七握持也偓偓促又姓列仙

傳有偓佺箹小籥幄大帷三禮圖曰在上曰帟四旁及上曰帷上下四旁悉周曰幄楃說文曰木帳也喔鷄聲又喔咿強顏皃

鷽山鵲又音學 葯白芷也 腛厚脂 𪑾刑也又作剭 齷齷齪齒相近 媉好皃 䓊英蒻 龏燭蔽 嚳誇聲也 䮯馬腹下鳴 搦持也女角切又女厄切六 掉正也又杖弔切 觺屋角一曰調弓也 𧢼同上 搙搵也 𧤗握也 逴遠也一曰驚走又作趠敕角切五 趠同上 晫明也 踔跛也 戳授也刺也戳拔痛也拔丑六切 犖駁犖牛雜色又卓犖也呂角切三 礐礐硞石 嗠嗠嗠有相扣聲才辯俗 學說文與斆同覺悟也斆今音效又姓出姓苑胡覺切九 确磽确說文曰礊石也 礐山多大石又音殼亦作嶨 夓夓皷 鷽山鵲赤喙長尾知來而不知往 𣡈涸泉 觷治角之工 䳽鳥白又胡沃切 翯鳥肥澤 吒怒聲許角切十 豞豕聲 鞹急束 翯鳥肥澤 殼歐吐左傳褚師聲子韤而登席公怒辭曰臣有足疾君將殼之說文从口 𧇮草聲 謞譊懸 瀥瀥瀑水涌 𨣿醋味 滈水皃 娖辯也測角切八 𥔵𥔵礫 齺齒相近聲 娕恭謹皃 擉司馬彪注莊子云擉鼈刺鼈又音踔 齱漢書云握齱急促也 𥬯牽帶 齪開孔具

五質朴也主也信也平也謹也正也又姓漢書貨殖傳云質氏以洒削而鼎食注云理刀劒也之日切又音致十五 膣大也 郅

藤　袠

郁郅古縣名又姓漢有郅都　桎桎梏在足曰桎　櫍椹櫍用斧櫍　蛭水蛭博物志曰水蛭三斷而成三物　騭騭馬又書曰惟天陰騭下民傳云騭定也　劕劕劑券也長曰劕短曰劑周禮作質劑　銍縣名　膣膣腗刀箭瘡藥　鑕斧也　嚔野人之言　懫止也　礩柱下石也　侄堅也又牢　日說文曰實也太陽精不虧从口一象形人質切五　馹驛傳也　衵女人近身衣又女乙切　帆枕巾也　臸到也　實滿也誠也神質切一　秩積也次也常也序也書曰望秩于山川直一切十二　紩縫紩　帙書帙亦謂之書衣又姓出纂文　袠上同　柣門限　翐翐翐飛皃　姪兄弟之子又音迭　妷上同　豑說文云爵之次弟也　鉄帆索　𧼤走皃　戜大也　悉說文云詳盡也息七切九　厀說文曰脛節也　膝上同　蟋蟋蟀蛬也　藤牛藤又作蒁本草作膝　蒁上同　䊝䊝𥽦聲　僁僁偦動也　窸從穴出也　一數之始也物之極也同也少也初也又虜三字姓後魏書一那婁氏後改爲婁氏於悉切三　弌古文　壹專壹又合也誠也輩也醇也又虜三字姓後魏書云壹斗眷氏後改爲明氏　七數也親吉切十　漆水名在岐又姓古有漆沈爲魯相何氏姓苑云今豫章人又漢複姓孔子弟子漆彫開　柒俗餘傚此　𨛰地名在齊　鶔鳥名　桼膠桼說文曰木汁可以髤物从木象桼如水滴而下也經典通用漆

桼俗 楖木名可為杖也 ⿱艹桼草似蘇也 ⿰木桼秦有⿰木桼娥臺 匹偶也配也合也二也說文云四丈也从八匸八揲一匹俗
作疋譬吉切四 鴄鴄鴟鳥 ⿰口匹唓⿰口匹 ⿰月匹牝⿰月匹 吉吉利又姓出馮翊尹吉甫之後漢有漢中太守吉恪居質切八 趌趌趨
怒走 狤狂也 拮拮据手病詩傳云拮据撠挶也又音結 ⿺走戩走意 郆郆成山 洁水 ⿰吉皮黑⿰吉皮 暱近也
尼質切七 昵上同 衵近身服 䵒膠䵒 ⿰黍刃上同 ⿱匿䖵小⿱匿䖵 ⿰忄匿愧⿰忄匿 逸過也縱也奔也說文曰失也从辵从兔兔謾訑
善逃也夷質切十二 佚佚樂 佾八佾之舞佾行列也 溢滿溢 軼車過又突也又同結切 鎰國語云二十四兩為鎰又禮曰
朝一溢米注謂二十兩曰溢 泆淫泆 ⿰齒益廣雅云⿸鹿益鹿受食處 劮劮豫 欥辞也 ⿰馬失馬足疾 鴩鋪鼓鳥也 詰
問也責讓也去吉切四 蛣蛣蟯蛝又蛣蛹蝎也 䮭馬色 趌趌趨怒走也又音吉 欯笑也許吉切五 ⿰吉欠訶也又丑
律切 咭笑又巨吉切 恄怫也 佶行也 抶打也丑栗切四 咥笑也 眣目不正也 跮蹠也又丑利切 栗堅也又果
木也漢書曰燕秦千樹栗其人與千戶侯等又姓漢長安富室有栗氏力質切十九 㮚上同說文作此 ⿱鹵鹵古文 慄戰慄懼也 溧
溧水縣在宣州 颲颲颲暴風 ⿰栗刂斷也削也 鷅鶹鷅流離鳥 凓凓冽寒風 篥觱篥胡樂 麜麕牡麌牝麜也

轢車聲 𤵸 ⿰齒卒 扻 ⿰虫⿺乚止 蠠

⿰車卩利也 瑮玉之英華羅列皃 ⿰糸栗蒸栗色絲 塛塞也 搮以手理物 ⿱艹栗草名 㗚嘍㗚言不了也 ⿰山栗山名

窒窒塞也陟栗切又丁結切十二 挃撞挃 厔盩厔縣在京兆 銍刈也說文曰穫禾短鐮也又古縣名在譙 秷刈禾聲 侄

傺侄愛觸忤人也 跌手拔物也 咥咥呲吐呵也 𪗉齧聲 ⿺辶至近也 螲螲螻蛣也 ⿰矢至短也 疾病也急也秦悉切十一

𤵸籀文 嫉嫉妬楚詞注云害賢曰嫉害色曰妬 蒺蒺蔾 㑵廣雅云賊也 螏爾雅云蒺藜蝍蛆郭璞云似蝗大腹長角能食

蛇腦亦作螏蝍 揤揤拭 㥛㥛毒苦也 槉屋枅 ⿰口疾就⿰口疾 𧧒語急 ⿰栗刂割聲也初栗切四 ⿰率刂上同 ⿰齒卒⿰齒卒也 ⿰言桼謵⿰言桼陰私

語也 失錯也縱也式質切三 室房也易曰穴居而野處後世聖人易之以宮室釋名曰室實也人物實滿其中也周書曰黃帝始作宮室呂氏

春秋曰高元作宮室二 ⿰革室刀⿰革室 堲夏后氏堲周燒土葬也資悉切八 ⿰口戠鼠聲 唧啾唧聲 ⿰氵七水濆 扻址摘 ⿰虫⿺乚止

蜻蛚別名 蝍蝍飛蟲又音即 楖楖栗木名 蜜蜂所作食山海經云穀城之上足蜂蜜之廬亦蟲名彌畢切九 蠠上同 謐靜也

慎也安也 𨡃飲酒俱盡 榓木榓樹名 𥁕式器 宓安也默也寧也止也 淧淧溢也 瞣瞣瞣不測也 必審也然也

說文曰分極也从八弋畢吉切二十七 畢竟也說文作畢田罔也又姓出泰山本畢公高之後晉有畢卓 篳織荆門也說文曰藩落也春秋

⿰齒卒集韻作齘

警 觱　華　⿵風日

傳曰篳門圭窬蓽上同韠胡服蔽膝說文曰韍也所以蔽前也下廣二尺上廣一尺其頸五寸一命縕韠再命赤韠俗作韓⿰王畢
上同趩漢書曰出稱警入言趩顏師古曰警者戒肅也趩止行人也蹕上同滭滭沸泉出皃亦作觱見詩俗作觱⿰畢攴盡也鷝
鷝鳩鳥名白面青色觱觱篥或作篳說文作觱云羌人所吹角屠觱以驚馬也珌佩刀上飾滭寒風熚火皃⿰女畢廣雅云毋也彃
射也⿰木畢木名縪冠縫也說文止也鮅爾雅曰鮅鱒郭璞云似鱓子赤眼饆饆饠餌也⿰金畢簡⿰金畢爾雅曰簡謂之畢注謂簡札也
俗從金𠦒弃糞器說文方干切箕屬⿰山畢道邊堂如牆也⿰畢皮畫韋曰⿰畢皮⿰礻畢竈上祭罼兔罟姞姓一曰字史記云姞氏爲后稷
元妃巨乙切五佶正也閑也鮚說文云蚌也漢律會稽獻鮚醬二升趌直行狤狂狤邲地名在鄭又美皃毗必切二十一比比次又毗妣鼻
三音柲偶也馝香也又虜複姓後魏書馝邦氏後改爲邦氏苾說文曰馨香也詩曰苾苾芬芬⿰革必車革佖有威儀也鮩
魚名駜馬肥坒相連飶食之香者縪紟也又必覓切鮅魚名怭慢也泌水浹流又必媚切⿰酉必飲酒俱盡⿰虫必黑蜂吡
鳴吡吡亦作咇⿰必欠吹⿰必欠咇言不了妼女有容儀⿵風日大風也于筆切五⿱日川說文曰水流也汩上同蒁草名⿰扌宂揘⿰扌宂擊皃率
循也領也將也用也行也說文曰捕鳥箄也象絲罔上下其竿柄也俗作繂所律切十帥佩巾又將帥亦姓本姓師晉景帝諱改爲師氏晉有尚書郎師昺又

密　𠢕𡿧

所類切　蟀蟋蟀　䘁上同　𨓆先導　𠜾割也斷也出埤蒼　䘹裾䘹短衣　咰咰飲酒皃　𠈭行皃　𧗿循也說文曰將衛也

叱呵叱也又虜複姓九氏夏錄有將作大匠叱干阿利西魏有開府叱奴興南陽公叱羅協後魏官氏志有叱呂叱門叱利叱李叱列叱盧等氏亦虜三字姓周有侍中叱伏列龜其傳云代郡西部人昌栗切一　䶜齧聲仕叱切一

密說文云山脊也又靜也亦州名古姑幕城秦琅邪郡隋爲密州因水以名之又姓漢有尚書密忠又漢複姓三氏何氏姓苑云密茅氏琅邪人又有密革氏密須氏俗作宻美畢切十　𡸡山形如堂　蔤荷本下白　宓埤蒼云祕宓又音謐　滵滵汨水流皃　沕塵濁　樒香木　𥉻不見皃　鵊鳥名　𥋄𥋄𥋄不可測量也　弼輔也備也房密切十　㢸上同說文作此　𢐀並古文　𥝲𥝲稘禾重生　𢘏輔也　駜馬肥　胇胇肸大皃　邲地名　佖威儀備也

乙辰名爾雅云大歲在乙曰旃蒙亦姓前燕有護軍乙逸又虜複姓三氏後魏獻帝命叔父之胤曰乙旃氏後改爲叔氏前燕錄有高麗王乙弗利後魏有都督乙干貴又虜三字姓有乙速孤氏於筆切三　鳦燕也說文本作乙燕乙玄鳥也齊魯謂之乙取鳴自呼象形本烏轄切或从鳥　𡔷貪也

耴贅耴魚鳥狀也魚乙切又女涉切七　聉無知意也　𠢕斷也　𡿧水流皃　圪高皃　𦨊舟行　劶動劶劶

筆秦蒙恬所造爾雅曰不律謂之筆韓詩外傳周舍爲趙簡子臣墨筆操牘從君之後伺君過而書之鄙密切九　潷去滓　鉍矛柄　柲柄也　泌泌瀄水流

⿰扌聿方言刺也亦作秘 咇咇嘟多言 ⿰王筆青白玉管天之所授 ⿰⻊筆走也 ●茁草木出徵筆切又鄒律莊月二切 六 ●肸肸蠁

俗作肹羲乙切一 ●暨姓也吳尚書暨豔居乙切又泉既二音一 ●蛭蛭蝚丁悉切又之日切一 ●獝狂也況必切一

六●術技術說文曰邑中道也又姓食聿切十一 述著述說文循也又姓風俗通云魯大夫仲述之後也 秫穀名 术上同 沭水名

在琅邪今沭陽縣在海州 噊爾雅曰危也又音聿 袕爾雅袕謂之褮衣開孔也褮音瑩 潏爾雅曰小沚曰坻人所為潏謂人力

所作又音聿音譎 鱊小魚名爾雅曰鱊鮬鱖鯞又音聿 驈黑馬白骨又音聿 ⿰虫矞⿰虫矞蟥也又音聿 ●橘果名周禮云橘踰淮

而北為枳居聿切八 ⿱艹矞草名 繘汲綆又餘律切 ⿺走矞走意 遹上同 ⿰酉矞醬也 ⿰月穴姓也出韻譜 ⿰月矞月在乙也 ●崪山高

慈卹切四 踤摧踤又觸也駭蹋也 誶讓也 捽把捽 ●聿循也遂也述也說文曰所以書也楚謂之聿吳謂之不律燕謂之弗秦謂

之筆餘律切二十一 鴥飛快 燏火光 遹述也自也一曰遵也 鷸鳥名 驈黑馬白髀又音述 繘汲綆又音橘 ⿰矞風

疾風 潏水流皃 矞說文曰以錐有所穿也一曰滿也 霱霱雲瑞雲本亦作矞 ⿰虫矞⿰虫矞蟥也 ⿺辶聿行皃 芛草木初生

欥詞也 鱊小魚名 噊鳥鳴 ⿰糸聿⿰糸聿長 ⿰金聿針⿰金聿 ⿰羽矞飛⿰羽矞 ⿰矞出⿰矞出出 ●卒終也盡也子聿切又倉沒切又則骨切五 ⿰歹卒

絀 集韻作

終也䱣僬鯆別名欬飮也玉篇云吮也啐啐律聲卹分賉辛聿切十五恤憂恤戌辰名爾雅太歲在戌曰閹

茂又滅也訹謏訹誘也謏蘇了切珬珂屬諡靜也又音盍鶌小鳥名賉賑賉沭水流沭沭㖅口鳴㖅㖅蛾海蟀

鉥鋁聲䘓鳴䘓䘓凷不能行也郱頽下律律呂又律法也呂卹切八寽持取今寽禾是繂繩船上用亦作繂一

膟腸間脂說文曰血祭肉也又作𦡶葎音譜云草子甲葎蔓草有刺也箻竹箻也㖀鳴也亦作啐黜貶下也亦

作絀丑律切八怵怵惕也趉走也炪火光跊獸跡怞憂心也术獸名又音窋欻訶也又許吉切怞憂心也竹律切八

窋物在穴皃絀絀也䂐短皃㑁上同遂走皃𩑶面短皃泏水出皃术藥名直律切三茟上同炢

煙出出進也見也遠也赤律切又赤季切一焌火燒亦火滅也倉聿切一䂐吳人呼短叕側律切二𨿽雞兒出叕殼聲䎘

飛去皃許聿切四怴狂也颭小風皃眓深目皃

七櫛梳也阻瑟切六楖上同見周禮瀄瀄汩水聲喞啾喞秷秷禾重生秷音窒擳挃擳瑟

樂器世本曰庖犧作瑟所櫛切六飋飋颸風也蟋蟋蟀又音悉蝨蟣蝨淮南子云大厦成而燕雀相賀湯沐具而蟣蝨相弔俗作虱

存 黻 夂 乇

璱玉鮮絜皃今爲之璱璱者其色碧也繱繱繱色也亦作䌖𪘂齒聲崱瑟切一

八物 物萬物也又旗名周禮雜帛爲物說文曰牛爲大物天地之數起於牽牛故从牛勿文弗切九 勿無也莫也說文曰州里所

建旗也象其柄有三游雜帛幅半異所以趣民故遽稱勿勿又作㫚 㫚上同 芴土瓜 岉崛岉高皃 伆離也又武粉切 𨑨

遠 昒尚冥也又音忽 沕沕穆微也 弗說文撟也分勿切二十 紱綬也 黻黼黻 綍大索葬者引車 紼上同

芾草木盛也 市說文曰韠也上古衣蔽前而已市以象之天子朱市諸侯赤市大夫葱衡从巾象連帶之形經典作芾 韍上同

不與弗同又府鳩方久二切 𨛍姓也漢有九江太守𨛍修 翇說文曰樂舞執全羽以祀社稷也周禮作帗 柫連枷打穀者

出方言 㹃大也 髴婦人首飾 冹寒冰皃 帗毳又音撥 颰風皃 笰輿後笰也 烕煇烕鬼火說文作熭 甶鬼頭

鬱香草又氣也長也幽也滯也腐臭也悠思也說文曰木叢生者又姓出姓苑紆物切十二 欝俗 灪鬱灪滃鬱煙大水爩氣 𩛂

飴和豆也 黦黃黑色也 𥗱𥗱磈小石 菀蘂草又音苑 尉說文作尉从𡰥又持火所以申繒也亦姓古有尉繚子著書又虜複姓有尉遲

氏其先魏氏之別尉遲部因而氏焉後單姓尉唐有將軍尉遲敬德又於魏切 熨火展帛也說文本作尉見上注 蔚草名又曰無子菣也

⿰足屈

亦州名春秋時屬晉後入趙秦滅趙爲代郡東魏置北靈丘郡周宣帝置蔚州也鬱說文云芳草也孓無左臂也九勿切又九月
切十孒上同說文作此繘翟衣厥夏曰獯鬻商曰鬼方周曰玁狁漢曰匈奴魏曰突厥出漢書音義又音蕨屈屈産地名出良馬亦
姓楚有屈平又音詘鶌爾雅曰鶌鳩鶻鵃郭璞云似山鵲而小短尾青黑色多聲趉走皃⿰叕豖豕⿰叕豕土也⿰屈刂剞⿰屈刂曲刀⿰足屈律⿰足屈
多力屈拗曲亦姓又虜複姓屈突氏又羌複姓有屈男氏區勿切三詘辭塞⿰虫屈蛣⿰虫屈蟲倔倔強衢物切九⿰足屈足多力也
崛山短而高屈短尾鳥⿰衤屈衣短屈短尾犬堀說文曰突也引詩曰蜉蝣⿰虫屈閱⿰叕豖豕⿰叕豕地掘掘地佛牟子
曰漢明帝夢神人身有日光飛在殿前以問群臣傅毅對曰天竺有佛將其神也學記曰其施之也悖其求之也佛符弗切九怫怫欝坲
塵起⿰山弗山曲說文作岪山脅道也咈戾也𧼮走皃刜斫也擊也⿰⿸厂角攵玉篇云理也炥火皃⿺風忽疾風許勿切六⿺風彔
俗欻暴起[illegible]疾也⿰口欻訶⿰口欻⿰火豖火煨起皃⿺風胃風聲王勿切六⿰扌胃擲也⿹戈⿸厂角羌人吹角抗揘抗⿰目胃⿰目胃⿰目胃見⿰彳胃
行也拂去也拭也除也擊也敷勿切十二⿰巾弗韜髮⿱山⿸广弗崩聲茀草多祓除災求福亦絜也又音廢艴淺色⿰茀刂
擊也斫也乀左戾曰乀⿱髟育額前飾也髴髣髴亦作仿佛彿彷彿俗⿰足弗跳也崛危崛山皃魚勿切一

栰当作筏

九迄爾雅云至也許訖切九 仡壯勇皃又魚訖切 釳乘輿馬上插翟尾者曰方釳釳鐵也廣三寸又魚訖切 肸肸蠁又許乙切 忔喜也 芞爾雅曰藒車芞輿郭璞云藒車香草又音乞 ⿰言希語瞋聲 ⿱十冋吳王孫休長子字也 汔水涸盡

訖止也居乙切五 吃語難漢書曰司馬相如吃而善著書也 扢摩也 暨姓也吳有尚書暨豔 ⿰魚乞魚游 疙癡皃魚迄切五 屹屹崪山皃 圪高士 𧆡虎皃 仡壯勇皃 𧺮行皃其迄切二 ⿰幾乞譏也 乞求也說文本作气气音氣今作乞取之乞又虜複姓晉有乞伏國仁太元十年稱秦王於金城去訖切三 芞又許訖切 契契丹夷名出字林

十月范子計然云月者尺也尺者紀度而成數也王子年拾遺錄曰水精爲月魚厥切十一 刖絶也斷足刑也又五刮切 跀⿰足兀並上同見說文 軏車轅端曲木也又五骨切 抈折也 扤動也又五骨切 枂鞍枂 鈅兵器 玥神珠 岄山也 伐征也斬木也又自矜曰伐房越切十四 筏大曰筏小曰桴乘之渡水 栰上同 罰罪罰元命包曰网言爲詈刀詈爲罰罰之言网陷於害 閥閥閱自序 垡耕土 橃木橃說文曰海中大船也 ⿰日市舂米 瞂盾也或作瞂 拔爾雅云拔龍葛也似葛蔓生葉細莖赤也 茷茷茷皃 藅蘩藅草 坺地名 ⿰酉戈酒一酦也 越墜也于也於也遠也走也逾也曰也揚也說文度也亦吳越又姓句踐之後又

琙

虜三字姓後秦録有北梁州刺史越質詰歸王伐切十六 越說文踰也 粵辝也于也 戉說文曰大斧也司馬法曰夏執玄戉殷執

白戚周左杖黃戉又作鉞 鉞上同 𦁎紵布說文曰采彰也一曰車馬飾 樾樹陰 蚏蟚蚏似蟹而小 曰辝也於也之也 𥩭許立也

娍輕䟴劔鼻也玥王 髸暴乾 㭾木名 蚎蠊蚎蚌出魏書 泧大水 厥其也亦短也說文曰發石也又姓京兆人也漢賜衛

山王妾厥氏居月切十九 氒古文 蹶失腳又走也速也嘉也說文僵也一曰跳也亦作蹷又音橛 𨇎說文上同 𧽻跳𧽻 𧿒上同

瘚氣逆 剮刻刀 蕨蕨菜 蟨獸名走之則顛蛩蛩前足高不得食而善走蟨常爲蛩蛩取食蛩蛩負之而走也 蟩蟩蜉蟲

橜杙也又其月切 𥕬發石 𠢕強力 欮發也 撅撅撥物也 鱖魚名 孓短也 𠄌說文曰鉤識也从反亅象形 𡤷

嬄𡤷婦人皃於月切四 𩚩飴和豆又作餲說文作䬳 噦逆氣又乙劣切 黦黃黑色說文作黦黑有文也 觼似角發物其月

切十三 鷢白鷢一名揚鳥似鷹尾上白善捕鼠也 橜說文杙也一曰門梱亦作橛 撅採撅亦樗蒱三采名 蹷又音蹶 掘

穿也 趌舉尾走也 憠強也 鐝磨鐅 趉行越 橛橛株山名 𠪤尾本 亅說文曰鉤逆者謂之亅象形 闕門觀

也廣雅曰象魏闕也釋名曰闕在門兩旁中央闕然爲道也又失也過不供也又姓出下邳漢有荆州刺史闕翊去月切三 𤄚水名

怖集韻作怫
沒　𤣱
𠬛　𠬜

在義陽緄緄狄衣周禮作闕禮記作屈髮頭毛也說文根也又姓漢有東海人髮福㓁詩又有不毛之地莊子謂之窮髮方伐切六⿰犮首說文上同⿰犮頁古文發發起又舒也明也舉也闕女也揚也說文曰䠶發也颰疾風沷寒冰又音弗韤足衣漢張釋之與王生結韤望發切五韈襪並上同⿱目夂舉目使人㒝㒝羯東北夷名似高麗𩗀小風許月切六⿰足戉走皃

泧水皃狘獸名又走皃䎄飛皃⿰山戉山皃謁請也告也白也又姓風俗通云漢有汝南太守謁渙於歇切五閼爾雅云太歲在卯曰單閼又於葛於連二切暍傷熱亦作⿰火曷⿸疒曷⿸广曷說文曰宛色壞也又於屋迫也黑月切又紇物切歇氣洩也休息也又竭也許竭切五蠍螫人蟲猲猲獢短喙犬也⿰犭歇上同⿰舟歇艎大船訐面斥人以言論語注云訐謂攻發人陰私也居竭切又居列切六趨走皃羯犗羯揭揭起說文曰高舉也擨俗鍻金鍻擖擔擖物也本亦作揭其謁切五揭上同竭盡也碣碣石海中山名今為碑碣字李斯造楬表楬閥閱自序名怫恨怒拂伐切一钀鳥勒旁鐵語訐切一

十一沒沈也又虜三字姓有沒路真氏出後魏書莫勃切六歿死也說文終也又作歾𤣱玉名𩠚內頭水中又烏沒切𠬛說文曰入水有所取也⿱艹𠬛草𠬜入水又出皃土骨切一骨說文曰肉之覈也尸子曰徐偃王有筋無骨亦見史記又

𩱊。

姓古忽切十六縎縎結鶻鶻鳩又搰猾二音滑滑稽謂俳諧也䮝䮝黜獸出北海啒憂也淈說文濁也一曰
㑆伲又水出皃汩汩沒愲心亂蓇不實草䯋膝病㾶同上榾榾柮木也䓛刷也或從竹扢摩也
𡴳出也勃卒也又姓世本宋右師之後又梁武帝改豫章王綜姓勃氏蒲沒切二十三渤渤澥海名又水皃𩣡𩣡馬
獸名似馬牛尾一角又音雹𩱊說文曰吹釜溢也餑麪餑𡋯塵起馞大香悖逆也又音背秡秡稡禾所秀不
成聚向上皃郣郡名浡浡然興作毴毴毴毛短愂惛亂㪍敦卒旋放之皃誖言誖亂焞煙起皃桲
榲桲果似樝孛星也又悖氣艴艴然不悅挬拔也脖胅臍𢿏縏母鵓鵓鴿鳥咄呵也當沒切四柮
榾柮木頭又五括切𩨓䮝黜獸出北海䯣鳥鳴豫知吉凶也宊出皃他骨切六梲大杖也又音拙𠫓不孝之子說文
曰不順忽出也篆文从到子㐬說文同上或从到古文子㥽㥽忽不悵也說文肆也𨂂䠺也跳𨁧前不進也突觸也欺也
說文曰犬从穴中暫出也一曰滑也陀骨切十四揬搪揬腯說文曰牛羊曰肥豕曰腯鼵鳥鼠同穴其鳥曰鵌其鼠曰鼵鼵如人家
鼠而短尾葖爾雅曰葖蘆萉郭璞云萉宜為蘆菔蘆菔蕪菁屬紫華大根俗呼雹葖鶟鶟鶘鳥名似雉青身白首堗竈堗漢書作突

㐬 𡇒

云曲突徙薪亡恩澤𦨴艒𦨴釣船鈯鈍也又小刃也𥝚耕耒間也𣔲瑣植又傳者凸凸出皃㐬說文本他忽切義見
上文鍎覆鍎頞內頭水中烏沒切九膃膃肭肥殟心悶嗢咽也又虜複姓後魏書有嗢盆氏又虜三字姓嗢石蘭氏𣣚
說文曰咽中息不利也本一滑切榲榲桲果似樝也搵手撩物皃淴水出聲馧馧馞大香忽倏忽又滅也忘也輕
也又十蠶爲一忽十忽爲一絲呼骨切十七昒尚冥也㽾狂病又音欻匫古器寣睡一覺笏一名手板品官所執
天子以玉諸侯以象大夫魚須文竹士木可也釋名笏忽也有事書其上以備忽忘𩏑急擷也擷呼結切曶說文曰出气詞也篆文本
作𡇒象气出形𨔊遠也啒憂皃榾高皃𩬅寢熟緫微也𢅌冢屬惚恍惚亦作忽颮疾風皃𤺌
睡多兀高皃又姓後漢改樂安王元覽爲兀氏五忽切十六扤摇動杌樹無枝也屼𡾛屼禿山皃又五屼山名在犍爲矹硉矹
不穩閞閞括也又云夲者鼿鼻也𦨣說文曰船行不安也𦨉俗卼臲卼不安也𤵜說文曰病也疕俗
軏輗軏又音月𧉏蛤蟹刖刮刖又音月芁艾芁𩐱桉物聲或作𡜌普沒切五朏明旦日出皃哱吹氣聲𡜌
𡜌乳女字馞香皃𣓴箭射勒没切五𨁆𨁆踕前不進也硉硉矹䃳䃳矹崖狀𢾼𢾼攱不穩又一不利也窟窟穴苦骨

切十五 顝大頭皃 𡶳嶇岮 𩑶白禿 矻用心矻矻 堀宋玉云堀堁揚塵又音掘 [illegible]說文曰目突出皃也本胡八切 㧾擊也

圣汝潁間謂致力於地曰圣 𢻸殷𢻸不穩 𡓹土塞 䯊力作 𡿜𡿜坑禿山皃 𩓜目突𩓜𩓜 朏朏臀俗又作𦝼 訥謇訥

內骨切五 向向口又女滑切 肭膃肭 抐水中 𣧘殟𣧘 窣勃窣穴中出也蘇骨切七 䴛麥䴛 𪌪上同 毴毴毴毛皃

𪖐鼻𪖐鳴 𪀦𪀦𪀦鳥 屑動進皃說文本先節切 猝倉猝暴疾也倉沒切五 卒急也遠也又子沒切又將律切 𣨛

亡也 扨摩也 𥿗素也 捽手捽也昨沒切六 椊椊杌以柄內孔 𪗋齰 觪角始生也 崒崪屼山皃 𩪘小骨

麧麧糒漢書云食糠麧下沒切五 𥝌秳也春粟不憒也 齕齧也又胡結切 紇絲下也又孔子父名又虜複姓三氏北齊開府

紇奚永樂又有紇干氏紇骨氏又虜三字姓後魏有賊師紇豆陵伊利又胡結切 㞊㞊泥又古忽切 搰掘地也戶骨切十 扢摩也

榾果子榾也出聲譜 𦗻耳聲 抇牽物動轉 鶻鳥名鸍鶻又骨猾二音 尳膝病也 㨡手推 𠩂𠩂露出見字林

滑滑亂也列子 卒說文隸人給事者衣為卒卒衣有題識者臧沒切又將聿切三 倅百人為倅周禮作卒 稡稡稡

十二曷 曷何也胡葛切十一 褐衣褐說文云編枲韤也一曰短衣 毼毛布 鶡鳥似鷄也鬬必死至 蝎蟲名

爾雅曰蝤蠐蝎又曰蝎桑蠹餲餅名⿰曷頁頡⿰曷頁健也又音⿰口歇⿰骨曷⿰骨曷骱肩骨骱骨堅⿰木害木轉皃鞨靺鞨蕃人名出

北土⿰曷頁許葛切八⿰口歇訶也喝上同猲恐又音歇⿰臭曷大臭氣⿰白曷白色暍熱皃⿰香害香氣又呼蓋切

出字林怛悲慘也當割切十⿱制心驚⿱制心妲妲己紂妃呾相呵炟火起⿰黑旦莫⿰黑旦縣在五原狚獦狚獸名似狼而赤出山

海經笪竹簬⿱艹旦蕈⿱艹旦靼柔革也又之列切闥門內他達切十三⿰亻達佅⿰亻達撻打撻𨂿足跌澾泥滑獺

水狗⿰魚賴魚名山文字音義云蹈也從反止羍小羊也亦作羍幸同上達佻達往來皃又唐割切汏汏過噧多言

也遏遮也絕也止也烏葛切十一齃鼻齃頞上同堨擁堨閼止也塞也又於連切胺肉敗臭論語作餲食臭也

餲食傷臭又於介於罽二切⿱雨曷雲狀又於蓋切咹小語⿷匚歐大呼用力⿸广曷屋迫剌僻也戾也盧達切十六⿱剌手

研破辢辛辢⿱艹剌⿱艹剌蔦瘌⿸疒旁瘌不調攋撥攋手披也糲麤糲癩疥癩又音賴⿸广東廣雅曰庵也亦獄室也

轢車轢著又歷洛二音⿱剌巾佛著⿱剌齒⿱剌齒聲⿰王剌玉名⿰目剌目不正楋木名蝲蝲⿰虫達渴飢渴又虜複姓二氏後魏書渴

侯氏後改爲緱氏渴單氏後改爲單氏亦虜三字⿰氵歇古文⿸疒曷內熱病也鶡鶡鴠

姓後魏書⿰土比方渴燭渾氏後改爲朱氏苦曷切八

廿九。　葛。駒。毋。

嵑嵑嶭山皃磕石聲骹肩髆䅬禾長也達通達亦姓出何氏姓苑又虜複姓三氏後魏憲帝弟爲達奚氏又達勃氏後改爲袁氏周文帝達步妃生齊煬王憲唐割切二薘馬舃草名巀巀嶭山名在右扶風才割切又才結切四囋嘈囋鼓聲或作啈囐上同𢺕擊也嶭五割切又五結切十三𨏻車載高也屵高山狀枿伐木餘枿欁頭戴皃說文曰伐木餘也櫱上同書作蘖不古文從木無頭吘毀讀𢺕擊也又才割切呼呼呼嚂嚂戒也說文曰語相訶歫也歺說文曰𣦼骨之殘也凡從歺者今亦歹頢無髮齾獸食之餘曰齾葛葛藟廣雅云苑童寄生葛也一名寓木又名寄屑亦姓後漢有潁川太守葛興古達切十𥳐𥳐𥴭桃枝竹名獦獦狚獸也割剝也害也斷也截也𩣵焉走疾也匃乞也亦作丐又音蓋𨎮轇𨎮戟形也又轇𨎮驅馳皃𨝌鄉名在南陽䅬禾長也𤅩水名又漻𤅩波勢也躠跛躠行皃桑割切九薩釋典云菩薩菩普也薩濟也能普濟衆生也撥抹撥公羊傳曰宋萬臂撥仇牧碎首何休云側手曰撥𣘻放也若𣘻蔡叔是也說文曰䊛𣘻散之也𠵯音變攃蔡攃聲𥴭𥳐𥴭桃枝竹也躠失躠絣俗云絣軯攃足動草聲七曷切三縩縠屬出淮南子磜麤磜捺手按奴曷切三瘵痛也𧉻蠆螫藒菜似蕨生水中寻割切一

十三末 木上也無也弱也遠也端也亦姓姓苑云本姓秣氏後去禾又虜三字姓後燕録襄城公末那樓雷莫撥切二十七 眛 星也易曰日中見眛䉵音義云字林作眛斗杓後星王肅音妹 𩓐 𩓐頢健也 眜 遠視又不正視又莫拜切 麩 麰也 䤸 醬也 餘 馬食穀也

秣 上同 策 捕䲛竹器 靺 靺鞨蕃人出北土 韎 韎軩大帶 首 説文曰目不正 𣘽 摩也又莫結切 𩱧 上同 䊳 米和細屑

鮇 魚名 眜 目不正也 抹 抹摋摩也 妹 妹嬉桀妻 佅 佅𠉀肥皃又西夷樂名 怽 忘也 𡋯 壤也 瀎 塗拭

䳮 鳥名 沬 水沬一曰水名在蜀又武泰切 艳 [illegible]艳色不深也 袜 袜肚 枂 去樹皮又柮枂柱頭木五活切一 柮 藏活切一

撥 理也絶也除也北末切十六 癶 足刺癶也 祓 蠻夷蔽膝 茇 草茇 鉢 鉢器也亦作盋顔師古注漢書曰盋食器也 盋 上同

䳊 鳥名又音拔 鱍 魚掉尾也 𨑛 急赿 髮 髮鬢多鬢皃 襏 襏襫蓑雨衣也 帗 一幅巾 怖 意不悦皃 䑧 大船名

驋 馬怒 筏 箄筏 鬢 娣末切六 撈 遢撈 澇 澇濺 剹 刺剹不淨也 𨂜 蹷𨂜行皃出新字林 瀐 水湍頭起

括 檢也結也至也古活切二十一 活 水流聲又乎括切 𣶒 上同 髺 結髺 檜 木名柏葉松身又工外切 栝 上同見書 聒 聲擾

苦 説文曰苦蔞果蓏也 菰 菰蔞同上 鴰 鶬鴰韓詩云孔子渡江見之異衆莫能名孔子嘗聞河上人歌曰鴰兮鶬兮逆毛衰

兮一身九尾長兮鶬鴰也萿爾雅曰萿麋舌郭璞云今麋舌草春生葉有似於舌适疾也銛說文曰斷也佸會計曰佸

頢小頭皃劊斷也萿菝萿瑞草髺骨端憩愚憩無知說文曰善自用之意也引商書曰今汝憩憩䛡古文筈

箭筈受弦處闊廣也遠也疏也苦栝切六蛞蝦蟆子名筈箭筈又音栝适疾也又音栝踻就踻𤬛瓜𤬛

活不死也又水流聲戶括切八湉水流聲䄆祠也越鄭玄云瑟下孔又云翦蒲爲席又音粵或作趏鬠似組束髮

佸佸會秳春穀不潰也姡姡靦也又音刮奪左傳曰一與一奪徒活切八奪上同敓強取也古奪字古周書曰

敓攘矯虔亦姓脫肉去骨亦姓出姓苑又土活切挩解挩莌活莌草名生江南高丈許大葉莖中有瓤正白爾雅曰鰹大鮦小者鮵

豁豁達呼括切八䜜上同奯大開目也濊水聲濊上同泧濊泧𣂼水眓說文曰視高皃斡轉也

烏括切九焥火煙出䩊日開皃捾捾取也𣂼上同㛊方言云㛊可懀也或作懀又烏外切𥉐目深黑皃睕

小嫵媚也𥃩說文云捾目也繓結繓也子括切三撮撮挽牽也又七活切𢷎手把鏺兩刃刈也普活切說文又

讀若撥十三撥芟撥䟛蹋草聲抪推抪醅酒氣醱醱醅酘酒潑水潑𥈖目𥈖昧不明皃鱍魚掉

兮一身九尾長兮鸛鵠也落爾雅曰落麋舌郭璞云今麋舌草春生葉有似於舌适疾也銛說文曰斷也佸會計曰佸

頢小頭皃刮斷也葀菝葀瑞草䯏骨端懖愚懖無知說文曰善自用之意也引商書曰今汝懖懖⿰金⿱舌耳古文筈

箭筈受弦處闊廣也遠也䟶也苦栝切六蛞蝦蟆子名筈箭筈又音栝适疾也又音栝䟯就䟯⿰瓜舌瓜⿰瓜舌

活不死也又水流聲戶括切八⿰氵舌水流聲⿰礻舌祠也越鄭玄云瑟下孔又云翦蒲爲席又音粵或作趏鬠似組束髮

佸佸會秳舂穀不潰也姡姡靦也又音刮奪左傳曰一與一奪徒活切八⿱大隻上同敓強取也古奪字古周書曰

敓攘矯虔亦姓脫肉土[illegible]活莌草姓茢[illegible]生江南㾄馬脛傷也鮵爾雅曰鱦大鮦小者鮵

豁豁達呼括切八豁上同奯大開目也濊水聲⿰氵薉上同泧濊泧⿰舌斗眣水眓說文曰視高皃斡轉也

烏括切九⿰火宛火煙出⿰面宛目開皃捾捾取也⿰舌斗上同嬒方言云嬒可憎也或作懀又烏外切⿱昏目目深黒皃睕

小嫵媢也⿰目叉說文云捾目也繓結繓也子括切三撮撮挽牽也又七活切攥手把鏺兩刃刈也普活切說文又

讀若撥十三撥芟撥蹳蹋草聲⿰扌市推⿰扌市⿰酉市酒氣醱醱醅酘酒潑水潑⿱曺目目⿱曺目昧不明皃鱍魚掉

尾又音撥

袚衣袂也 𤼵𤼵艴無色 𦍧牯羊 𠯈誺𠯈人言 侻侻可也一曰輕他括切五 挩除也誤也遺也又解挩或作脫 脫骨去肉又徒活切 莌又徒活切 棁大棒亦木棁又音拙 捋手捋也取也摩也或作寽郎括切五 𠟭削𠟭也 蛶蚵蛶蟲又音劣 𤛙駁𤛙 桴木名又音劣 掇拾掇也丁括切八 剟削也擊也 鵽鵽雀又當刮切 腏挑取骨閒肉也 祋祋祤縣名又都外切 咄又都骨切 裰補綴破衣也 敠敁敠知輕重也又敠𣪘食不嗅自來 撮六十四黍為圭四圭為撮撮手取倉括切二 襊緇布冠詩作撮 跋跋𨁾行皃又蹎也蒲撥切二十五 𨁾行皃 𧺆上同 𧼈上同 魃旱魃 废舍也

軷將行祭名 䣮酒氣 馛香氣 炦火氣 颰風皃 癹除草說文音鏺 妭鬼婦文字指歸云女妭禿無髮所居之處天不雨說文曰婦人美皃 犮犬走皃 𧤼弋鳥具說又音廢 拔廻拔又虜複姓三氏後魏有都督拔略袒出賀拔勝傳又有夏州刺史拔也惡毦官氏志有柯拔氏又虜三字姓後魏書拔列蘭氏後改為梁氏又蒲八切 胈夏禹治水腓無胈脛無毛韋昭云胈股上小毛也 鈸鈴鈸 䴛鳥名似梟 䮂䮂驙蕃中馬也 茇茇葀瑞草 坺一臿土也又音代 䨇雲氣 茇草木根也 䯋肩髆

十四黠 黠慧也又堅黑也胡八切四 𩩲齧齒聲 䵗麻莖 𨳨門聲 札簡札釋名曰札櫛也編之如櫛齒相比也

釟 䳁

又諜也罯也側八切六 殺瘍疾 蚻小蟬 紮纆弓弝也 䳐鳥雜蒼色 扎扎拔也出家語 ●拔拔擢又盡也蒲八切

又蒲撥切三 菝菝菰狗脊根可作飲 妭妭姡短人 ●䛩勁也恪八切十二 擖說文刮也一曰擿也 劼用力又固也慎

也勤也 鬝秃鬝 鬜上同 判巧判 剨剨剨 砎石狀說文堅也一曰突也 菰菝菰草 姡妭姡短人 咭鼠鳴

㪗擊也 ●滑利也亦州名春秋時爲衛國秦爲東郡後魏以東郡屬司州周改爲滑州因滑臺以爲名又姓風俗通云漢有詹事

滑典又音骨稽也戶八切八 猾狡猾書傳云猾亂也 䱻魚名鳥翼出入有光音如鴛鴦見則天下大旱出山海經 磆

磆石藥 螖蟚螖似蟹而小 䵎麴名 趏走趏 鶻鶻鳩又音骨楇 ●八數也博拔切十 馻馬八歲 朳無齒杷也

捌上同 扒破聲 玐玉名 釟金類 哵哵哵鳥 玐玉聲 釟冶金 ●窡說文曰穴中見也丁滑切五 𥨍說文

曰口滿食 娺婠娺好皃 鵽黃雀 聉無所聞也 ●婠烏八切六 斡斟取物也 嗢咽也又烏沒切 𣢐說文曰咽中息不利

也 穵手穵爲穴 嗗飲聲 ●豽獸名似貍蒼黑無前足善捕鼠說文作貀女滑切四 貀上同 吶言逆下也又女骨切

肭膃肭肥皃 ●𪘏齒利又磣齸初八切七 蔡草蔡 察監察也諦也知也至也審也案說文云察覆也詧言微親詧也今通

五滑 五骨 窡 㓞

用亦姓出何氏姓苑詧上同檫木名䁟視䁟𩴾羅𩴾鬼亦作𩴾劀說文曰刮去惡創肉也周禮曰劀殺之齊古滑切三劀俗鱊魚名戛揩也常也禮也說文戟也古黠切十八扴揩扴物也圿垢圿秸說文曰禾稾去其皮祭天以爲席也鴶鴶鵴鳲鳩楔櫻桃又先結切稭稭稾骱骱䯦小骨䕸草䕸砎礣砎小石忦恨也嘎嘎嘎鳥聲契刮也利也𪁉𪁉鸔鳥又音絜袺執衽又音結樺鼓也磍轄磍摇目吐舌又感怨皃頡漢書有羹頡侯軋車輾鳥黠切十圠山曲揠拔草心也嫼嫉怒㹤㹤貐獸名食人迅走猰上同穵說文云空大也䁙目相戲皃𩵖𩶀𩵖魚名窫窫窳國名殺殺命說文戮也所八切七煞俗鎩鳥羽病又長刃矛也㲚水也帴二幅𣪠茱萸榝似茱萸而實赤又山列切𠏩𠏩傄健皃莫八切七䀣惡視齂氣息䯦䯦骱小骨𪑔黑也睰視睰礣礣砎小石傄呼八切二䀏視也埤蒼云怒視皃痆瘡痛女黠切三㮏上同䘨奴人衣𪖭屈也五骨切三聉無知之意𦗬無耳吳楚語也䯧力作也口滑切又音窟二汃西極水名普八切四𪗬齒聲矵石破聲𨋬車破聲茁草初生鄒滑切一

鎋 鶡○ 䖆 齧山 獺

十五鎋車軸頭鐵胡瞎切十五 舝上同出說文 轄上同說文車聲也一曰轄鍵也 𪘂齒聲 鶷鶷鶡

鳥名似伯勞而小 䂖礣䂖硬也礣慕轄切 螛螻蛄別名 瑎石似玉也 䕢野蘇 [illegible]四突出也 縖束物也 𩞄

食飽 𥳿拾𥳿 𠞰用力 𢹘手𢹘 鷃乙鎋切五 閼門扇聲 圔騔駞鳴也 咀相呼聲又當轄切 𡯄亂𡯄

齾器鈌也五鎋切四 聐聐顡無所聞也 鬝秃鬝 𡾊山中絕皃 刹刹柱也初鎋切二 𦾊掃地惡草 [illegible]

木虎止樂器亦名敔也枯鎋切四 楬上同見禮 硈石也 趏走皃 瞎一目盲亦作瞎許鎋切四 𪘂齒堅聲 髺

鬝髮秃皃 𠞊力作𠞊𠞊 獺獸名他鎋切又他達切一 刮刮削古頒切五 鴰鶬鴰鳥毛逆九尾又音括 劀利也

又古滑切 䄆襛裯名 趏走皃又枯鎋切 頢短面皃也下刮切七 𩓣言不了又不淨 䯏繒細 敌盡皃 舌

塞口說文作𠯑話話之類从此 姡面姡 咶息也 頒頢頢強可皃丑刮切二 𩓣𩓣頢 鵽爾雅曰鵽鳩寇雉郭

璞云鵽大如鴿似雌雉鼠腳無後指岐尾爲鳥憨急羣飛出北方沙漠地丁刮切又下括切三 窡穴中出皃 錣策端有鐵 刷

刷拭也數刮切又所劣切一 刖去足亦槷刖危之皃五刮切又音月四 聉說文曰墮耳也 𣧑獸食殘皃 䚤詞也

纂黑也胡刮切二 剿斷也又之芮切 礣礣砎莫鎋切四 帓帓帶 帕帕額首飾 攃打攃 妠婠妠小兒肥皃
女刮切三 ⿰出瓦甈也亦作⿱山兄 ⿰衤出下人帶襦名 捌方言云無齒杷百鎋切二 ⿰木別木名 鶷鶷鸛鳥名似鳧古鎋切四
擖刮聲也又揳也架也折也 ⿱髟契秃皃 猰雜也 鏩秦人云切草查鎋切三 ⿰耒責農具也 ⿰氵札⿰氵札⿰氵札水流也
哳嘲哳鳥鳴也陟鎋切四 ⿰丅頁⿰丅頁好出證俗文 ⿰貝斤⿰貝斤貨也 ⿰目夬目露皃出聲類 ⿱髟肙細毛也而轄切

十六屑

屑動作屑屑又清也㓗也顧也勞也說文作屑先結切十一 楔木楔 揳攕揳不方正也 躠蹩躠旋行 榍
木名說文限也 糏米麥破也 僁動草聲又云鷙鳥之聲又僁僁呻吟也亦作偦 偰儭偰淨也 ⿰氵悉瀎⿰氵悉水 ⿱艹屑
草 膌臆中脂 ⿰扌屑揲⿰扌屑 切割也刻也近也迫也義也說文折也千結切八 嚓小語 ⿰屑齒⿰骨齒齒也 竊盜也
又淺也 柣爾雅曰柣謂之閾又音秩 沏水聲 ⿰足切⿰足切跌 詧說文曰言微親詧也又音察 結締也古屑切十五 絜
說文曰麻一耑也 潔清也經典用絜 ⿰金絜鎌別名也 鍥上同 桔桔梗 㮞㮞槔汲水具也 ⿺走薊走皃 ⿱契鳥⿱契鳥鸛鳥名
鸛古轄切 袺詩傳云執衽曰袺 拮手口共有所作詩曰予手拮据 狤狤活獸名 魝割治魚也 ⿱吉夭頭傾皃 ⿰虫⿱吉夭

楶卪　𩬉

蠸螟蟲名●節操也制也止也驗也說文曰竹約也子結切十三卪說文曰瑞信也凡從卪今作卩癤瘡癤蝍蝍蛆蜈蚣

又音即楶屋梁上木瀸小灑𤓰燭餘岊高山皃鬕說文曰束髮少小也鯽魚名幯幯㡓𠬪

說文治也本房六切䘶小衣●血釋名曰血濊也出於肉流而濊濊也呼決切十二𧖧膧𧖧惡皃𥨍穿皃𥁕上同

闋闃闋無門戶也泬泬寥空皃疦瘡裏空也又音玦瞲驚視皃決莊子云決起而搶榆枋決小飛皃訙怒呵

䒸草皃坹穴也●闋終也苦穴切四湀爾雅云湀闢流川又揆圭二音缺器破𨷲𨷲闋無門戶也●玦珮如

環而有玦逐臣賜玦義取與之訣別也古穴切二十六潏泉出皃又水名在京兆又音聿𥄎目患譎譎詐訣訣別觼有環

舌也𧤸上同出說文鐍亦同又扃鐍出莊子駃駃騠良馬生七日超母也蒛蒛明菜花黃芵上同赽馬疾

行也鴂鶗鴂鳥名關西曰巧婦關東曰鸋鴂春分鳴則衆芳生秋分鳴則衆芳歇鈌刺也又乙穴切䰛獸名似貍決流行

也廬江有決水出大別山又斷也破也俗作决觖觖望怨望也又羌瑞切騤爾雅馬回毛在背曰騤騜騜音光亦作闋廣𣏟

椀也又小盂也疦說文瘍也蚗蛥蚗蟪蛄蟲名趹足疾憰憰妄語也襘衣袖肤孔肤抉縱弦彄也●穴窟也

入聲卷第五

丹穴山名鳳皇所出胡決切四坹空深皃紋說文縷一枚也袕鬼衣又長衣也抉抉出於決切六穾穿皃妜
娟也焆火光也䁤目深皃窫說文曰深抉也姪姪娣公羊傳云兄之女子徒結切三十五眣目出眣日昊
胅骨胅凸高起垤蟻封又曰冢前闕也耋老也八十爲耋亦作耊迭遞也更也道也跌跌踼又差跌也絰纕絰
驖馬赤黑也嵽嵽嵲高山軼車相過又音逸駃馬行疾也𨳊閪閧鄭城門也左傳作桔柣瓞瓜瓞咥
笑也又齧也易云履虎尾不咥人亨又火至丑栗二切墆貯也止也戜剟也又國名在三苗國東出山海經苵爾雅曰蕛苵郭
璞云蕛似稗布地生穢草镻爾雅镻蝁注云蝮屬大眼最有毒今淮南人呼蝁子鴩爾雅云鴩鋪敊荎刺榆又音治𪘂
齧堅聲又竹一切挃擿也恎惡性詄忘念揲捎取𪀗鳥名㗳堅𡸣嵽嵲山皃泆泆蕩䂨砲䂨
趃大走懘懘懘不自安也鐵說文云黑金也神異經云南方有獸名曰齧鐵大如水牛色如漆食鐵飲水其糞可作兵器其
利如鋼也又虜複姓赫連勃勃改其支庶爲鐵伐氏云庶朕宗族子孫剛銳如鐵皆堪伐人也又作銕俗作鐡他結切八銕古文僣
僣倪狡猾飻貪食說文作飻貪也餮上同蛈爾雅曰王蛈蝪郭璞云即螲蟷似鼅鼄在穴中有蓋今河北人呼蛈蝪擮擿擮

涅 臬

見出字林驖馬赤黑也○纈絲纈胡結切二十一閪閪閑義見閑字擷捋取又虎結切摖縛頡頡頏詩傳云飛
而上曰頡飛而下曰頏說文曰頡直項也又姓風俗通有頡衞古之賢者頁頭也齕齧齒也又乎沒切紇絲下也又乎沒切襭
以衣衽盛物也絜爾雅河名即九河之一也又古節切⿰目絜瞜⿰目絜目赤⿱艹頡龍古草也⿰鼠頁鼠名又胡狄切翓翓翓飛上下
⿰月絜膜⿰月絜⿱臤牛牛很又口殄切⿱𦣻大頭邪籺屑米⿵門頁門聲⿰禾敫麥⿰禾敫不破⿱覀敫邀⿱覀敫○涅水名出東郡又水中黑土
奴結切十二揑揑捺⿱艹圼菜似蒜生水邊坦塞也圼上同篞爾雅云大管曰簥其中曰篞小者曰篎苶苶然疲役
又乃叶切⿰石圼礬石別名⿸疒圼疾病⿰口圼⿰口圼呵⿰月圼腫也⿱苶心草也○截廣雅云盛也斷也或作截餘倣此昨結切七⿺走截
傍出前也岊山峯又子結切巀巀嶭山名又藏活切蠞蠞似蟹生海中⿱艹截草⿱艹截⿰食截食○齧噬也亦姓莊子
有齧缺五結切十三霓虹又音倪蜺寒蜩又音倪嵲嵽嵲槷危槷臬禮注云門橛也爾雅云在牆者曰楎在地
者曰臬嶭巀嶭又五割切臲臲卼不安書作杌隉隉見上注⿰衤見⿰衤末⿰衤見⿱山自山高皃說文作⿱山自本音孼闑門閫中也
⿰山齧屼⿰山齧山皃○蔑無也說文曰勞目無精也从苜戍人勞則蔑然也苜音末莫結切二十三懱輕懱⿱苜戈目赤說文云目眵也

絤　挈契　瞥集韻作瞥

俗作韈擮擮揳桀方正也蠛蠛蠓篾竹皮懱𢞽懱鱴鮤鱴魛今鮆魚也絤細也出蒼頡篇衊汙血

也出說文𨣧𨣧疋小也疋即列切㒝㒝僣多詐䁾汙面薎火不明皃覕不相見皃䳾工雀𥝝莊子謂之禾也

鷩鷩英鳥名潎潎泧䊳䊳粖也乚瞡瞡瞡頡粖糜也又云達切𢐗上同彆弓戾或作𢏍方結切九撆

輓又普蔑切閉閟也塞也俗作閉又博計切鞴刀飾名𡗝大也𦅸繼編緻帶捌捌柲也襒襒袖褾袂也

𠢽大力之皃噎食塞又作咽烏結切六𥹞𥹞䅥屬𥧟静也又音翳蠮蠮螉𤞑獸名似牛白首四角出山海經

咽哽咽猰猰犺不仁苦結切九䫞顬䫞短皃挈提挈又持也𤭪𤭪瓶受一斗也𡙊奊𡙊多節目也奊練

結切契契闊又苦計切栔爾雅云栔滅殄絕也鍥刻也又斷絕也又古屑切𪓰𪓰蠅蟲又𪓰蚼似蟬而小○𡘋肥狀

虎結切六覭急繫擷又胡結切㩦擷束又下結切褉褉襦𡘜見○撆小擊又略也引也亦作撇普蔑切十

ノ左戾憋憋然瞋也瞥暫見亦作𥉂又芳滅切𩡝小香也撆韻略云馭右迴又方結切嫳輕薄之皃𩗴

𩗴小風皃鐅江南呼鐅刃○瞥瞥日落勢也○蹩蹩躠旋行皃一日跛也蒲結切十四𢯞反手擊也䫁頪癟

奊

戾𤸃不正 ⿰香㡀 香也又音瞥 咇 咇語也又口香 苾 菜名說文曰馨香也又頻必切 馝 香也 䏟 䏟昚肥也 飶 食香 蛂

蚑蟥蛢甲蟲也 柲 支柲 ⿰忄㡀 醜氣 襒 襒衣亦作⿱敝衣 。窒 塞也丁結切又陟栗切七 ⿰目窒 ⿰目窒⿰目血 蛭 水蛭又音質 ⿰口窒 ⿰口窒咄 咥

蛇咥氏蓍姓 ⿵門至 門閉 ⿴囗至 下入 。奊 奊真多節目也練結切七 戾 罪也曲也戾至盭並又力計切 捩 拗捩出玉篇 綟 麻綟

唳 嚶唳鳥聲 盭 綬色也 夨 左曰夨也

十七。薛 國名亦姓出河東新蔡沛國高平四望本自黃帝任姓之後裔孫奚仲居薛歷夏殷周六十四代爲諸侯周末爲楚

所滅後遂氏焉說文作薛艸也私列切十九 鐅 田器 紲 繫也左傳曰臣負羈紲杜預云紲馬韁也亦作絏俗作靾 緤 上同

褻 褻衣 辥 說文辠也凡從辥者經典通作薛 泄 漏泄也歇也亦作洩又姓左傳鄭大夫洩駕又餘制切 渫 治井亦除去又

姓渫子古賢者出韓子 卨 字林云蟲名也又殷祖也或作偰又作契 禼 古文 媟 狎也慢也說文嬻也 齛 亦作齥爾雅云

羊曰齥 糏 粲糏 潰 潰注 暬 晦也 絬 堅絬 憏 殘帛又音雪 疶 痢也亦作瘈 ⿰齒辛 齘也 。列 行次也位

停也又陳也布也說文作別分解也亦姓鄭有列禦寇著書十八篇良辥切二十 ⿰歺刂 上同 迾 遮遏 蛚 蜻蛚蟋蟀 鮤

竭　杰

刀魚也一名鱴刀今鮆魚也烈光也業也又虫烈又猛也熱也火也洌水清也潔也冽寒气也裂擘裂破也左傳曰裂

裳帛而與之茢禮注云桃茢可以爲帚除不祥說文芀也颲風雨暴至鴷啄木栵細栗爾雅云栵栭今江東呼爲栭栗楚呼

爲芧栗也𢙁憂心挒埤蒼云揲也鴷次第馳馬埒塍也𡿪水流皃㽟美也䅀說文曰黍穰也哲智也

陟列切五悊喆並上同嚞古文蜇螫也亦作蛆傑英傑特立也又俊也渠列切十四桀磔也又夏王名竭

盡也擧也碣說文曰特立之石山東海有碣石山楬有所表識說文櫫也春秋傳曰楬而書之榤鷄栖於杙揭高擧又揭

訐二音渴水盡也嵥嵥官高皃滐水激迴出海賦櫭木釘名偈武也杰梁四公子名䨲杰也搩強暴

熱釋名曰熱爇也如火所燒爇如列切二苶疲役皃晢光也旨熱切九晣上同浙江名在東陽一曰淅米也折

拗折又虜複姓南涼禿髮傉檀立其妻折屈氏爲皇后又常列切靼柔皮䩥古文䩞俗肵脟皮也䀿目明舌口中

舌也山海經云長舌山有獸名長舌狀如禺而四耳出則郡多水又姓左傳越大夫舌庸也食列切四揲數蓍又思頰切蛥蛥蚗蟪蛄別名

鞨治皮亦作剔折斷而猶連也說文斷也又作斯常列切一孼臣僕庶孼之事謂賤子也猶樹之有孼生也說文曰庶子也魚

櫱 謁篆韵作謁 絕 破

列切十二櫱麴櫱說文日牙米也讞正獄說文作讞議自辠也與法同意獻上同蠥妖蠥說文曰衣服謌謠艸木之怪謂之祆禽獸蟲蝗之怪謂之蠥孼俗闑門中礙也𡵉山高皃說文作𡵉危高也又藝哲切钀馬勒傍鐵櫱櫱餘又姓何氏
姓苑云東莞人本姓薛避仇改之龍龍鬐青脊上龍龍又丁篋切䡾高皃滅盡也絕也亡列切二搣手拔又摩也批也捽也
朅說文去也丘謁切又去謁切五揭高舉也又擔也藒藒車香草愒息也𡒄玉篇云𡒄界也鷩雉屬似山雞而小周禮有鷩冕并列切七
鼈魚鼈俗作鱉鼈虌蕨菜鄨水名在牂牁𡑞大阜憋急性皃鷩鴘鷩絕斷也作絕非情雪切一
蕝束茅表位子悅切又子芮切三𢇍𢇍斷物也𨻗隔𨻗雪凝雨也元命包曰陰凝爲雪釋名曰雪綏也水下遇寒氣而凝綏綏然下也又拭也除也相絕切四
霻上同出說文𢄼𢄼縷桃花令製綾花㨹滅㨹𤿯皮破𤿯丑悅切一悅喜也脫也樂也服也經典通用說又姓後燕錄有悅綰弋雪切七說姓傳說之後又失爇始銳二切閱簡閱也又闕闋
蛻蟬去皮也又他卧他外舒芮三切娧姚娧美好又他會切䕙草名似芹萒草生而新達曰萒也鈌少也說文曰器破也傾雪切二
蒛蒛盆草也噦逆氣乙劣切一爇燒也如劣切五焫上同見禮蜹蚊蜹又如銳切㨎拈也肉

炪　　𤸇

言遲聲說告也釋名曰說者述也宣述人意也失爇切又悅稅二音一拙不巧也職悅切十一炪說文曰火光也𥎊短也
棁梁上楹蝃蜘蛛準應劭云準頰權準也李斐云準鼻也又章允切頚頭短𪖗倔𪖗短皃𩑠面秀骨䣤醶葅
⿰虫出蟲歠大飲昌⿱叕酉悅切二啜茹也輟止也已也陟劣切十五畷田間道又竹芮切惙疲也憂也餟祭酹也又
竹芮切罬捕鳥覆車罔一名罦剟說文刊也醊醊連祭也啜言多不止蹳跳也綴連補也又竹芮切掇拾取
又丁活切腏骨間髓也輟車具叕車也蠿茅蜘蛛說文曰蠿蟊作罔蛛蟊也又壯殺切劣弱也鄙也少也力輟切十
三⿰忄寽上同埒馬埒亦庢也還也堤也爾雅山上有水埒又孟康云等庳垣也𨁂蹶𨁂跳跟皃出字統鋝說文曰十一銖二十
五分之十三周禮曰重三鋝又音刷脟膂肉⿰牛寽牛白脊出字林蛶爾雅曰蛶螭何⿰寽毛毛色斑也浖隈隅也哷
鷄鳴⿰木寽木名又音捋𥝢禾禾麥知多少瞥暫見亦作瞥覓說文曰過目也又目翳也芳滅切又芳結切四潎漂潎又匹
蔽切憋怒也又畀列切𤸇枯病別異也離也解也說文作剮又姓何氏姓苑云楊州人皮列切又彼列切二𡺸大𡺸山名書亦
作別轍車轍直列切五徹通也明也道也達也又丑列切撤發撤又去也經典通用徹澈水澄⿰木⿰育攵槀也⿱竹⿰分刀分⿱竹⿰分刀

烕也集勻作滅

罬

姝集勻作殊

一云分契方別切五詶上同莂種概移蒔也扒擘也別分別㕞埽也清也所劣切四刷上同唰鳥理毛也

啐小飲孑單也居列切六訐訐發人私釨句孑戟也趌趌蹶跳皃䅥長禾揭揭起設置也陳也

合也識列切二䛒香草吶唶吶聲不出女劣切一夏舉目使人許劣切六颰小風皃𣨛盡也烕滅也翅

小飛鳥吷飲也說文與歠同妜鼻目間輕薄曰妜妜也於悅切一蹶有所犯災紀劣切又居月又居衛二切五豖系發叕土也

𧢾角觸𧽺小跳罬罦也又陟劣切茁草生皃側劣切又側滑切二篡短黑皃也膬耎而易破七絕切四絟

細布別名𥗧石破敪斷敪絕蠽茅蠽似蟬而小姊列切入𧌒上同𪄻小鷄尐說文少也𢪒抴摘去也𣦼

木死𩯁說文曰束髮少小也𠯑鳴𠯑𠯑摋茱萸山列切又音殺一焆煙氣於列切二㖀怒㖀屮草初生皃

丑列切七撤抽撤硩擿也周禮有硩蔟氏徹通也䚫䚫𧢼聅司馬法曰小罪聅聅謂以箭貫耳艥船行娎

喜皃許列切二焎火氣啜說文曰嘗也爾雅曰茹也禮曰啜菽飲水姝雪切一𠝸割斷聲廁列切一𢻃枯也寺絕切二蜇

江蚚似蝤蜂生海中掣挽也昌列切又昌制切二瘛瘛瘲小兒病又昌制切抴亦作拽拕也羊列切又余世切二閷城門中板也土列切

二

十八藥 說文云治病艸禮云醫不三世不服其藥又姓後漢有南陽太守河內藥崧以灼切三十一 躍 跳躍也上也進也 礿
祭洛 禴 上同 蘥 燕麥 鑰 關鑰 䰛 內肉及菜湯中薄出之 瀹 上同又漬也 ⿰氵蘥 上同亦水名在沘陽亦作濼
濼 水名 爚 煜爚光明 櫟 櫟陽縣名在京兆又音歷 龠 量器名 ⿰埶勺 白⿰埶勺縞也 ⿱山产 岸上見也說文作屵 敫 光景
流皃 籥 樂器郭璞云如笛三孔而短小廣雅云七孔 ⿰巾龠 幕⿰巾龠屋也出新字林 ⿰目龠 矐⿰目龠視皃 ⿰虫龠 ⿰虫習⿰虫龠螢火別名 ⿰糸樂 絲色 鸙
鷚鸙鳥 ⿰女樂 ⿰女樂媄之皃 ⿰高龠 元仰也 ⿺走龠 趠⿺走龠行皃 ⿸疒翟 淫⿸疒翟病也 ⿵門龠 門⿵門龠 ⿰龠見 視不定 ⿰足龠 登也履也 ⿰足籥 出走也 ⿱若⿰若若
⿱若⿰若若⿱若⿰若若風吹水皃 略 簡略謀略又求也法也要也又姓何氏姓苑云零陵人離灼切九 ⿱略糸 紩 擽 字統云擊也 掠 抄掠劫人
財物 ⿱⿰丰刀各 爾雅云利也晉有褚⿱⿰丰刀各 䂮 上同 ⿰虫京 渠⿰虫京蜉蝣蟲朝生暮死亦作⿱略虫 ⿰目各 說文曰眄也方言云視也 ⿱⿰丰刀言 約⿱⿰丰刀言歎美也
腳 釋名曰腳卻也以其坐時卻在後也居勺切五 脚 俗 蹻 走蹻蹻皃 卻 節也又去約切 屩 草履也 灼 燒也炙也
爇也之若切十六 斫 刀斫又㒲複姓有斫胥氏何氏姓苑云今平陽人 彴 橫木渡水 ⿰忄勺 痛也 勺 挹取也又周公樂名又音杓
酌 酌酒又益也挹也行也取也霑也 繳 矰繳說文作繁生絲縷也 焯 火氣 穛 五穀皮又音稭 妁 媒妁說文曰酌也斟酌二姓也

㲋

又音杓 謶欺也 𥮏篹𥮏玉篇云漉米具 犳獸名 𪕳鼠屬 袀玉篇云褌衣 禚齊地名 爍灼爍書藥切七
鑠銷鑠 獡犬驚 𡣸美好也 爚儵爚光皃又音藥 𥊲美目 𧾀動也又音櫟 若如也順也汝也辝也又杜若香
草亦姓魯人也又虜三字姓後魏書若口引氏後改爲寇氏而灼切十一 弱劣弱 鄀地名在襄陽 箬竹箬 蒻荷莖入泥
之處又菜名 楉楉榴安石榴也 溺水名出龍道山其水不勝鴻毛又奴歷切 𦛗脆腝說文曰肉表革裏也 惹諵惹 叒搏桑
叒木 𨃖足下文 綽寬也昌約切四 繛古文 婥婥約美皃 𥗳大脣屵𥗳皃屵魚偃切 約約束又儉也少也又姓韓
子有古賢者約續於略切又於笑切二 葯白芷葉 卻退也去約切四 却俗 郤地名在河東 𤸷𤸷食瘖疾 虐
酷虐說文作虐殘也魚約切三 𥗳大脣皃又音綽 瘧病也 妁媒妁市若切又音酌六 勺周禮梓人爲飲器勺一升又漢複姓
殷人六族有長勺尾勺二氏又音酌 汋瀱汋又土角切 杓杯杓 彴彴約流星 芍芍藥蕭該云芍藥香草可和食芍張略切藥良
約切又芍陂在淮南七削切又蓮芍縣名在馮翊之若切又蔦芘草名胡了切 㲋說文曰獸也似兔青色而大象形頭與兔同足與鹿同丑
略切六 臭上同 婼叔孫婼魯大夫說文曰不順也 逴踔逴行皃 辵說文云乍行乍止从彳止聲 𧌒蟲行毒亦作蠚

爵 𣝣 ⿰鼠勺 卻 ⿰口卻

又火各切削刻削息約切一萷斬也側略切一爵封也禮含文嘉曰殷爵三等周爵五等白虎通曰三等法三光五等法五
行也淮南子曰爵祿者人臣之銜轡也文字音義曰爵量也量其職盡其才也又禮器周禮曰享先王以玉爵即略切七𣝣古文雀鳥雀
禮記云雀入大水為蛤爝炬火莊子云日月出矣而爝火不息又音爵燋火未然也擳捎也⿰鼠勺鼠似兔而小也皭
靖也埤蒼曰白色也在爵切三嚼噍嚼爝炬火鵲淮南子云鵲知太歲之所字林作䧿七雀切十舄人姓纂文云古鵲字趞
行皃䟶宋國良犬碏敬也又人名衛大夫石碏芍陂名在壽春皵皮皴爾雅云棤皵謂木皮甲錯踖陵也駁也䇌
驚也鯌魚名出東海噱嗢噱笑不止其虐切九蹻舉足高又居勺切⿰亻卻須臾亦倦也⿰虫卻天神蟲又丘良切
卻說文曰口上阿也一曰笑皃⿰口卻臄說文竝同上醵合錢飲酒⿰月爰⿰月爰⿰月爰大笑也嬳作姿態也憂縛切四
⿰女矍上同彠度也又乙虢切臒大也善也縛繫也符钁切一矍大視皃許縛切四矆上同彏弓弦急皃
又居縛切戄驚戄又曰遽視籰說文曰收絲者也亦作篗王縛切五⿰角矍上同韄籰子菜⿰氵矍笭取魚器也⿺辶矍
行不住⿺辶矍⿺辶矍天下玃大猨也說文曰大母猴也居縛切十一貜上同說文曰㲉貜也⿺走矍大步钁說文曰大鉏也方言

云關東名曰鹵斫也攫搏也矍說文云隹欲逸走也从又持之矍矍也一曰視遽皃𡙂健皃彏弓弦急皃躩盤辟

皃鸜三首鳥䡈車輞。茍茍藥香草張略切七著服文於身又直略張豫二切䃗說文云斫也櫡說文

曰斫謂之櫡鐯钁也斮上同擆置也擊也。著附也直略切一。躩說文云足躩如也丘縛切二𢖍往也。

戄大視具籰切五𧾢大步又居縛切𡙂健皃又居縛切𨟝鄉名貜大猳又居縛切。逽走逽女略切三闍閈閭牽引

也蹃踐也。𩃬美雨孚縛切一。謔戲謔虐約切一

十九。鐸太鈴也軍法用之又木鐸金鈴木舌釋名鐸度也號令之限度也又姓左傳晉大夫鐸遏寇徒落切十五剫治木

也說文判也爾雅曰木謂之剫度度量也又音渡𢜬忖𢜬踱跣足蹋地澤楚詞云冬冰之各澤襗褻衣頊頊顱𧬠

歟也𩌦𩌦𩌦胡履也𦢊肶𦢊無㰒限也㤞徵也亦作㤞喥口喥喥無度侂他𨌪𨌪輅。莫無也定也說文

本模故切日且冥也从日在茻中茻音莽又州名開元十三年改鄚州去邑亦姓楚莫敖之後又虜複姓五氏西秦錄有左衛將軍莫者羖羝

南涼州刺史莫侯悌眷後魏末有亂寇莫折念生又有莫輿氏莫盧氏又虜三字姓周太祖賜廣寧楊纂姓莫胡盧氏也慕各切十六幕

惟幕又姓鄚縣名在河閒又姓膜肉膜鏌鏌鋣劒名摸摸㨶又莫胡切漠沙漠又施也茂也瘼病也寞

寂寞說文作嘁嗼瞙字統云目不明嗼鼽嚏塻舍塻亦塵塻𣩠死也說文作蓦云死宗墓也𢉴定也圛見文

𠢍𠢍動落零落草曰零木曰落又始也聚落也左傳注云宮室始成祭之爲落亦姓出姓苑又漢複姓二氏漢有博士落姑仲異益

部耆舊傳有閬中落下閎善歷也盧各切三十四絡絡絲又姓烙燒烙洛水名書曰導落自熊耳漢書作雒珞瓔珞也

酪乳酪樂喜樂又五角五教二切䨼說文云雨䨼也轢陵轢又音歷笿籠笿硌磊硌駱白馬黑鬣曰駱又姓

出東陽吳有駱統𤾣大皃䩣生革𠜊去皮節又剔也鉻說文鬄也馲馲駞又音託驝上同鮥魚名又五格切

鼦鼠名又下各切雒字林鵋鶀鳥又姓駱絡雒並出姓苑格欜格出音譜𧮬𧮬謔狂言躒晉大夫名輔躒本又音歷

鵅烏鸔水鳥療治病又音料殦殂也𤽜大皃挌打也𪇖似鶡黑文赤頭濼水名在濟南又音祿袼䙈袼

䀩大目轠磊磟轠車聲託寄也他各切十八袥闟衣領也橐無底囊魠魚名籜竹籜㯤擊㯤

漢書曰宮中衛城門擊刁斗傳五更衛士周廬擊㯤也亦作析欜上同拓手承物又虜複姓二氏周書王秉王興並賜姓拓王氏又

若當作苦

鍔端

有拓跋氏初黃帝子昌意少子受封北土黃帝以土德王北俗謂土爲拓謂后爲跋故以拓跋爲氏跋亦作拔或說自云拓天而生拔地而長
遂以氏焉後魏孝文大和二十年改爲元氏也馲馲駝驝上同蹠跅弛不遵禮度之士蘀落葉⿰月石⿰月石膌也滴也磽也
侂毀也說文寄也飥餺飥魄落魄貧無家業出史記本音拍沰楷也又磓也矺儀禮注云王棘矺鼠作爲也
起也行也役也始也生也又姓漢有涿郡太守作顯則落切又則邏臧路二切六迮起也又仄格切柞木名又音昨糳精細
米也說文曰糲米一斛舂九斗曰糳鑿詩曰白石鑿鑿⿰口果強⿰口果又祖郭切錯鑢別名又雜也摩也詩傳云東西爲交邪行爲錯說
文云金涂也倉各切七厝礪石䱜魚名逪說文云迹逪也剒爾雅云犀謂之剒縒縒綜亂也莡草聲
各說文云異詞也古落切五閣樓閣亦舉閣漢宮殿疏曰天祿閣麒麟閣蕭何造以藏祕書賢才也又姓急就章有閣弁許格
樹枝胳胳腋袼袼裓也又袂也恪敬也又姓晉有中郎令恪啓若各切三⿱各心愙並上同咢徒擊鼓謂之咢
詩云或歌或咢說文作㖾譁訟也五各切二十五愕驚也鄂國名在武昌又姓漢安平侯鄂君諤謇諤直言⿰咢刂說文
曰刀劍刃也⿰虫屰說文曰似蜥蜴長一丈水潛吞人即浮出日南⿰虫咢上同遻心不欲見而見曰遻蕚花蕚鍔劒鍔[illegible]

籀文崿崖崿鶚鳥名鰐魚名噩爾雅曰太歲在酉曰作噩亦作咢咢口中斷咢咢上出字統齶齒同咢顎嚴敬曰顎𡾊山峯鑩以鐵作鉤物也偔多也堮圻堮壚同上㮙穽也湂水名䪙面大皃匹各切十五奤俗濼陂濼霸同上粕糟粕膊說文曰薄脯膊之屋上䑺割肉䡈車覆軶搏擊也胉膂也蒪蓴苴大蘘荷名簙簙齒相簀也襆擈襆也䒰春也𦐇飛去也又步各切惡不善也說文曰過也烏各切又烏故切四悪俗堊白土蝁蛇名泊止也傍各切十一亳國名春秋時陳地漢為沛之譙縣魏為譙郡晉為南兗州齊為亳州箔簾箔薄厚薄說文曰林薄也又姓漢文帝母薄氏礴盤礴簙蠶具䪇䪇韐屧也鑮似鐘而大踄蹈也䲦魚似鯉一目也餺餺餅亦作䴧臛羹臛呵各切又火酷切十一鄗縣名漢光武改為高邑壑溝也谷也坑也虛也㕡同上蠚螫也亦作蓋謞譊謞郝姓也殷帝乙時有子期封太原郝鄉後因氏焉鰝爾雅云大鰕也出海中似蝗長二三尺青州有之熇熱皃又火沃切嗃嚴厲皃易云家人嗃嗃矐重目又失明也索盡也散也又繩索亦姓出燉煌蘇各切又所戟切六㩎摸㩎溹水名在滎陽又所戟切𩏯𩏯韄䕾草名榡白榡水名涸水竭也下

鑿　博　嚩

各切十一鶴似鵠長喙左傳曰衛懿公好鶴有乘軒者貈說文曰似狐善睡獸也穆天子傳曰天子獵於滲澤得玄貈以祭河宗周

禮曰貉踰汶則死此地氣然也貉狢並上同洛洛澤冰皃佫人姓出纂文䮤說文曰苑名一曰馬白額矐望也

䅂似黍而小⿸鼠各鼠出胡地昨昨曰隔一宵又羌複姓有昨和氏在各切二十酢酬酢蒼頡篇云主荅客曰酬客報主人曰酢

莋縣名在越巂怍慙怍鑿穿鑿鑿鏨也古史考曰孟莊子作筰竹索西南夷尋之以渡水笮上同柞木名

又音作⿰牛乍山牛岝岝崿山高斮地名在蜀亦姓出蒼頡篇飵楚人相謁食麥饘曰飵⿰糸昔草繩⿰巾乍⿰巾乍巾幭⿰糸乍

緪也秨禾稼動搖砟石上又人名葃茹草又士革切鈼鈔也吳人云也博廣也大也通也從十尃亦州名春秋時齊

之聊攝也秦爲東郡地隋爲博州因博平縣以名焉又姓古有博勞善相馬也補各切二十髆胷髆搏手擊爆迫於火也鎛

鍾磬上横木也又田器也詩曰庤乃錢鎛嚩嚩噗噗皃噗姊入切⿰齒尃上同襮衣領鑮大鍾簙六簙棊類出說文世

本曰烏曹作簙書本多單作博⿰虫尃⿰虫尃蟭螗蛽卵也猼犬名⿰羊尃⿰羊尃⿰羊它獸名似羊九尾四耳其目在背出山海經⿰羊它徒何切欂欂櫨

枅也⿰車尃車下索也溥水名⿸鼠尃⿸鼠尃鼠餺餺飥⿰衤尃短袂衫⿱竹搏蠶具名吳人用諾說文譍也奴各切霍

揮霍爾雅曰霍山爲南嶽又姓武王弟霍叔之後虛郭切十二靃地名說文曰飛聲也雨而雙飛者其聲靃然霩雲消皃⿰耳郭
驚視藿豆葉又香草矐目開彉張也說文曰弩滿也又郭廓二音彍同上攉攉盤手戲⿰氵霍⿰氵霍济衆波聲劐
裂也癨吐病郭城郭也釋名曰郭廓也廓落在城外也世本曰鯀作郭亦姓出太原河南潁川東郡馮翊五望本自王季之後又云氏於
居者城郭園池是也案說文作𩫏爲居𩫏作鄗鄗氏也古博切十𩫏鄗並見上注崞縣名在代州又山名椁禮曰殷人棺椁
又八名⿰扌郭同上彉弓張說文曰弩滿也彍同上埻埻端國名又音蟈⿰耳廣耳⿰耳廣雘丹也烏郭切六蠖蚇蠖
屈伸蟲名⿰食蒦味薄臒羹肉玉篇云善肉鸌水鳥嬳恐嬳穫刈也胡郭切十鑊鼎鑊⿰忄蒦心動也檴檴落
木名⿰火蒦⿰火蒦熱濩說文曰雨流霤下皃擭柞擭阱淺則施之⿱雨蒦⿱雨役⿱雨蒦大雨⿸疒蒦癡⿸疒蒦⿸广蒦廓⿸广蒦空遠廓空也
大也虛也亦州名漢西羌地前涼湟河郡周爲廓州也苦郭切六鞹皮去毛漷水名在魯又許虢切⿸广郭刂解也裂也籗爾雅
注云捕魚籠亦作籱又仕角切⿰口敦敲⿰口敦⿰口敦聲也亦作⿰口郭瓁扑瓁五郭切一⿰石弄⿰石郭⿰石弄石聲盧穫切⿰石郭音廓一⿰口臬嗚⿰口臬⿰口臬亦作嗷祖郭切一

二十陌

陌阡陌南北爲阡東西爲陌莫白切十八帞頭巾袹袹複⿱莫女靜也⿱莫彡同上貘食鐵獸似熊黃黑色一曰白豹

凡当作九

蛨蚝蛨蟲貊蠻貊佰一百為一佰也驀騎驀㹮犵㹮驢父牛母亦作馲䮥䮥上同嗼詩云盈盈一水間嗼嗼不得語
貉北方獸洦水淺皃拍擊也趏趏越鉑鉑刀軍器磔張也開也爾雅曰祭風曰磔陟格切十蚝蚝蛨舴舴艋
小船⿰犭乇⿰犭乇㹮⿰啇鳥鷙鳥鷄屬馲馲䮥⿰乇頁⿰乇頁顱腦蓋⿰黍啇黏⿰黍啇皃嫡嫡嫡⿱穴啇窟也托托艫酒器也白西方
色又告也語也亦姓秦帥有白乙丙傍陌切五帛幣帛尚書大傳曰舜修五禮五玉三帛又姓出吳神仙傳有帛和舶海中大船鮊
魚名⿱艹帛草爾雅曰帛似帛俗從廾伯長也又侯伯周書曰率衆時作謂之伯亦姓左傳晉有大夫伯宗又漢複姓二氏韓子有伯夫氏墨家流
莊子有伯成子高博陌切八迫逼也近也急也附也敀上同百數名又姓秦有大夫百里奚柏木名五經通義曰諸侯墓樹柏
又姓晉趙王倫母曰柏夫人亦作栢⿰氵柏洦⿰氵柏淺水苩藍之別名⿰百瓦甎⿰百瓦井甃劇增也一曰艱也又姓史記燕有劇辛奇逆切六屐
履屐⿰車屐車⿰車屐⿰谷瓦倦⿰谷瓦⿰忄卬勞也⿰口劇戲⿰口劇戟刃戟說文作戟有枝兵也釋名曰戟格也傍有枝格也典略曰昔周有雍狐之戟屈
盧之矛孤父之戈凡劇切八撠持也⿱艹戟大戟藥名⿰犭丮⿰犭丮獸⿰谷丮相蹄丮持也⿰忄卬勞也又其戟切⿱髟戟鬆⿱髟戟索
求也山戟切又蘇各切六
索上同⿺走索僵仆溹水名⿰石索碎石殰聲⿰米索煮米多水柵村柵說文曰堅編木測戟切碏

挾 綌 虩

磨豆簎刺也國語曰簎魚鼈也嚄嚄嘖大喚胡伯切二嚍嚍嚍誇皃嘖側伯切八迮迫迮窄窄狹笮

矢箙又屋上版又迫也又姓笮有笮融亦作笮㳻遮水諎大聲亦作咋舴舴艋蚱蚱蟬齚齧也鋤陌切五齰上同

咋咬咋多聲咬烏交切泎瀺泎水落地聲岝岝㟧山皃隙壁孔也怨也閑也綺戟切七郤姓出濟陰河南二望左傳

晉有大夫郤獻子俗從丞綌絺綌郤廣雅云勞也極也疲也又大笑𧮫嫌恨𡭴西方小皃㕁火笑額釋名曰額

鄂也有垠鄂也說文作頟顙也五陌切六頟上同⿰魚契鰅⿰魚契魚名峉岝峉或作㟧詻鄭玄云詻詻教令嚴⿰革鬲補履

逆迎也卻也亂也范曄漢書周防字偉公少孤微常修逆旅以侯過客而不待其報宜戟切六屰說文曰不順也縌漢書

古佩縌也⿰口嚴說文云呻也⿰糸屰紱維⿰口屰嘔⿰口屰客賓客苦格切四喀吐聲礊堅也揢手把著也啞笑聲

烏格切二⿰食戹飢虩懼也許郤切一⿰土⿸广屰裂也亦作坼餘倣此丑格切六⿺走屰半步⿰乇頁腦蓋⿰舟皮皴⿰舟皮⿰片斤⿰片斤開靳

韄靳韄佩刀飾乙白切一拍打也普伯切十魄魂魄怕憺怕靜也皛亦打出蜀都賦又胡了切又莫百切敀大打

也⿱兔⿰兔兔疾也又音赴珀琥珀⿺走百風入水皃⿰片𠂢⿰片𠂢破物也洦淺水赫赤也發也明也亦盛皃又虜複姓有赫連氏其

先匈奴右賢王去卑之後劉元海之族也勃勃以後魏天賜四年稱王於朔方國号夏都以子從母之姓非禮也乃云王者繼天爲子是爲徽
赫實與天連因改姓曰赫連氏呼格切五 焃火色 嚇怒也 䦧䦧䖘赤紙 䚷目赤 垎土乾也胡格切四 趌趌趚倒地
㮫較㮫 輅輓車當胷橫木 格式也度也量也書傳云來也爾雅云至也亦格五博屬行箭但行梟以格殺漢吾丘壽王善之又姓東觀
漢記有侍御史東平相格班古伯切十四 佫至也亦作假 茖山葱 骼骨骼 觡鹿角 䰛䰛鱙魚名 鵅鵋鶀鳥名 挌
擊也鬭也止也正也 𢧜擊也鬭也亦作𣂼 蛒蟦螬别名 𪍠碎麥 敋擊也 鮥海魚似鯾肥美 鉻陳公鉤也 諽
謀然虎伯切八 諕上同 漷水名在東海又音廓 砉又呼具切出莊子 䎄䎄翻飛疾也 湱澅湱波激水也 硅硅破 㤬
心驚 宅居也說文云宅託也人所投託也釋名曰宅擇也擇吉處而營之也場伯切十三 厇古文 擇選擇 澤潤澤又恩也亦陂澤
釋名曰下有水曰澤又州名秦爲上黨郡後魏爲建興郡周爲澤州取濩澤以名之亦姓出姓苑 鸅鸅鸆鳥名毛備五色 翟陽翟縣名
亦姓唐有陝州刺史翟璋又音狄 蘀蘀葛藥草車前别名 檡檡棘善理堅刃者可以爲射決出儀禮 𪇆𪇆鸕即護田也
𩏂𩏂韄刀飾 蠌蜎蠌 襗衫襗 𧗓土得水也 虢國名周封虢仲於西虢秦屬三川郡義寧元年爲鳳林郡武德初爲

手取 ○ 脈 淮 畫

鼎州又爲虢州亦姓左傳晉大夫虢射也古伯切五 敋手打之類 㶁水裂 諕諕諕多言皃 唬虎鳥啼 擭手取也一虢切

五 濩濩澤縣在澤州又音護 彠視遽 韄刀飾把中皮也 𡾀陂名又村名在吳王舊城側也 蹃踐也女白切二 搦

捉搦又正也 螂天神蟲丘擭切二 剫解夲 欂欂櫨戶上木弼戟切二 欂說文曰壁柱也

二十一 麥白虎通曰麥金也金王而生火王而死又姓隋有將軍麥鐵杖嶺南人俗作麦莫獲切八 衇說文曰血理之分衺行體者又

作脈經典亦作脉周禮曰以鹹養脉釋名曰脉幕也幕絡一體也 脉上同 𧖴籀文 霢霢霂亦作霡 眽說文曰目財視也

覛爾雅云相也說文本莫狄切衺視也 𧡮籀文 獲得也又臧獲方言云荆淮海岱淮濟之間罵奴曰臧罵婢曰獲亦姓宋大夫尹獲之

後胡麥切八 畫計策也分也又胡卦切 嫿分明好皃 劃錐刀畫刻 鱯魚名 彠度也又烏號切 𡂄𡂄嘖叫也 咟

上 蟈螻蟈蛙別名古獲切十六 馘截耳又獲首也或作聝 聝上同 幗婦人喪冠 膕曲腳中也 𩪐上同 埻埻端國名出山

海經 摑打也亦作敋 漍水 𢷾挺𢷾 䂸䂸破 慖悖也 嘓口嘓嘓煩也 䬍䬍𩗩赤氣熱風之怪 讗讗嚄疾言 䘓

大血 檗黄檗俗作蘗博厄切五 擘分擘 薜爾雅云山芹當歸也又曰山麻也 𦢊豆中小硬者出新字林 檗

策

飯半生皃。䌟織絲爲帶蒲革切四 繴罿也 𦋺翻車 欂欂櫨又木名也。賾探賾士革切七 鰿爾雅曰貝小者鰿鄭

璞云今細貝亦有紫色者出日南又音迹 苲茹菜又音耤 𢕢容尋常人 矠以叉矛取物也 積灰中種也 嘖嘖嘖叫也。

責求也側革切十一 頙頙頗頭不正皃 簀牀簀 幘冠幘漢書曰幘古卑賤執事不冠者所服之說文曰髮有巾曰幘

嘖大呼聲 謮謮怒說文同上 債負財 蟦小貝也 䐈䐈子魚子𦢉出新字林 嫧鮮好 咋大聲。趚急走

也出字林查獲切二 𧽿𧽿黠皃出方言。策謀也籌筭也釋名曰策書教令於上所以驅策諸下也又馬箠也楚革切十四 冊簡冊

說文曰符命也諸侯進受於王也象其札一長一短中有二編之形 笧古文 嫧健急皃 𪘨齒相值也 筴卜筮筴也 𠕋

告 矠矛也 憡憡痛 皟淨也 㥽耿介 䟄正也 捒扶捒也 柵豎木立柵又村柵。礊鞕皃楷革切六

𧞾說文曰褻裏也 䙐同上 緙紩也又織緙 罊器空 諽謹也。剨破聲呼麥切二十一 繣徽繣乖違 䎗飛聲

㦎不慧又㦎㦎辯快出音譜 劃劃作事又音畫 捇捇掘土又裂也 掝裂也。嘓大笑皃 礊鞕聲又口革切 𦢊

曲腳中也 焃赤 𢫬擘也又于馘切 𢄕裂帛聲 [illegible]云十[illegible] 𥉥目病 澅漍澅水出西谿 [illegible]痛[illegible] [illegible]閑[illegible]

淵水皃䬒熱䬒䂳刀破覈實也下革切九繳衣繳衣領中骨又音酌䃺石地翮鳥翮羽𨛬木名槅中
核崔豹古今注云烏孫國有青田核莫測其樹實之形至中國
者得其核耳大如六升瓠空之以盛水俄而成酒味甚醇厚𤈦燒麥滆
湖名在常州義興縣蒚蒲臺頭名隔塞也古核切十六膈胷膈搹扼也出儀禮鬲縣名在太原又鬲津九河名又
姓殷末賢人膠鬲之後又音歷鼎屬也槅車槅革改也獸皮也兵革也亦姓漢功臣表有𦵔棗侯革朱䈥䈥子竹障出通俗文
愅智也諽謹也𩋣戀首也虩虎聲䨙雨也膈膭膈𦑧翅也鰫魚也嗝雞鳴摘手取也陟革切又他
歷切九謫責也又丈厄切讁上同猲犬怒張耳棏蠶棏或作槌
圔硬皃䊪黏䊪𣬐張乇𥐰石也戹
災也說文隘也於革切十四厄上同搤持也握也捉也扼上同軶車軶阸限也礙也又危也迫也塞也豟爾雅曰豕
絕有力又云䝁大五尺爲豟呃呃喔𪕰鼠屬貖上同蚅蚅烏蠋大如指似蠶𩞊飢皃啞笑聲䚌䚌視栜
木名山責切十四𣸣小雨𤺊瘆瘷寒皃霡霰摵殞落皃愬驚懼皃又音素𢸇𪇤擌捕鳥捒捒擇取物也
𡩻求也取也好也索上同溹溹溹雨下皃𩋶堅硬虩虎驚皃又許逆切㴖說文曰所以攤水也𢹂射中聲也普麥

積 速 土 ○

切二檗飯半生熟爾雅云米者謂之檗鷊爾雅云鷊綬鷊小草雜色似綬五革切又五狄切四鳽鵁鶄又音堅⿰革鬲履頭⿰弓鬲

⿰弓鬲弓朿補也礐礐硞水石聲也力摘切二⿰石蒦⿰石蒦礰打草田器出字林⿰扌畫裂聲也䉐摑切一摵拂著又捎摵也出通俗文

砂獲切一⿺走蒦⿺走蒦趚足長皃求獲切一疒疾也尼戹切又仕莊切三⿱臤食⿱臤食炙餅餌名聑耳目不相信出列子

二十二昔往也始也爲一昔之期明日也說文作𦠊乾肉也又姓漢有烏傷令昔登思積切十四𦠊籀文腊乾肉見經典

惜悋惜說文痛也潟鹹土磶柱下石舄履也崔豹古今注云以木置履下乾腊不畏泥濕故曰舄也⿰革舄上同蕮車前

草鬄說文髲也⿰骨易骻骨間也⿰木鳥水鳥焟火乾棤皮甲錯也積聚也資昔切又資賜切十八脊背脊釋名曰脊

積也積續骨節終上下也說文作𦟝背呂也蹐蹐地小步借假借也又資夜切迹足迹跡上同速籀文踖踧踖敬皃

又秦昔切鵖鵖鴒一名雝鶏又名錢母大於燕頭下有錢文亦作鶺鰿爾雅曰貝小者鰿郭璞云今細貝亦有紫色者出日南蟦

上同⿰魚脊魚名鯽上同蹟詩傳云不蹟不循道也瀐小水襀襞也磧磧䃉⿸广昔縣在臨卭益增也進也伊昔

切八謚笑皃嗌喉也漢宣帝崩昌邑王至京師不哭云嗌痛⿰益阝地名齸爾雅曰麋鹿曰齸牛曰齝並吞芻而反出嚼之也膉

引繒

⿰災睪

肥也 蒀益母草爾雅注只作益 ⿰鼠益鼠名 繹理也陳也長也大也終也充也說文云抽絲也羊益切三十三 睪引繒皃說

文曰司視也从目从𠦬令吏將目捕辠人也 亦揔也俗作⿱夂灬 弈弈羊皃又博弈 奕大也又輕麗皃又行也盛也 帟小幕曰帟

譯傳言周禮有象胥傳四夷之言東方曰寄南方曰象西方曰狄鞮北方曰譯 懌悅也樂也改也 斁猒也 驛驛馬 嶧

山名在魯 醳苦酒 腋肘腋 掖持臂又縣名又掖庭也一曰正門之旁小門也亦姓 ⿰衤夜⿰衤夜縫 易變易又始也改也奪也轉也亦

水名出涿郡安閻山見水經亦州名漢書趙分晉得中山秦爲上谷郡漢置涿郡隋爲易州因水名之又姓齊大夫易牙又盈義切 液津液

又姓急就章有液容調 瘍病相染也 蜴蜥蜴 埸壃埸 圛說文云回行也商書曰圛圛者升雲半有半無 襗衣襦 射

無射九月律 墿道也 ⿰火夜火光 襗重祭名殷曰彤周曰襗亦作繹 ⿰氵弈澈⿰氵弈水皃 燡火甚之皃 ⿰耒睪耕也又音釋 𢊁

交𢊁 嚁嚁川 ⿰災睪災也出字林 ⿰光睪光皃 釋捨也解也散也清也廢也服也又姓施隻切十六 ⿰米睪說文曰漬米也 檡

梬棗 適樂也善也悟也往也又姓 奭盛也又驚視皃又邵公名說文作奭 郝人姓又呼各切 睗睒睗急視 晹日無光 ⿰女適

嫁也 ⿰耒睪耕皃 螫蟲行毒亦作螫 𩮿鬀髮又音逖 㚒盜竊懷物也從兩入弘農陝字從此 ⿱冖亘餠堅柔相著 ⿰目睪

奭 涑 席 切六

視襫衡襫皃雨衣尺家語曰布手知尺舒肱知尋說苑曰度量衡以粟生之十粟爲一分十分爲一寸十寸爲一尺昌石切十一赤
南方色又姓出姓苑又漢複姓二氏莊子有赤張滿稽郭象注云赤張姓也韓子曰智伯以鍾遺仇繇赤章枝諫仇繇令不受烾古文蚇
蚇蠖蟲名斥逐也遠也又斥候說文曰卻行也从广屰屰音逆㡿上同臭白澤郝鄉名滷鹵滷鹵姓也
臭獸也石釋名曰山體爲石亦州名秦伐趙取離石周因邑以名州又姓左傳有衛大夫石碏又漢複姓二氏孔子弟子有石作蜀
何氏姓苑有石牛氏常隻切七碩大也祏說文云宗廟主一曰大夫以祏爲主鉐鍮鉐䄷說文云百二十斤也鼫鼫鼠螻蛄
䳭鳥名隻一也說文曰鳥一枚也从又持隹持一隹曰隻二隻曰雙之石切十三適往也又施隻切又都歷切炙說文曰炮肉也从肉在火
上墌基址摭拾也拓上同蹠足履踐也楚人謂跳躍曰蹠跖上同說文曰足下也䗪螏負蟲亦作蟅又音柘䨼霞䨼
大雨𧼕行也廦仄也𧝊袖也擲投也搔也振也直炙切七擿上同出說文𪌭麩𪌭躑躑躅行不進也蹢上同𧓍
𧓍蠾蟲名漝土得水也皵皮細起七迹切八磧砂磧刺穿也又七四切趚𧾩趚行皃涑水名在北𧼮倉卒𧙼
𧙼蹐帬衸嫧嫧姝齊謹席薦席又藉也大戴禮曰武王踐阼有席銘亦姓出安定其先姓籍避項羽名改姓席氏晉有席坦祥易切六

前　蔕

夕暮也字從半月又姓漢書巴郡蠻渠帥七姓有羅朴督鄂度夕龔巽也朴普卜切蜀有尚書令夕斌　穸窀穸窀厚也穸夜也　汐
潮汐　鄐鄉名　蓆大也　籍薄籍秦昔切十三　踖踐也　䠞上同　藉狼藉又姓左傳晉大夫藉談又慈夜切　耤
耤田耤借也說文曰帝耤千畮也古者使民如借故謂之耤也宋書耤田令古官也於周爲甸師　塉薄也　瘠病也瘦也　厝縣名在清
河又七削切　猎獸名似能出山海經　莋茹草　膌膌腹　𨟙地名在蜀　簎打也　擗撫心也房益切九　椑棺也　躄
躄倒　闢啓也開也　辟便辟又法也五刑有大辟從卩辛所以制節其罪也從口用法也　𣩵𣩵㱤欲死之皃　𩪆弓弭　萆雨衣　𣯪
毛𣯪　役古從人今從彳說文曰戍邊也營隻切十二　䘛燕人呼芺又羊捶切　疫說文云民皆疾也　𩵞魚名有四足出文字集略
坄甄家塊竈說文曰陶竈窓也　垼上同　炈亦同　𪀘𪀘鳩鳥　鈠小矛　䨙䨙霬大雨　豛豬之別名　蝬蝬蟹蟲名
瞁驚視許役切二　𥉁眼也　辟爾雅皇王后辟君也亦除也又姓漢有富室辟子方又有辟閭彬必益切七　璧白虎通曰璧者外圓
象天內方象地爾雅曰肉倍好謂之璧肉邊好孔也　鐴鐴土犂耳　躄跛躄說文作躃人不能行也　躃上同　襞襞衣說文曰韏衣也
𢍮給也　僻誤也邪僻也芳辟切四　辟上同見詩　癖腹病　廦牆也　麝麝香也食亦切又食夜切二　射世本

⿰亻⿱目叉 ⿰虫束 書律

曰逢蒙作射又姓吴有中書郎射慈又神柘切又羊謝羊益二切碧色也說文曰石之青美者又入品九品服色代青也紀年曰惠成王
七年雨碧于郢彼役切一䵂黏䵂竹益切一彳說文云小步也象人脛丑亦切二⿰谷瓦瓶也⿱莫木⿱莫木卷之役切一⿱目叉
小動七役切二役小行
二十三錫賜也與也亦鉛錫玄中記曰鉛錫之精爲婢又姓吴志云漢末有錫光先擊切十三析分也字從木斤破木也又爾雅
曰析木謂之津注云即漢也亦姓風俗通云齊大夫析歸父㭊俗裼袒衣晳人白色也緆細布⿸麻易說文同上蜥蜥蜴
菥菥蓂大薺淅淅米惁敬也⿰虫束⿰虫束⿰虫覓⿰歹析⿰歹辟⿰歹析欲死之皃激疾波又姓淮南王傳有激章古歷切九擊打也墼
土墼轚舟車獥狼子敫敂也蘻草名⿱穴敫揚皃⿱敫鳥鳥名似鳥霹霹靂普擊切七劈剖也裂也破也澼
莊子洴澼絖漂絮者⿱辟心急速鎃𢦏木爲器癖痃癖病僻邪僻靂霹靂郎擊切四十五⿺走歷⿺走歷趚行皃趚七昔切
酈縣名在南陽亦姓又力知切癧瘰癧轢車踐又音洛鎘鎘鎗⿰金歷同上礫釋名曰小石曰礫瓅珠瓅秝
稀踈櫪馬櫪⿰羊歷羖⿰羊歷櫟木名杵屬又音藥櫟陽縣名⿰魚歷魚名亦作⿰魚鬲歷經歷又次也數也近也行也過也又歷日續漢書律

後　的　鼳

歷志云黃帝造曆世本曰容成造曆尸子曰羲和造曆或作曆 曆見上注 藶葶藶子 瀝瀝滴 磿石聲 寥寂寥
無人又深也又音聊 鬲爾雅曰鼎款足者謂之鬲說文作䰛鼎屬實五觳斗二升曰觳象腹交文三足今亦作鬲 㽁瓦器說文同上又作
甂 蒚山蒜 皪的皪白狀 𥌓𥌓䁰視明皃 㷴羃㷴煙狀 躒動也 趮同上 䶛齒病 瓑說文云玉名 厤治也
攊擊也 䮥馬色 𧞤纏裹 醳醳醷酪滓 𠩺歷屓下 𦢊曆腟強脂 䣓下酒 𠞊劙開 鷊鳥名 觻角鋒 櫟
雜糅食名 擽捎也 濼一名貫衆葉圓銳莖毛黑布地生冬不死一名貫渠又音藥 蝷爾雅曰蟿螽蜈蝷亦作蚸 的指的又明也說
文作的都歷切二十六 適從也又之石始石二切 嫡正也君也 甋瓴甋塼也 靮馬韁 鏑箭鏃 馰馰顙馬白顙又作的
滴水滴也亦作𤄾 肑腹下肉也 弔至也又音釣 芍蓮中子也亦作的見爾雅 蹢蹢躅也詩云有豕白蹢 䶂鼠名又音灼
玓玓瓅明珠色出說文 樀屋梠 鸐雉屬 罓魚擊網也 碻碻磓 矿同上 扚引也 𣂁量也 啇本也 魡魚名
㣿㣿痛 逓至也 杓柄末橫木 檄符檄說文曰二尺書也胡狄切八 覡巫覡男曰覡巫女曰覡 薂的薂蓮實也見爾雅 鼳
鼠名 鷩鳥似烏蒼白色 獥狼子又音叫音激 撽鐘撽又胡老切 𧣠以角飾杖策頭 鷁水鳥也博物志曰鷁雄雌相視則孕

寂

鶂　覿　漢書

或曰雄鳴上風雌鳴下風亦孕五歷切五⿰見鳥上同說文又作鶃鷁艗艗舟舟頭為鷁首厤石地惡虉虉綬蘭草荻萑也徒歷

切二十九狄北狄又姓春秋時秋國之後漢有博士狄山敵匹也當也輩也主也籊竹竿皃又他歷切翟翟雉又姓漢有上蔡

翟方進迪進也道也蹈也覿見也⿰至見上同笛樂器風俗通云武帝時丘仲所作也晉協律中郎列和善吹笛也篴上同

出周禮糴市穀米又姓國語有晉大夫糴茷籴俗邮鄉名在高陵滌洗也除也淨也蓧盛種器也蔋草木旱死也

踧詩曰踧踧周道⿰糸翟⿰糸翟緑色鰍東海有馬鰍魚⿰麥適⿰麥適麩樀屋梠又音的頔好皃⿰木狄臧橰爾雅釋木曰狄臧橰是也

⿰米翟穀粟之名⿺辶⿱雨啇雨也⿰牛啇特牛苖苖蓨草滷鹹也㣙說文曰行油油也逖遠也他歷切二十一逷古文

倜倜儻不羈趯跳皃𨘍上同剔解骨⿱狄力上同⿰言氏⿰言氏誘狡猾惕休惕憂也又愛也⿰骨易骨間黃汁硩周禮

硩蔟氏掌覆夭鳥之巢又丑列切擿發也動也說文曰拓果樹實也一曰指近之也又張革切踢趹踢獸名左右有首出山海經⿰智見說文

云目赤也又前歷切鬄說文云鬄髮也⿰火皀望見火皃蓨苖蓨草籊竹竿皃惄勞也惄款也⿰目脩失意視皃績

緝也功業也繼也事也成也則歷切四勣功也樍樍木別名⿰責鳥鳥也燩乾燥也苦擊切九墼傍擊毄敂也

云攻苦毄啖　喫喫食　𡅅同上　𥎰矛也　㲌骹角㲌也　𢣻敕也　鉸吹器　惄心之飢也憂也思也奴歷切四　𧖴古文

溺溺水古作休又弱音弱又姓也　愵憂皃　寂靜也安也前歷切五　家上同　宋亦同　㗭㗭嘆無聲　𧡺目赤又音遨　覓

求也莫狄切二十三　覛上同說文曰衺視也　幎覆也亦作幂　幦車覆軨也　𧜽上同　䮭馬多惡也　糸細絲也微也連也

鼏鼏蓋　冪覆食巾又冪䍦婦人所戴　汨汨羅水名在豫章屈原所沈之處　買漞並上同　冖文字音義云以巾覆從一

下垂　䖑說文云白虎也　蓂菥蓂　𧰼白豕　覭小見　縸綱繩　䵩䵩黷黑青　𥳆箹𥳆　濗瀝濗水浅　𧍧蛛𧍧

蟲名　塓塗也　甓瓴甓甗甋扶歷切四　鷿鷿鷈鳥名似鳧而小足近尾或作鸊　椑大棺　𣨇𣨇殈欲死之皃　壁說文云垣

也釋名曰壁辟也辟禦風寒也漢官典職曰省中皆胡粉壁紫素界之畫古烈士亦州名本漢宕渠地武德初為壁州北激切六　鼊鼊鼊似龜而漫

胡無指爪其甲有黑珠文如瑇瑁可飾物　繴爾雅繴謂之罿罿今覆車鳥網也又敷核切　廦室屋　綼給綼絜也　𧲫𧲫邪獸獸身鳥

喙　闃寂靜也苦鶪切二　𨂤踞也　郹邑名在蔡古闃切七　狊說文云犬視皃亦獸名獲屬脣厚而碧色　鶪伯勞　湨水名

在溫縣　鼳爾雅曰鼳鼠身長須秦人謂之小驢郭璞云似鼠而馬蹄一歲千斤為物殘賊　犑爾雅云犑牛　𠊊俱黠　戚親戚又姓

漢有臨轅侯戚鰓倉歷切十一 慼憂也懼也 鼜說文曰夜戒守鼓也 鼜上同 鏚干鏚斧鉞本亦作戚 黷黷顆色敗 規
規頓面柔詩本或作戚施 慽慽痛 䗩蟾蜍別名 蔵草也 磩碤磩石次玉也 赥笑聲許激切九 鬩鬭也恨也戾也又相
怨也 矜矛也左思吳都賦云長矜短兵亦作殺 湨湨沭遽也 誎私訟 篃籬屬 㤸心不安也 覤去涕 𢠣惶恐 𣪠
矛也呼狊切七 砉砉然物相離聲 瞁驚視 䁤眼也 狊犬視也 焱火華又火焰也 殈鳥卵破也 𣤷痛也丑歷
切又丑力切二 褔福褔

二十四職

職爾雅云職主也常也博雅云業也字林云記微也又姓周禮有職方氏其後因官爲姓風俗通云漢有山陽令職洪
之翼切九 軄俗 戠說文云闟戠識字从此 織組織說文曰作布帛總名 䁍油敗 蟙蟙䘃蟲蝙蝠別名也 蘵草名
似酸漿亦作蘵 膱脯長尺有二寸曰膱儀禮作膱 樴杙 直正也又姓楚人直弓之後漢有御史大夫直不疑除力切四 犆犢犆
牛肥也 䐈肥腸 𡸻山直 力筋也又姓黃帝佐力牧之後林直切九 朸縣名在平原 屴屴崱山皃 仂不懈 鳨似鳧
而小亦作鳨 𠠾趙魏間呼棘出方言 泐水凝合皃 𡯁脛交 𧲣遼東犬名 敕誡也正也固也勞也理也書也急也今相

承用勅勑本音賚恥力切十四 勑上同 飭牢密又整備也 淔水名 趩行聲 栻局又木名 侙意愼侙又惕也 鶒

鸂鶒 鷘上同 恜從也愼也 慗從也 遫張也 菫蒴藋別名 畟田器又地名 陟外也進也竹力切二 稙早種

禾 食飲食大戴禮曰食穀者智惠而巧古史考曰古者茹毛飲血燧人鑽火而人始裹肉而燔之曰炮及神農時人方食穀加米于

燒石之上而食之及黃帝始有釜甑火食之道成矣又戲名博屬又用也僞也亦姓風俗通云漢有博士食于公河內人乘力切二 蝕日蝕

也說文云敗瘡也釋名曰日月虧曰蝕稍小侵虧如蟲食草木之葉也 息止也又嬎息也說文喘也亦姓姓苑云今襄陽人又漢複姓前

漢書有河內息夫躬相即切十一 楒木名 郋新郋縣在豫州 瘜惡肉 蒠菲蒠菜 熄蓄火 ⿰月息肉⿰月息 ⿰食息食也

⿰氵息水 ⿱竹息篳⿱竹息 ⿰鳥息鳥食 寔實也是也常職切八 湜水清也 殖多也生也 植種植也立志也置也 埴黏土

戠古文 ⿰扌直拄杖曰⿰扌直 ⿺辶是流行 識說文云常也一曰知也賞職切十 式法也敬也用也度也又姓出何氏姓苑 拭拭刷

⿰巾式上同 軾車前 飾裝飾 ⿰糹式方言云趙魏間呼經而未緯者曰機⿰糹式 鉽鼎鉽也 烒火皃 蘵草名 赩大赤也許極切

五 衋傷痛其心 ⿰黑喜赤黑皃 ⿻大目斜視皃 ⿰忄⿻大目瞋怒皃 崱崱屴山皃士力切四 ⿱山⿻大目⿱山⿻大目嶷 ⿰氵⿻大目⿰氵⿻大目淢水勢 萴草也

棘°

極中也至也終也窮也高也遠也説文棟也渠力切一 匿藏也微也亡也隱也陰姦也女力切六 匿蟲食病 㥾上同

愧也 恧慙也又女六切 ⿰魚匿魚名 測度也初力切六 惻愴也 畟畟畟陳器狀説文曰治稼畟畟進也詩云畟畟良耜又音即 ⿰耒畟

耜也 ⿰土則遏遮也 蓛草名 憶念也於力切十七 億十万曰億又安也度也 臆胷臆 肊氣滿 𢡠説文曰快也 繶

條繩 醷濁漿 澺水名在上蔡 薏薏苡亦蓮心 ⿱艹啇上同 螠小蜂 ⿰革意履頭也出韻略 檍木名一名木橿也 ⿰木啇

梓屬 抑按也説文作𢑏从反印 ⿰土卬地名 癔病也 色顏色所力切十五 ⿰嗇欠小怖皃 嗇愛惜也又貪也慳也又積

也亦姓説文作嗇愛濇也从來㐭來麥也來者㐭而藏之故田夫謂之嗇夫㐭音廩 轖車馬絡帶 穡稼穡種曰稼斂曰穡 薔薔虞蓼也

轖字書云車藉交革 繬緈也縫也 濇不滑 ⿱𥫗嗇篩𥳍 嬙女子 ⿰虫嗇蟲也 懎悲恨 ⿰嗇頁頻也 ⿰嗇力助也 ⿰革亟皮鞕皃丘力切

一 殛誅也紀力切十一 㥛急性相背説文曰疾也一曰謹重皃 襋衣領交也 棘小棗亦戟名又箴也羸瘠也又姓文士傳曰

棗祗本姓棘其先避難改爲棗氏衛大夫棘子成之後也 亟急也疾也也又音氣 趣棘°埤蒼云垂𤪏地名出 𤪏美玉案左傳只作棘 悈

急也又音戒 ⿱土夌去官 蕀遠志別名 茍説文曰自急敕也 ⿰言亟訥 弋橜亦弋射又姓出河東今蒲州有弋氏見姓苑與職

切三十四翊馬翊郡又輔翊翌明日廙敬也又音異黓皁也爾雅曰太歲在壬曰玄黓翼羽翼說文𦐍也又恭也美也助也亦
州名在隴右因翼水爲名又姓晉翼侯之後漢有諫議大夫翼奉𩙣說文同上𦐊古文𪌉麥𪌉隿曰射也或作弋𦺳鶒翻
㚤婦官也漢有鉤㚤夫人居鉤㚤宮漢書亦作弋潩水名出密縣大隗山杙果名如棃亦橜也芅今羊桃也或曰鬼桃葉似桃而花白
𠥛說文云田器也趩趩進趩如也𨘋疾趩𥢠黍稷蕃蕪皃亦作翼𧋘𧋘𧋘蟲行皃𤬪瓬瓮骨也忕心動瀷
水聚𦙍鈇盆骨也𪔂大鼎熼火光釴鼎附耳在外也𤺺痒𤺺淫𤺺𧒉蟲也𦓤耕也𥝵禾𥝵㣻行㣻𧘔
衣𧘔酟酒色即就也今也舍也半也說文作卽食也亦姓風俗通有單父令卽賁又漢複姓有城陽相齊人卽墨成子力切十六𨛍
上同稷五穀之摠名一曰黍屬周禮注云社稷土穀之神有德者配食焉共工氏之子曰句龍食於社有厲山氏之子曰柱食於稷湯遷之而祀棄俗
作稷亦姓后稷之後𣛭木名似松𤛓牛名蝍蝍蛆蟲名又子結切㮨㮨裴縣在魏郡裴房非切畟又初力切𨁂𨁂蹙迫急
鯽魚名㹹犬生三子堲風堲又子栗切𦛗膏澤唧唧聲也𪇻𪇻鴒亦作鵙揤捽也逼迫也彼側切十偪
上同皕二百幅行縢名楅束也又音福䮠駝䮠湢湢洑水驚起勢也䬗風也𡇒姓也又閉也皀皀粒

厌

域居也邦也逼切十四 蜮短狐蟲又音或 罭魚網 棫木叢 𢧢字林云大力皃 䳜鶝䳜鳥 𨩾瓦器 琙人

名漢有公孫琙 黬羔裘之縫又音洫 緎縫也亦同上 駴馬走 魊小兒鬼 淢溭淢波勢 蒮叢也 ●洫溝洫

況逼切十四 侐靜也 閴上同 閾門限 閾古文 旻舉目使人 𣢯𣢯聲吹皃 𤸎頭痛 黬羔裘之縫 緎縫也

亦同上 𦑣羽聲 嗅嗅聲 淢疾流 𧹇赭色 ●堛土由芳逼切十三 愊悃愊至誠 踾蹋地聲 𤗈斮也 𩚀飽皃

揊擊聲 稫稫稜禾密滿也 副析也禮云爲天子削瓜者副之巾以絺 畐道滿也 陜地裂也亦作隔 𢾺𢾺皺 𤳐

多也密也 𩞄周禮曰以𩞄辜祭四方百物 ●稄稫稄阻力切十一 𥞊一本作此 旲日旲又旁也傾也不正也 揤打也 仄仄陋

說文云側傾也 昃日在西方 汄湢汄水勢 萴廣雅云附子一歲曰萴子二歲曰烏喙三歲曰附子四歲曰烏頭五歲曰天雄 側傍側 夨

說文云傾頭也 厌籀文 ●愎很也符逼切八 腷腷臆意不泄也 稪火乾肉也 𥻦上同 𤗈𤗈版出通俗文 馥香又音復 踾

蹋地聲 鶝鶝鶔鳥 ●嶷岐嶷詩曰克岐克嶷魚力切五 薿茂盛 㘈說文曰小兒有知也引詩云克岐克㘈 懝有所識也 𩯭

𩯭岳角皃 ●堲疾也秦力切又將七切又牆資切三 𡍮以土增道 揤打也又音側 ●𠟋丁力切又丁六切三 𣯎毛少𣯎𣯎 得

貣

㝵㵐水少 窅 細視也亡逼切一 瀷 水瀷積聚昌力切又音翼二 𦔳 字統云耕也

二十五德 德 德行又惪也升也福也亦州名秦爲齊郡地漢爲平原郡武德初爲德州因安德縣以名之多則切九 悳 古文

惪 鄉惪縣名在張掖漢書作得 㝵 說文取也今作㝵同 得 得失 淂 水皃又丁力切 𨀤 行𨀤 𨇈 約𨀤也 䙸 取也

則 法則子德切三 𠟭 古文 𠟩 籀文 勒 鄴中記曰石虎諱勒呼馬勒爲轡盧則切十二 肋 脅肋釋名曰肋勒也所以檢勒五藏

也 扐 筮者著著指間 仂 禮祭用數之仂 艻 蘿艻香草 朸 說文曰木之理也平原有朸縣 𤪌 美石次玉 玏 上同 泐 凝合 忇

功大說文曰材十人也 阞 地脉理圻 竻 竹根 忒 差也他德切六 𢭏 打也 慝 惡也 貣 從人求物也 𢖻 聽瞀欲臥也

㥀 㥀㥀也 刻 刻鏤又剋也苦得切五 克 能也勝也說文作亯肩也 剋 剋已又必也殺也急也 勊 自強 㛃 罵女老娔亦作

娔 特 特牛又獨也亦姓左傳晉大夫特宮徒得切九 貣 假貣謂從官借本賈也亦從人求物也又音忒 𧈧 食禾葉蟲 蟘 同 樴 上

杙也 𤛓 鈍也 棏 木名 䳱 鴘鴨又徒戴切 螣 螣蛇 黑 北方色呼北切三 潶 水名在雍州 㱄 唾聲 墨 筆墨又姓

墨翟是也亦即墨縣名莫北切十二 默 說文曰犬暫逐人也又靜也或作嘿 冒 干也又莫報切 蟔 蠈蟔蟲即蝙蝠 纆 索也 万 虜複

寋 䵗

姓北齊特進万俟普俟音其 寋方言同上 艒艒艐釣艇 𡟰姓也 䁈暫視 默聽默欲臥也 帽䀿帽 ●賊盜也

說文作䞝也昨則切七 戝同上 鰂烏鰂魚雀豹古今注云一名河伯度事小史 鯽同上 蠈食禾節蟲亦作賊 鱡

博雅云鱡鯽也 䓝草 ●塞滿也窒也隔也蘇則切又蘇載切五 𡫳上同見說文 寨安也 寋實也書曰剛而塞 寋

上同見說文 ●北南北亦奔也又高麗姓又漢複姓七氏左傳衛大夫北宮貞子莊子有北門成漢有北唐子眞治京氏易世本云晉有高人隱

於北唐因以爲氏晏子云齊有北郭先生名騷古有北人無擇靖身絜已疾世之濁自投清泠之淵姓苑有北鄉北野氏博墨切二 𧊜蟲似蟹四

足 ●菔蘆菔蒲北切十三 蔔上同 僰僰道縣在犍爲又丁壯皃亦醜也亦作䵗又符逼切 匐匍匐 㔗上同 踣斃也

倒也又作仆 仆倒也 菩草名又音蒲 𡍮塡塞 𧽷僵也又孚豆切 𪏭黍豆貫葉也 䵗豊農夫賤稱 㧗擊也

或不定也疑也胡國切五 惑迷惑 蜮蟲名短狐狀如鼈含沙射又久則爲害生南方說文云有三足以氣射害人玄中記云長三四

寸蟾蜍𪀗鷟鸑鷟悉食之 魊鬼魊旋風 淢水流皃 ●國邦國又姓太公之後左傳齊有國氏代爲上卿古或切二 餩噎聲愛黑

切二 殕殰殕 ●劾推窮罪人也俗作劾胡得切一 螚蟲名似蝱而小青班色齧人奴勒切三 耨穀耨見齊人要術 䏻

掇

字統云埃也又日光也祴釋典有衣祴古得切三輱輱棘草生𡠎竦身皃出玉篇墄階齒七則切一覆匹北切三𧖳

𧖳蝗蟲名復復副䜆巾帛從風聲呼或切二䁤睉目

二十六緝績也七入切六葺修補咠和也緁襟緣亦作緁𪔂鼓無聲咠咠咠譖言也說文曰聶語

也十數名是執切四什篇什又什物也拾收拾又掇也斂也褶袴褶執持也操也守也攝也說文作𡙕捕辠人也

之入切六汁瀋也液也瓡縣名在北海𨥥廣雅云羊箠也𡝩至也慹字統云怖也習學也因也說文作習數飛

也又姓出襄陽晉有習鑿齒似入切十三襲因也及也重也合也入也又掩襲說文曰左衽袍也隰原隰亦州名左傳曰重耳居蒲即隰

川縣故蒲城是也漢爲蒲子縣後魏齊周之間爲沁州隋爲隰州以州前有泉下濕蓋取下濕之義名之又姓齊有大夫隰朋鰼爾雅云鰼

鰌今泥鰌也又山海經云鰼魚狀如鵲而有十翼鱗在翼端聲如鵲騽馬豪骭又驔馬黃脊飁颯飁大風槢堅木名䳗鵖䳗鳥名

𦺓𦺓茵水草出埤蒼𥲅簷𥲅修舩具也𦪙上同褶袴褶霫霵霫大雨集聚也會也就也成也安也同也衆也

本作雧字林云羣鳥駐木上亦州名漢宕渠縣梁爲東巴州恭帝爲集州以有集水名之又姓風俗通云漢有外黃令集一秦入切九輯

和也檝舟檝又音接亼說文云三合也从入一象三合之形合僉之類皆从此又子入切卙說文云詞之集也蕺菩蕺鏶鐵鏶

慹怖也箿箿覆也又子立切入得也內也納也人執切二廿說文云二十幷也今作廿直以爲二十字揖揖讓又進也說文曰

攘也一曰手著胷曰揖伊入切二挹酌也溼水霑也失入切三濕上同見經典又他合切𦗞牛耳動也[口集]噂[口集]噍皃

子入切噂音博十一潗泉出䌖合也又蠻夷貨名湒雨皃咠又七入切埶草生多皃褄襟緣葺茨也䁒眨䁒

稓稠稓稓[山集]負秦山名及至也逮也連也辞也其立切七[辶書]古文[艹立瓜]冬瓜苙白芷又力急切鴔鵖鳩鳥笈

負書箱又其劫切[戶及]戶鍵蟄蟄蟲又藏也直立切六䏣肉半生半熟俋俋俋然耕皃出莊子[土㬎]下入又直輒切[尸是]屆[尸是]

前後相次也屆初立切譶譅譶言不止也縶繫馬陟立切四[雨執]小[雨執]濕[馬廾]馬絆[口馬廾]口[口馬廾][口馬廾]立行立又住也成也又

漢複姓魯有賢人立如子力入切九𪘂齧齒聲粒米立笠雨笠本草呼破笠爲敗天公也鴗水狗爾雅謂之天狗注云小鳥青似

翠食魚江東呼爲水狗苙白芷又其立切[立隶]臨也岦岦岌山皃砬石藥急急疾說文作㤂褊也居立切十七汲

汲引也又縣名在衛州又姓漢有中尉汲黯河東人給供給又姓出姓苑伋孔伋字子思級等級說文云絲次序也亦階級禮記曰

皀鴚

拾級聚足俗作伋 芨烏頭別名 蒸上同 㾗病也 彶彶遽也 皀穀香 鴚鴚鵖鳥名 岌高皃魚及切二

𣨢危也 泣無聲出涕去急切三 䁭欲燥 湆羹汁 靸小兒履也先立切五 卌字統云插糞杷說文云數名今直以爲四

十 霅字林云雨皃又爲霅東北夷名 䟴䟴膝坐 [口冒][口冒][口冒]忍寒聲 歰說文曰不滑也色立切八 澀上同 澁俗

鈒戟也鋋也 雭小雨聲 濇不滑 [亻歰]不及 翜疾飛 吸內息許及切十二 噏上同 歙說文曰縮鼻也

後漢有來歙又舒涉切州名 翕火炙一曰起也又斂也合也動也聚也盛也 [言翕][言翕]評語聲也 潝水流皃 熻熻熱 嬆

莊嚴 翖漢有侯翖 [翕阝]地名 闟戟名曰闟 [翕鳥]鳥名 戢止也斂也阻立切九 [目戢]淚出皃 䚬角多皃 [角戢]上同 㗊

衆口 蕺菜名 濈和也 [口戢]喻也 霵雨下又士邑切 邑縣邑周禮曰四井爲邑又漢複姓有邑由氏楚大夫養由氏之後避仇改

焉於汲切八 悒憂悒 挹鳥短氣也 裛裛香又於怯切 浥濕潤 [艹邑][艹邑]菸茹熟 [飠邑]食[飠邑] 挹挹抐 湁湁潗沸皃

丑入切三 雴太雨 漐汗出皃 煜火皃爲立切四 曄曄曄又筠輒切 熠熠燿螢火又羊入切 騽馬豪骭又音習 熠

熠燿螢火羊入切二 孴多皃 孨戢孨聚皃尼立切五 [氵孴]潗[氵孴]水文皃 [氵囡]濕[氵囡] 囡囡囡私取皃又女洽切 抐

駊

蒞搚䨜暴雨皃壮戢切二䰛盛衆皃駊駊䭲亦䳷皮及切一䭲彼及切二皀穀香也届屆屋初戢

切四堛堛堳重累土也䙝重緣䋴行皃卙字統云會聚也昌汁切一

二十七合

合合同亦器名亦六合天地四方對也又州名秦爲巴郡宋爲宕渠郡後魏置合州盖倍漢二水合流之處因以名之又姓左傳宋有大夫合左師又漢複姓䢔帝功臣表有合博虞侯閤切又音閤十一郃郃陽縣在同州又虜複姓後魏書有大莫干氏後改爲郃氏又音閤

榼榼㮯果名似李出埤蒼迨迨遝行相及也㭘㭘楷木也詥諧也亦作合耠耠耕也匌會也齡齡䶍聲也𦱊草

盒盒盤覆也閤爾雅曰小閨謂之閤古沓切十九鴿鳥名合合集又音迨敆合會也鉿二尺鋌鮯魚名六足鳥尾出山海經蛤蚌蛤郃水名又縣名又音迨浩浩亹地名亹音門匌周帀也頜頜頜頤傍佮併佮聚

扂開戶曰扂毶毶毲目睫長㭘劒㭘又巨業切帢以席載穀韐防捍韐韍韐大帶袷袷口亦同上荅當也亦作荅都合切十二畣爾雅曰俞畣然也𨃝跛行皃搭打也出音譜荅小豆褡橫褡小被𡡉面𡡉

㛰皃瘩肥瘩疲出字林嗒舐嗒㹺犬食𩝐皮榙榙㯓木名趿進足蘇合切十一颯風聲靸小兒履或

作𩌏 𩌏上同 馺馬行疾 霅廣雅曰雨霅霅又音讋 卅說文云卅三十也今作卅直爲三十字 妠婻妠女字 ⿰毛及毾⿰毛及
眨睫長 ⿰彳習衆行皃 鈒鏤鈒 ·沓重也合也又語多沓沓也又虜複姓後魏書沓盧氏後改爲沓氏徒合切十八 誻譶誻亦作
沓嗒 遝迨遝 ⿰扌沓指⿰扌沓 ⿰木沓柱上木也 涾沸溢 ⿰馬沓馺⿰馬沓馬行 龖龖龍飛龖之狀 偺儑偺不著事也 譶疾言 ⿰木遝
榙⿰木遝 ⿰足翕齺⿰足翕 ⿰石沓春已復擣之爲⿰石沓 ⿰言遝妄言 ⿰糹度⿰糹度子縜出字林 ⿱艹遝東魯人呼蘆菔曰菈⿱艹遝 ⿰虫沓⿰虫盍⿰虫沓蟲 眔
目相見 ·鎝器物鎝頭他合切二十二 ⿰口遝齺也 荅菜生水中 ⿰女沓安皃說文曰俛伏也一曰意伏也 踏著地 ⿰巾沓帳上覆
鞜革履 ⿰沓羽⿰習羽⿰沓羽飛皃 漯水名在平原 濕上同 ⿰犭沓犬食 ⿰舌沓上同 ⿱鼓沓鼓聲也 佮合也 ⿰黑沓晉書有兗州八伯太
山羊曼爲⿰黑沓伯 ⿰齒合食也 ⿰車沓車釭⿰車沓也 ⿰木沓柱⿰木沓頭 ⿱罒沓相罯⿱罒沓出字林 ⿰重沓積厚 ⿰沓鳥鳥名 ⿱竹沓竹名 ·⿰沓隹帀也集也
猝也穿也說文曰五綵相合也徂合切七 ⿰音帀齺聲 磼磼礏山高 雥羣鳥 ⿰亲隹戶簾 ⿰足朁止也又才合切 ⿰朁阝亭名在貝丘 ·帀
遍也周也子荅切十 迊上同 咂入口 噆蚊蟲噆人 ⿰龜欠⿰龜欠歌聲 魳魚名 ⿰羊朁羊腌 ⿰口戚歆⿰口戚 ⿰氵帀湆⿰氵帀繞濕 ⿺走帀
⿺走奄⿺走帀急走 ·拉折也敗也摧也盧合切十一 搚上同 ⿰扌翕亦同 摺敗也 ⿰習羽⿰習羽⿰沓羽飛 ⿰石習⿰石習礏 ⿱龍鳥⿱龍鳥⿰沓鳥初飛皃 菈

菈遝秦人呼蘿蔔 歃歃歃不滿 ⿸厂立石聲 ⿰牛習⿰牛習粒 ○納內也又姓出何氏姓苑奴荅切八 ⿰韋內腰韋皃 蒳字統云香草異

物志云葉如栟櫚而小子似檳榔可食 軜驂馬內轡繫軾前者 衲補衲紩也 魶魚名似鼈無甲有尾口在腹中 妠娢妠聚物

抐打撚抐 ○溘至也奄也依也口荅切十 ⿰歹盍⿰歹盍死見楚詞本作溘 ⿸尸去閉戶聲 ⿸厂盍山左右有岸 容容合相當也 匌匌帀

也 歁歁歁癡皃 ○姶美好皃烏合切十三 ⿸疒盍短氣 罨網又一劫切 罯覆蓋也又烏敢切 媕女有心媕媕也 ⿹勹盍⿹勹盍彩

婦人髺飾花也 庵庵低又屋 ⿰𧾷奄跛⿰𧾷奄 ⿰革奄車具又小兒履名⿰革奄𩎟 ⿰青盍調色畫繒出鄖調字指 搕以手盍也又搕𢭃糞也

鞥皮裹角也 佮姓也 ○欱大歠也呼合切四 ⿸疒及病劣皃 ⿰盍欠⿰盍欠瘷 ⿸疒合寒⿸疒合 ○㬈日中見絲凡作㬈同五合切十 礏

磼 哈魚多皃 儑偺儑 ⿰口㬈衆聲 砐岧砐 礘動礘礘亦作硆 ⿸疒合寒⿸疒合⿸疒合 ⿰舟及船皃 ⿰魚及魚名 ○⿺走參七合

切二 ⿰女參婪⿰女參 ○⿺辶參裏⿺辶參卞合切一 ○唈爾雅云僾唈也烏荅切一

卞當作于

○

二十八 ○盍何不也說文作盇覆也爾雅合也胡臘切十 闔閶闔說文云門扇也一曰閉也 闔俗 嗑噬嗑卦名 䔋

若蓋 譩靜也 ⿱竹盍籧篨也 ⿸尸去纂文云姓也 郒說文云地名也 熆吹火也 ○臘臘蜡盧盍切十四 ⿰月葛俗

郒

褡　　喋

𪘹齧聲𪗱上同鑞錫鑞蠟蜜蠟蝋俗擸折也又擸搕破壞也𤿭皺皮皃𪈜鵯𪈜鳥飛擖摺擖相和

𦒉𦒉飛初起皃𦃼繒𦃼邋邋遢行皃𪓉都榼切十一耷大耳搨手打也搭上同矺擲地聲又

竹亞切亦作矺剳相著聲一曰剳鉤也笝竹相擊荅菜生水中又荷覆水褡橫褡小被𩜁𩜁熱𩜁䭆𩜁榻

牀也吐盍切十九𣙱上同𦪇大船毾毾㲪鰈比目魚別名魼上同鰨魚名似鮎四足𦶧𦶧布傝傝隸

亦傝𡝼儜劣又傝儑不謹皃狧犬食𦑣上同謵謵䛩多言䛩古盍切𦐇飛皃鞳鞺鞳鐘聲又他荅切塔浮圖搭摸搭

嗒嗒然忘懷也遢邋遢不謹事騔𩧉騔馬行不進㰰大啜呼盍切三魰魶魰魚名出山海經㾜肥㾜魶魚名

奴盍切三笝纜舟竹索也䭆𩜁䭆蹋踐也徒盍切十𨄈上同見公羊傳闒門樓上屋說文曰樓上戶也㸂爛也墮也

𧮕謵䛩忘語也譫多言又作課鉈瓶𪅳𪈜𪅳鳥飛𦑣窻扇𦋀臘𦋀儑傝儑不謹皃私盍切七𠹗𠹗䨝

食皃搕搕揷糞又才盍切卅三十𨅢𨅢𨅢行皃靸靸鞋𣪠𣪠故起也出新字林偞傝偞不著事也五盍切二瞸

瞸睡𨿸惡也又姓出纂文今北海有才盍切二搕擸搕和雜䪞䪞車頷骨古盍切八䛩多言又音盍嗑上同蓋

盦

姓也漢有蓋寬饒字書作⿰盍阝闔閉門鉀鉀鑪蝔蝔蜡⿰盍阝地名榼酒器也苦盍切六磕石聲⿰衤盍⿰衤盍襠⿸厂盍

⿸厂盍崩搕也⿱鼓合鼓聲⿱鼓合⿱殸合⿰車盍車聲鰪鰪鯆魚名安盍切四盦說文云覆蓋也⿸广盍山旁穴㿻短氣又烏合切囃

助舞聲也倉雜切三磼石多皃⿱埶鼓鼓聲砝石聲居盍切二⿰去鳥鳥名譗多言也章盍切一

二十九葉枝葉又姓吴志孫堅傳有都尉葉雄與涉切又式涉切十楪楪榆縣名在雲中揲度揲鍱銅鍱偞

偞偞輕薄美好皃枼薄也⿰木巤栖端又力葉切煠煠爚⿱竹枼篇簿書⿱竹枼說文籥也殜⿸疒枼也接交也持也合也會也

又姓三輔決録有接昕子即葉切十一椄續木睫目睫釋名曰睫插也插於眶也說文作䀹目旁毛也䀹上同楫舟楫檝

上同婕婕好亦作倢伃菨荅菨水草可食⿰氵疌⿰氵疌汎繞有水皃鯜魚名⿱竹妾竹⿱竹妾又所甲切攝兼也録也書涉切八

灄水名在西陽葉縣名在汝州又余涉切歙黟歙又許及切欇爾雅欇虎櫐郭璞云今虎豆纏蔓林樹而生莢有毛刺又

音涉⿰目聶目動之皃弽射決張弓又童子佩之韘上同涉歷也徒行渡水也亦漳水別名涉縣是也又姓左傳晉大夫涉佗時攝切

四⿰木沝上同出說文欇虎櫐也又書涉切⿰金步鐵⿰金步獵取獸白虎通曰四時之田揔名為獵為田除害也尸子曰虙羲氏之世天下多獸故

教人以獵也良涉切二十二鬣須鬣說文曰髮鬣鬣也⿺毛巤長毛說文同上又作獵躐踐也⿰目巤目暗⿰目巤日暗擸說文
曰理特也儠說文云長壯儠儠也犣牛牡又旄牛名⿰革巤⿰革巤馬靻也⿰巤瓦蹈瓦聲䉭編竹爲之鱲魚名⿰口巤囓聲⿰立夾
⿸广巤⿰立夾⿰巤刂削也擇也邋遢也⿰木巤柶端木也⿰谷巤谷名⿰石巤⿰石巤崨山之連接巤本也又鼠毛獦戎姓俗作田獦字非捷
獲也佽也疾也剋也勝也成也說文曰獵也軍獲得也春秋傳曰齊人來獻戎捷又姓漢書藝文志捷子齊人著書疾葉切八⿺走疌說文疾也疌
速也亟也倢斜出也又利也便也崨崨⿰石巤山連延也踕足疾緁合也遠方物也⿰言疌多言也又口⿰言疌⿰月枼細切肉也直葉切三⿰土㬎
下入又直立切殜殗殜病⿰奄攵⿰奄攵⿰聑欠於輒切四裛又於及於怯二切腌鹽腌魚⿰糸劫⿰糸劫⿰糸業補衣聶姓也楚大夫食采於
聶因以爲氏尼輒切十六躡蹈也履也登也急也鑷鑷子⿱金走織⿱金走㚔說文曰所以驚人也一曰大聲今作幸同睪圉報執之類從此
睪伺視也說文云令吏將目捕罪人本羊益切𦘒說文曰手之捷巧也⿰馬耴馬步疾也籋箝也⿰糸業⿰糸劫⿰糸業補衣⿰日聶小煗也
爑上同踂足不相過⿱竹耴竹⿱竹耴⿰耴鳥鳥飛⿰聑攵⿰奄攵⿰聑攵謵小語叱涉切九⿱聶木樹葉動皃⿰女占輕薄詀詀讘細語⿰阝婁
女子態又前郤⿰阝婁媚也⿰口亩多口⿰忄耴⿰亻亩⿰忄耴小人皃⿰氵耴⿰氵疌⿰氵耴繞有水皃⿰月耴⿰月聶⿰月耴讘詀讘又孤讘縣名在清河而涉切五

耴

顳顳顬鬢骨喦多言囁口動䐑動䐑讋多言也之涉切十二聑口動又而涉切懾怖也心伏也失常也失氣也亦
作慴慴伏也懼也怯也慹司馬彪莊子注云慹不動皃又音捻霅說文云霅霅震電皃又蘇合胡甲文甲三切摺摺疊也聶
風動皃譍言疾謺拾人語也襵襞也⿰豕聶梁之良豕妾不娉七接切十緁連緁說文曰緶衣也緝說文同上⿰業刂
續也鏶彖鐵淁水名鯜魚名檢飯函穕土穕農具也踥踥踥往來皃鍤綴衣針丑輒切六煠爚煠
㤴㤴休也出字書⿱雨耴⿱雨耴霎小雨⿱竹枼篇⿱竹枼⿱竹耴竹葉衱禮記注云衱交領其輒切五极驢上負版笈負書箱也
㭘劒柙鴄鴄鴔戴勝別名亦作鵖輒專輒說文曰車相倚也陟葉切八耴耴耳國名說文曰耳垂也襵衣襵又之涉切𦬸
爾雅釋草去𦬸小葉挕拈也鮿婢鮿魚即青衣魚𢂝說文曰衣領耑也𣏟木小葉曄光也筠輒切又爲立切七曅
上同饁餉田爗煒爗火盛燁說文盛也皣草木白華瞱目不記𤺌少氣也去涉切一萐萐莆瑞草山輒
切萐萐歃霎翣又所洽切六箑扇也歃歃血霎小雨喢多言又齒涉切歐愒欲⿰糸劫縫也居輒切二鵊鳥名
魘惡夢於葉切又於琰切十擪持也指按也靨面上靨子嬮女字⿸㫃酉掩光名厭厭伏亦惡夢又於琰切六⿰木猒葉動皃

三十帖

怗安也服也靜也他協切十一帖券帖又牀前帷也聱鼓無聲或作聱鉆鉆著物鞊鞍鞊貼以物

之質錢跕跕屣又丁協切蝶蝶蝔諜小舐曰諜呫嘗也㡇衣領協和也合也胡頰切十叶古文勰思也綊說文

曰紝綊也挾懷也持也藏也護也俠任俠又姓戰國策有韓相俠累浹浹渫冰凍劦同力𤙖協犍㛔束帶頰頰面也古

協切九𩒨籀文鋏長鋏劍名筴箸筴又古洽切梜上同見禮莢萁莢榆莢又姓出平陽世本有晉大夫莢成僖子也蛺蛺蝶唊

唊唊多言也亦作誺𥞊秝稴稴音劄愜心伏也又快也苦協切八𢙐上同悏快也㾜說文曰病息也匧藏也篋箱篋

㥦說文曰思皃婡得志婡婡又呼協切牒書版曰牒又虜姓後魏書牒云氏後改為牒氏徒協切三十喋便語蹀蹀躞諜

譜諜也堞城上垣𨆌小走聲㲲細毛疊布毾上同褺重衣疊重也墮也明也累也積也說文云楊雄說以為古理

官決罪三日得其宜乃行之从晶从宜亡新以為疊从三日太盛改為三田亦州名禹貢梁州之域自秦至魏諸羌據焉周武帝始逐諸羌乃置疊州蓋

以山重疊而名之曡上同鍱廣雅鋌也慴懾也說文懼也疌說文曰疌足也怗安也又齒廉切𥳒鞢皺牃牀版褋

禪衣墊地名在巴中惵思懼皃褶袷也又似入切轋車聲蝶蛺蝶渫浹渫又丈甲切𪇑鳥名狀如鵲赤黑色兩首

四足可以禦火出山海經楪槢楪㩸掛㩸𪑬黠首出音譜䁯目䁯䐑䐑治苶病劣皃莊子曰苶然疲役奴協切又音涅

十五捻陷聲暬晦冥又私列切諗聲絶捻指捻錜小釘㥾不動皃又之涉切敜說文云塞也書曰敜乃穽㩶攝然

天下安出漢書埝深也籋小箝亦作鑈鑈上同惗相憶𩋙鞍𩋙薄也出字林䓉草燮和也說文从言又炎

蘇協切十六屟屐也履中薦也屧上同躞躞蹀韘韘韝射具𤫽石似玉燮熟也文字指歸从辛又炎鞢鞊鞢鞍具

出新字林徢徢行走皃聑使也又人耴切䐑䐑蹀小契蜨蛺蜨蟲名𧐝上同𦺐草名婕婕治艓艓舟行也𤭈

蹈瓦聲也盧協切四𪑬竹裏黑也㗨㗨呫多言䎎耳垂聑耳垂皃丁愜切十二呫多言扫打也笘折竹箠也喋血流

皃又田叶切㝕下也跕墮落鞊鞊鞢鞍具𧙣衣領佔低佔也𨑴𨑴謀走也渉血流皃又時懾也𦼪草簾在協

切一浹洽也通也徹也浹辰十二日也子協切三浹浹渫又音狎㼪瓦半瓦弽弓弽呼牒切四䁯閑目㛼少氣皃偞

偞卑𨓘迊𨓘走也先頰切一

三十一洽和也合也霑也侯夾切十四䨐上同狹隘狹陜陿並上同祫祭名峽巫峽山名硤硤石

縣亦州名秦將白起攻楚燒夷陵即其地魏武於此置臨江郡後魏爲拓州取開拓之義周以居三峽之口因爲峽州也⿸厂夾廦也⿱夾盍⿱夾盍曲

生又鈌也⿰甲夾相著烚火烚珨蜃器⿺走合走皃恰用心苦洽切十掐爪掐⿰目咸目⿰目咸⿰合刂入也⿰齒咸齧咋皃又噍聲帢

土服狀如弁鈌四角魏武帝製魏志注云太祖以天下凶荒資財乏匱擬古皮弁裁縑帛以爲帢合乎簡易隨時之義以色別其貴賤本施軍飾非

爲國容冐⿰巾夾並上同⿰巾臽亦上同埤蒼云帽也㪉㪉斫⿺辶臽行書士洽切六煠湯煠⿰馬臿⿰馬臿⿰馬臿馬驟渫水名

出上黨郡牐下牐閉城門也⿺走臿行疾也夾持也古洽切十五郟郟鄏地名也又郟城縣在汝州又姓左傳鄭大夫郟張

筴箸也鍼箭具又音頰韐韎韐韋蔽膝⿰巿合上同跲躓礙袷複衣說文曰衣無絮也裌上同⿰目合眼細暗餄

餄餅⿸疒疌⿸疒疌啼足病⿰齒咸噍聲也又苦洽切鵊鳥名⿰革夾履根鞈又公合切眨目動側洽切六⿸尸臿薄楔偛偛⿰亻芻小人

皃又楚立切⿰衤臿⿰衤臿略絜束皃⿰臿皮皺⿰臿皮皮老⿰言臿⿱齊言⿰言臿多言插刺入楚洽切十臿春去皮也或作⿰臿疌俗作臿⿰臿疌上同爾雅

曰斛謂之⿰臿疌郭璞云皆古鍫鍤字鍤上同扱取也獲也舉也引也說文收也笈負書箱又其劫切⿰女臿疾言失次也⿱取火

火乾喢口喢⿰犭及狗食図手取物俗作固女洽切四⿰女聶⿰女聶⿰女聶美皃⿰口芻喢⿰口芻小人言薄相⿰亻芻偛⿰亻芻⿰鼻合⿰鼻合⿰鼻句鼻息呼洽切四

𢾋 蝈 盦

欱欱嘗 欶氣逆 𢾋盡也 霎小雨山洽切七 歃歃血又山輒切 箑扇之別名 𥳔上同 萐萐蒲瑞草王者孝德
至則萐蒲生於廚其葉大如門不搖自扇飲食 唼唼嚼小人言也 𧳜獸名 劄刺著竹洽切三 偛偛㑀忽觸人也 蚻班身小蟲
𨂝跛行皃烏洽切四 凹下也或作容 浥波下又濕皃 圔圔宊聲下 𦜹坪蒼云視皃五夾切一 盦
五味調肉菜出文字音義丑囚切一

三十二狎 狎習也說文曰犬可習也胡甲切十一 翈翮上短羽 霅眾言聲又丈甲切霅陽鄣在樂浪又音颯 浹浹渫冰凍
相著 柙檻也所以藏虎兕也出說文 匣箱匣也 虖虎習搏也 𩊚鞭鞢 𢗭喜 炠火皃又呼甲切 笚竹名 渫
浹渫丈甲切六 喋唼喋鳧鴈食也唼所甲切 擖押擖重接皃 霅霅陽縣名又水名在吳興 𣽸水名 鞢鞢鞞 鴨
水鳥或作鴨鴄鴄鳥甲切六 壓鎮也降也笮也壞也 庘屋壞也 𥥛人神脉刺穴 閘開閉門出說文 押押署文字指歸
云押字才能也 甲甲兵又狎也涯也亦甲子爾雅曰太歲在甲曰閼逢又姓左傳鄭大夫甲石甫古狎切十 胛背胛 梜木理亂 押押離
壁也 砰山側 鉀鎧屬今單作甲 玾玉名 迊漢書人名 㕅㕅廦 䪜䪜韇胡履 翣翣形如扇以木為臣禮天子八諸侯

六鄉大夫四士二世本曰武王作翣所甲切八⿰豕疌豕母啑啑喋帹面衣翜捷也⿰風夾風疾⿸尸臿薄届𧽼行越越

喤呷衆聲說文曰吸呷也呼甲切四譀誇誕⿰言甲論⿰言甲語聲⿰甲欠⿰甲欠⿰甲欠鼻息

三十三業

業事也大也敘也次也始也敬也嚴也說文作丵大版也所以飾縣鐘鼓捷業如鋸齒以白畫之象其鉏鋙相承也詩曰巨業維樅又爾雅曰大版謂之業郭璞云築牆版也俗作⿰片業魚怯切十五⿰片業見上注鄴縣名在相州又姓風俗通云漢有梁令鄴風⿰馬業

驜驜馬高大嶪岌嶪山皃⿰業刂續也⿰阝業危皃⿰口業⿰口業動皃⿰業乚引⿰音業樂也⿱魚魚魚⿱魚魚盛⿰忄業懼也⿰魚業魚名

鸈鳥名知人吉凶⿰氵業橫水大版○脅脅脅虛業切九⿰脅欠⿰脅欠氣⿰劦欠上同愶以威力相恐也⿰弓合弓弽皃⿰口脅口⿰口脅

嚇莊子曰余口張而不⿰口脅熁火氣熁上⿰氵脅水流拹說文曰摺也一曰拉也○怯畏也去劫切九⿰犭去上同抾挹也呿

臥聲又音去⿰魚及以竹貫魚爲乾出復州界胠胠篋見莊子⿸厂去⿸厂去居⿸疒去病劣⿸疒欠欠氣○劫強取也說文曰人欲去以

力脅止曰刦或曰以力止去曰刦俗作刧居怯切九衱衣領袷上同蜐南越志云石蜐生石上形如龜腳得春雨則生也跲躓也又巨業切

鉣帶鐵砝硬也⿰糹劫⿰糹劫⿰糹業縫也⿰目劫視皃○腌鹽漬魚也於業切十四⿰魚邑上同罨魚網又烏合切裛書囊也文字集

浥

⿰羽乏⿰羽臿

略云裛坌衣香又於及於輒二切䅋耕種殗殗殜不動皃㡋幞頭也浥濕也⿰奄攵⿰奄攵歛相著⿰金奄推⿰金奄甲器⿰革奄車具又於合切⿰臭邑⿰臭邑臭也⿰食奄餌也粢也⿰目奄閉目殜殗殜亦作⿰歹業余業切二⿰音枼樂器跲躓也巨業切五⿰木合劒匣

⿰目及瞸⿰目及极极插笈書笈又初洽其輒二切

三十四乏匱也房法切三泛水聲又孚梵切𡚧好皃法則也數也常也又姓左傳齊襄王法章之後秦滅齊子孫不敢稱故以法爲氏宣帝時徙三輔代爲二千石後漢有扶風法雄法子眞並有傳方乏切二灋上同⿰矢去矢皃孚法切一猲恐受財史記云恐猲諸侯起法切又呼葛切二𡚧好皃⿰羽乏飛上皃女法切三⿰氵⿱山乏澀淵水皃⿱山乏靜⿱山乏⿰羽臿⿰羽臿⿰羽乏飛上皃丑法切一

廣韻入聲卷第五

雙聲疊韻法

平聲 **章**
灼良切 先雙聲 章灼良略是雙聲 正紐入聲爲首 到紐平聲爲首
章略切 後疊韻 灼略章良是疊韻 雙聲平聲爲首 疊韻入聲爲首

上聲 **掌**
章兩切 先雙聲 章掌良兩是雙聲 正紐平聲爲首 到紐上聲爲首
掌良切 後疊韻 掌良章良是疊韻 雙聲平聲爲首 疊韻上聲爲首

去聲 **障**
章餉切 先雙聲 章障傷餉是雙聲 正紐平聲爲首 到紐去聲爲首
障傷切 後疊韻 灼略章良是疊韻 雙聲平聲爲首 疊韻去聲爲首

入聲 **灼**
章略切 先雙聲 章灼良略是雙聲 正紐平聲爲首 到紐入聲爲首
灼良切 後疊韻 灼略章良是疊韻 雙聲平聲爲首 疊韻入聲爲首

平聲 **廳**
剔靈切 先雙聲 廳剔靈歷是雙聲 正紐入聲爲首 到紐平聲爲首
廳歷切 後疊韻 剔歷廳靈是疊韻 雙聲平聲爲首 疊韻入聲爲首

上聲 **頲**
廳井切 先雙聲 廳頲精井是雙聲 正紐平聲爲首 到紐上聲爲首
頲精切 後疊韻 頲井廳精是疊韻 雙聲平聲爲首 疊韻上聲爲首

去聲 **聽**
剔徑切 先雙聲 廳頲徑擊是雙聲 正紐入聲爲首 到紐上聲爲首
聽擊切 後疊韻 剔擊廳徑是疊韻 雙聲去聲爲首 疊韻入聲爲首

入聲 **剔**
廳歷切 先雙聲 廳剔靈歷是雙聲 正紐平聲爲首 到紐平聲爲首
剔靈切 後疊韻 剔歷廳靈是疊韻 雙聲去聲爲首 疊韻入聲爲首

六書

一曰象形象物之形作字日月之字是也　二曰會意比類爲字止戈爲武人言爲信是也　三曰形聲取聲相成江河之字是也

四曰指事指事爲字上下之字是也　五曰假借本無其字依聲託事令長之字是也　六曰轉注左轉爲考右轉爲老是也

八體

一曰大篆　二曰小篆　三曰刻符　四曰蟲書

五曰摹印　六曰署書　七曰殳書　八曰隸書

辯字五音法

凡呼吸文字即有五音脣聲舌聲牙聲喉聲齒聲等

一脣聲并餅脣聲清也　二舌聲靈歷舌聲清也　三齒聲陟珍齒聲濁也

四牙聲迦佉牙聲濁也　五喉聲綱各喉聲濁也

辯十四聲例法

枯

一本朱字下
註無之
作生

一開口聲 阿哥可等並開口聲 二合口聲 菴甘堪諳等並是合口聲 三蹴口聲 憂丘鳩休等能所俱重也 四撮脣聲 烏姑乎枯能所俱重

五開脣聲 波坡摩婆能所俱輕 六隨鼻聲 灼蒿考姑等能所俱重也 七舌根聲 奚雞溪等能所俱重 八蹴舌下卷聲 伊鷖等能所重

九垂舌聲 遮車奢者能所俱輕 十齒聲 止其始等能所俱輕也 十一牙聲 迦佉俄等能所俱輕 十二齶聲 鴉嘔等能所輕

十三喉聲 鴉加瑕等能所俱輕 十四者牙齒齊呼開口送聲 吒沙拏茶能所俱輕

辯四聲輕清重濁法

平聲輕清			重濁	
璡 將鄰反 美石也	禋 於鄰反 祭祀也	妃 芳非反 妃后也	之 職而反 之往也	殷 於斤反 殷大也
珍 陟鄰反 珍寶也	孚 撫夫反 孚信也	伊 於之反 伊因也	眞 只人反 眞正也	倫 力迍反 倫理也
陳 直鄰反 陳說也	鄰 力珍反 鄰近也	微 無非反 微妙也	辰 食鄰反 辰巳也	風 方隆反 風化也
椿 勑倫反 椿木名	從 疾容反 依從也	家 古牙反 家舍也	春 昌倫反 春陽也	松 詳容反 松柏也
弘 戶肱反 弘大也	峯 敷容反 山峯也	施 式支反 施設也	洪 戶公反 洪大也	飛 匪肥反 飛翔也
龜 居追反 龜鼈也	江 古雙反 江海也	民 彌鄰反 民人也	諄 章倫反 諄正也	夫 甫于反 夫妻也
貟 王權反 貟從也	降 下江反 降伏也	同 徒紅反 同共也	朱 之余反 朱赤也	分 府文反 分布也

一本細字並註共冊

平聲下 輕清

其 巨之反 其辭也　杭 戶郎反 杭州也　衣 於機反 衣服也　眉 武悲反 眉目也　無 武夫反 有無也　文 武分反 文字也　傍 步光反 傍大也

清 七情反 清濁也　仙 相然反 仙騰也　砧 知林反 砧杵也　孃 女良反 耶孃　緜 彌鞭反 緜絮也　朝 知遥反 朝日也　紬 直流反 紬布也

幽 於虯反 幽冥也　牆 疾羊反 牆壁也　箋 則前反 箋注也　愆 去乾反 愆過也　衫 所從反 衫衣也　名 武并反 姓名也　并 補盈反 并合也

輕 去盈反 輕重也　傾 去營反 傾盡也　儌 古堯反 儌堯也　翹 渠遥反 翹舉也　璿 似緣反 美玉也　晴 疾精反 晴明也　羌 去羊反 羌狄也

重濁

青 倉經反 青色也　先 蘇前反 先後也　針 職媛反 針線也　瓤 汝羊反 瓜子也　眠 莫邊反 眠卧也　昭 止遥反 明昭也　詶 市州反 詶荅也

川 昌專反 山川也　詳 似羊反 詳審也　坊 府良反 坊巷也　憂 於牛反 憂愁也　氈 諸延反 氈毯也　鈆 與專反 鈆錫也　三 蘇甘反 三數也

明 武兵反 光明也　兵 補榮反 軍兵也　卿 去京反 公卿也　嬌 舉喬反 女字也　泉 聚緣反 水泉也　錫 徐盈反 錫請也　匡 去王反 匡正也

上聲 輕清

丑 勑柳反 乙丑也　餅 必茗反 餅果也　冢 知勇反 冢宅也　煼 昌狡反 煼脯也　昶 勑兩反 謚昶也　丈 直兩反 丈夫也　昺 久永反 昺明也

豕 式是反 豕猪也　鄙 方美反 鄙陋也　邇 兒氏反 邇近也　敢 古覽反 敢厚也　梗 古杏反 梗直也　皿 武永反 器皿也　起 墟里反 起發也

美 無鄙反 美好也　緊 居忍反 緊堅也　畎 古泫反 田畎取水　免 無兖反 免止也　杏 何梗反 杏果也　氏 匙止反 姓氏也　旨 職雉反 旨美也

重濁

甫方主反甫姓也　引余軫反延引也　鼠舒呂反虫鼠也　尾無匪反首尾也　比卑里反比校也　謹居隱反謹慎也　汝如輿反汝爾也

卷居轉反卷書也　晚無遠反早晚也　雨于矩反風雨也　耿古幸反耿憂也　幸何耿反幸甚也　猛莫幸反猛勇也　[illegible]鋤里反果木也

始詩止反終始也　豈氣幾反豈安也　倣方兩反倣學也　止諸市反停止也　里良巳反鄉里也　姊將巳反姊妹也　柹鋤里反果木也

去聲輕清

魅美祕反精魅也　快苦夬反快心也　避婢義反迴避也　譬疋義反譬喻也　臂卑義反手臂也　赴撫遇反赴奔也　惠胡桂反惠仁也

斃毗計反斃固也　胏芳昧反胏府也　浚私閏反水名也　絹土而反綾絹也　宋蘇統反人姓也　壞懷怪反毀壞也　怪古壞反怪異也

替他計反替廢也　至之利反至到也　縣玄絢反州縣也　甑子孕反盆甑也　濟子計反濟定也　字疾四反文字也　四思二反數四也

重濁

味無沸反五味也　蒯苦壞反蒯姓也　瑞是僞反祥瑞也　志之利反志望也　吏力値反公吏也　賦府遇反詩賦也　衛羽制反衛護也

誓時制反誓謹也　廢方秋反廢止也　舜舒閏反堯舜也　眷几倦切眷屬也　送蘇弄反送到也　會胡外反集會也　膾古兌反魚膾也

態他代反妏態也　廟苗召反神廟也　釧川絹反釵釧也　再作代反再又也　寺辭吏反寺舍也　伺相吏反伺候也　刵仍吏反截耳也

入聲輕清

格古陌反格令也　角古岳反角出也　嶽五角反山嶽也　邈莫角反邈遠也　學戶角反學[illegible]也　疋譬吉反疋偶也　必卑吉反必審也

博

穴 胡決反 窟穴也

訣 古穴反 訣明也

薛 思列反 人姓也

籍 秦昔反 典籍也

悉 息七反 悉來也

一 於質反 一數也

擲 直炙反 拋擲也

重濁

博 補各反 博學也

閣 古洛反 樓閣也

鄂 五各反 鄂國名

莫 忙各反 人姓也

鶴 下各反 靈鶴也

訖 居乙反 訖畢也

出 尺律反 出入也

此即張氏澤存堂刊本所從出原本訛謬不少張氏校改撲塵之功誠不可沒然有本不誤而以爲誤者有顯然誤而未校出者有宜存疑而徑改者如官字下原本引孔子妻幵官氏作井官氏當是形近之譌張氏據俗書誤本改井爲开錢竹汀未見原本遂稱誤幵爲开始於廣韻而不知宋本不如是也又如鵯字下注鵯鶋鳥美形出廣雅泰芝至順刊本皆作又美形也同字注亦州元本州下有名字絨字注細布元本注并作繬也此張氏失于參校者又如開卷景德牒文原本準作准勅作勑二字雅俗

體哉當時公牘文字本來如此備極改作準作勅亦似是而實非也原本字體從通俗而張氏據説文改從正字此尤非多見隋唐人手蹟不知其失也此本原為日本寺田望南所藏後歸博物館為長町田之敬余多方購求不得會星使黎蒓齋觀察欲重刊此書以為張刊雖精不如此本之古樸屬余借摹堅不肯出而之敬見余所藏漢印譜十餘種亦垂涎不已因議交易之余初謂張本傳世尚多此書似不必刻君必刻則當盡從原本即顯然訛誤亦一字不改而星使堅

顧段之爭之跋失色乃議段其太甚刻後為札記説往往有可存疑竟為張氏所竄者一經後工未竣而余差滿歸里札記未成刻仍留學者以口實也如去聲豔第五十五注㮇釅同用釅第五十七陷第五十八鑑梵同用鑑第五十九此原本亦如是顧澗蘋因其与曹楝亭初刊不同謂是張氏據禮部韻略校改此則張氏之受誣也余别見北宋本玉篇體式与澤存堂本亦同故據曹刻玉篇有大中祥符牒謂為張氏所附之誣附記於此又第五卷後四聲清濁法生字下張本留墨

丁丑本生作朱注之余友朱赤也朝字下一格張本搨墨丁此本作紬注直係友紬布也要張氏原本有爛缺處故如此非有據又别一本也日本收藏家於古字書最多余盡數收之不留餘燼自宋本外凡得元刊本玉篇廣韻各四五通明初刻本各三四通而各不同校明中消大字字本不數其中異同差池難以悉舉元明本亦有足訂正宋本者昔顧澗薲謂張氏校刊不審深惜徐氏傳是樓原宋不傳不能盡刊潘氏轉寫張氏意改之誤孰知距徐氏又二百年宋本外更有互證之本如是其多元泰定本黎星使亦重刻之又多據張本校改深

另有情
此余意將以合諸本校之詳為札記而以方
諸別刻日本古卷子本書為隋唐之遺者有注撰字
鏡及萬象名義所據玉篇廣韻皆顧
野王及陸法言原本簿事遂輟日月
如駛力綿願奢謹記於此以告當世之著
錄者光緒甲申十一月朔宜都楊守敬記
於鄂城通志局寓次